普通高等教育"十三五"经济与管理类专业核心课程规划教材

中国轻工业"十三五"规划立项教材

市场营销

主编 张巍

西安交通大学出版社
XI'AN JIAOTONG UNIVERSITY PRESS

国家一级出版社
全国百佳图书出版单位

图书在版编目(CIP)数据

市场营销 / 张巍主编. — 西安:西安交通大学
出版社,2020.8
　　ISBN 978-7-5693-1071-9

　　Ⅰ. ①市… Ⅱ. ①张… Ⅲ. ①市场营销学 Ⅳ.
①F713.50

中国版本图书馆 CIP 数据核字(2020)第 141951 号

书　　名	市场营销
主　　编	张　巍
责任编辑	王建洪
责任校对	祝翠华

出版发行	西安交通大学出版社
	(西安市兴庆南路 1 号　邮政编码 710048)
网　　址	http://www.xjtupress.com
电　　话	(029)82668357　82667874(发行中心)
	(029)82668315(总编办)
传　　真	(029)82668280
印　　刷	陕西日报社

开　　本	787mm×1092mm　1/16　印张 21　字数 525 千字
版次印次	2020 年 8 月第 1 版　2020 年 8 月第 1 次印刷
书　　号	ISBN 978-7-5693-1071-9
定　　价	54.80 元

读者购书、书店添货,如发现印装质量问题,请与本社发行中心联系、调换。
订购热线:(029)82665248　(029)82665249
投稿热线:(029)82668133　(029)82665379
读者信箱:xj_rwjg@126.com

前言

　　市场营销学是建立在经济学、管理学、社会学、心理学等学科基础上的综合性学科,是一门研究企业市场营销活动过程及其规律性的学科。作为现代管理学科体系的重要组成部分,市场营销学已成为当代工商企业及各类社会组织在市场经济环境中有效竞争的思想武器和行动指南。为了适应新经济环境下培养综合素质高、实践能力强的市场营销人才的需要,我们组织编写了本书,以满足全国高等院校对市场营销学课程教学和工商企业市场营销人才培训的需要。

　　本书的编写思路是:根据市场营销人才培养的要求设计内容构成和知识深度,详尽介绍市场营销学的基本概念、原理、步骤和方法,力争反映当前市场营销理论研究的新方法和面临的新问题,力求理论联系实际,突出系统性、知识性、实用性和探索性。

　　全书以案例引导教学内容,强化基础理论的消化和吸收。在教学内容的选择上,体现新经济下市场营销理论的创新成果,做到深入浅出、通俗易懂。在案例的选择上尽量使用近来发生的中国本土化营销事件,以方便读者举一反三,学以致用。在书中设置"营销视角"和"延伸阅读"专栏,重点介绍业界实例资讯和前沿方法等内容,方便学生理解知识点,扩充知识内容,提高学习兴趣。无论是高校师生、研究工作者,还是市场营销管理实践者,相信都可从本书中获得有益的启迪。

　　本书由陕西科技大学教学经验丰富的市场营销专业的教师编写,具体编写分工如下:张巍负责大纲设计,并编写前言和第四、五、九、十、十一、十二、十三、十四章;第一章由苗志娟编写;第二、三章由郭婧编写;第六、八章由郑军婷编写;第七章由郝欣编写。全书由张巍统稿。

　　在编写本书的过程中,编者参考了国内外多本市场营销学教材,借鉴了许多市场营销学者的研究成果,谨向这些成果的作者表示衷心的感谢。

　　本书是由编者根据自己多年的教学经验和心得构建理论体系和进行内容构思的,但限于水平,书中的疏漏在所难免,教材追求的通俗性和实用性特色不一定能很好体现,恳请读者批评指正。

编　者

2020 年 2 月

目录

第一章
市场与市场营销学

学习要求

◆ 了解：市场营销理论的产生；市场营销观念的演变；市场营销学在中国的传播、应用；市场营销学的研究意义、研究对象及其研究方法。

◆ 掌握：市场营销的相关概念；市场营销观念的含义、演变；4P、4C、4R、4V、4I营销组合理论的基本内容。

◆ 熟悉：市场的概念、功能与结构。

导入案例

真诚到永远：从服务到支撑海尔生态的蜕变

真诚到永远！这句只有五个字却响彻大江南北的口号，曾经深深地烙在无数消费者的脑海中。凭借"真诚到永远"这一服务理念，海尔成为全球家电行业一个响当当的品牌。历经三十多年，海尔2016年3月以"真诚到永远"作为智慧生态战略发布会的主题。至此，真诚到永远，已经完成了从服务理念到生态的华丽变身。

互联网时代大潮来临，家电行业面临转型的挑战。从最早提出向互联网转型，到重新定义"真诚到永远"，海尔的全新智慧生态已经初具规模。最初，海尔提出"真诚到永远"的服务理念，旨在通过服务改善用户体验，提升海尔的品牌形象。在向互联网转型的关口，海尔再次重提"真诚到永远"的理念，是向互联网转型的智能家居生态。

目前，智能家居在互联互通上存在诸多诟病，根源在于用户需求被忽略。基于这样的情况，海尔提出以用户需求为中心，建立全球首个全开放、全透明的生态体系，寻找到了破题入口。

依托U＋App，海尔七大互联工厂，众创汇、海达源、HOPE等平台均可以实现与用户、攸关方的互联互通。借助海尔智慧生活平台，研发人员可以与用户通过在攸关方之间构建一种共同参与、互相信任的机制和生态圈，真正实现"产消合一"。至此，全新的智慧平台将海尔与消费者之间的鸿沟打破，实现了沟通无距离。

借助开放的互联网，用户可以通过海尔智慧生活平台，查看七大互联网工厂的状态。与此同时，海尔互联网工厂不仅实现了全自动生产，还依托智慧平台向用户提供生活全流程的可视化服务。毋庸置疑，海尔智慧平台的核心，仍然秉承真诚为用户服务的理念。开放和透明的海尔智慧平台，不过是海尔"真诚到永远"服务理念的一种升级。

以海尔美食生态圈的明星产品馨厨冰箱来说，通过人脸识别、食物识别、全语音交互等创新技术，实现了冰箱与用户的双向交流。馨厨冰箱还接入豆果网、苏宁易购等多家企业资源，用户可以直接下单、搜索百万菜谱并采购食材，搭建起了全方位的美食生态圈，共同打造智慧快乐厨房服务体系，构建饮食、娱乐、购物、交流等生态链，将产品变成具备智能感知和情感交流的互联网终端，从普通智能升级到"超级智能"。

在海尔的视野里，电器已经不是"器"，而是"网"，是一个个向用户全开放、全透明的智慧生态圈。海尔"U+"智慧生活平台对七大智慧生态圈进行了全新升级，对生态圈场景商务模式进行了全面落地。场景商务的推出，不仅为用户提供了一站式解决方案，还实现了生态圈内资源方的共赢。

从亮相的各个生态圈成果来看，海尔智慧生态不仅颠覆了海尔原有的生态，还颠覆了家电行业过于封闭的生态体系。将用户利益和需求放在首位，依托"U+"智慧生活平台与互联工厂与外界实现了互联互通，这是海尔的智能家居战略理念。事实证明，海尔"真诚到永远"的理念，已经结出了七大生态圈的硕果。

海尔的智慧生态，并非是简单地实现家电与用户的互联互通，其本质是海尔从设计到制造等多个环节针对用户体验提升的战略。战略升级的背后，是为用户着想的真诚理念在驱动。

在家电产品的设计上，海尔推崇消费者需求第一的理念。"空调病"这一行业顽疾由来已久，在2016年中国家电及消费电子博览会（简称家博会）上展出的海尔天樽空调，用全新的送风模式解决了"空调病"的问题。据悉，天樽空调全新送风模式的灵感，得益于设计人员与消费者的交互机制，在海量的交互数据中，海尔梳理出普遍的用户痛点，给出了解决方案。由此不难看出，海尔与用户无时无刻地交互已经成为产业的重要部分。

今天的用户需要定制化的产品。在实际生活中，每一位消费者对家电产品的外观要求都是不同的。以冰箱这一产品来说，有人喜欢黑色的面板，有人喜欢五颜六色的面板，还有人想将自己的照片印在冰箱面板上……针对消费者的这些需求，海尔定制众创汇在行业内率先搭建完成了开放的用户交互定制平台，依托互联工厂，通过大规模定制来实现生产者和消费者的统一。

通过不断优化升级，海尔众创汇定制平台已经实现了用户端到互联网工厂的互联互通。用户在线下下单并定制设置后，众创汇定制平台会自动安排生产。由于定制家电成本高昂，很多家电品牌并不提供定制化服务。借助互联网和海尔智慧生态平台，海尔将高端的定制化服务提供给消费者，颠覆了定制一直是奢侈品行业专属的陈规。

高度自动化的互联网工厂，能够为用户提供定制生产的众创汇平台，都是为了满足消费者的需求。而海尔的智慧平台，同样是为了将消费者的每一个诉求，实时传递到设计人员手中。这种家电制造体系的改变，折射出海尔真诚为用户的理念。正是因为这一理念，海尔的智慧家电战略才能结出硕果。

三十多年的努力，"真诚到永远"的服务理念成就了海尔这个全球知名的家电品牌，这是海尔将用户利益放在首位的必然结果。在智能家电时代，海尔重新解读"真诚到永远"，仍旧是重申用户利益至上的理念。从用户需求出发，海尔的"真诚"必将成为支撑海尔智能生态前进的驱动力。

资料来源：真诚到永远：从服务到支撑海尔生态的蜕变[EB/OL].（2016-03-17）[2020-02-01]. http://www.sohu.com/a/63850797_116296.

市场营销学于 19 世纪末 20 世纪初创建于美国,后流传至欧洲、日本和其他国家,并在实践中不断发展和完善。市场营销学是建立在经济学、管理学、社会学、心理学等学科基础上的综合性学科,是一门研究企业市场营销活动过程及其规律性的学科。作为现代管理学科体系的重要组成部分,市场营销学已成为当代工商企业及各类社会组织在市场经济环境中有效竞争的思想武器和行动指南。因此,全面系统地学习和领悟市场营销理论,灵活运用现代营销方法,对于在我国社会主义市场经济条件下,提高企业营销管理水平具有重要的意义。

第一节　市场的概念、功能与结构

企业的营销活动是在市场中展开的,必须分析市场、研究市场。了解市场营销首先应该认识市场,只有准确理解市场的概念,才能做好企业的营销工作。

一、市场的概念

狭义地讲,市场(market)就是商品交换的场所。《周易·系辞》中写道:"神农日中为市,致天下之民,聚天下之货,交易而退,各得其所。"司马光在《资治通鉴》中也说:"神农日中为市,致天下之民,聚天下之货,交易而退,此立市始。"这两种说法都说明我国古代社会进入农业时期,社会生产力有了一定发展后,先民们就开始有了少量剩余产品可以交换,因而产生了原始市场。随着社会分工和商品经济的进一步发展,市场也在不断发育和壮大,特别是现代通信、传真、计算机和网络等科学技术手段的应用,赋予了市场广义的含义。从时间上来讲,古时人们交易都是现货,而现在已广泛应用期货交易,延伸了交易时间;从空间上来讲,古时交易双方均在固定的场所,而现在扩大了交易的空间,大大节省了交易的成本。无论在哪里,什么时间,交易规则确定,供需双方签订有效协议,市场就出现了。广义地讲,市场是指具有特定需要或欲望,并且愿意和可能通过交换来满足这种需要或欲望的所有潜在购买者的总和。简单地讲,市场就是顾客。因为市场营销学是站在卖方的角度研究买方,所以在卖方看来市场就是买方,即顾客。一个产品没有市场,不是指这个产品没有一定的场所去卖,而是指没有愿意购买它的顾客。

二、市场的构成要素

市场的形成有三个基本要素,即有某种需要的人、为满足这种需要的购买能力和购买欲望。用公式表示就是:

$$市场＝人口＋购买力＋购买动机$$

市场的这三个因素是相互制约、缺一不可的,只有三者结合起来才能构成完整的市场,才能决定市场的规模和容量。

人口是最基本的因素,只要有人就有需要,就有可能形成市场。这种需要既包括现实需要,也包括潜在需要,而且人口越多,市场规模就相对越大。购买力是指人取得收入之后购买货品和服务的能力。收入越高,购买力就越强。购买力是形成市场的重要条件,如果只有人,而这些人缺乏购买力,市场就不存在,只能说有潜的市场。在人口数量一定的情况下,人均收入越高,市场规模就越大。购买动机支配人的购买行为,是购买力得以实现的必不可少的条件,人只有对某种产品产生欲望,才有可能购买和消费。如果有人,也有购买能力,但是人们对产品不感兴趣，没有购买动机，市场也不能形成。这就要求企业在开展市场营销活动时，充分了解顾客的需要、爱好和兴趣，并据此来生产顾客所喜欢的产品以刺激顾客产生购买欲望。人口、购买力、购买动机这三个构成要素相互联系、相互制约、缺一不可，市场是这三个要素的统一。

三、市场的功能

市场的功能是指市场的各种要素组成的有机整体所具有的职能，是通过市场机制的各环节以及参加交换的当事方来实现的。尽管由于社会形态和商品经济发达程度的不同，市场在性质、规模以及发育状况、地位、作用等方面存在着差别，但其基本功能是一切市场所共有的，是市场活动所具有的内在属性。这具体表现在以下几个方面。

营销视角 1-1

（一）交换功能

交换功能表现为以市场为场所和中介，促进和实现商品交换的活动。在商品经济条件下，商品生产者出售商品，消费者购买商品，以及经营者买进卖出商品的活动，都是通过市场进行的。市场不仅为买卖各方提供交换商品的场所，而且通过等价交换的方式促成商品所有权在各当事人之间让渡和转移，从而实现商品所有权的交换。与此同时，市场通过提供流通渠道，组织商品存储和运输，推动商品实体从生产者向顾客转移，完成商品实体交换。这种促成和实现商品所有权交换与实体转移的活动，是市场最基本的功能。尽管随着市场经济的发展，商品的范围已扩展到各种无形产品及生产要素，如服务、信息、技术、资金、房地产、劳动力、产权等，但上述商品仍然是通过市场完成其交换和流通的。

（二）反馈功能

市场把交换活动中产生的经济信息传递、反映给交换当事人，就是市场的反馈功能。商品出售者和购买者在市场上进行交换活动的同时，不断输入有关生产、消费等方面的信息。这些信息经过市场转换，又以新的形式反馈输出。市场信息的形式、内容多种多样，归结起来都是市场上商品供应能力和需求能力的显像，是市场供求变动趋势的预示，其实质反映了社会资源在各部门的配置比例。市场的信息反馈功能，可以为国家宏观经济决策和企业生产经营决策提供重要依据。一方面，国家可以根据市场商品总量及其结构的信息反馈，判断国民经济各部门之间的比例关系恰当与否，并据此规划和调整社会资源在各部门的分配比例；另一方面，企业也可以根据商品的市场销售状况的信息反馈，对消费偏好和需求潜力做出判断和预测，从而决定和调整企业的经营方向。随着社会信息化程度的提高，市场的信息反馈功能将日益加强。

（三）调节功能

调节功能是指市场在其内在机制的作用下，能够自动调节社会经济的运行过程和基本比例关系。市场作为商品经济的运行载体和现实表现，本质上是价值规律发生作用的实现形式。价值规律通过价格、供求、竞争等作用形式转化为经济活动的内在机制。市场机制以价格调节、供求调节、竞争调节等方式，对社会生产、分配、交换、消费的全过程进行自动调节。例如：调节社会资源在各部门、行业、企业间的配置与生产产品总量和种类构成；调节各个市场主体之间的利益分配关系；调节市场商品的供求总量与供求结构；调节社会消费水平、消费结构和消费方式等。在上述调节的基础上,最终达到对社会经济基本比例关系的自动调节。调节功能是市场最主要的具有核心意义的功能。

除上述基本功能外,在市场经济条件下,市场作为经济运行的中枢和集中体现,还具有如下重要作用。

第一,市场是社会资源的主要配置者。资源是指社会经济活动中人力、物力、财力的总和。资源配置是对相对稀缺的资源在各种可能的生产用途之间做出选择,或者说是各种资源在不同使用方向上的分配,以获得最佳效率的过程。合理配置资源,使其得到充分利用,避免不必要的闲置和浪费,是任何社会经济活动的中心问题。资源配置有自然配置、市场配置和计划配置三种方式。其中,市场配置是市场经济中资源配置的主要方式,即各种资源通过市场调节实现组合和再组合。具体表现为,各种资源通过参与市场交换在全社会范围内自由流动;按照市场价格信号反映的供求比例流向最有利的部门和地区;企业作为资源配置的利益主体通过市场竞争实现各项资源要素的最佳组合。在市场机制自动配置组合资源的基础上,推动实现产业结构和产品结构的合理化。

第二,市场是国家对社会经济实行间接管理的中介、手段和直接作用对象。在我国,国家作为全民利益的代表者,担负和行使管理社会经济的职能。但是,按照市场经济的内在要求,国家无权直接干预企业的微观经济活动,只能采取间接调控方式进行宏观管理。市场作为全社会微观经济活动的场所和总体形式,可以成为连接宏观管理主体与微观经济活动的中介。国家运用各种宏观调控手段,直接调节市场商品供求总量及其结构的平衡关系,通过市场发出信号,间接引导和调节企业的生产经营方向,从而实现对社会经济活动全面、有效的控制。

第三,市场对企业的生产经营活动具有直接导向作用。在社会主义市场经济体制下,企业的生产经营活动直接取决于市场的调节和导向。市场运用供求、价格等调节机制引导企业的生产方向,企业也根据市场供求信息决定生产什么,生产多少。企业要遵照公平竞争的市场法则,积极参与竞争,实现优胜劣汰。在营销活动中,同样要依照市场导向制订市场营销战略,选择市场营销组合,以使企业获得最佳市场营销效果。

四、市场结构

市场结构是指市场经济活动中相互联系、相互制约的各个组成部分之间的组合比例及其相互关系,它是社会经济结构在市场流通中的反映,最终是由一定时期的社会生产力结构与社会生产关系所决定的。划分依据不同,市场的结构也有所不同,主要有以下两种。

(一)以市场形态作为划分依据

决定市场结构的因素或特征主要依据有以下四个方面:①参加市场交易的买方和卖方的数量,特别是卖方的数量。②生产者的产品差别程度。③市场进入障碍的大小。所谓进入障碍,是指一个新的企业要进入某一行业所遇到的阻力,也可以说是资源流动的难易程度。一个行业的进入障碍越小,其竞争程度越高;反之,一个行业的进入障碍越大,其垄断程度就越高。④买方和卖方对价格的影响程度。

根据这四个方面因素的不同特点,可以将市场划分为完全竞争市场、垄断竞争市场、寡头垄断市场和完全垄断市场四种市场结构。如表1-1所示。

表 1-1　市场结构

特征	完全竞争市场	不完全竞争市场		
		垄断竞争市场	寡头垄断市场	完全垄断市场
交易者数量	很多	较多	很少	一个
产品差别程度	完全相同	有很多差别	差别很少	产品独特
影响价格能力	没有	有限	有一些	很大
进入限制	没有	没有	有一些	不可进入
典型行业	农业	医药业	汽车业、钢铁业	公用事业

(二)以顾客类型作为划分依据

对市场结构的分析,也可以根据顾客(即市场购买主体)来进行分类。因此一个国家的市场结构,可划分为消费者市场、生产者市场、转卖者市场和政府市场四种类型。

1.消费者市场

消费者市场又称最终消费者市场、消费品市场或生活资料市场,是指个人或家庭为满足生活需求而购买或租用商品的顾客群。消费者市场是市场体系的基础,是起决定作用的市场。消费者市场是现代市场营销理论研究的主要对象。成功的市场营销者是那些能够有效地发展对消费者有价值的产品,并运用富有吸引力和说服力的方法将产品有效地呈现给消费者的企业和个人。因而,研究影响消费者购买行为的主要因素及其购买决策过程,对于开展有效的市场营销活动至关重要。

2.生产者市场

生产者市场又称产业市场或工业市场,是指为了满足生产需要,并以获得利润为目的而购买生产资料,并用来生产其他货物和劳务,以出售、出租给其他用户的组织和个人。它具有购买者数量少而规模大、需求波动性大、需求缺乏弹性等特点,对于国民经济的发展具有重要的作用。

3.转卖者市场

转卖者市场也称中间商市场或再售者市场,是由所有以盈利为目的从事转卖或出租业务的个人和组织所组成的市场。转卖者市场的主体,包括各种批发商和零售商。批发商是指以进一步转卖或加工生产为目的的整批买卖产品和劳务的个人和组织,它不将商品大量卖给最终消费者。零售商是指将产品和劳务直接卖给最终消费者的个人和组织。在市场经济条件下,由于社会分工的进一步发展,生产者生产的产品除少部分自己直接卖给其他企业或最终消费者外,大多数产品(特别是消费品)都需要通过转卖者市场卖给其他企业或最终消费者。因此,转卖者市场对生产企业产品销售有着重要的作用。

4.政府市场

政府市场是指那些为执行政府的主要职能而采购或租用商品的各级政府单位。政府市场上的购买者是政府的采购机构。政府采购的目的是为履行政府管理职能或为社会提供公共产品,没有营利动机,不具有商业性。由于在这个市场里,采购资金主要来自国家预算资金(纳税人缴纳的税金),按照财政收入取之于民、用之于民的原则,政府采购活动必须公开、公正、公平地开展。政府购买对象从军需品到民用品,从工业品到消费品,从有形商品到无形商品(服务),无所不包,形成了一个引人注目的大市场。政府市场的采购行为,对企业的营销活动和整个市场的供需状况具有重大影响。

第二节　市场营销及其相关概念

一、市场营销的概念

市场营销,英文为 marketing。它是现代企业管理活动中一个重要的组成部分。伴随着社会经济环境的发展变化,企业市场营销活动的内容发生了根本性的改变,人们对市场营销概念内涵的解释也在不断丰富而动态调整与完善。截至目前,国内外学者对市场营销的定义不下百种。

美国市场营销学会(American Marketing Association,AMA)的定义是:市场营销既是一种组织职能,也是为了组织自身及利益相关者的利益而创造、沟通和传递客户价值,管理客户关系的一系列活动的总称。

著名营销学家菲利普·科特勒认为:市场营销是指以满足人类各种需要和欲望为目的,通过市场变潜在交换为现实交换的一系列活动和过程。

日本市场营销协会(Japanese Marketing Association,JMA)根据变化的市场营销环境和不断发展的市场营销实践,对市场营销的含义进行了进一步阐释和发展,指出:"市场营销是包括教育机构、医疗机构、行政管理机构等在内的各种组织,基于与顾客、委托人、业务伙伴、个人、当地居民、雇员及有关各方达成的相互理解,通过对社会、文化、自然环境等领域的细致观察,而对组织内外部的调研、产品、价格、促销、分销、顾客关系、环境适应等进行整合、集成和协调的各种活动。"这一阐释得到了国际营销学界的普遍认同。

由以上定义可以看出,作为组织(主要是企业)的一种独立的管理活动,市场营销活动具有两个基本特征:一是市场营销是一种自愿的交换行为。交换过程是一个主动、积极寻找机会,满足双方需要与欲望的社会过程和管理过程。二是市场营销活动的根本目的是满足顾客需要,并在此基础上实现企业盈利及其他组织目标。

综合现有理论,本书认为:市场营销是指企业通过创造价值、传递价值、交换价值等一系列活动满足顾客现实或潜在需要进而实现企业盈利或其他目标的综合管理活动过程。

二、市场营销的相关概念

为加深对市场营销内涵的理解,我们需要进一步认识与市场营销相关的一系列概念。

(一)需要、欲望和需求

需要是对个体生理、心理上的匮乏状态的描述,即没有得到某些满足的感受状态。人类在生存与发展中会不断产生各种生理和心理需要,如人们需要衣服、食物、住房、生育、交通、安全、社交、受尊重、自我价值实现等。需要是人类活动的原动力,因而是市场营销活动的出发点和落脚点。人类需要具有发展性,一种需要得到满足,又会产生新的需要。企业市场营销活动的任务就是要善于洞察顾客需要,帮助顾客用最有效的方式满足需要。

欲望是指对具体满足物的愿望,它是将需要与具体满足对象相联结的心理因素。人们对具体购买的产品做何选择,并不完全由需要决定,而是取决于欲望,欲望决定着人们对具体需要满足品的选择。欲望的形成受到社会生产方式、文化以及各种社会力量诸如家庭、学校、宗教、阶层等因素的影响。企业市场营销活动不仅要了解顾客需要,还要通过开发并提供与欲望相一致的产品或者以创新产品影响欲望,创造商机。

需求是指有能力购买并愿意购买某个具体产品的欲望。人类的欲望是无尽的,人可支配的资源总是有限的,人们总是在购买能力约束下选择能够满足其欲望的产品或服务,即现实的市场需求。企业市场营销活动不仅是搞清楚有多少顾客需要本企业的产品,更要明确有多少人具有现实的购买能力。

将需要、欲望和需求加以区分,其意义在于阐明这样一个事实,即市场营销者并不创造需要,需要早就存在于企业市场营销活动出现之前;市场营销者通过使产品富有吸引力来影响人们的欲望,通过市场营销组合策略的制订和实施以适应顾客的支付能力从而影响需求。

(二)产品

产品是指能满足人类某种需要与欲望的任何东西。产品是一个复合的概念。人们购买产品不在于拥有它,而在于它带来的某种欲望的满足。例如,人们购买计算机不在于拥有计算机这件物品,而是为了得到计算、整理资料、上网等便利的满足。所以,产品只是满足欲望的一个载体。这个载体分为两大类:第一大类是"实物产品"。例如,计算机制造商供应商品,包括送货上门、安装培训、维修等。第二大类是由人、地点、活动、组织、创意等构成"服务"。例如,一个人心情郁闷,为获得轻松、解脱的需要,可到剧场观看演出(人)、到风景区旅游(地点)、参加健身运动(活动)、参加某俱乐部(组织)、接受再教育(观念)。市场营销者的工作不仅是描述某产品的物理特征,而且是销售产品深层的利益和所能提供的服务。

(三)价值、成本和满意

价值(亦称效应)是顾客对产品满足其需要的整体能力的评价。成本是指顾客为购买该产品而必须支付的费用(包括获取成本、拥有成本和使用成本)。满意是指顾客购买该产品所获得的心理满足的自我评价。任何顾客都希望以最低的比较成本来获得最高的比较价值,以此来获得最大的满意。

现代市场营销理论认为,顾客满意是企业市场营销最重要的目标。利润高、竞争力强的企业并非与高的市场份额相联系,而是与顾客满意密切相关。因而市场份额质量比市场份额大小更重要,而顾客满意则是高质量市场份额的关键。顾客满意可以使企业获得更高的、长期的营利能力;可以使企业在竞争中得到更好的保护;还可以使企业应付市场的变化。

(四)交换与交易

交换是指通过提供某物作为回报,从他人那里取得所需物的行为。只有存在交换方式才有市场营销。交换的发生,必须符合以下条件:①至少要有两方;②每一方都有被对方认为有价值的东西;③每一方都能沟通信息和传递货物;④每一方都可以自由地接受或拒绝对方的产品;⑤每一方都认为与另一方进行交易是合适或称心的。

交换是一个过程,在这个过程中,如果交换双方能达成一项协议,我们就称之为发生了交易。所以,交易是交换的基本单元,是由交换双方之间的价值交换所构成的。一次交易包括三个可以度量的实质内容:第一,至少有两个有价值的事物;第二,买卖双方所同意的条件;第三,协议的时间和地点。交易有货币交易和实物交易两种方式。营销实质上就是为诱发目标人群对某种商品产生预期的交易反应而采取的种种行为。作为营销者，就是要研究交换的全过程，并采取相应的方式，促使交易产生。这种为每一个交易的产生而做出种种努力的过程，我们称之为交易营销。

（五）关系与网络

交易营销是为每一个交换过程做努力，促使其达成交易。一个成功的营销者，更倾向于关系营销。所谓关系营销，是指营销者与其顾客、供应商、分销商等建立长期满意关系的实践，目的是保持他们长期的业务和成绩。精明的营销者都会强调关系营销，努力与各方建立长期的相互信任的"双赢"关系。这些关系要靠高质量的产品、优良的服务和公平的价格来实现。其结果是有关各方都建立一种经济、技术和社会方面的纽带关系。良好的关系营销可以减少交易成本和时间，使交易从每次协商成为惯例化行为。

关系营销的最终结果是形成一个营销网络——企业的最好资产。营销网络是由企业与它的所有利益相关者（包括顾客、员工、供应商、广告商、科学家和其他人等）建立互利的业务关系，这样使竞争由在企业之间展开，转变为在网络之间展开。一个建立了有效营销网络的企业将在市场竞争中胜出。

（六）市场营销者和潜在顾客

在交换双方中，如果一方比另一方更主动、更积极地寻找交换，则前者称为市场营销者，后者称为潜在顾客。市场营销者是指寻找一个或更多的能与他交换产品和价值的潜在顾客的人或单位。潜在顾客是指市场营销者所确定的有潜在愿望和能力进行交换价值的人或单位。市场营销者可以是一个卖主，也可以是一个买主。如果买卖双方都在积极寻找交换，我们就把双方都称为市场营销者，并将这种情况称为双边营销。一般来说，在当今市场上，持币者（买方）与持物者（卖方），后者（一般为产品生产者——企业）往往更主动，所以他们一般就是市场营销者。

三、准确理解市场营销概念

要准确地把握市场营销的概念，除了要深入理解上述市场营销的相关概念以外，还要掌握以下几个要点。

1.市场营销的核心是顾客

企业营销目标只有通过顾客才能实现，没有顾客的购买，企业的一切努力纯属浪费资源。"没有订单的生产，是在制造库存。"如果企业不了解顾客，不关注顾客，不能满足顾客的实际需要，怎么能生产出顾客愿意购买的产品呢？所以，现代市场营销理论强调，企业在整个管理活动中，始终要"以顾客为中心"，把追求顾客满意作为企业的最高目标。这样，企业才能获得应有的回报，才能生存和发展。

2.市场营销是一种创造性行为

每个企业都有自己的、不同于其他企业的市场营销环境和目标市场。因此，在市场营销过程中，必须把市场营销的普遍原理与企业的实际情况结合起来，因地制宜，创造性地形成适合本企业的营销模式。同时，由于市场环境和市场需求处在不断变化之中，任何一种成功的营销模式或营销策略都不可持续。所以，企业要不断地调整自己以适应多变的市场环境。

3.市场营销是一种企业整体活动

面对竞争激烈的市场,仅靠某一种力量或某一个部门来完成企业市场营销目标已经完全不可能了。企业必须建立一种以满足顾客为中心的管理机制和运行架构,把所有部门和人员都纳入这个系统,相互配合,相互协作,才能创造更大的市场价值。另外,市场营销是连接企业和社会的纽带,只有满足社会利益的同时满足顾客的利益,企业才能长久不衰地取得成功。

4.市场营销不等于"推销"和"销售"

marketing 是从 market 引申而来的。market 作为名词,是"市场"的意思,而作为动词是"推销"的意思,但 marketing 不能理解为推销(selling)或销售(sale)。因为市场营销的含义更广泛。现代企业的市场营销活动包括市场调研、目标市场选择、产品开发、定价、分销、广告宣传、促进销售、售后服务等,推销仅仅是市场营销活动的一部分,而且不是最重要的部分。按照菲利普·科特勒的说法,推销仅仅是"市场营销冰山的尖端",甚至他还说:"市场营销的目的就在于使推销失去意义"。意思就是,如果企业能做好市场调研,充分了解顾客的需要,并能生产出比竞争者更好的产品,制订出合适的价格,创造便利的购物条件,产品的推销就比较容易。

四、市场营销的功能

在商品经济条件下,社会的生产与消费之间存在着时间和空间上的分离,产品、价格、双方信息不对称等多方面的矛盾。市场营销在社会经济生活中的基本作用就是为了解决生产与消费的矛盾,市场营销的基本任务就是通过交易努力解决生产与消费的分离,使商品的供求关系基本适应,实现生产与消费的统一,促进社会再生产的顺利进行。

营销视角 1-2

市场营销是通过执行其功能,创造经济效用的。一般来说,市场营销的功能主要表现在三个方面:交换功能、物流功能和便利功能。

(一)交换功能

交换功能,包括购买和销售两个方面,两者都要实现商品所有权的转移。顾客的购买活动包括对购买什么、购买多少、向谁购买、何处购买、何时购买及确定可接受的交易条件等的决策和决策的实施。销售功能包括寻找市场机会、确定营销产品、选择分销渠道、制定价格、开展促销、提供售后服务等的决策及相关的具体业务。

(二)物流功能

物流功能主要包括商品的运输和储存。运输是通过实现产品在空间位置的转移,以解决产品的生产和消费在空间上不一致的矛盾;储存是通过保护商品的使用价值,调节产品的生产和消费在时间上不一致的矛盾。因此,物流功能是实现交换功能的必要前提条件。

(三)便利功能

便利功能是指便利交换、便利物流,促使交换、物流顺利进行的功能。其主要包括资金融通、风险承担、信息沟通、产品标准化和分级等。借助资金融通和商业信用,可以控制或改变产品的流向和流量,在一定条件下,能够给买卖双方带来交易上的方便和利益。风险承担是指在产品交易和储运中,要承担某些财务损失,如产品积压而不得不削价出售;产品损坏、短少、腐烂而造成的经济损失。市场信息的收集、加工和传递,对于生产者、中间商、消费者或用户都是

重要的,没有信息的沟通,其他功能都难以实现。产品的标准化和分等分级,可以大大简化和加快交换过程,方便产品储存、运输和顾客购买。

第三节　市场营销观念的演变

一、市场营销观念的含义

市场营销观念是指企业进行经营决策,组织管理市场营销活动时所依据的指导思想和行为准则。它是企业决策者对市场营销的基本看法或态度,也是企业的经营哲学。市场营销观念是企业的决策者在特定的环境条件下为了实现企业的营销目标,在实践中逐渐产生和形成的。市场营销观念一旦形成,反过来对企业的营销活动产生积极的促进作用,企业的一切营销活动都受市场营销观念的支配和影响,市场营销观念决定着企业营销行为的方向和经济效益。所以,一个企业要在竞争中获胜,首先必须有正确的市场营销观念作指导,同时采取有效的营销策略,才能实现企业的盈利目标。

二、市场营销观念的发展和演变

企业的市场营销观念决定了企业如何看待顾客和社会利益,如何处理企业、社会和顾客三方的利益协调。市场营销观念的演变,反映了社会生产力的进步,生产力与生产关系矛盾的发展,以及市场趋势从卖方市场为主向买方市场为主的转变。随着市场经济的发展以及营销环境的变化,企业的市场营销观念经历了从最初的生产观念、产品观念、推销观念到市场营销观念和社会营销观念的发展和演变过程。

(一)生产观念

生产观念,又称生产导向,盛行于19世纪末20世纪初。生产观念是一种传统的经营思想,在供给相对不足、卖方竞争有限的条件下一直支配着企业的生产经营活动。生产观念的核心是以生产者为中心,企业以顾客买得到和买得起产品为假设的出发点,认为消费者喜欢那些可以随处买到和价格低廉的商品,因此企业应当组织和利用所有资源,集中一切力量扩大生产经营规模,增加供给,扩大分销范围,增加产量,并努力降低成本和售价。生产观念是一种重生产、轻营销的指导思想,其典型表现就是"我们生产什么,就卖什么"。

生产观念指导下的企业市场营销活动,具有以下几个特点:①企业的重点放在生产上,途径是追求高效率、大批量,产品实行"一贯制",产品生命周期很长。②企业面临的主要问题是市场上产品的有无以及多少的问题,而不是消费者的需求是否能够满足。③企业经营管理中以生产部门为主体,仅设立一个销售部门,由销售经理直接管理,主要任务是管理销售人员。

(二)产品观念

随着供不应求的市场现象在西方社会得到缓和,产品观念应运而生。产品观念认为,消费者最喜欢高质量、多功能和具有某种特色的产品,企业应致力于生产这些高值产品,并不断加以改进。如果说生产观念强调的是"以量取胜",那么产品观念则是"以质取胜"。需要指出的是,产品观念本质上仍然是以生产为中心,以产定销,围绕生产安排一切业务活动。产品观念产生于市场产品供不应求的"卖方市场"形势下。最容易产生产品观念的场合,莫过于当企业发明一项新产品时。此时，企业容易导致"市场营销近视"，即不适当地把注意力放在产品上，而不是放在市场需要上，往往造成虽然产品质量优良，但是产品单一，款式老旧，宣传欠缺，在市场营销管理中缺乏远见，只看到自己的产品质量好，看不到市场需求在变化，致使企业经营陷入困境。

（三）推销观念

推销观念产生于资本主义经济由"卖方市场"向"买方市场"的过渡阶段，盛行于20世纪三四十年代。推销观念认为，消费者通常有一种购买惰性或抗衡心理，若任其自然，消费者就不会自觉地购买大量该企业的产品，因此企业管理的中心任务是积极推销和大力促销，以诱导消费者购买产品。其具体表现是："我卖什么，就设法让人们买什么"。执行推销观念的企业，称为推销导向企业。在推销观念的指导下，企业相信产品是"卖出去的"，而不是"被买去的"。他们致力于产品的推广和广告活动，以求说服甚至强制消费者购买。他们聚集了大批推销专家，做大量广告，对消费者进行无孔不入的促销信息"轰炸"。如美国皮尔斯堡面粉公司的口号由原来的"本公司旨在制造面粉"改为"本公司旨在推销面粉"，并第一次在公司内部成立了市场调研部门，派出大量推销人员从事推销活动。

推销观念在企业市场营销活动中具有以下特点：①产品不变，加强了推销工作。②开始关心消费者，但其出发点是如何诱导顾客购买，而不是满足其需求。同时，售后信息反馈较差。③企业设置独立的销售部门，但仍处于从属地位。

（四）市场营销观念

市场营销观念是以消费者需要和欲望为导向的经营哲学，是消费者主权论的体现，形成于20世纪50年代。该观念认为，实现企业诸目标的关键在于正确确定目标市场的需要和欲望，一切以消费者为中心，并且比竞争对手更有效、更有利地传送目标市场所期望满足的东西。

市场营销观念的产生，是市场营销哲学的一种质的飞跃和革命，它使企业市场经营活动发生了质的变化，即从"以产定销"转向"以销定产"。它要求企业营销管理贯彻"顾客至上"的原则，从而实现企业目标。因此，企业在决定其生产经营时，必须进行市场调研，根据市场需求及企业本身条件选择目标市场，组织生产经营，最大限度地提高顾客满意程度。

市场营销观念在企业市场营销活动中具有如下特点：①以顾客需求为中心与出发点，强调细分市场，满足目标市场顾客的需求与欲望。②运用市场营销组合手段，即产品、价格、分销及促销手段的综合运用，追求全面满足顾客需求。③刺激新产品开发，以多种多样的产品满足顾客的需求，同时，强调市场信息沟通、分销渠道、促销策略的作用，从整体战略上进行有效经营。④通过满足顾客需求，实现企业的盈利目标。⑤在企业中建立营销决策中心，市场营销部门成为指挥和协调整个企业经营活动的中心。

（五）社会营销观念

从20世纪70年代起，随着全球环境破坏、资源短缺、人口剧增、通货膨胀和忽视社会服务等问题日益严重，要求企业顾及消费者整体利益与长远利益的呼声越来越高。在西方市场营销学界提出了一系列新的理论及观念，如人性观念、理智消费观念、生态准则观念等。其共同点都是认为，企业生产经营不仅要考虑消费者需要，而且要考虑消费者和整个社会的长远利益，实现企业利益、消费者的需要和欲望、社会利益三者的有机统一。这类观念统称为社会营销观念。

社会营销观念的基本核心是：以实现消费者满意以及消费者和社会公众的长期福利作为企业的根本目的与责任。企业推行社会营销观念，从宏观上可以保护消费者和企业生存与发展的良好营销环境，符合社会合理、有序发展的要求；从微观上可以提高企业在消费者心中的形象，为企业的可持续发展创造一个稳定的环境。

三、新旧营销观念的区别

企业市场营销观念的形成与发展，经历了以上五个阶段。20 世纪 50 年代以前的生产观念、产品观念和推销观念，其实质都是"以产定销"，我们称为市场营销的旧观念；20 世纪 50 年代以后的市场营销观念和社会营销观念，其实质都是"以销定产"，我们称为市场营销的新观念。新旧营销观念由于产生的历史条件不同，因而也有着不同的特点，主要表现在以下几个方面。

营销视角 1-3

（一）营销活动的出发点不同

实行旧观念的企业，以产品为出发点，即先发展适当产品，再采取一定的推销手段，实现产品从生产领域转向流通领域，最后转向消费领域。实行新观念的企业，从市场出发，也就是从消费者的需要出发，首先进行市场调研，了解消费者需求；其次组织产品设计，使生产的产品既满足顾客需求，又能使产品适销对路获取利润；这样也就把企业的规划程序整个颠倒了过来。新观念的理论基础认为，实现企业营销目标，必须满足消费者的某种需求，而不是事先确定提供某一特定的商品或服务。

（二）营销活动的重点不同

旧观念以产品为主，企业一切工作的出发点是产品，重点是产品的生产和效率的提高。新观念以顾客需求为重点，企业计划的出发点是顾客的需求，发现需求以及满足需求成为新观念指导下企业市场营销的主要任务。

（三）营销活动的手段不同

旧观念把销售只作为一般的推销手段，认为销售仅是一种业务活动，所以企业重生产轻流通，商业部门重收购轻销售。新观念指导的企业市场营销认为，为了实现企业的目标，必须加强市场调查和预测，运用整体营销手段，发挥市场机制的作用，满足顾客的需求。总之，旧观念以产品为中心加强推销，新观念以消费者需求为中心实施整体营销手段。

（四）营销活动的目标不同

旧观念指导下的企业营销，着眼于每次交易活动，急功近利，缺乏长远打算。新观念指导下的企业市场营销活动，从市场整体出发，不仅考虑顾客的现实需求，更加注重顾客的潜在需求，不仅要占领已有市场，更加重视开拓新市场。新观念指导下的企业市场营销活动，从战略高度出发，寻找真正满足顾客需求的有效途径，追求利润的长期最大化。

总之，企业实施不同的市场营销观念，使市场营销的出发点、重点、手段和目标都有不同的特点，新旧市场营销观念的区别如表 1-2 所示。

表 1-2 新旧营销观念对照表

	营销观念	营销顺序	重点	手段	目标
旧观念	生产观念	产品—市场	产品	生产效率	销售量、利润
	产品观念	产品—市场	产品	产品质量	销售量、利润
	推销观念	产品—市场	产品	销售技巧	销售量、利润
新观念	市场营销观念	市场—产品	顾客需求	市场营销组合	通过满足需求获取利润
	社会营销观念	市场—产品	顾客需求、社会福利	整体市场营销	通过满足需求,增进社会福利,企业获得效益

第四节 市场营销理论的演变

市场营销理论的一个重要概念是营销组合。1953 年,尼尔·博登(Neil Borden)率先提出了"营销组合"(marketing mix)这一术语,意思是说市场需求在某种程度上会受到"营销变量(营销要素)"的影响,为了达到既定的营销目标,企业需要对这些要素进行有效的组合。此后,许多学者都围绕"营销组合"展开了深入的研究,并从各自的角度提出了对"营销组合"的不同理解,形成了营销哲学发展史上营销组合的演变。

一、营销组合的基本框架:4P 组合

(一)营销组合的构成

1960 年,麦卡锡(E. J. McCarthy)在《基础营销》一书中提出了著名的 4P 组合。麦卡锡认为,企业从事市场营销活动,一方面要考虑企业的各种外部环境,另一方面要制订市场营销组合策略,通过策略的实施,适应环境,满足目标市场的需要,实现企业的目标。

在麦卡锡提出的 4P 组合中,将营销要素概括为四类:产品(product)、渠道(place)、价格(price)和促销(promotion)。由于这四个词的英文首字母都是 P,所以称为 4P 组合。其中,"产品"就是考虑为目标市场开发适当的产品,选择产品线、品牌和包装等;"价格"就是考虑制订适当的价格;"地点"就是要通过适当的渠道安排运输储藏等把产品送到目标市场;"促销"就是考虑如何将适当的产品,按适当的价格,在适当的地点通知目标市场,包括销售推广、广告、培养推销员等。

(二)营销组合的特点

1. 可控性

营销组合各因素对企业来讲都是"可控制因素",就是说企业可以根据市场的需要,选择生产经营的产品结构,制定产品的价格,选择分销渠道和促销方式等,对这些营销手段的运用和搭配,企业有自主权。但是这种自主性是相对的,是不能随心所欲的,因为企业营销过程中不但要受本身资源和目标的制约,而且还要受各种微观和宏观环境因素的影响和制约,这些是企业不可控的变量,即"不可控因素"。因此,营销管理者的任务就是在综合运用营销组合策略时,既要善于利用各种可控因素,又要善于灵活地适应外部环境的变化。这样,才能在市场上

争得主动。也就是说,企业在制订营销组合时,必须以深入细致的市场调研为基础,充分掌握市场环境变化态势及目标市场的需求特点,只有根据市场环境变化和目标市场需要制订的营销组合,才是最优组合。

2. 动态性

市场营销组合是一个动态组合。每一个组合因素都是不断变化的,是一个变数;同时又是相互影响的,每一个因素都是另一个因素的潜在替代者。在四个大的营销因素中,又各自包含着若干小的变数,每一个变数的变动,都会引起营销组合的变化,形成一个新的组合。因此,企业在环境千变万化、需求瞬息万变的市场上,为适应市场环境和消费需求的变化,必须及时调整营销组合的结构和策略,使营销组合与市场环境保持一种动态的适应关系。"动"是绝对的,"不动"是相对的,在"动"中才能求生存、求发展。

3. 复合性

营销组合是一个复合系统,具有复合结构。四个大因素(即 4P)中又各自包含若干小的因素,形成各个"P"的亚组合。因此,营销组合是至少包含两个层次的复合系统。企业在确定营销组合时,不但应求得四个大因素之间的最佳搭配,而且要安排好每个大因素内部的搭配,使所有这些因素达到灵活运用和有效组合。

4. 整体性

营销组合是企业根据营销目标制订的整体营销策略,它要求企业市场营销的相关因素协调配合,一致行动,发挥整体功能。因为各因素独立发挥作用时,难免缺乏整体的协调,有些功能就会相互抵消,或效果不明显;而在组合条件下,各个因素相互补充,协调配合,目标统一,其整体功能必然大于局部功能之和。因此,企业在制订营销组合时,应追求整体最优,而不能要求各个因素最优;各个亚组合也必须服从整体组合的目标和要求,维护营销组合的整体性,充分发挥营销组合系统的整体效用。

二、4C 组合

20 世纪 90 年代,美国市场学家罗伯特・劳特朋(Robert Lauterborn)提出了以"4C"为主要内容的作为企业营销策略的市场营销组合,即 4C 理论,它以消费者需求为导向,重新设定了市场营销组合的四个基本要素,即消费者(customer)、成本(cost)、便利(convenience)和沟通(communication)。它强调企业首先应该把追求顾客满意放在第一位,其次是努力降低顾客的购买成本,然后要充分注意到顾客购买过程中的便利性,而不是从企业的角度来决定销售渠道策略,最后还应以消费者为中心实施有效的营销沟通。

然而,从企业营销实践和市场发展的趋势看,4C 仍然存在以下不足。

一是 4C 是顾客导向,而市场经济要求的是竞争导向。顾客导向与市场竞争导向的本质区别是:前者看到的是新的顾客需求并以此作为营销工作的核心;后者不仅看到了需求,还更多地注意到了竞争对手,客观分析自身在竞争中的优、劣势并采取相应的策略,在竞争中求发展。

二是随着 4C 理论融入营销策略和行为中,虽然会推动社会营销的发展和进步,但企业营销又会在新的层次上同一化,不能形成营销优势,保证企业市场份额的稳定性、积累性和发展性。

三是 4C 以顾客需求为导向,但顾客需求也存在合理性问题。顾客总是希望质量好,价格低,特别是在价格上要求是无底线的。只看到满足顾客需求的一面,企业必然付出更大的成本,久而久之,会影响企业的发展。所以从长远看,企业经营要遵循双赢的原则,这是4C需要进一步解决的问题。

四是4C仍然没有体现既赢得客户,又长期地拥有客户的关系营销思想,没有解决满足顾客需求的操作性问题,如提供集成解决方案、快速反应等。

五是4C总体上虽是4P的转化和发展,但被动适应顾客需求的色彩较浓。根据市场的发展,需要从更高层次以更有效的方式在企业与顾客之间建立起有别于传统的新型的主动性关系,如互动关系、双赢关系、关联关系等。

三、4R组合

唐·舒尔茨(Don E. Schuhz)在4C营销理论的基础上提出了4R营销理论。

4R理论的营销四要素具体如下。

第一,关联(relevancy)。企业与顾客是一个命运共同体,建立并发展与顾客之间的长期关系是企业经营的核心理念和最重要的内容。

第二,反应(reaction)。在相互影响的市场中,对经营者来说最难实现的问题不在于如何控制、制订和实施计划,而在于如何站在顾客的角度及时地倾听和从推测性商业模式转移成为高度回应需求的商业模式。

第三,关系(relationship)。在企业与客户的关系发生了本质性变化的市场环境中,抢占市场的关键已转变为与顾客建立长期而稳固的关系。与此相适应地产生了5个转向:从一次性交易转向强调建立长期友好合作关系;从着眼于短期利益转向重视长期利益;从顾客被动适应企业单一销售转向顾客主动参与到生产过程中来;从相互的利益冲突转向共同的和谐发展;从管理营销组合转向管理企业与顾客的互动关系。

第四,报酬(reward)。任何交易与合作关系的巩固和发展,都是经济利益问题。因此,一定的合理回报既是正确处理营销活动中各种矛盾的出发点,也是营销的落脚点。

四、4V组合

进入21世纪以来,高科技产业迅速崛起,高科技企业、高技术产品与服务不断涌现,营销观念、方式也不断丰富与发展,并形成独具特色的新型理念,在此基础上,国内的学者(吴金明等)综合性地提出了4V的营销哲学观。所谓"4V"是指"差异化(variation)""功能化(versatility)""附加价值(value)""共鸣(vibration)"的营销组合理论。

首先,4V营销理论强调企业要实施差异化营销,一方面使自己与竞争对手区别开来,树立自己的独特形象;另一方面也使消费者相互区别,满足消费者个性化的需求。其次,4V理论要求产品或服务有更大的柔性,能够针对消费者具体需求进行组合。最后,4V理论更加重视产品或服务中的无形要素,通过品牌、文化等以满足消费者的情感需求。

1.顾客差异性

管理大师彼得·德鲁克在描述企业的定义时曾这样说:"企业的宗旨只有一个定义,那就是创造顾客。"从表面看,企业向不同的顾客提供的是同一种商品,但实际上,顾客所买的可能是根本不同的东西。同样是买汽车,有的顾客购买的是纯粹的交通工具,有的则附加了地位、声望这些车外之物;同样是买服装,中老年更多注重的是冬暖夏凉这些功能,而年轻人则可能把款式和是否流行作为首选内容。顾客对商品看法的差异决定了他是否成为最终消费者。从生产者来讲，产品是否为顾客所欢迎，最主要的是能否把自己的产品与竞争对手区别开来，让消费者"一见钟情"。所以，从某种意义上说，创造顾客就是创造差异。有差异才能有市场，才能在强手如林的同行业竞争中立于不败之地。差异化营销正是迎合了这种需要。所谓差异化营销就是企业凭借自身的技术优势和管理优势，生产出性能上、质量上优于市场上现有水平的产品，或是在销售方面，通过有特色的宣传活动、灵活的推销手段、周到的售后服务，在消费者心目中树立起不同一般的良好形象。

2. 功能弹性化

一个企业的产品在顾客中的定位有三个层次：一是核心功能，它是产品之所以存在的理由，主要由产品的基本功能构成，如手表是用来计时的，手机是用来移动通话的。二是延伸功能，即功能向纵深方向发展，如手机的贮存功能、与电脑连通上网功能、移动股市行情反映功能，甚至启动家庭智能电器等功能。它由"单功能—多功能—全功能"的方向向前发展。三是附加功能，如美学功能等。总之，产品的功能越多，其所对应的价格也越高（根据功价比原理），反之亦然。

功能弹性化是指根据消费者消费要求的不同，提供不同功能的系列化产品供给，增加一些功能就变成豪华奢侈品（或高档品），减掉一些功能就变成中、低档消费品，消费者根据自己的习惯与承受能力选择其具有相应功能的产品。

3. 附加价值化

从当代企业产品的价值构成来分析，其价值包括基本价值与附加价值两个组成部分，前者是由生产和销售某产品所付出物化劳动和活劳动的消耗所决定，后者则由技术附加、营销或服务附加和企业文化与品牌附加三部分所构成。从当代发展趋势来分析，围绕产品物耗和社会必要劳动时间的活劳动消耗在价值构成中的比重将逐步下降，而高技术附加价值、品牌或企业文化附加价值与营销附加价值在价值构成中的比重却显著而且将进一步上升。目前，在世界顶尖企业之间的产品竞争已不仅仅局限于核心产品与形式产品，竞争优势已明显地保持在产品的第三个层次——附加产品，即更强调产品的高附加价值。因而，当代营销新理念的重心在"附加价值化"。

4. 产生共鸣

共鸣是企业持续占领市场并保持竞争力的价值创新给消费者或顾客所带来的"价值最大化"，以及由此所带来的企业的"利润极大化"，强调的是将企业的创新能力与消费者所重视的价值联系起来，通过为消费者提供价值创新使其获得最大程度的满足。消费者是追求"效用最大化"的，"效用最大化"要求企业必须从价值层次的角度为顾客提供具有最大价值创新的产品和服务，使其能够更多地体验到产品和服务的实际价值效用。因此，只有实现企业经营活动中各个构成要素的价值创新，才能最终实现消费者的"效用价值最大化"，而当消费者能稳定地得到这种"价值最大化"的满足之后，将毫无疑问地成为该企业的终身顾客，从而使企业与消费者之间产生共鸣。

4P、4C、4R、4V营销组合比较分析如表1-3所示。

表 1-3 4P、4C、4R、4V 营销组合比较分析表

类别	4P 组合	4C 组合	4R 组合	4V 组合
营销理念	生产者导向	消费者导向	竞争者导向	持续竞争导向
营销模式	推动型	拉动型	供应型	伙伴型
满足需求	相同或相近需求	个性化需求	感觉需求	效用需求
营销方式	规模营销	差异化营销	整合营销	体验营销
营销目标	满足现实的,具有相同或相近的顾客需求,并获得目标利润最大化	满足现实的或潜在的个性化需求,培养忠诚度	适应需求变化,并创造需求,追求各方互惠关系最大化	满足顾客追求个人体验和价值最大化需求
营销工具	4P	4C	4R	4V
顾客沟通	"一对多"单向沟通	"一对一"双向沟通	"一对一"双向或多向沟通或合作	"一对一"外部合作
投资成本和时间	短期低,长期高	短期较低,长期较高	短期高,长期低	短期高,长期极低

五、4I 组合

4I 营销理论是指中国学者刘东明提出的社会化媒体营销的"趣味、利益、互动和个性化"这四个原则。4I 营销理论不仅是电商社会化媒体营销的实施理论基础,更是电商营销的突围方向,帮助企业强化营销深度。

1. 原则一:趣味(interesting)

目前互联网产品立足点多数集中在"娱乐"二字,这在以充满趣味的文字、图片和视频为展现内容的碎片化时代下的社会化媒体更是如此,枯燥的、缺乏趣味性的话题已经逐渐被网民所摒弃,没有转发分享的传播内容将不再有营销价值。

2. 原则二:利益(interests)

利益指的是给企业社会化媒体粉丝关注和分享的理由,也是刺激信息交互的催化剂,无论是话题还是活动,都需要能够深入网友内心。企业通常会策划活动或话题投票的方式给粉丝带去利益,主要包括物质和精神两方面,即能满足其内心需求的事物。比如天猫商城、新浪微博会定期发送商家的促销信息和优惠活动。

3. 原则三:互动(interaction)

与传统广告相比,互动是社会化媒体营销的最大特性,企业可以通过平台与目标用户直接对话,及时回复反馈的问题,且能够感知到用户对企业的评价和好感度。这是传统报纸杂志无法媲美的。互动是企业进入用户内心世界的桥梁,也是赢得用户的必经之路。

4. 原则四:个性化(individuality)

作为自营媒体,社会化媒体与传统的平面媒体最大的区别在于它具有生命力,是一个鲜活的个体,拥有自己的性格和态度。企业需要将自身的特点和文化,使用个性化的言语,让媒体

摆脱惯用的模式,反其道而行之。

市场营销理论的演变,反映了市场营销观念在融合和碰撞中不断深入、不断整合的趋势。至少在一段时期内,4P 还是营销的一个基础要素框架。菲利普·科特勒在 2018 年出版的《营销管理》(第 17 版)一书中,提到将 4P 要素换作 4A 的观点,即可接受的产品(acceptability)、付得起的价格(affordability)、可到达的地点(accessibility)、可获悉的促销信息(awareness),旨在强调站在顾客立场上,理解营销组合因素及其应用。

延伸阅读 1-1

营销理论一直在变化,创新的营销者一直为它添加新的元素。进入 21 世纪,互联网时代的到来及互联网作为营销工具的广泛使用,对营销组合的各个方面都产生了显著影响。4P、4C、4R 等营销理论并没有过时,只是在互联网以及移动互联时代,信息沟通模式发生了很大变化,信息不对称性逐渐被打破,致使消费者的认知和行为发生变化,譬如活动的社群化、行为的网络化以及社交化。"互联网＋"国家战略对传统企业的创新、转型升级指出了方向。毋庸置疑,企业经营环境的巨大变化将促使营销理论进一步发展、演变,在不久的未来也许会出现新的营销组合理论。这些变化既是市场机遇也是市场挑战,需要企业灵活地运用营销组合,积极应对。

第五节　市场营销学的产生与发展

人类的市场经营活动从市场出现就开始了。但市场营销学作为一门独立的学科,于 19 世纪末 20 世纪初创建于美国,后流传到欧洲、日本和其他国家,并随着工商业企业市场营销活动的发展变化,在实践中不断完善和发展。

一、市场营销学的产生

20 世纪之前,各资本主义国家经过工业革命,市场需求空前扩大,市场的基本特征是商品供不应求。1860—1900 年,美国人口由 3140 万增加到 9190 万;城市人口占美国人口的比例由 21％增加到 40％,到 1920 年增至 51％;1859 年人均收入为 134 美元,1889 年增长到 185 美元,到 1894 年增至 285 美元,这表明 20 世纪初美国的市场规模较之 19 世纪 60 年代翻了一番多。市场规模的急剧扩大为大规模生产提供了机会,同时也带来了新的竞争因素。市场规模的扩大极大地刺激了生产厂商的扩张欲望;科学技术的进步使得大规模生产成为可能,政府通过免费提供工厂场地、税收优惠政策等各种方式推动社会由农业经济向工业经济转化,由家庭作坊向大规模工厂转化。到 19 世纪末 20 世纪初,世界主要资本主义国家先后完成了工业革命,垄断组织加快了资本的积聚和集中,使生产规模迅速扩大。到 1913 年 10 月,福特汽车公司全部实行流水作业,每生产一辆汽车的工时由 5 年前的 12 小时降至 2 小时,每天出产汽车1000 多辆。生产迅速发展的同时,供求关系也开始逐步变化,卖方市场开始向买方市场转化,迫使企业日益关心产品销售,研究如何更有效地应付竞争,并在实践中不断探索市场营销的规律。市场营销活动日益成为影响企业效益的重要因素。

市场规模的扩大、商品的迅速丰富、需求的多样化等因素改变了原有的商品流通体系和商品价值构成,中间商体系开始形成,出现了与一流生产企业并驾齐驱的大型百货商店、邮购商店和连锁商店等。同时,生产企业内的销售队伍也开始迅速膨胀,并日益成为与生产线管理同等重要的组织构成。中间商的介入、产品市场由本地市场向全国乃至国际市场的扩张,产生了供应商与消费者之间的信用等一系列问题,迫切要求企业必须对这些新生因素进行有效的管理。

新的商品价值形成学说以及对中间商、营销组织等新增价值的管理问题开始引起重视,忽视中间商和企业内非直接创造价值活动的古典经济学遇到了空前的挑战。泰勒、韦伯等知名管理学家主要关注企业内的组织与效率,以提高劳动生产率为主要目标的"科学管理"理论、方法应运而生。科学技术的发展使企业内部计划与组织变得更为严整,有可能运用科学的调查研究方法预测市场变化趋势,制订有效的生产计划和销售计划,控制和调节市场销售量。在这种客观需要与可能条件的大背景下,市场营销学作为一门站在企业角度,研究企业如何在市场条件下提供有效供给,并能在企业、中间商、消费者之间建立有效沟通,以提高企业效益的学科呼之欲出。1912 年美国哈佛大学教授赫杰特齐出版了第一本名为 *Marketing* 的教科书,着重研究推销和广告等内容。这本书的问世,被认为是市场营销学作为一门独立学科产生的标志。但这时,真正的现代市场营销学原理、概念和学科体系尚未完全形成,对于市场营销的研究基本上只局限于大学讲台,而没有与企业的营销管理实践密切联系起来,因此,在市场营销学学术界也未受到足够的重视。

二、市场营销学的发展

市场营销学的发展遵循现实需要与科学研究双向互动向前的规律。一方面紧贴企业实践中出现的新情况、新问题;另一方面不断从其他学科汲取养分、丰富和完善学科体系与方法,反过来指导企业实践,使市场营销学始终处在不断更新发展之中。1929—1933 年的经济大危机,震撼了整个资本主义世界。生产严重过剩,产品销售困难,已直接威胁到许多企业的生存。从 20 世纪 30 年代开始,主要西方国家市场明显呈现供过于求的态势。这时,企业界广泛关心的首要问题已经不是扩大生产和降低成本,而是如何把产品销售出去。为了争夺市场、解决产品销售问题,企业家开始重视市场调查,提出了"创造需求"的口号,致力于扩大销路,并在实践中积累了丰富的资料和经验。与此同时,市场营销学科研究开始进入流通领域。弗莱德·克拉克和韦尔法在 1932 年出版的《农产品市场营销》中,将农产品市场营销系统划分为集中(收购)、平衡(调节供求)和分散(化整为零销售)3 个相互关联的过程,详细研究了营销者在其中执行的 7 种市场营销职能:集中、储存、融资、承担风险、标准化、销售和运输。拉尔夫·亚历山大(Ralph Alexander)等学者在 1940 年出版的《市场营销》一书中,强调市场营销的商品化职能包含适应顾客需要的过程,销售是"帮助或说服潜在顾客购买商品或服务的过程"。

1937 年,美国成立了美国市场营销协会(American Marketing Association,AMA),该协会不仅有理论界人士参加,而且还吸收企业家参加。到第二次世界大战结束,市场营销学得到了长足发展,并在企业经营实践中获得了广泛应用。但在这一阶段,市场营销研究主要集中在销售推广方面,应用范围基本上仍局限于商品流通领域。

第二次世界大战后,市场营销学从概念到内容逐渐发生了深刻的变化。战后的和平条件和科技进步促进了生产力的高度发展。社会产品数量剧增,花色品种日新月异。垄断资本的竞争加剧,产销矛盾更为尖锐。西方国家政府先后推行所谓高工资、高福利、高消费以及缩短工作时间的政策,这在一定程度上刺激了需求,但并未引起实际购买的直线上升。消费者需求和欲望在更高层次上发生变化,对社会供给提出了更高的要求,传统的市场营销学已经不能适应要求。许多市场营销学者经过潜心研究,提出了一系列新的观念,将"潜在需求"纳入市场概念,即把过去对"市场是卖方与买方之间的产品或劳务的交换"的旧观念,发展成为"市场是卖方促使买方实现其现实的和潜在的需求的任何活动"。将凡是为了保证通过交换实现消费者需求(包括现实需求与潜在需求)而进行的一切活动都纳入了市场营销学的研究范围,将市场由生产过程的终点置于生产过程的起点。企业必须根据市场需求来组织生产及其他企业活动,确立以消费者为中心而不是以生产者为中心的观念问题。

"二战"后的六十多年来,市场营销学逐步建立起以"满足需求""顾客满意"为核心内容的框架和体系,不仅在工商企业,而且在事业单位和行政机构也得到了广泛运用。市场营销学术界每隔几年创立的新理念,推动了市场营销学从策略到战略、从顾客到社会、从外部到内部、从一国到全球的全面系统的发展和深化。

概括地说,市场营销学发展史主要是沿着营销理念的深化、营销对象内涵外延的扩大和理论基础的不断丰厚三条脉络演进发展的。

三、市场营销学在中国的传播与应用

市场营销学在我国传播较早。丁馨伯先生译编的《市场学原理》教材于1933年由世界书局出版。新中国成立前,我国不少留学生都攻读过"Marketing"课程,有的留美学者还参加了美国市场营销协会的研讨活动。但在半封建半殖民地的政治经济条件下,市场经济十分落后,市场营销学的传播与应用受到严重阻碍。新中国成立后,由于外部封锁和国内高度集中的计划经济体制及我国高等院校课程设置长期照搬苏联模式等原因,致使我国对市场营销学的研究与应用搁浅了30年。1978年以后,市场营销学很快受到国内学术界的重视,重新引进、推广和应用,可概括为五个发展阶段。

延伸阅读 1-2

(一)引进、认知阶段(1978—1982年)

通过对国外市场营销学著作、论文和国外学者讲课的内容进行翻译介绍,选派学者、专家到国外访问、考察、学习,邀请外国专家和学者来国内讲学等方式,系统介绍和引进了国外市场营销理论。1979年,外贸部和少数大专院校开始聘请外籍教师来华讲授市场营销学。1980年,中美两国政府合作举办成立中国工业科技管理大连培训中心,系统引进美国企业管理理论,培训我国大中型企业厂长、经理及部分重点大学骨干教师,并将市场营销学作为一门核心课程,多次聘请美国著名的大学教授系统讲授市场营销学和国际市场学。与此同时,外贸部与设在日内瓦的国际贸易中心(International Trade Centre,ITC)合作,邀请美国、加拿大、联邦德国和法国的专家来华并在北京举办市场营销学培训班。1980年以后,由国家经济委员会牵头与国外合作举办的北京培训中心(与欧洲共同体合作)、成都培训中心(与加拿大合作)、天津培训中心(与日本合作)、上海培训中心(与联邦德国合作)等陆续在全国各主要城市举办,并对西方发达国家企业管理理论多方位吸收和综合比较借鉴,为市场营销学在中国的传播起到了播撒种子的作用。

(二)传播、发展阶段(1983—1984年)

20世纪80年代以后,各种市场营销学教材相继出版,累计发行量逾百万册,对推动市场营销学的教学和扩大市场营销学在我国的传播起到了重要的作用。大专院校陆续开设市场营销学课程,不少学校还建立了市场营销学专业。在高等院校、企业、政府和社会各界的共同努力下,各级各类市场营销学研究学会纷纷成立。1984 年 1 月中国高等院校市场学研究会成立,1991 年中国市场学会成立,标志着市场营销学在中国的研究与传播已经进入了全面联合普及推广的新阶段。在这一时期,市场营销学的教学工作也开始受到重视。各高等院校都陆续开设了市场营销学课程,一些院校还把这门课程作为学习经济理论和经济管理专业学生的必修课;教学层次涵盖大学本科、硕士、博士;教学师资队伍和科研人员队伍也在不断壮大。

(三)推广、应用阶段(1985—1988 年)

我国市场营销学推广应用始终是同经济体制改革、企业制度改革和经济发展相互联系、相互伴生的。

1985 年以后,我国经济进入了一个新的发展时期。一方面,政治、经济体制改革在各个领域内逐步展开,各项改革措施相继出台;另一方面,由于许多改革措施还不配套,新的经济运行机制尚未建立,旧的体制又没有完全退出历史舞台,出现了新旧体制相互交错、相互矛盾的局面。解决这一状况的唯一出路就是继续深化改革。1987 年党的十三大召开,提出了社会主义初级阶段的理论,还提出了建立我国商品经济新秩序和加快我国市场体系建设等一系列改革设想和方案。市场环境的改善为企业应用现代市场营销原理和策略,指导企业营销管理实践提供了有利条件。因此,在这一时期出现了许多企业成功运用市场营销原理的例子。但是,该时期我国企业应用市场营销思想指导企业经营管理的情况,在各地区、各行业间发展是不平衡的。虽然中央已确立企业独立商品生产者的地位,但由于内外环境的错综复杂及国有大中型企业长期受政府指令性影响,要从根本上转变其经营观念更是难上加难,企业经营很大程度上仍然听命于政府的指令,市场导向并不能在企业中深入落实。在此期间,多数企业应用市场营销原理时,都偏重于分销渠道、促销、市场细分和市场营销调研部分。

(四)拓展阶段(1989—1994 年)

1992 年,中央针对前一阶段出现的投资过热和严重的通货膨胀等问题,开始"治理整顿"。中国宏观经济顺利实现"软着陆",通货膨胀率由最高时的 24.6%(1994 年 3 季度)下降到一位数,最低达到 5%(1996 年),同时避免了经济出现大的滑坡,保持了相对较高的经济增长率(1997 年仍达到 9.7%)。国内市场总量出现了严重的供过于求,很大一部分企业开工不足。直到这一时期,企业才真正认识到市场的重要性,对市场营销学的认识也开始由一般性的方法、策略的认识上升到营销战略的高度重视,全面应用市场营销学理论才真正成为企业自发的内在需要。全国各地的市场营销学学术团体,改变了过去只有学术界、教育界人士参加的状况,开始吸收企业界人士。研究重点也由过去的单纯教学研究,改为结合企业的市场营销实践进行研究。学者们已不满足于仅仅对市场营销一般原理的教学研究,而对其各分支学科的研究日益深入,并取得了一定的研究成果。市场营销理论的国际研讨活动的进一步发展,极大地开拓了学者们的眼界。1992 年春,邓小平南方谈话以后,学者们还对市场经济体制的市场营销管理,中国市场营销的现状与未来,跨世纪中国市场营销面临的挑战、机遇与对策等重大理论课题展开了研究,这也有力地扩展了市场营销学的研究领域。

(五)国际化阶段(1995 年之后)

1995 年 6 月,由中国人民大学、加拿大麦吉尔大学和康克迪亚大学联合举办的第五届市场营销与社会发展国际会议在北京召开,来自 46 个国家和地区的 135 名国外学者和 142 名国内学者出席了会议。国内学者的研究论文陆续在国际刊物上发表,研究成果荣获国际奖项,这表明中国市场营销学者开始全方位、大团队登上国际舞台,与国际学术界、企业界的合作进一步加强。

2001 年我国加入 WTO 后,企业进一步实行"走出去战略",国际化步伐加快。一方面,我国企业走向全球市场;另一方面,国外跨国企业在我国营销本土化。因此,面对新的挑战,市场营销理论也在不断创新,真正实现了国际化。

第六节　市场营销学的研究对象与方法

党的十一届三中全会后,在改革、开放、搞活的方针指导下,中国社会主义的商品经济蓬勃发展,富有竞争性的市场逐步形成,经济理论和实际工作者学习和研究市场营销原理与策略的要求也日益迫切。市场营销学的构建始自微观组织,即营利性企业,在建立了较为完整的学科理论架构及体系内容后,该学科理论开始逐步应用于企业组织之外的非营利性社会组织与机构。与此同时,由于市场也体现了社会总体的商品交换关系,因而市场营销学也具有宏观层次的意义。从上述角度来看,市场营销学就是一门研究各类组织在竞争性的市场中如何通过有效满足顾客需要以实现组织目标的应用性管理学科。

一、研究市场营销学的意义

认真学习和研究市场营销学,对于借鉴他国现代经营企业的经验和方法,提高企业营销素质,增强企业活力和竞争力,在国内外激烈的市场竞争中取胜,加速中国社会主义经济建设的步伐,具有重要的现实意义。

第一,研究市场营销学,有利于更好地满足社会需要。在社会主义市场经济条件下,生产、经营的最终目的,是为了满足人们日益增长的物质和文化生活需要,市场营销观念强调以消费者的需求和利益为中心,按市场需求组织产品的生产和供应,将促进资源配置优化,生产效率提高,能更好地满足消费者的现实需要与潜在需要。

第二,研究市场营销学,有利于解决产品市场实现问题。在社会主义市场经济条件下,社会再生产过程是生产过程与流通过程的统一,直接生产过程的两端是交换,都离不开市场,都需要有效的营销活动。研究、应用营销理论、策略和方法,能加速产品由商品形态向货币形态转化,由可能产品向现实产品转化,从而促进解决市场实现问题。

第三,研究市场营销学,有利于增强企业市场竞争力。在社会主义市场经济条件下,企业不再是国家大工厂的生产车间,而是自主经营、自负盈亏的法人实体。富有竞争性的市场,迫使企业接受市场的检验。企业研究和运用市场营销原理,了解顾客需求,分析市场环境,制订和实施有效的营销组合策略,必将极大提高企业营销素质,改善经营管理,增强应变与竞争能力。

第四,研究市场营销学,有利于进一步开拓国际市场。社会主义市场经济是开放性的经济,坚持对外开放,扩大国际贸易与国际经济技术合作,是加快社会主义建设,逐步缩小同发达国家经济差距的一条重要的指导方针。国际市场情况复杂,需求多变,竞争激烈,只有研究市场营销学,掌握营销理论和技巧,认真开展市场调研,了解目标市场,制订相应的国际营销策略,才能更有成效地开拓国际市场,发展中国的对外贸易。

二、市场营销学的研究对象

市场营销学是对企业营销实践的科学总结,同时又对企业的市场营销活动具有指导作用。市场营销学的研究对象是以满足和实现顾客需求为中心的企业营销活动过程及其规律性,即研究企业在特定的环境中和调查研究的基础上,如何从满足顾客现实和潜在需求、愿望出发,有计划地组织企业的整体营销活动,通过交换把产品从生产者手中转向顾客手中,以实现企业盈利目标的营销活动的全过程及其规律性。

三、市场营销学的研究方法

根据市场营销学特定的研究对象,市场营销学的研究应贯彻理论联系实际的原则,注重调查研究、案例分析,掌握规律性,指导市场营销活动,并在实践中不断总结提高。不同的市场环境,不同的地理区域,市场营销的活动具有不同的特点,用比较的方法可以从中找出市场营销的规律。不同国家的市场营销有不同的特点,采用比较的方法进行研究,可以探索国外市场营销学中适合于中国国情的内容。同时,市场营销学的研究要采用定性分析和定量分析相结合的方法,对纷繁庞杂的市场营销关系做出科学的判断,预见发展趋势,以便采取有效措施,开展市场营销,提高经济效益。

研究市场营销学的具体方法很多,主要分为以下几种。

1.产品研究法

产品研究法以商品为主体,研究各有关产品的设计、价格、品牌、商标、包装、广告与分销渠道等。国外市场营销学一般将产品分为工业品与消费品两大类。其中,工业品又可分为原料、半制成品及零件、供应品和设备等;消费品又可分为便利品、选购品与特殊品等。产品研究法即以某种或某类产品为主体,着重分析这种或这类产品的市场营销问题,如农产品市场营销学,就是以农产品为主体,研究农产品市场需求发展变化趋势,产品的品种、品质要求,以及产品标准、包装、分销渠道、价格与促销手段等问题。

2.组织研究法

如果说产品研究法是以物为中心来研究市场营销学,则组织研究法则是以人为中心来研究市场营销学,即从市场体制、市场结构、流通渠道等方面来观察市场活动。市场营销组织按处理商品有无所有权可划分为经销商与代理商,按照在分销渠道中的地位可划分为批发商与零售商。组织研究法是以批发或零售机构为主体,分别研究其功能、作用及营销活动过程与策略。以往研究法的不足之处,主要在于未完全摆脱以物为中心,比较忽视对消费者需求的研究。

3.功能研究法

市场营销的基本功能一般可分为交换功能、供给功能和便利功能三大类,包括购、销、运、存、金融、信息等方面的内容。功能研究法主要是研究各种营销功能的特性及动态,研究市场营销机构在营销过程中所具有的功能。

4.管理研究法

管理研究法又称为决策研究法,即从决策的角度来分析、研究市场营销问题。此方法强调,通过营销组合决策对组织和产品实行有效的市场定位,并且特别重视市场营销分析、计划、组织、实施和控制。企业的管理人员应按照其目标市场的需要,全面分析研究外界环境因素,同时考虑企业自身的人、财、物、资源和营销目标,权衡利弊,制订最佳营销因素组合。希望借此能在适当的时间、适当的地点,以适当的价格,将适当的商品或劳务,用适当的方法提供给顾客,从而满足顾客的需求,并达到企业的目标。

5.系统研究法

系统研究法是指企业管理者在进行市场营销管理决策时,把企业的有关环境因素和市场营销活动过程作为一个完整的系统,协调整个系统中每个相互影响、相互作用的各因素,从而达到最优化效益的方法。在现实经济活动过程中,一个企业的市场营销系统一般包括六个方面:本企业、中间商、目标顾客、竞争对手、公众组织(如政府机构、传媒、金融机构、消费者保护组织等)、宏观环境(如人口、经济、法律、文化、科技等)。单个因素分析往往割裂各方面的内在联系,不能使经济效益达到优化,只有进行多因素系统分析研究,才能找到效益的制高点。企业管理人员在进行市场营销决策分析时,常常采用系统研究的方法。

6.社会研究法

社会研究法主要研究各种营销活动、营销机构对社会的贡献及其所付出的成本。近年来,西方一些有远见卓识的市场营销学家和企业家强调,企业的市场营销活动有促进社会经济繁荣、满足消费者需求的一面,也有导致消极后果的一面。例如,不断地、过早地淘汰、更新产品易造成社会资源的浪费;片面追求企业的发展和满足市场需求易造成环境污染;激烈的竞争易造成巨大的广告和社会损失等。因此,应该研究怎样把企业的市场营销目标与消费者需求、社会发展的长期利益结合起来,以此指导企业的行为。

本章小结

市场是具有特定需要或欲望,并且愿意和可能通过交换来满足这种需要或欲望的所有潜在购买者的总和。市场的形成有三个基本要素,即有某种需要的人、为满足这种需要的购买能力和购买欲望。用公式表示就是:市场＝人口＋购买力＋购买动机。

市场具有交换、反馈、调节等基本功能。市场结构是指市场经济活动中相互联系、相互制约的各个组成部分之间的组合比例及其相互关系。以市场形态作为划分依据,可以将市场划分为完全竞争市场、垄断竞争市场、寡头垄断市场和完全垄断市场四种市场结构。根据市场购买主体进行分类,市场结构可划分为消费者市场、生产者市场、转卖者市场和政府市场四种类型。

市场营销是指企业通过创造价值、传递价值、交换价值等一系列活动满足顾客现实或潜在需要进而实现企业盈利或其他目标的综合管理活动过程。一般来说,市场营销的功能主要表现在三个方面:交换功能、物流功能和便利功能。

市场营销观念是指企业进行经营决策,组织管理市场营销活动时所依据的指导思想和行为准则。随着市场经济的发展以及营销环境的变化,企业的市场营销观念经历了从最初的生产观念、产品观念、推销观念到市场营销观念和社会营销观念的发展和演变过程。生产观念、产品观念和推销观念实质是"以产定销",为市场营销的旧观念;市场营销观念和社会营销观念实质是"以销定产",为市场营销的新观念。企业实施不同的市场营销观念,使市场营销的出发点、重点、手段和目标都有不同的特点。

市场营销学是建立在经济学、管理学、社会学、心理学等学科基础上的综合性学科,是一门研究企业市场营销活动过程及其规律性的学科。市场营销学作为一门独立的学科,于19世纪末20世纪初创建于美国,后流传到欧洲、日本和其他国家,并随着我国改革开放进程,重新引进、推广和应用。市场营销理论模式的认识经历了4P、4C、4R和4V四个阶段。

市场营销学的研究对象是企业营销活动过程及其规律。市场营销学的研究方法包括产品研究法、组织研究法、功能研究法、管理研究法、系统研究法、社会研究法。

思考题

1. 怎样正确理解市场的概念? 市场的构成要素有哪些?
2. 简述市场的功能。
3. 市场有哪几种形态?
4. 何谓市场营销? 如何正确理解这一概念?
5. 如何理解市场营销观念? 评述新旧营销观念的区别。
6. 简述市场营销组合理论的演变。
7. 简述市场营销学在中国的传播与应用。
8. 研究市场营销学的研究方法有哪几种?

案例分析

五菱汽车

上汽通用五菱始终秉持"为用户创造价值"的核心理念,以"创新"为驱动力,以技术创新带动产品创新,自主研发的五菱之光、五菱荣光、五菱宏光奠定了上汽通用五菱发展的根基。

在过去,农村居民与城市居民在购车这一问题上,影响最终决策的因素是不尽相同的。对于城市消费者来说,除去类似于安全性这种共性因素,更看重的是品牌、外观、驾驶体验,而农村居民看中的则是耐用性、价格、功能性。五菱通过敏锐的洞察力与自身的优势,很好地解决了上述问题。

(1)耐用性方面。农村的驾驶路况不同于城市,造车材料、零配件的选用,直接决定了汽车的寿命。因此,受益于合资方通用的严格品控要求,五菱对于造车材料的采购可谓是精挑细选、严格把关,对于品质的要求做到了"眼里揉不下沙子"。

(2)价格方面。五菱汽车一直以来在消费者心目中占据着低价、高质的定位,其主要原因就是依赖于整个集团供应链的科学设计,在采购环节化繁为简、精挑细选,同时,五菱汽车不仅售价低,而且在使用阶段的费用支出也让消费者乐得接受,这得益于高品控带来的低故障率。

(3)功能性方面。购买过五菱汽车的消费者都知道,五菱的车体空间设计是很大的,主要是因为基于目标受众驾驶场景的考量,在很多时候,农村居民多会开着车拉货、运东西,这就决定了在车体空间上必须够大。消费者有这种痛点,五菱微车便解决了这个痛点,尽可能地把"大"这个概念做到了极致。不仅如此,由于通常情况下,微车的载重较多,载重多了就会影响速度,但五菱通过技术上的升级改造,让汽车动力变得更为强劲,更适合农村复杂的路况。"强动力",便是五菱宏光"问鼎秋名山"的资本之一。

（4）自主创新方面。只有技术自主，才能生产自主，才能更好满足用户的需求。上汽通用五菱区别于其他合资车企业的最大差异在于对融合与创新的坚守，坚持"以我为主、集成创新"，通过集成国内外先进资源、引进国内外优质资源合作开发等方式，建立和完善有自主核心技术的整车性能开发体系、正向开发能力，树立了国内汽车自主研发的典范。

如今，五菱系列产品走进千家万户，成为微车历史上市场保有量最大、国内销量最大的平台车型。全球权威的财经媒体《福布斯》曾盛赞五菱，称之为"地球上最重要的一款车"。民间更是赋予了它更多的标签，如神车家族、秋名山车神，这显示出了消费者对这个品牌的爱戴和关注。

资料来源：文卫红.五菱汽车：成就中国汽车下乡第一"神车"的神秘力量[J].销售与市场（管理版），2019（12）.

问题讨论：

1.五菱汽车的市场营销活动反映了怎样的市场营销观念？

2.五菱系列产品的成功给我们什么启示？

第二章
市场营销环境分析

📠 学习要求

◆ 了解：市场营销环境的含义与特征。

◆ 掌握：宏观市场营销环境和微观市场营销环境的主要构成；分析、评价市场机会与环境威胁的基本方法。

◆ 熟悉：市场营销环境总体分析方法（SWOT 分析）。

➡ 导入案例

马云的"五新"概念

马云预测，"五新"一定是未来的商业之路。在互联网进入成熟期的时候，未来 30 年将回归传统行业。互联网提供的只是技术和商业模式的变革，只有那些不断接受新鲜事物从而做出改变的人才能抓住机会。

第一个"新"：新零售。未来 10～20 年，新零售将取代电子商务这一概念，这是线上线下与现代物流结合在一起创造出来的新的零售业。现在很多传统零售行业受到互联网电商的冲击，是它们创新和接受力度不行。必须打造新零售，原来以房地产为主的零售企业必定会受到冲击，新零售对纯电商和纯线下也会带来冲击。

第二个"新"：新制造。未来的制造业靠的不是电，而是数据。过去制造讲究规模化、标准化，而未来 30 年制造讲究的是智慧化、个性化、定制化。原来的 B2C 制造模式将会彻底走向C2B 模式。物联网将变为按需定制，人工智能是大趋势。

第三个"新"：新金融。金融业过去是二八理论，未来是八二理论，如何支持 80% 的中小企业和年轻人将成为重点。互联网金融会使金融业变得更加透明、公平。只有基于有效数据的互联网金融才能成为真正的普惠金融，从而创造出真正基于信用的金融体系。

第四个"新"：新技术。移动互联网产生之后，所有基于个人计算机的技术都将被移动化，新技术基于互联网和大数据创造了无数想象。

第五个"新"：新能源，就是指数据。过去的发展是基于石油和煤，未来的发展是基于新的能源，那就是数据。数据是人类第一次创造的资源，与衣服不同。数据经别人用过你再用会更值钱，是越用越值钱的东西。

这五个"新"将会在方方面面改变人类的生存环境。

资料来源：郭国庆，钱明辉.市场营销学通论[M].北京：中国人民大学出版社，2019.

企业并不是生存在一个真空内,作为社会经济组织或社会细胞,它总是在一定的外界环境条件下开展市场营销活动。这些外界环境条件是不断变化的,一方面,它既给企业提供了新的市场机会;另一方面,它又给企业带来某种威胁。因此,市场营销环境对企业的生存发展具有重要意义。企业必须重视对市场营销环境的分析和研究,扬长避短,趋利避害,适应变化,抓住机会,从而实现自己的市场营销目标。

第一节　市场营销环境的含义与特征

环境是指某一特定作用体之间存在的所有外在因素及实体的综合,环境与某一特定的事物相联系,不同事物的环境内容各不相同。环境是客观存在的,在大多数情况下,环境是较难改造的。任何企业都如同生物有机体一样,总是存在于一定的环境之中,企业的营销活动不可能脱离周围环境而独立开展。企业营销活动要以环境为依据,主动适应环境,同时又需要了解、掌握环境状况及其发展趋势,通过营销努力去影响外部环境,使环境有助于企业的生存与发展。

一、市场营销环境的含义

一般把影响企业市场营销活动的因素分为可控因素与不可控因素两大类。可控因素就是企业在市场营销活动过程中可以控制的各种市场活动手段和因素,主要包括产品、定价、促销和渠道四个方面的因素,即企业市场营销组合。企业可以综合地运用这些活动手段,形成市场营销组合策略,以达到企业的营销目标。不可控因素就是企业在市场营销活动过程中不能控制,但可以识别和了解的外部环境,包括微观环境和宏观环境。图2-1列出了影响市场营销活动的若干因素。

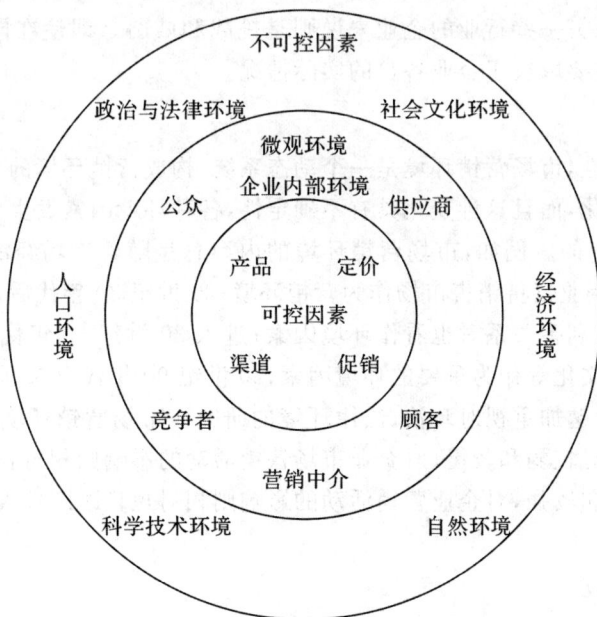

图2-1　市场营销活动影响因素

市场营销环境是指影响企业市场营销活动及其目标实现的各种外部因素和力量的总称。菲利普·科特勒将市场营销环境划分为微观环境和宏观环境。微观环境是指与企业关系密切、直接影响和制约企业营销能力的各种环境因素；宏观环境是指影响和制约整个微观营销环境和企业营销活动的广泛的社会性因素。同时，市场营销环境按其对企业营销活动的影响，也可分为不利环境和有利环境，即威胁和机会。威胁是指对企业市场营销产生不利影响的各种因素的总和，机会是指对企业市场营销有利的各种因素的总和。此外，营销环境按其对企业营销活动影响时间长短，还可分为企业长期环境和短期环境。长期环境对企业市场营销产生的影响比短期环境长。

二、市场营销环境的特征

(一)客观性

环境作为企业外在的不以营销者意志为转移的客观因素，对企业营销活动的影响具有强制性和不可控性的特点。一般说来，企业无法摆脱和控制市场营销环境。特别是宏观环境，企业难以按自身的要求和意愿随意改变它，如企业行为几乎不能改变人口数量、政治制度和法律的形成等。但是，企业可以主动适应环境的变化，制订与之相适应的市场营销策略。企业与环境的关系也适用适者生存，不适者被淘汰的规律。有的企业善于适应环境，就能生存和发展；反之就难免被淘汰。

(二)差异性

不同的国家或地区之间，宏观环境不尽相同；不同的企业之间，微观环境也千差万别。正因营销环境的差异，企业为适应不同环境及其变化，必须采用针对性的营销策略。环境的差异性也表现为同一环境的变化对不同企业的影响不同。尤其是宏观环境的变化，对一些行业的企业来说是机遇，而对另一些行业的企业来说则是挑战和威胁。即使在同一行业内的企业也存在很大的差异，这主要取决于企业各自的实际情况。

(三)动态性

动态性又称变化性，市场营销环境是一个动态系统，构成营销环境的众多因素都随着社会经济的发展而不断变化，而且这种变化具有不确定性，各种环境因素发生变化的时间、方向、幅度范围等，都是不确定的。例如，市场营销环境的内容总是随着市场经济的发展而不断变化的。20世纪初，西方企业仅将销售市场作为营销环境；20世纪30年代后，西方企业将政府、工会、竞争者等与企业有利害关系者也看作环境因素；进入20世纪60年代，西方企业又把自然条件、科学技术、社会文化等作为重要的环境因素；20世纪90年代以来，随着政府对经济干预力度的加强，西方企业越加重视对政治、法律环境的研究。市场营销环境因素中的人口、社会与自然因素的变化相对较弱和较慢，对企业市场营销活动的影响则相对长而稳定；科技与经济环境因素则变化较快和较强，对企业营销活动的影响则相对短且跳跃性大，尤其以科技环境因素为甚。

(四)相对稳定性

同任何事物一样，市场环境中诸因素在一定的时期内总是有某种相对稳定性，即使是变化最快的科技因素也总有一定的强度和时限。这种相对稳定性给企业的营销活动产生良好或不良影响的同时，也为企业预测其变化并采取相应对策提供了可能性。

（五）相关性

营销环境诸因素之间相互影响、相互制约，某一因素的变化会带动其他因素的相互变化，形成新的营销环境。例如，竞争者是企业重要的微观环境之一，而宏观环境中的政治法律因素或经济政策的变动，均能影响一个行业竞争者进入的多少，从而形成不同的竞争格局。又如，目前我国小轿车的市场需求不仅受消费者收入水平、爱好以及社会文化等方面因素的影响，而且也在很大程度上受国家刺激轿车工业发展政策的影响。再如，各个环境因素之间有时存在矛盾，某些地方消费者有购买家电的需求，但当地电力供应不正常，这无疑是拓展家电市场的制约因素。

（六）企业能动性

多数市场营销环境因素是企业无法控制和改变的。如企业不可能控制国家的政策法令及社会风俗，更不能控制和改变人口的规模、结构及变化趋势，也不能控制竞争对手的营销活动等。但这并不能代表企业在面对营销环境时，只能被动地适应环境变化，而无力改变其变化。比如，企业可以通过游说来给政府有关的政策制订施加影响，更可以通过自己的营销策略的制订和实施来影响竞争对手的营销行为。从博弈论的角度来看，市场竞争是不同企业之间的博弈行为，任何一个行为者开始展开行动之前，不能不了解和分析竞争对手的行为及其对自身的影响。企业要善于利用一切可以控制的手段来影响自身市场营销环境中的一些因素。这就是企业营销活动的能动性。

三、市场营销环境分析的基本程序

企业市场营销工作的实质就在于通过调节企业内部可控制的因素去积极地而不是被动地适应外部不可控制的因素。能否发现、认识且适应环境的变化，关系到企业的生存与发展。要善于监测、把握环境因素的变化，并从中抓住市场机会，避开或减轻市场威胁。

在一般情况下，市场营销环境分析可按照下列程序进行：利用市场情报和市场调研等方法科学收集关于营销环境的信息；采用定性分析与定量分析相结合的方法对环境因素的变化趋势及不连续变化的转折点做出科学预测；进一步分析环境因素的变化对企业可能受到的威胁以及可以利用的机会；最后结合企业现状，提出营销环境分析的结论及企业适应未来环境变化的设想，为企业制订营销战略提供有价值的参考性意见。

第二节 宏观市场营销环境分析

宏观市场营销环境包括政治、法律、经济、人口、社会文化、科学技术及自然等因素。宏观市场环境通过微观环境因素为企业营销活动提供机会或造成威胁，并同时对微观市场营销环境具有制约作用。

一、政治与法律环境

政治因素如同有形之手调节着企业营销活动的方向，法律则是为企业规定商贸活动的行为准则，二者相互联系，共同对企业的市场营销活动发挥着影响和作用。

（一）政治环境因素

政治环境主要是指企业所在国的政权、政局、政府的有关政策及对营销活动有直接影响的各种政治因素。

（1）政治局势。政治局势是指企业营销所处的国家或地区的政治稳定情况，一个国家的政局稳定与否会给企业营销活动带来重大的影响。如果政局稳定，经济发展，人民安居乐业，就会对企业形成良好的营销环境。反之，政局不稳，社会矛盾尖锐，秩序混乱，不仅会影响经济发展和人民的购买力，而且对企业的营销心理也有重大影响。战争、暴乱、罢工、政权更替等政治事件都可能对企业营销活动产生不利影响，能迅速改变企业环境。因此，社会是否安定对企业的市场营销关系极大，特别是在对外营销活动中，一定要考虑东道国政局变动和社会稳定情况可能造成的影响。

（2）方针政策。各个国家在不同时期，会根据不同需要颁布一些经济政策，制定经济发展方针，这些方针、政策不仅会影响本国企业的营销活动，而且还会影响他国企业在本国市场的营销活动。例如，2019年中央经济工作会议提出，做好2020年经济工作，要完善和强化稳增长、促改革、调结构、惠民生、防风险、保稳定举措，健全财政、货币、就业等政策协同和传导落实机制，确保经济运行在合理区间。要巩固和拓展减税降费成效，大力优化财政支出结构，进一步缓解企业融资难、融资贵问题，多措并举保持就业形势稳定。要依靠改革优化营商环境，深化简政放权、放管结合、优化服务。要提升国资国企改革综合成效，优化民营经济发展环境。要推动实体经济发展，提升制造业水平，发展新兴产业，促进大众创业、万众创新。要强化民生导向，推动消费稳定增长，切实增加有效投资，释放国内市场需求潜力。这些都给企业研究经济环境、调整自身的营销目标和产品构成提供了依据。

（3）国际关系。这是国家之间的政治、经济、文化、军事等关系。发展国家间的经济合作和贸易关系是人类社会发展的必然趋势。企业在其生产经营过程中，都可能或多或少地与其他国家发生往来，开展国际营销的企业更是如此。因此，国家间的关系也就必然会影响企业的营销活动。

（二）法律环境因素

法律环境是指企业所在国的中央和地方制定的各种法令、法规。企业在从事市场营销活动时，应了解所在国政府在经济发展中的基本作用。一国政府首先是以集团消费者的身份影响市场需求，参与经济活动，其次是以管理者身份直接干预经济。国家制定的法律法规有一部分是针对企业国内营销活动的，有一部分是针对企业国际营销活动的。在我国，对企业营销活动有直接影响的法律主要有：《中华人民共和国广告法》《中华人民共和国商标法》《中华人民共和国专利法》《中华人民共和国食品卫生法》《中华人民共和国环境保护法》《中华人民共和国药品管理法》《中华人民共和国反不正当竞争法》《中华人民共和国维护消费者权益法》等。

二、社会文化环境

社会文化环境是影响企业营销诸多变量中最复杂、最深刻、最重要的变量。社会环境是指人们在社会交往中形成的联系，文化是人们在社会行动中的规范和信仰，也是一种历史现象。社会文化环境主要由特定的价值观念、行为方式、伦理道德规范、审美观念、宗教信仰及风俗习惯等内容构成,它影响和制约着人们的消费观念、需求欲望及特点、购买行为和生活方式,对企业营销行为产生直接影响。

(一)教育状况

教育是按照一定的目的要求,对受教育者施以影响的一种有计划的活动,是传授生产经验和生活经验的必要手段,反映并影响着一定的社会生产力、生产关系和经济状况。一个国家、地区的教育水平与经济发展水平往往是一致的。受教育程度的高低,影响消费者对商品功能、款式、包装和服务的要求。通常文化教育水平高的国家或地区的消费者要求商品包装典雅华贵,对附加功能也有一定的要求。例如,在文盲率高的地区,用文字形式做广告,难以收到好的效果,而采用电视、广播和当场示范表演的形式,则更容易被人们所接受。又如在教育水平低的地区,适合采用操作使用、维修保养都较简单的产品;而教育水平高的地区,则需要先进、精密、功能多、品质好的产品。因此企业营销开展的市场开发、产品定价和促销等活动都要针对顾客所受教育程度的不同,采取不同的策略。

(二)宗教信仰

宗教是构成社会文化的重要因素,对人们消费需求和购买行为的影响很大。不同的宗教有自己独特地对节日礼仪、商品使用的要求和禁忌。某些宗教组织甚至在教徒购买决策中有决定性的影响。一种新产品的出现,宗教组织有时会提出限制和禁止使用,认为该商品与该宗教信仰相冲突。相反,有的新产品出现,得到了宗教组织的赞同和支持,它就会号召教徒购买、使用,起到一种特殊的推广作用。为此,企业应充分了解不同地区、不同民族、不同消费者的宗教信仰,可以把影响大的宗教组织作为自己的重要公共关系对象,在营销活动中也要注意到不同的宗教信仰,以避免由于矛盾和冲突给企业营销活动带来的损失。

(三)价值观念

价值观念是指人们对社会生活中各种事物的态度和看法。不同文化背景下,人们的价值观念往往有着很大的差异。消费者对商品的需求和购买行为深受其价值观念的影响。例如,西方一些发达国家,大多数人比较追求生活上的享受,超前消费也是司空见惯的事情。在我国,勤俭节约是民族的传统美德,借钱买东西这种消费行为往往被认为是不会过日子,人们大多攒钱买东西,而且大多局限在货币支付能力范围之内,量入为出。因此,企业营销必须根据消费者不同的价值观念设计产品,提供服务。对于乐于变化、喜欢猎奇、富有冒险精神的消费者,应重点强调产品的新颖和奇特;而对一些注重传统、喜欢沿袭传统消费习惯的消费者,企业在制订营销策略时,应当把产品与目标市场的文化传统联系起来。

(四)风俗习惯

一般来说,风俗是指世代相袭固化而形成的一种风尚;习惯是指由于重复或练习而巩固下来的并变成需要的行动方式。消费习俗是人们在长期经济与社会活动中所形成的一种消费方式,它在饮食、服饰、居住、婚丧、信仰、节日、人际关系等方面,都表现出独特的心理特征、道德伦理、行为方式和生活习惯。不同的消费习俗,具有不同的商品需要。研究消费习俗,不但有利于组织好消费品的生产与销售,而且有利于正确、主动地引导健康的消费。了解目标市场顾客的禁忌、习俗、避讳、信仰、伦理等,是企业进行市场营销的重要前提。

(五)审美观念

审美观念通常是指人们对商品的好坏、美丑、善恶的评价。不同的国家、民族、宗教、阶层和个人,往往有不同的审美标准。人们的消费行为归根结底不外乎维护每个社会成员的身心健康和不断追求生活的日趋完善。人们在市场挑选、购买商品的过程,实际上就是一次审美活动。这个审美活动的全过程完全由消费者的审美观念来支配。企业营销人员应注意审美观的变化,把消费者对商品的评价作为重要的反馈信息,使商品的艺术功能与经营场所的美化效果融为一体,以更好地满足消费者的审美要求。

(六)语言

语言是人类表达思想的工具,也是最重要的交际工具,是人类区别于其他动物的本质特征之一。语言反映了一种文化的实质和价值观,语言的差异往往代表着文化的差异。因此,企业在进行国际、国内营销活动时,要看到这种差异及其对消费者购买行为的影响,以针对不同的语言群体制订相应的策略。而这一切的前提是企业营销人员必须熟练地掌握营销所在国、地区的语言。

三、人口环境

市场是由具有购买欲望和购买能力的人组成的,人口环境对市场需求有着整体性、长期性的深刻影响,主要包括人口规模及增长、人口的地理分布、人口结构、家庭等要素。

(一)人口规模及增长

人口规模即总人口的多少,是影响基本生活消费品需求、基础教育需求的一个决定性因素。虽然人口规模的大小与市场购买力水平的高低并没有必然的联系(一个经济发达地区的总体市场购买力可能远远高于一个总人口远多于它的经济不发达地区),但是由于人们的购买力总是先投向基本生活消费品,人口越多,这部分基本消费需求及其派生出来的产业用品需求的绝对量就会越大,因此人口规模首先会对市场需求结构产生明显影响。另外,过多的人口必然会对市场形成强大的压力,给资源的供给和环境造成很大的影响,从而给企业的营销活动带来一定的制约甚至威胁。

十多年来,世界人口以平均每年高于1.5%的速度增长。我国由于实行计划生育政策,人口自然增长率控制在1%以下,低于世界人口增长率。世界人口继续增长,意味着世界市场继续发展,市场需求总量将进一步扩大。所不同的是,发展中国家人口增长快,经济收入低;而发达国家人口增长缓慢,商品供应丰富,经济收入高。人口增长带来需求扩大的同时,也会带来资源短缺、污染加重、环境恶化等问题。

作为世界上人口最多的国家,我国市场发展的潜力极大,企业的营销机会极多。如我国家用电器市场的变化,像电视、空调、洗衣机等,都经历了由城市到农村,由第一代到第二代,由家庭拥有量一台到多台的市场发展过程;再如手机、汽车在我国人均拥有量的飞速发展。2015年10月,中共中央十八届五中全会决定,坚持计划生育的基本国策,完善人口发展战略,全面实施一对夫妇可生育两个孩子政策,积极开展应对人口老龄化行动,这对我国社会经济生活已产生了深远的影响。

(二)人口的地理分布

人口的地理分布是指人口在不同地区的密集程度。一方面,人口密度的不同与人口流动量的多少,影响着不同地区市场需求量的大小;另一方面,人们的消费需求、购买习惯和购买行为,在不同的地区也会存在差异。因此,人口的地理分布可以为企业准确寻找自己的目标市场提供依据,也可以帮助企业对产品的流向与流量做出判断。

(1)人口密度。人口密度按照人口聚居地区的密集程度可分为三大类,即大范围集中区、小范围集中区和地广人稀区。从我国来看,人口主要集中在东南沿海一带,人口密度逐渐由东南向西北递减。另外,城市人口比较集中,尤其是大城市人口密度很大,而农村人口则相对分散。人口的这种地理分布表现在市场上,就是人口的集中程度不同,则市场大小不同。

延伸阅读 2-1

(2)区域分布。由于人口居住、生活的自然条件和经济条件不同,对消费品需求也就有所差异。不同地区、不同气候等生活条件,会带来不同的生活习惯和不同需要;不同地区的经济发展水平,其交通状况和商业发达程度等,更会引起居民的消费水平和消费结构上的较大差别。

(3)流动迁移。随着改革开放的深化和经济的发展,我国人口的流动和迁移呈现出不断扩大的趋势,从农村流向城市,从不发达地区流向发达地区。另外,经商、旅游、学习等使人口流动加速。对于人口流动较多的地方而言,一方面,由于劳动力增加,就业问题突出,从而加剧行业竞争;另一方面,人口增多也使当地基本需求量增加,消费结构发生一定的变化。

(三)人口构成

人口的构成,包括自然构成和社会构成,前者如年龄结构、性别结构,后者如民族构成、职业构成、教育程度等。

(1)年龄结构。不同年龄的消费者,由于在收入、生理、审美、生活方式、价值观念、社会活动、社会角色等方面存在差异,必然会产生不同的消费需求,形成各有特色的消费者群体。因此,在市场营销中可根据年龄结构对消费者市场进行划分,如可分为儿童市场、青年人市场、中年人市场和老年人市场。

(2)性别结构。人口性别比例结构的差异,反映到市场上就会出现男性用品市场和女性用品市场,这种差异也为营销带来了新的契机。从世界范围来看,随着妇女就业机会的增加和地位的提高,她们在消费方面发挥着重要的主体和主导作用。女性消费市场重点在以下几方面:①时装和首饰;②健美及美容用品;③厨房用品。当然,在瞄准女性消费市场的同时,男性世界也不能成为"被遗忘的角落"。一些被视为传统女性市场的产品,随着经济和社会的发展,也越来越多地被男性所接受,其传统的性别色彩正在被模糊化,如化妆品、首饰等。

(四)家庭

随着经济的发展和家庭观念的更新,全球人口在迅速增长,家庭规模却趋于小型化,家庭数量日益增多。家庭总数的增加,表明市场对各类家电、家具等家庭用品的需求将大幅度增加,这给企业提供了广阔的开发机会。同时,家庭结构小型化、特殊化的趋势,也要求企业开发和提供适合小型化家庭需要的商品和劳务,比如较小的公寓,便宜和小型的器具、家具和设备,小包装食品等。

考虑家庭规模时还必须考虑单身家庭和单亲家庭。单身家庭包括未婚、离婚、自愿独身等。中国的单身家庭虽然不多,但有逐渐增加的趋势。此类家庭数量的增加,使市场对适合这类家庭使用的住房和家庭用品的需求也相应增加,值得企业市场营销活动重视。

四、经济环境

经济环境是指企业营销活动所面临的外部经济条件,其运行状况和发展趋势会直接或间接地对企业营销活动产生影响。

(一)直接影响企业营销活动的经济环境因素

从企业营销的角度来看,经济方面最主要的环境力量是社会购买力。市场规模的大小,归根结底取决于购买力的大小。社会购买力是一系列经济因素的函数,总的来讲,取决于国民经济的发展水平及由此决定的人均国民收入水平。社会购买力在量上则与储蓄的增减变动密切相关。一定时期内储蓄增加会减少近期的货币支付能力;储蓄的增减变动会引起市场需求规模和结构的变动,对企业的营销活动也就会产生或近或远的影响。消费者信贷的规模变化也会影响购买力的增减变动。在存在消费信贷的条件下,由于消费信贷的刺激,从而与无消费信贷条件下相比,消费者的消费支出将增加。

(1)消费者收入水平的变化。消费者的购买力来自消费者的收入,但消费者并不是把全部收入都用来购买商品或劳务,购买力只是收入的一部分。因此,在研究消费者收入时,要注意以下几点。

①国民生产总值,它是衡量一个国家经济实力与购买力的重要指标。从国民生产总债的增长幅度,可以了解一个国家经济发展的状况和速度。

②人均国民收入,这是用国民收入总量除以总人口的比值。这个指标大体反映了一个国家人民生活水平的高低,也在一定程度上决定了商品需求的构成。

③消费者收入,是指消费者个人从各种来源所得到的货币收入,包括工资、奖金、其他劳动收入、红利、助学金、馈赠、出租收入等。消费者收入分为个人可支配收入和可任意支配收入。

④个人可支配收入,是指个人收入减去直接缴纳的各项税款和非税性负担(工会经费、交通罚款)的余额,它是个人收入中可以用于消费支出或者储蓄的部分,它构成实际的购买力。

⑤可任意支配收入,是指个人可支配收入减去维持生活所必需的支出(食品、衣服、住房、水电等项开支)和其他固定支出(分期付款、学费)所剩下的那部分收入,是影响需求的最活跃的因素。

⑥家庭收入,其高低会影响很多产品的市场需求。一般来讲,家庭收入高,对消费品需求大,购买力也大;反之,需求小,购买力也小。

同时,作为营销研究人员,还要注意,消费者收入分为货币收入和实际收入。物价下跌,意味着实际收入上升。因此,只有实际收入才影响实际购买力。

(2)消费者支出模式和消费者结构变化。随着消费者收入的变化,消费者的支出模式也会发生相应的变化,继而使一个国家或地区的消费结构也发生变化。恩格尔提出的"恩格尔定律"用来反映这种变化:一个家庭收入越少,其总支出中用来购买食物的比例就越大;随着家庭收入增加,用于购买食物的支出占总支出的比例下降,而用于其他方面的开支和储蓄所占的比重将上升。这种消费支出模式不仅与消费者收入有关,而且还受到下面两个因素的影响:①家庭生命周期的阶段影响。据调查,没有孩子的年轻人家庭,往往把更多的收入用于购买冰箱、电视机、家具、陈设品等耐用消费品上;而有孩子的家庭,则在孩子的娱乐、教育等方面支出较多,用于购买家庭消费品的支出减少。当孩子长大独立生活后,家庭收支预算又会发生变化,用于保健、旅游、储蓄部分就会增加。②家庭所在地点的影响,如住在农村与住在城市的消费者相比,前者用于交通方面的支出较少,用于住宅方面的支出较多,而后者用于衣食、交通、娱乐方面的支出较多。

消费结构指消费过程中人们所消耗的各种消费资料(包括劳务)的构成,即各种消费支出占总支出的比例关系。优化的消费结构是优化的产业结构和产品结构的客观依据,也是企业开展营销活动的基本立足点。随着我国社会主义市场经济的发展,以及国家在住房、医疗等制度方面改革的深入,人们的消费模式和消费结构都会发生明显的变化。企业要重视这些变化,尤其应掌握拟进入的目标市场中支出模式和消费结构的情况,输送适销对路的产品和劳务,以满足消费者不断变化的需求。

(3)消费者储蓄和信贷情况的变化。消费者的购买力还要受到储蓄和信贷的直接影响。当收入一定时,储蓄越多,现实消费量就越小,但潜在消费量大;反之,储蓄越少,现实消费量就越大,但潜在消费量小。企业营销人员应当全面了解消费者的储蓄情况,尤其是要了解消费者储蓄目的的差异。储蓄目的的不同,往往影响到潜在需求量、消费模式、消费内容、消费发展方向的不同。这就要求企业营销人员在调查、了解消费者储蓄动机与目的的基础上,制订不同的营销策略,为消费者提供有效的产品和劳务。

消费信贷对购买力的影响也很大。所谓消费信贷,就是消费者凭信用先取得商品使用权,然后按期归还贷款,用以购买商品。这实际上是消费者提前支取未来的收入,提前消费。消费信贷允许人们购买超过自己现实购买力的商品,从而创造更多的就业机会、更多的收入及更多的需求;同时,消费信贷还是一种经济杠杆,它可以调节积累与消费、供给与需求的矛盾。当市场供大于求时,可以发放消费信贷,刺激需求;当市场供不应求时,必须收紧信贷,适当抑制、减少需求。消费信贷把资金投向需要发展的产业,刺激这些产业的生产,带动相关产业和产品的发展。

(二)间接影响企业营销活动的经济环境因素

除了上述因素直接影响企业的市场营销活动外,还有一些经济环境因素也对企业的营销活动产生或多或少的影响。

(1)经济发展水平。企业的市场营销活动受到一个国家或地区整体经济发展水平的制约,经济发展阶段不同,居民的收入不同,顾客对产品的要求也不一样,从而会在一定程度上影响企业的营销。例如,以消费者市场来说,经济发展水平比较高的地区,在市场营销方面,强调产品款式、性能及特色,品质竞争多于价格竞争。在经济发展水平低的地区,则较侧重于产品的功能及实用性,价格因素比产品品质更为重要。在生产者市场方面,经济发展水平高的地区着重投资较大而能节省劳动力的先进、精密、自动化程度高并且性能好的生产设备。在经济发展水平低的地区,其机器设备大多是一些投资少而消耗劳动力多、简单易操作、较为落后的设备。因此,对于不同经济发展水平的地区,企业应采取不同的市场营销策略。

(2)经济体制。不同的经济体制对企业营销活动的制约和影响不同。例如,在计划经济体制下,企业是行政机关的附属物,没有生产经营自主权。企业的产、供、销都由国家计划统一安排,企业生产什么,生产多少,如何销售,都不是企业自己的事情。在这种经济体制下,企业不能独立地开展生产经营活动,因而,也就谈不上开展市场营销活动。而在市场经济体制下,企业的一切活动都以市场为中心,市场是其价值实现的场所,因而企业必须特别重视营销活动,通过营销,实现自己的利益目标。现阶段,我国正处于经济体制转轨时期,两种体制并存,两种机制并存,市场情况十分复杂。一方面,通过改革,企业正在逐步摆脱行政附属物的地位,具有了一定的生产经营自主权,开始真正走向市场并以市场为目标开展自己的营销活动;另一方面,企业经营机制还没有完全转变过来,政府的直接干预还严重存在,企业的生产经营活动还受到较强的控制,因而企业的营销活动在一定程度上受到制约。另外,市场发育不完善,市场秩序混乱,行业垄断和地方保护主义盛行,极不利于企业开展营销活动。因此,企业要尽量适应这种"双轨"并存的局面,注意选择不同的营销策略。

(3)地区与行业发展状况。我国地区经济发展很不平衡,逐步形成东部、中部、西部三大地带和东高西低的发展格局。同时在各个地区的不同省市,还呈现出多极化发展趋势。这种地区经济发展的不平衡,对企业的投资方向、目标市场及营销战略的制定等都会带来巨大影响。

(4)城市化程度。城市化程度是指城市人口占全国总人口的百分比,它是一个国家或地区经济活动的重要特征之一。城市化是影响营销的环境因素之一。这是因为,城乡居民之间存在着某种程度的经济和文化上的差别,进而导致不同的消费行为。例如,目前我国大多数农村居民消费的自给自足程度仍然较高,而城市居民则主要通过货币交换来满足需求。此外,城市居民一般受教育较多,思想较开放,容易接受新生事物,而农村相对闭塞,农民的消费观念较为保守,故而一些新产品、新技术往往首先被城市所接受。企业在开展营销活动时,要充分注意到这些消费行为方面的城乡差别,相应地调整营销策略。

五、科学技术环境

科学技术广泛而深刻地影响着社会经济生活、企业经营管理和消费者的购买行为及生活方式。企业必须密切关注其技术环境的发展变化,了解技术环境和互联网经济的发展对企业市场营销的影响,以便及时采取适当的对策。

营销视角 2-1

(一)新技术的创造性推动力

随着高新技术的不断发展,科技力量对产业结构升级和创新的影响日趋明显。一方面,新技术的产生给某些创新性企业带来了新的市场机会,促进新行业的诞生和发展;另一方面,新技术作为一种"创造性的毁灭力量",给某些行业的企业造成严重的冲击,不断威胁其生存和发展。例如,信息技术(IT)行业和汽车行业这两个看似不相关的领域,在车载信息系统技术的冲击下,也开始进行合作互补,传统的汽车行业逐渐接轨互联时代,朝更自动化和人性化的方向转型;而新兴激光投影技术的出现,则使传统电视产业中一直处于主流地位的 LCD 平板显示技术受到前所未有的冲击。

(二)新技术革命有利于企业改善经营管理

世界经济发展史表明,每一次新技术革命都会极大地推动经济的增长。近年来,互联网和移动网络的普及推动了以云计算、物联网、大数据为代表的新一代信息技术的飞跃发展,促进了电子商务与实体经济的融合。在这样一个传统产业与虚拟经济、网络经济全面结合的时代,一些领先企业已经在经营管理中使用云计算、大数据等新一代信息技术,这对于改善企业资源配置、提升企业经营管理水平具有很大的促进作用。

(三)新技术革命将影响零售商业结构和消费者购物习惯

进入21世纪,信息技术引发商业模式变革,一系列扶持和规范电子商务发展的政策措施出台,推动网络购物市场健康有序发展。电子商务改变了传统的零售方式,网络零售成为新的消费增长点。随着互联网技术和设备的提升和普及,方便快捷的网购模式越来越受到消费者的认同。对于工作、生活节奏较快的人群,网上购物具有独特的吸引力:足不出户,点击鼠标,消费者就可以在网上将众多商品一览无余,节约时间,节省精力,免去逛街购物之累,还能享受送货上门的便捷服务。不仅如此,相比传统零售企业,网络商家具有库存压力小,经营成本低,经营规模不受场地限制等优势,因而具有非常明显的价格优势,折扣幅度大于实体店。网络购物发展迅速,交易额在社会消费品零售额中所占的比重越来越高,对传统的线下业态销售模式构成巨大的冲击。由于网购模式能够在很大范围内以更高的效率实现资源配置,因此越来越多的企业开设网络商城或入驻电商平台,以提高企业经济效益。

六、自然环境

自然环境是指能够影响社会生产过程的自然因素以及社会公众和政府对生态环境所采取的态度。自然环境也处在不断的发展变化中,企业应当注意分析自然环境变化的趋势,并采取相应的对策。随着经济的快速增长,企业面临的自然环境因素主要有以下几个方面。

延伸阅读 2-2

(一)自然资源日益短缺

自然资源的不可再生性或短期内不可再生性,随着消耗的急剧增加,已造成严重的自然资源短缺,这使很多企业将面临原材料价格上升、生产成本大幅度上升的威胁,同时又迫使企业研究更合理地利用资源的方法和开发新的资源或代用品,这又为某些企业带来了新的营销机会。

(二)环境污染日益严重

工业化和城镇化的发展造成了日益严重的环境污染,治理环境污染的呼声越来越高。这种动向对那些制造污染的企业是一种环境威胁,它们不得不采取措施控制污染并开发有利于保护环境、有利于健康的新产品,同时也为治理环境污染的技术、设备提供了广阔的市场,使符合环保要求的新的生产技术和包装方法大有发展前途。

(三)公众的生态需求增加

由于生态环境的不断恶化,公众的生态意识开始觉醒。这反映了消费者对生态需求的增加,对产品的原材料、添加物、包装、储存方式等开始全面关注,并希望商品制造及营销过程中的所有环节均符合生态要求,这便是符合环保要求的绿色产品日渐走俏的原因。

(四)政府干预不断增强

由于自然资源的短缺和环境污染的加重,政府加强了对自然资源的管理。对企业营销过程的许多环节,如噪音标准、包装材料、添加剂种类、操作者健康、保质期、化学物残留量等,都有非常具体的规定。因此企业在营销过程中,要自觉提高环保意识,严格遵守政府颁布的各种环保法令。

第三节 微观市场营销环境分析

微观市场营销环境与企业形成协作、竞争、服务、监督的关系,直接影响与制约企业的市场营销能力,包括企业内部环境、供应商、营销中介、顾客、竞争者和公众。

一、企业内部环境

企业内部环境包括企业内部的各个部门及其相互关系。横向上,企业内部由研发、采购、生产、技术、营销、财务、人力资源、后勤等部门组成;纵向上,企业内部由决策层、管理层、执行层组成。企业内部作为微观营销环境的重要因素是指:首先企业内部各功能或部门之间必须很好地实现自己的目标,同时各功能或部门之间一定要形成高度的配合和默契,共同为市场营销服务。

按照市场导向的要求,规定企业中各部门都必须为完成企业预定的市场交换目标,在具体分工方面做出贡献:财务部门负责解决实施营销活动所需资金来源和成本控制,并搜集和处理各种财务信息;研究开发部门负责按照市场需要特别是按照顾客需要的发展趋势和要求组织新产品与新技术的开发;物资供应部门应保证企业各部门和各项活动所需要的原材料和其他物品供应任务的完成,尽量用最低的物流成本完成顾客价值的创造;生产部门应按照订单要求生产并及时交货;人力资源部门应根据各部门提出的要求,解决人员招聘和培训问题,在营销组织中,人力资源部门更重要的任务是力争将企业所有的职工都培训成顾客专家。企业的各职能部门越能够做到这些,企业的营销能力将越强,企业的内部营销环境也会越理想。

二、供应商

供应商是向企业提供原材料、部件、能源、资金、智力等资源的企业和组织。企业在设计营销服务规模和水平时,要考虑企业和组织的这些能力。供应商可以控制资源的价格、品种以及交货期,直接制约着企业产品的成本、利润、销售量及生产进度的安排。企业与它们之间是一种协作关系。因此,要与供应商建立长期、稳定的良好协作关系,但不要形成依赖关系。企业既要与主要的供应商建立长期的信用关系,又要避免资源供应的单一化而受制于人,寻找质量和效率都信得过的供应商是企业取得竞争优势的一个重要条件。

三、营销中介

营销中介是指协助企业促销、销售和经销其产品给最终购买者的机构,包括中间商、物流企业、营销服务机构和财务中介机构等。

(1)中间商。中间商包括商人中间商和代理中间商,是协助企业寻找顾客或直接与顾客交易的商业性企业。商人中间商购买商品,拥有商品所有权,又称经销中间商,主要包括批发商和零售商。代理中间商包括代理商、经纪人和生产商代表,专门介绍客户或与客户洽商签订合同,但不拥有商品所有权。

(2)物流企业。物流企业是指协助生产厂家储存产品和把产品从原产地运往销售目的地的专业企业,包括仓储公司和运输公司等机构。仓储公司主要储存和保护商品;运输公司以各种运输工具和运输方式为企业运输产品,既把产品送达目标市场,又把生产所需的生产资料运到企业。每个企业都必须从存储成本、运送速度、安全性和交货方便性等方面进行综合考虑,确定选用成本最低而效益更高的存储、运输方式。

(3)营销服务机构。营销服务机构主要是指为厂商提供营销服务的各种机构,如营销研究公司、广告公司、传播公司等。企业可自设营销服务机构,也可委托外部营销服务机构代理有关业务,并定期评估绩效,以促进其提高创造力、质量和服务水平。

（4）财务中介机构。财务中介机构是协助厂商融资或分担货物购销储运风险的机构,如银行、保险公司等。财务中介机构不直接从事商业活动,但对工商企业的经营发展至关重要。在市场经济中,企业与金融机构关系密切,企业间的财务往来要通过银行结算,企业财产和货物要通过保险取得风险保障,贷款利率与保险费率的变动也会直接影响企业成本,而信贷来源受到限制更会使企业处于困境。

四、顾客

不同的顾客组成企业的目标市场,是企业服务的对象,也是营销活动的出发点和归宿。企业的一切营销活动都应以满足顾客的需要为中心。因此,顾客是企业最重要的、直接面对的微观环境因素。

按顾客及其购买目的的不同,可将企业的目标市场分为消费者市场、生产者市场、转卖者市场、政府市场。每一种市场都有其独特的顾客,而这些市场上不同顾客的需求,必定要求企业以不同的服务方式提供不同的产品(包括劳务),从而制约企业营销决策的制订和服务能力的形成。因此,企业要认真研究为之服务的不同顾客群,研究其类别、需求、特点、购买动机等,使企业的营销活动能针对顾客的需要,符合顾客的愿望。

五、竞争对手

竞争是市场经济的基本特征,只要存在着商品生产和商品交换,就必然存在着竞争。企业在目标市场进行营销活动的过程中,不可避免地会遇到竞争者的挑战。一个企业要想获得成功就必须比竞争对手做得更好,让顾客更满意。因此,营销部门不仅要考虑目标顾客的需要,而且要在顾客心里留下比竞争对手更好的印象,以赢得战略上的优势。为此,企业必须准确地分析、了解竞争对手,针对不同的竞争对手制订不同的竞争对策;在与竞争对手的实力状况、优劣势、竞争目标等方面的比较中,选择适合自己独特的企业规模、市场定位与营销战略。

从顾客做出购买决策的过程分析,企业的竞争对手包括以下几种类型。

(一)欲望竞争对手

欲望竞争对手是指通过提供不同产品以满足不同消费欲望的竞争者。消费者在同一时刻的欲望是多方面的,但很难同时满足,这就出现了满足不同需要的不同产品之间的竞争。例如,消费者可支配收入增加后,为提高生活品质,可以添置家庭耐用消费品,可以外出旅游,也可以装修住宅等。对于这些不同的欲望,从时间与财力来说,消费者只能选择力所能及的一个项目作为此时的欲望目标,此时耐用消费品、旅游、装修的供应商就成了不同的欲望竞争者。

(二)属类竞争对手

属类竞争对手是指提供满足同一消费欲望的不同产品的竞争者,也称平行竞争者。例如,消费者需要购买家庭耐用品,是购买家庭娱乐设备,还是购买厨房家具,还是购买家庭健身器材,这些不同类别的产品或服务提供商就构成了属类竞争关系。

(三)产品竞争对手

产品竞争对手是指满足同一消费欲望的同类产品不同产品形式之间的竞争。消费者在决定了需要的属类之后,还必须决定购买何种产品。例如,若消费者决定购买家庭娱乐设备,那他还需决定是购买大屏幕电视机,还是购买单反相机,或是购买高级音响设备,那么不同产品生产商之间就存在竞争关系。

(四)品牌竞争对手

品牌竞争对手是指产品、规格、型号相同,但品牌不同的竞争者,它体现的是满足同种需要的同种形式产品的不同品牌之间的竞争关系。

六、公众

公众是指对企业实现营销目标的能力有实际或潜在利害关系和影响力的团体或个人。企业所面对的广大公众的态度,会帮助或妨碍企业营销活动的正常开展。所有的企业都应该和以下主要公众之间保持良好关系。

(1)金融公众:指为企业提供金融服务的机构,包括银行、投资公司、证券经纪公司、保险公司等。企业可以通过发布真实而乐观的财务信息、回答相关财务问题的咨询、稳健地运用资金等方法与融资公众建立良好关系。

(2)媒介公众:主要是报纸、杂志、广播电台、电视台和网络等大众传播媒体。企业必须与媒体建立友善关系,争取通过媒体与公众进行更好的沟通。

(3)政府公众:指负责管理企业营销业务的有关政府机构。企业的发展战略与营销计划必须和政府的发展计划、产业政策、法律与法规保持一致,注意咨询有关产品安全卫生、广告真实性等法律问题,倡导同业者遵纪守法,向有关部门反映行业的实情,争取有利于产业发展的立法。

(4)社会团体:包括保护消费者权益组织、环保组织及其他群众团体等。企业营销活动关系到社会各方面的切身利益,必须密切注意来自社会公众的批评和意见。

(5)社区公众:指企业所在地邻近的居民和社区组织。企业必须重视保持与当地公众的良好关系,积极支持社区的重大活动,为社区的发展贡献力量,争取社区公众理解和支持企业的营销活动。

(6)一般公众:指上述各种公众之外的社会公众。一般公众虽未有组织地对企业采取行动,但企业形象会影响他们的购买。

(7)内部公众:高层管理人员和一般职工,都属于内部公众。企业的营销计划需要全体职工的充分理解、支持和具体执行。企业应经常向员工通报有关情况,介绍企业发展计划,发动员工出谋献策,关心职工福利,奖励有功人员,增强内部凝聚力。员工的责任感和满意度必然影响外部公众,从而更有利于塑造良好的企业形象。

营销视角2-2

第四节 市场营销机会与环境分析

一、市场机会分析

市场机会是指对企业的市场营销活动具有吸引力,企业采取有关措施后可获得竞争优势的特定市场环境。市场机会具有公开性、时效性和不间断性的特点。市场机会的产生来自营销环境的变化,如新市场的开发、竞争对手的失误以及新产品、新工艺的采用等,都可能产生新的待满足需求,从而为企业提供市场机会。

市场机会对企业的吸引力是指企业利用该市场机会可能创造的最大利益。反映市场机会吸引力的指标主要有市场需求规模、利润率、发展潜力。

进行市场机会分析,可以采用市场机会矩阵。该方法将环境监测中发现成功的可能性的大小和潜在吸引力的大小标注在市场机会矩阵的相应位置。如图2-2所示,市场机会矩阵中,纵轴表示潜在的吸引力,即企业只要利用这一机会,就能带来经济效益,它可用货币数额表示;横轴代表成功的可能性(概率),一般用0～1之间的概率值表示,数值越大,成功的可能性越大;反之,则小。在纵轴中以中等收入为分界线,在横轴中以0.5概率值为分界线,将矩阵分为四个区域。Ⅰ是最好的市场营销机会,其潜在吸引力和成功的可能性都大,企业应制订营销战略和计划,以便抓住和利用这一机会;Ⅱ区域的成功的可能性小,但其潜在吸引力大;Ⅲ区域的成功的可能性大,但其潜在吸引力小;Ⅳ区域的潜在吸引力和成功的可能性都小,无机会可言。所以,对于Ⅱ、Ⅲ区域,企业在进行营销决策时,要进行具体分析,权衡利弊,使其向着有利于企业营销的方向发展。

成功的可能性

	大	小
潜在的吸引力 大	Ⅰ	Ⅱ
小	Ⅲ	Ⅳ

图2-2 市场机会矩阵

二、市场营销环境威胁分析

环境威胁是指营销环境中不利于企业营销的因素的发展趋势,对企业形成挑战,对企业的市场地位构成威胁。威胁对企业来讲,是客观存在的。这些威胁对于企业营销活动的影响程度不同,有的大一些,有的则小一些,威胁分析的目的就是要分析环境威胁对企业的影响程度,以便决定企业应该采取的相应对策。环境威胁一般采用环境威胁矩阵进行分析,如图2-3所示。

出现威胁的可能性

	大	小
潜在威胁严重性 大	Ⅰ	Ⅱ
小	Ⅲ	Ⅳ

图2-3 环境威胁矩阵

环境威胁矩阵的纵轴代表"潜在威胁严重性",即威胁出现给企业带来的损失(盈利减少)。横轴代表出现威胁的概率,一般用0～1之间的数值表示,数值越大,表示出现威胁的可能性越大;数字越小,表示出现威胁的可能性越小。纵轴以中等损失为分界线,横轴以0.5概率为分界线,形成四个区域。Ⅰ区域给企业带来的威胁最严重,其潜在威胁严重性和威胁出现概率的可能性均高,是企业实现盈利目标的主要障碍,应给以特别重视;Ⅳ区域的潜在威胁严重性和出现威胁的可能性都低,不构成企业的威胁;Ⅱ区域潜在威胁严重性高,但其出现威胁的可能性低,不构成主要威胁;Ⅲ区域虽然潜在威胁严重性低,但其出现威胁的可能性高,构成企业的主要威胁。因此,企业应重点分析Ⅰ、Ⅲ区域,防止威胁给企业带来风险,对于Ⅱ、Ⅳ区域应严格监视,以防其向不利于企业经营的方向发展。

三、市场营销综合分析

综合分析是指将环境机会分析与环境威胁分析综合起来,用于确定在环境条件一定的前提下企业的业务性质。综合分析矩阵如图2-4所示。

威胁水平

		低	高
机会水平	高	理想业务	冒险业务
	低	成熟业务	困难业务

图2-4 综合分析矩阵

纵轴代表机会水平,横轴代表威胁水平,这两指标在机会矩阵分析和威胁矩阵分析中得到。因此,企业业务可分为以下四种类型:①理想业务,即高机会水平和低威胁水平的企业业务。②冒险业务,即高机会水平和高威胁水平的企业业务;③成熟业务,即低机会水平和低威胁水平的企业业务;④困难业务,即低机会水平和高威胁水平的企业业务。

在企业的市场营销活动中,对环境机会和威胁的分析,一定要有超前性,因为当环境发生重大变化之后,企业再分析,已为时太晚,威胁已成为现实,机会已经损失。企业要取得营销的成功,关键在于要善于抓住机会,着力避免威胁。

四、市场营销环境总体分析

市场营销环境总体分析就是指在分析企业外部环境和内部环境的基础之上,扬长避短,寻求兼顾两者的最佳营销战略的一种分析方法。这种思路通常被称为SWOT分析,其中,S(strengths)代表企业的长处或优势;W(weakness)代表企业的弱点或劣势;O(opportunities)代表外部环境中存在的机会;T(threats)代表外部环境所构成的威胁。

(一)外部环境分析,寻求环境机会与环境威胁

环境机会的实质是指市场上存在着"未满足的需求"。随着顾客需求的不断变化和产品生命周期的缩短,引起旧产品不断被淘汰,要求开发新产品来满足顾客的需求,从而市场上出现了许多新的机会。环境机会对不同企业的影响是不相同的,同一机会对某些企业可能是有利的商机,而对另一些企业可能造成威胁。环境机会能否成为企业的机会,要看此环境机会是否与企业目标、资源及任务相一致,企业利用此环境机会能否比其竞争者创造更大的利益。

环境威胁是指企业对企业营销活动不利或限制企业营销活动发展的因素。这种环境威胁主要来自两方面:一方面,环境因素直接威胁着企业的营销活动,如政府颁发《中华人民共和国环境法》,它对环境造成污染的企业来说,就构成了巨大威胁。另一方面,企业的目标、资源及任务同环境机会相矛盾,如城市消费者对摩托车的需求转为对小轿车的需求,那么摩托车企业的目标与资源就同这一环境机会相矛盾。

（二）内部环境分析，明确企业的优势和劣势

识别环境中的机会和威胁是一回事，企业是否具有在机会中成功以及避免威胁所必需的竞争能力又是另一回事。每个企业在定期检查自己的优势与劣势时，必须站在消费者的角度，以市场为导向来进行评估。也就是说，顾客把一个企业和另一个企业进行比较发现前一企业比后一企业更能满足顾客需求时，我们才能说前者比后者具有优势，而后者与前者相比具有劣势。优势不能仅仅靠自己来定义，只有在顾客心目中进行比较后才能得出结论。

（三）SWOT分析

综合环境机会威胁与企业优势的不同情况，分析得出企业应该采取的四种策略，如表2-1所示。

表2-1 SWOT分析表

机会和威胁	优势和劣势	
	内部优势（S）	内部劣势（W）
外部机会（O）	SO战略：利用内部优势、利用外部机会	WO战略：利用外部机会、控制内部劣势
外部威胁（T）	ST战略：利用内部优势、克服外部劣势	WT战略：减少外部劣势、规避外部威胁

<h1 style="text-align:center">本章小结</h1>

市场营销环境是影响企业营销活动及其目标实现的各种可控或不可控的因素和力量的总称，基本特征有客观性、差异性、动态性和相关性。

宏观营销环境主要包括政治、法律、经济、人口、社会文化、科学技术及自然生态等因素。微观营销环境包括企业自身、供应商、营销中介、顾客、竞争者和社会公众等方面。这些因素或者为企业营销活动创造机会，或者带来威胁。企业应该动态关注营销环境诸要素的变化，以便把握营销机会，回避营销威胁。

按照对企业营销活动的影响，营销环境可分为威胁环境和机会环境，前者是指对企业营销活动不利的各项因素的总和，后者是指对企业营销活动有利的各项因素的总和。

企业需要通过环境分析来评估环境威胁与环境机会，同时结合自身的优势和劣势，制订相应的营销策略，避害趋利，争取在同一市场机会中比竞争者获得更大的成效。SWOT分析是环境分析的典型方法。

思考题

1. 企业市场营销环境有哪些特征？
2. 宏观市场营销环境包括哪些内容？
3. 微观市场营销环境包括哪些内容？
4. 什么是市场机会？如何分析市场营销机会？

5. 什么是环境威胁？如何分析市场营销环境威胁？

6. 试运用 SWOT 分析方法分析某企业的市场营销环境，并制订相应的营销策略。

案例分析

面板业迎利好仍不可盲目乐观

国产液晶面板在全球市场的占比 2019 年底突破 50%，在全球液晶面板产能过剩的大背景下，未来一段时间供过于求的压力恐怕仍将存在。伴随着新型显示技术的进一步发展，今后显示产业将朝着超高清、大尺寸、柔性的方向快速迭代。

在经历了有史以来最强"寒潮"后，众多面板厂商陆续迎来"柳暗花明"。受益于面板产业近期利好，一些上游供应商也实现开盘翻红。

此番面板行业一洗颓势，早在有关专家的预料之中。在前不久举行的京东方全球创新伙伴大会上，京东方董事长陈炎顺就曾判断 2020 年 LCD（液晶显示）行业有望回暖。理由是：随着物联网时代的到来，除手机、平板电脑、笔记本电脑、显示器、电视五大传统市场外，车载显示等新的应用市场正逐渐打开，这为显示屏提供了更多的应用空间。与此同时，随着用户对大尺寸电视需求的提升，电视屏幕每增长一寸就会消化一条 8.5 代液晶面板生产线的产能。因此，经过一年左右的时间，液晶显示市场将会逐步趋稳。

尽管回暖的信号似乎很明显，但也不可盲目乐观。受之前有关政策影响，近年来一些地方纷纷上马高世代液晶面板生产线，一哄而上的结果显而易见：当低水平重复建设遇上显示面板结构性过剩，多重因素叠加下，中国液晶显示亦难逃行业"寒冬"。面对此前"跌跌不休"的液晶显示面板市场态势，2019 年以来一些厂商已出现大额营业亏损。

有关数据显示，国产液晶面板在全球市场的占比 2019 年底突破 50%。在全球液晶面板产能过剩的大背景下，未来一段时间供过于求的压力恐怕仍将存在。事实上，出于相关方面的考虑，一些面板巨头已相继退出或减少液晶面板的生产。比如，松下宣布正式退出液晶面板业务，将于 2021 年终止液晶面板生产。国内面板厂商代表京东方不久前也表示，未来将不再投资液晶面板。

显示器行业未来何去何从？布局 OLED（有机发光半导体）等新型显示技术已成为面板行业的共识。具体来说，小尺寸方面，当下 OLED 逐步取代 LCD 已是大势所趋；大尺寸方面，Mini LED 技术有望在未来两三年迎来爆发期，Micro LED 技术等尚待进一步突破。一句话，伴随着新型显示技术的进一步发展，今后显示产业将朝着超高清、大尺寸、柔性的方向快速迭代。

曾经很多年，"缺芯少屏"成为中国人心中难以言说的痛。为打破这一尴尬局面，一批中国面板企业历经多年鏖战而崛起，成功改写了全球半导体显示格局。而今，当新一轮显示技术革命蓄势待发，我们期待更多中国企业脱颖而出，引领发展新方向。

资料来源：舒云.面板业迎利好仍不可盲目乐观[N].经济日报，2019－12－19(09).

问题讨论：

1. 面板行业面临的营销环境中有哪些市场机会和威胁？

2. 面板企业如何制订正确的营销战略以提升自身竞争力？

第三章
市场营销调研与需求预测

学习要求

◆ 了解：市场调研的内容和基本步骤。

◆ 掌握：市场营销信息的含义；市场调研的基本类型和方法。

◆ 熟悉：市场营销信息的类型；市场需求的计算方法。

导入案例

重庆区域中央空调市场调研报告

2019年第一季度，重庆中央空调行业发展表现尚佳。最主要的原因在于往期叫停的工业、地产项目陆续开工，加快建设步伐，中小项目持续增多。另外，市场竞争也更加激烈，不少品牌在零售市场出现了拼低价现象，目的是加快重庆全区域的渠道布局。

据《机电信息·中央空调市场》分析，2019年一季度重庆中央空调市场的特点主要有以下几个方面。

首先，重庆稳固、雄厚的工业基础为中央空调市场带来了有利的发展空间。2019年重庆GDP同比增长6％，战略性新兴制造业是拉动重庆工业经济增长的主要动力。众所周知，重庆地处长江上游经济带核心地区，中国东西结合部，在区位上有着明显的优势。从2003年到2019年，重庆的工业制造业项目始终保持着增长的趋势。另外，重庆作为中国老工业基地之一，正不断壮大新能源汽车、化工医药、建筑建材、食品、旅游五大支柱产业，加快发展以信息工程、生物工程、环保工程为代表的高新技术产业。值得一提的是，医疗卫生、学校、厂房建设、轨道交通将是2019年重庆中央空调市场的另一亮点。

其次，地产配套项目逐渐起色。2018年重庆的地产项目受到诸多压力，未能为品牌提供过多的发力点。从2019年一季度情况来看，已经有不少品牌在地产上中标。据重庆知名厂家和主流经销商介绍，在其长期的市场观察下，初步可以预见，重庆的地产项目正在复苏，无论是精装配套还是商业综合体，都朝着稳定的方向发展，特别是以沙坪坝区、两江新区及渝北、渝中区为主，在建的地产配套项目明显增多。也有人将重庆目前的地产现状比喻成几年前的南京，暗示了其巨大的容量和储存空间。当然，这还需要一段时间的发展期和转型期。

再次，改造项目增多。随着城市的高速发展，以往的空调机组已经不能适应目前运行环境的变化，不少政府行政大楼对原有的中央空调设备进行了升级改造。重庆市政府也在加大推广节能减耗政策的实施力度。

最后,家装零售市场继续向好。房价上涨的同时,重庆的家用中央空调销量也随之水涨船高。消费者买涨不买跌的消费心理也推动着家装的进一步发展。虽然相对北上广城市来说,重庆消费者的消费水平不算高,但重庆人的消费意识比较超前,因此家中机在重庆的推广上就显得容易得多。尤其是目前新风、净水、地暖一体化的舒适家居形式,在重庆区域得到了足够的接受度。从品牌层面来看,不论是美的、格力、海尔为代表的国产品牌,还是以大金、日立、东芝为代表的日资品牌,甚至是美系品牌都对重庆区域的家装市场投入很大的资源进行布局,以此提升其在家装市场上的份额。

但市场中依旧存在些许问题,如产品之间的价格战、总包项目的增多、品牌竞争的加剧、垫资回款难、产品同质化严重等现象。当然,这些还都需要品牌和市场的进一步沟通和融合。

从各大机型产品来看,水冷螺杆、模块机均有不错的发展。其中,伴随着中小型项目的逐渐增多,模块机产品增幅较大。磁悬浮离心机产品在改造项目上应用较多。大型项目数量较少对风冷螺杆的销量造成一定的阻碍。多联机组依旧呈现上涨的趋势,主要原因在于写字楼、基建项目的增多,同时其在零售市场依旧有着不错的发展。受益于网红城市的效益影响,重庆的餐馆、宾馆、商铺众多,单元机从中获得了很好的收益。水地源热泵、溴化锂机组依旧延续以往的发展趋势,没有较大的突破或发力,但在固定的项目领域中仍然有固定的市场份额。

从品牌层面来看,格力、美的、海尔在重庆均设有工厂,因此在不少项目和渠道布局上有优势,占据了较高的市场份额。欧美品牌方面,麦克维尔、江森自控约克、开利、特灵、顿汉布什在水机市场中依旧保持着稳定的发展和较高的市场地位。日系品牌中,大金、日立、三菱电机、东芝、富士通、三菱重工等品牌在多联机市场占比相对高,市场认知度也较高。

资料来源:重庆区域中央空调市场调研报告[J].机电信息,2019(16):42-49.

第一节 市场营销信息

一、信息

信息一词来源于拉丁文,通常由数据、文本、声音、图像等形态组成,包括情报、消息、通知、报告、知识、资料、陈述、解释等。

控制论创始人维纳(Norbert Wiener)认为,"信息是人们在适应外部世界,并使这种适应反作用于外部世界的过程中,同外部世界进行互相交换的内容和名称"。我国著名的信息学专家钟义信教授认为,"信息是事物存在方式或运动状态,以这种方式或状态直接或间接的表述"。信息具有可存储、可传输与携带性、可压缩性、可替代性、可扩散性、可共享性、可传递性、时效性等多种特点。

二、市场营销信息的特征

市场营销信息是信息的一种,属于经济信息的范畴,是指一定时间和条件下,与企业的市场营销有关的内外部营销环境的存在方式、运动状态及其对企业市场营销活动效用的综合反映。市场营销决策需要在丰富、真实的市场营销信息的基础上形成,这样的决策才能更加客观、科学。

市场营销信息除了具有信息的上述一般特征外,还具有以下特点。

1. 目的性

市场营销信息主要是指与企业市场营销活动相关的信息,它的收集和运用也主要是为企业市场营销决策服务的。这就对信息的内容、信息的及时性和可靠性提出了相应的要求。

2. 系统性

市场营销信息并不是零碎的、个别的信息的集合,而是在时间上具有连续性,在内容上具有广泛性。企业需要对市场营销信息进行有计划、连续的、广泛的收集和积累,并对信息的内在关联进行科学的整理和分析,给市场营销决策提供有力的支撑。

三、市场营销信息的类型

市场营销信息的内容非常广泛,能够对企业市场营销活动产生影响的信息都可以归入市场营销信息。根据标准不同,市场营销信息的类型划分也不同。常见的类型划分有:依据信息来源划分,可分为外部信息和内部信息;依据决策的级别划分,可分为战略信息、管理信息和作业信息;依据信息的表示方式的不同,分为文字信息和数据信息;依据信息的处理程度,分为原始信息与加工信息等。这里主要以信息来源为标准,对市场营销信息的类型进行讨论。

(一)内部信息

内部信息主要包括企业内部的资源信息、运营信息、销售信息等。

1. 资源信息

企业资源是企业经营活动的基础和条件,充分掌握企业自身拥有的资源信息,有利于企业做出既符合自身实际,又能充分发挥企业资源优势的市场营销决策。资源信息主要包括企业的人力资源信息、融资能力信息、各种物质资源信息等。

2. 运营信息

企业运营信息主要指企业的生产设备信息、生产技术的研发和储备信息、生产成本信息、产品质量与产品组合信息、财务信息、仓储运输信息等。掌握企业运营信息的程度标志着企业对自身经营现状的掌控。

3. 销售信息

企业销售信息主要包括销售额、销售量、利润、订单、账款回收等方面的信息。

(二)外部信息

外部信息主要指企业外部宏观、微观环境的发展变化信息,因此内容更加广泛和复杂,具体来说可以归结为以下几个方面。

1. 宏观环境信息

市场营销宏观环境在教材前面内容中已有详细介绍,其发展变化会对企业市场营销活动提供市场机会或造成市场威胁,影响巨大。因此企业需要密切关注市场营销宏观环境的变化,及时地掌握发展变化的信息,以此做出面对市场机会或市场威胁的正确营销决策。宏观环境信息主要包括市场的人口总量、人口构成、人口分布与流动、经济发展水平、居民收入水平与结构、居民支出水平与结构、储蓄与信贷倾向、价值观念、宗教信仰、审美观、风俗习惯、教育状况、科技发展动向、法律法规、政策、自然资源状况等方面的信息。

2. 消费者信息

消费者是市场微观环境的主要构成者之一,企业需要了解一个市场的消费者构成、消费者的偏好、消费购买动机和行为特点等信息,以便能够制订出有针对性的设计产品、价格、渠道、促销等市场营销策略。

3. 竞争者信息

竞争是市场营销活动中不可避免的,而竞争的胜利与对竞争对手的了解息息相关。充分了解竞争者的资源优势与劣势、竞争战略、市场营销策略等信息,是企业市场营销信息收集与分析的重要内容。

营销视角 3-1

4. 营销渠道信息

营销渠道是企业实现销售中的产品实体和所有权转移不可或缺的,高效、低成本的营销渠道的建设离不开对供应商、中间商的数量、分布、经营倾向、权利与义务的偏好等信息的收集和使用。

除了上述内容外,外部信息还包括企业市场营销活动中的银行、广告公司、市场营销调研公司等辅助企业的信息,以及社会公众尤其是相关政府部门、新闻媒体、相关社会团体等方面的信息。

美国市场营销教授托马斯·C.金尼尔将不同市场营销决策所需要的具体信息归为表 3-1 所示的内容。

表 3-1 市场营销决策所需信息

情况分析	需求分析	购买者行为和特征、市场特征
	竞争	谁是竞争者、竞争者的特征、主要力量和弱点、未来的竞争环境
	一般环境	经济条件和趋势、政府规定和趋势、污染、安全、消费者的顾虑、技术趋势、政治环境
	国内环境	市场销售资源/技术、产品销售资源/技术、金融资源/技术、技术资源/技术、国内环境的未来趋势
市场营销组合	产品	产品的什么特征是重要的、产品如何才能有所不同、什么市场分割将被吸引、服务和担保有多重要、是否有必要生产各种不同的产品、一揽子商品的重要性、产品是如何被感知与竞争供给有关的
	渠道	哪一种类型的分销商应该经营这些产品、经营产品的渠道态度和动机是什么、批发和零售需要怎样的范围密度、什么样的边界是合适的、哪一种实物分销是必须的
	价格	需求弹性、什么价格政策是合适的、产品系列应该如何定价、怎么建议产品的价格变动方式、如何应对竞争价格的威胁、价格对于购买者有多重要
	促销	什么是最优促销预算、打折促销及广告有多重要、什么是适当的促销组合、如何测量促销工具的有效性、什么促销方式最有效、哪种传媒最有效
表现衡量		当前销售的是什么、当前的市场份额多少、顾客类型、产品及企业形象是什么、促销的认知程度是什么、品牌的回头率是多少、大中小零售商在分销商中的比例、售价低于建立零售价格的渠道的比例、平均零售价是多少、多少比例的消费者是满意的、多少比例的当前顾客倾向与再次购买

第二节　市场营销调研

市场营销调研是以提高营销效益为目的,系统地、有计划地收集、整理和分析市场的信息资料,以便对市场营销中的问题提出解决方案或建议,供市场营销管理者作为决策参考的一种科学方法。

一、市场营销调研的类型

从不同的角度和依据,可以将市场营销调研划分为不同的类型。明确调研类型,有利于对市场营销调研做全面系统的理解,也有利于市场营销调研实践中明确调查目的和确定内容。

延伸阅读 3-1

(一)根据调研问题的形式划分

1.探索性调研

探索性调研是为了界定调研问题的性质以及更好理解问题的环境而进行的小规模调研活动。在市场营销调研的开始阶段,调研者往往对需要调研的问题缺乏足够的认识,因此,在大规模的正式调查之前,一般采用一些灵活的调研方法,如专家咨询、焦点小组访谈、个案研究及二手资料分析等,确定调研问题的范围及进一步研究的方向,为下一步的调研寻找切入点。例如,某企业发现自己的啤酒产品市场份额在不断下降,是什么原因造成的暂时还不能确定,是经济衰退所影响? 还是广告支出减少影响? 或是消费者的习惯偏好发生了改变? 可能的原因有很多,企业可以用探索性调研来寻找最可能的原因。

2.描述性调研

描述性调研是描述总体的基本状况和特征的一类调查研究,通过调研回答"谁""什么""什么时间""什么地点"和"怎样"的问题,将所调研的问题具体化。例如,某商场想知道自己的顾客都是哪些人,就需要获得诸如顾客的年龄层、顾客的收入层、顾客居住地等描述性问题的答案。描述性问题比探索性问题调研细致、具体,但也只是停留在对问题的描述上,对问题深层次原因的调研,还需要因果关系调研做进一步的研究。

3.因果关系调研

因果关系调研是在描述性调查的基础上,进一步分析问题发生的因果关系,并弄清楚原因和结果之间的数量关系。例如,企业的广告支出减少和产品销量下降之间有没有联系? 有联系的话,对产品销量下降的影响程度有多大?

4.预测性调研

预测性调研是对未来市场的需求变化的估算、预测和推断,是市场营销调研结果在预测中的应用。它对企业避免决策失误的风险和损失有重要的作用。例如,通过调研企业得知广告支出和自己产品销量之间的因果关系,就可以进一步预测下一年提高一定的广告费会带来多少的销量提升。

(二)按调研时间的连续性划分

根据调研时间的连续性,可以将市场营销调研分为定期市场营销调研和不定期市场营销调研。

1.定期市场营销调研

定期市场营销调研是对市场现象每隔一段时间就进行一次调研,主要目的在于获得市场现象全部发展变化过程及其结果的信息资料。

2.不定期市场营销调研

不定期市场营销调研是为了解决某种市场问题专门组织的一次调查,其目的在于收集市场现象某一时点上的水平、状态等资料。

(三)按调研对象包括的范围划分

1.全面调研

全面调研又称为普查,是对市场营销调研对象全体单位进行的调研,目的是了解市场的一些基本情况,对市场状况做出全面、准确的描述,从而为市场营销管理者提供决策的依据。这种调研结果虽然准确,但是需要的时间较长、成本较大。

2.非全面调研

非全面调研只对总体中的部分单位进行调研,又分为典型调研、重点调研和抽样调研。

市场典型调研是从总体中选择具有代表性的部分单位作为典型进行的调研,其目的是通过对典型单位的调研来认识同类市场现象总体的规律性及其本质。市场重点调研是从调研对象总体中选择少数重点单位进行调研,其目的是通过对这些重点单位的调研,反映市场总体的基本情况。市场抽样调研是根据概率原则抽出适当样本进行的调研,其结果可以控制,在市场营销调研中应用较广。

(四)按调研资料来源划分

按市场营销调研资料来源的不同,市场调查可分为文案调研和实地调研。

1.文案调研

文案调研是指通过收集各种历史和现实的动态统计资料,从中摘取与市场营销调研课题有关的信息,所收集的数据资料成为次级资料或二手资料。文案调研具有简单、快速、节省调查经费等特点,尤其是适用于对历史资料和现状的了解。它既可以作为一种独立方法来运用,也可作为实地调研的补充。

2.实地调研

实地调研是指调研者自身收集数据资料,而非从现有的统计资料中获取,它收集的数据资料称为原始资料或一手资料。它包括观察法、实验法和访问法。实地调研在借助科学研究方法的基础上,能够得到比较真实的资料和信息。

二、市场营销调研的内容

(一)市场环境调研

企业的任何活动都脱离不开其所处的外部市场环境,这些外部市场环境是客观存在的,不以人的意志为转移的,并对企业营销活动或者提供机遇,或者施加威胁,关键是企业要在对其进行深入细致了解的基础上抓住市场机遇,避开威胁。对市场基本环境的调研主要包括如下内容。

1.政治环境调研

政治与法律的调研主要是了解对市场产生影响和制约作用的国内外政治方针与政策、法规条例等,如 WTO 的有关规则和每个国家制定的经济法规的调查与了解,对于企业进入国际市场是至关重要的。

2. 经济环境调研

经济环境对市场活动有着直接的影响。企业对经济环境的调研主要可以从以下两个方面进行。

(1)经济发展水平。经济发展水平主要影响市场容量和市场需求结构,经济发展水平增长快,就业人口就会相应增加。失业率低、企业开工率高以及经济形势好,必然引起消费需求的增加和消费结构的改变;反之,需求量就会减少。

(2)消费水平。消费水平决定市场的容量,也是经济环境调查不可忽视的重要因素。消费水平的调查主要是了解某一地区的国民收入、消费结构、物价水平和物价指数等。

3. 文化环境调研

每一个国家或地区都有自己传统的思想意识、风俗习惯、思维方式、宗教信仰、艺术创造、价值观等,这些构成了该国家或地区的文化并直接影响人们的生活方式和消费习惯。对于市场营销人员来说,营销活动只有适应当地的文化和传统习惯,其产品才能得到当地消费者的认可与接受。在构成文化的诸因素中,知识水平影响消费者的需求构成及对产品的评判能力。知识水平高的市场,高科技的产品会有很好的销路。另外,宗教信仰和风俗习惯的调查也是营销活动中极为重要的内容。

4. 人口情况调研

人口数量是计算需求量时必须考虑的因素,一般来说,人口数量多,市场规模就大,对产品的需求量也必然会增加,如我国人口约占全球总人口的 $1/4$,其潜在市场规模较大。在考虑人口数量时,也要分析人口的属性状况,如性别、年龄、教育程度等。如我国逐渐成为老年型国家,"银发市场"的潜力极大。

5. 科学技术状况调研

当今世界,科学技术飞速发展并向现实生产力迅速转化,成为生产力中最活跃的因素。新技术是一种"创造性的毁灭力量",它的出现往往造成一些难以预见的长期后果,一些行业会因为新技术而受到打击,而另外一些行业可能因为新技术而得到长足发展。同时,消费者的购买行为也会受到科学技术发展的影响,比如科学技术发展催生了"网络购物"这种新的购买方式。

(二)市场需求调研

市场需求调研主要是对市场需求规模的分析与预测,即估计某类产品或服务市场的现有规模和潜在规模,预测某产品或服务的不同细分市场的需求;计算某类产品或服务品牌的市场占有率及其动态变化,分析企业与同行竞争者相比的优势和劣势;了解某类产品或服务的市场特点及其变化趋势,消费者购买行为的特点,以便于企业对进入目标市场进行决策。

1. 市场需求总量及其构成

市场总需求量直接决定市场规模的大小,它一般会受到人口数量和可支付购买能力的影响。在人口一定的条件下,就需要分析消费者收入的来源、收入的数量、消费支出的构成、对待储蓄和信贷的态度等。

2. 各细分市场及目标市场的需求

随着市场环境的变化,各细分市场的需求特点也在不断变化。企业在市场细分之后,需要对各细分市场的需求量及需求的特点进行调研预测。理想的目标市场应该与企业的实力相匹配,需求量太大,不利于企业对目标市场进行控制和占领;需求量太小,则不能给企业提供足够的发展空间。市场营销调研可以给企业的目标市场选择提供决策依据。

3.市场份额及其变化

市场份额变化是企业市场竞争的重要指向标,对企业自身及竞争者的市场份额做出调查和预测,可以为企业制定自己的竞争策略提供依据。

(三)产品调研

产品调研包括现有产品改进和新产品研制与开发的调研。对现有产品的改进主要包括改进性能、扩大用途和创造新市场三种类型;对新产品的研制与开发研究主要是产品测试研究,其中需要调查研究消费者对产品概念的理解、对产品各个属性的重要性评价、新产品的市场前景以及新产品上市的相关策略等。对产品品牌的调研是产品调研中一个相对独立的研究领域,其主要对品牌的知名度、美誉度、忠诚度以及消费者对品牌的认知途径和评价标准等内容进行研究,给市场营销决策人员提供制订品牌策略的依据。

(四)竞争对手调研

任何产品在市场上都会遭遇竞争对手,企业除了要深刻了解消费者的需求外,还必须掌握竞争者的动态信息。不同的企业所处的行业不同,其竞争者数量和竞争程度也不同。同行业的竞争者、潜在的竞争者、替代品的竞争者、卖者讨价还价的竞争、买者讨价还价的竞争,无论哪一种,都会对企业构成威胁。通过对竞争对手的调查研究,可以有针对性地提出竞争战略和策略,做到"知彼知己,百战不殆"。对竞争对手的调研主要包括:企业竞争者是谁?主要竞争者所占有的市场份额是多少?主要竞争者的竞争优势表现在什么地方?主要竞争者是否存在劣势?行业竞争者采取的营销战略与策略是什么?

(五)消费者研究

对消费者行为研究首先需要收集下面八个方面的信息,即6W和2H:购买者是谁(who)、买什么(what)、为什么购买(why)、何时购买(when)、何地购买(where)、信息来自何处(where)、购买多少(how much)、如何决策购买(how);其次通过调查得来的资料分析不同消费群体之间购买行为的差异以及生活习惯和生活方式的特点。

(六)广告研究

广告调研是为了制作有效的广告和测定广告效果而进行的调研活动,包括广告活动的前期调研和评价广告效果的事后调研。广告前期调研是广告活动的起点,为广告定位和整体广告策划提供依据,为广告创意收集资料;广告效果的事后调研检验广告活动是否成功,并且为改进和完善以后的广告活动积累经验。广告调研由于其特定的研究内容已经形成了一个相对独立的分支领域。

营销视角 3-2

(七)销售渠道研究

销售渠道是指商品从生产者市场向消费者市场转移的过程和路线,包括批发市场、零售市场、生产者自销市场及农贸市场等。对批发市场的调查,要注意调查流通渠道的参加者和商品流转环节的层次。对零售市场的调查,要注意调查零售商品交易活动的参加者、零售商业企业

的类型、零售商业网点的分布及零售市场的产销服务形式等。

三、市场营销调研步骤

企业实施市场调查将要花费大量的人、财、物及时间,调查的结论及建议,要能协助企业经营者制订营销策略、改进企业市场营销活动的缺陷、提供市场新契机的建议和避免错误的营销决策。为了能有效达到目的,需要在市场调查中建立一套系统科学的程序。市场调查步骤可分为四个阶段,即市场调查的准备阶段、设计阶段、执行阶段、报告阶段。

```
┌──────┐      ┌──────┐      ┌──────┐      ┌──────┐
│ 准备 │ ──▶  │ 设计 │ ──▶  │ 执行 │ ──▶  │ 报告 │
│ 阶段 │      │ 阶段 │      │ 阶段 │      │ 阶段 │
└──────┘      └──────┘      └──────┘      └──────┘
```

图 3-1　市场营销调研步骤

(一)准备阶段

准备阶段主要研究调研的必要性和界定研究问题。

市场营销调研可以帮助企业制订营销决策,但并不是每一项营销决策时都必须做市场营销调研,当可用的信息已经存在、没有足够的时间和资源、调研成本过高时,市场营销调研也许是不必要的。

当通过分析企业确信需要做市场营销调研时,就要首先界定清楚调研的目的和研究目标。在这个环节里,市场营销调研人员需要回答为什么要进行调研、调研要了解什么问题、了解这些问题后有什么用处及应该搜集哪些信息资料等问题,为以后的调研活动指明方向和奠定基础。

(二)设计阶段

设计阶段是对资料收集、样本选择、资料分析、研究预算及时间安排等方面进行设计。一般包括下面一些工作。

(1)确定收集资料的范围和方式。就是要确定收集什么资料,向谁收集资料,在什么时间、什么地点收集资料,是实地调查搜集一手资料还是文案调查收集二手资料,是一次性调查还是多次性调查,是普查还是抽查等。

(2)设计调查问卷和选择抽样方式。调查表或问卷应简明扼要、突出主题。抽样方式和样本量大小应满足调查的目的要求,也要便于统计分析。

(3)制订调查计划。调查计划应包括采用什么调查方法、分几个步骤、调查人力的安排、如何分工协作、调查工作的进度以及调查费用的预算等。

(三)执行阶段

这个阶段的主要任务是组织调查人员按照前面两个步骤基础上形成的调查方案,通过实地调查和问案调查系统系统地收集资料和数据,听取被调查者的意见。

这个阶段是整个市场调查过程中最关键的阶段,也是花费人、财、物最多也最容易出现调查差错的阶段,因此要求在该阶段中进行精密组织和严格控制,以保证准确、及时、完整地收集到需要的资料。

（四）报告阶段

这个阶段的工作可以分为两方面主要内容。

（1）资料的整理与分析。即对所收集的资料进行"去粗取精、去伪存真、由此及彼、由表及里"的处理，并且解释所搜集的大量数据，提出调研结论和营销决策建议。

（2）撰写调查报告。市场调查报告一般由引言、正文、结论及附件四个部分组成。其基本内容包括开展调查的目的、被调查单位的基本情况、所调查问题的事实材料、调查分析过程的说明及调查的结论和建议等。

四、市场营销调研方法

搜集各种市场信息资料所使用的技能和办法，称为市场营销调研方法。市场营销调研方法选择是市场营销调研过程中非常重要的一环，不同方法适用于不同的调查对象，对搜集资料的准确性、客观性及调研费用有着重要的影响。

（一）抽样方法

市场是由千差万别的个体组成的总体，对市场总体情况进行调查，若能够做到全面的、普遍的调查，其所得到的资料当然是最能反映市场总体特征的。但是在下面两种情况下，普查是不可行的。

①总体非常大，总体单位数非常多，普查成本非常昂贵。如居民家庭收支是市场购买力及其构成的直接表现，但居民户很多，无法进行全面市场调查。

②某些情况下，普查是不可能的。大多数情况下对市场实施全面市场调查是非常困难的，甚至是根本不可能的。比如，企业研究人员想要了解企业生产的产品的寿命时，就无法采用普查的方法，因为在检验或测量过程中会对商品产生破坏。例如，总体非常大，总体单位数非常多的情况下，就不可能进行全面市场调查，如居民家庭收支是市场购买力及其构成的直接表现，但居民户很多，无法进行全面市场调查。

随着市场营销调研工作的深入开展，抽样市场营销调研已经成为一种最重要的调研方式，得到了极其广泛的应用。

1. 随机抽样

随机抽样是指按照一定的程序，遵循随机性原则，从总体中抽出一部分个体组成样本，通过对样本的研究，达到从数量上认识总体的目的。在大多数情况下，如没有特别说明，抽样市场调查或抽样法指的就是随机抽样，它是整个数理统计应用的始点和基础。数理统计的一切描述和推断方法，都是围绕着抽样所取得的局部资料进行种种分析和解析而展开的，这是一种严密、科学的方法，在市场调查中已经广泛使用。

随机抽样不同于其他市场调查方式的主要表现在：抽取样本时遵循随机性原则；从样本数量上认识总体；抽样估计的精确度及可靠程度可以测定并控制。

随机抽样的具体方式，又可分为简单随机抽样、等距随机抽样、分层随机抽样、分群随机抽样等。

2. 非随机抽样

市场调查的设计者面对的是复杂的、动态不定的市场要素，在有些情况下所面临的认识对象并不具备随机抽样的条件。例如，对某一商场顾客的调查，对某些路段行人的调查，这时的抽样本质是从消费者总体的某一部分分段抽取,即使样本的抽取过程体现一定的随机性,但也不是严格意义上的随机抽样;有时由于时间和经费的限制而不能进行随机调查,这时就只能进行非随机抽样市场调查。

非随机抽样方式是指不按随机原则,而由调查抽样人员根据调查目的和要求,主观地从总体中抽选样本的抽样方式。非随机抽样的基本原则是:在选择样本时,可以加入人的主观因素,使总体中每一个个体被抽取的机会是不均等的。

非随机抽样包含任意抽样、判断抽样、配额抽样几种主要形式。

(1)任意抽样。任意非随机抽样也叫作偶遇抽样,这是一种根据调查者的方便程度任意地抽选样本的方式,它是纯粹以便利为基础的一种抽样方式,是指市场调查者把在一定时间、一定环境所遇到的人作为调查对象选入样本的方式,其调查样本的选择完全取决于调研人员的方便。如在街头、商店、公园等公共场所,调查者根据自己的判断,拦住某过往行人作询问调查或对在柜台购买商品的顾客进行调查等。这种方式也叫"街头拦人法",那些被采访或询问的"街头行人"就是偶遇样本。还有一种称作"方位选择法",即对某一相对聚集的群体,从不同的方位确定样本单位,对其进行调查、询问。任意随机抽样法是社会学研究者较早运用的一种非随机抽样方式,简便易行,能及时获取信息,费用低。

(2)判断抽样。判断抽样又称主观抽样、立意抽样,是调查者根据调查的目的和自己的主观判断选择调查样本的一种非随机抽样方式。例如,某批发商要调查零售商销售其产品的情况,批发商根据自己的经验和判断,选定一些具有代表性的零售商作为样本进行调查。再如,商业企业销售商品的结构变化、居民家庭收支情况、企业的经营管理水平等都可以用判断非随机抽样法来决定样本单位。此外,制订物价指数、选定产品目录和地区样本等,也往往采用判断非随机抽样法。

判断非随机抽样法的"判断",主要包括两方面内容:一是对总体的判断,即判断总体的规模结构等;二是判断样本的代表性,即面对认识的总体,认为哪些个体对总体具有代表性,将其选出来作为样本进行调查。一般地说,若对总体有一个正确的认识,而又能准确地判断出具有代表性的个体,则能抽出一个较好的样本,故这种方式注意了对误差的限制,比任意非随机抽样的估计精度要高。

(3)配额抽样。配额抽样又称定额抽样。它与分群随机抽样具有相似之处。它是指按市场调查对象总体单位的某种特征,将总体分为若干类,按一定比例在各类中分配样本单位数额,并按各类数额任意或主观抽样。由于在抽样时并不遵循随机原则,所以说它是非随机抽样的方式之一。例如,某企业进行消费者需求调查,确定样本数量为400名,要求男性200名、女性200名。

(二)问卷设计步骤

调查问卷是调查者根据一定的调查目的和要求,按照一定的理论假设设计出来的,由一系列问题、调查项目、备选答案及说明组成,是向被调查者收集资料的一种工具。不同的调查目的和要求、不同的调查对象、不同的调查内容以及不同的调查方式等可能会需要不同的市场调查问卷,相应的市场调查问卷设计也要各有侧重。但是,调查问卷设计也并非完全无规律可循,多数调查问卷设计的总体目的、基本原则与设计程序是相同的,具体如下。

1.确定需求的信息

调查问卷设计的第一步就是对调研主题和目的进行确定,在市场营销调研的调查目的和调查主题明确的基础上,将其转化为具体理论假设与所需获取的信息。

确定所需信息是问卷设计的前提工作。如果这一步工作没有做好,后面的工作可能就是盲目的,使取得的资料不是需要的,或口径范围不统一无法统计等。

2.确定问题的内容

确定提问的内容需要考虑到被调查者的个体差异性,也许在设计者看来是容易、熟悉、有趣的问题在被调查者那里却是困难、生疏、枯燥的问题。因此,确定问题的内容,最好与被调查对象联系起来。分析一下被调查者群体,有时比盲目分析问题的内容效果要好。

3.确定问题的类型

进行问卷设计时,需要决定使用何种类型的问题,我们确定问题类型的出发点主要是基于研究要求,同时尽量使设计的每一个问题传达更多的有用信息。不过也有例外,有时问卷中出现的个别问题与市场研究看起来毫无关系,它的存在只是引起被调查者的兴趣,促使其继续往下答。但不管属于哪一类问题,都有其存在的理由,关键是看这种"存在"在一定程度上是否是不可替代的。

常用的问题类型包括开放式、封闭式和混合式三种,具体请参照表3-2。

表3-2 市场营销调研常用问题

类型		特点
开放式	自由回答	让被调查者根据问题要求用文字自由表述
	词语联想	给被调查者一个词,要求写出最先联想到的词
	文章完成	向被调查者提供有头或尾的文章,要求其按照自己意愿完成文章
	角色扮演	让被调查者通过观察别人对产品的动机和态度来间接暴露自己的真实动机和态度
封闭式	两项选择题	设两项答案的选择题
	多项选择题	从多个备选答案中选择一个或几个
	填入式问题	类似于开放式,但问题的答案对于被调查者往往是唯一的
	顺位式问题	在多项选择基础上,要求被调查者对询问的问题答案,按自己认为的重要程度和喜欢程度顺位排列
	态度评比测量题	将消费者态度分为多个层次进行测量,其目的是尽可能了解和分析被调查者群体客观存在的态度
	矩阵式问题	将若干同类问题及几组答案集中在一起排列成一个矩阵,要求被调查者选择答案
	比较式问题	将若干可比较的事物整理成两两对比的形式,由被调查者进行比较后选择
混合式		一个问题中,只给出一部分答案,被调查者可从中挑选,另一部分答案不给出,要求被调查者自由作答

4.确定问题的词句

问题的语句措辞在问卷设计中非常重要,由于提问的语句措辞不同,被调查者会有不同的反应,影响回答的准确性和真实性。一般设计问题需要注意以下事项:①所提问题必须简短,以免造成对方的混乱;②直接提问与间接提问相结合;③回答问题不需要太多的专业知识;④问题不能有争议性或多重解释;⑤避免提带有双重或多重含义的问题;⑥最好不要用反义疑问句,避免使用否定句;⑦注意避免从众效应和权威效应,避免使用引导性语句;⑧避免使用假设性问题;⑨不要涉及别人的隐私。

5.确定问题的顺序

问题顺序的排列需要遵守以下规则:①按问题的难易程度排列次序;②按问题的时间先后顺序排列次序;③相同性质或同类问题尽量集中排列;④问题的安排应该有逻辑性。

6.问卷的预测试

问卷的初稿设计工作完毕后一般不会直接投入使用,初稿很可能存在一些潜在的问题,要先组织问卷的预先测试。预先测试通常选择 20～100 人,样本数不宜太多,也不要太少,样本数太多会增大调研成本,太少则达不到测试目的。

在预先测试工作完成之后,任何需要改动的地方应切实修改。如果第一次测试后有很大的改动,可以考虑组织第二次预测试。

(三)一手资料收集方法

1.访问法

访问方法,是指将所拟调查的事项,以当面、电话或书面的不同形式向被调查者提出询问,以获得所需调查资料的调查方法。这是一种最常用的市场实地调查方法,通过调查不仅要收集到调查所需要的资料,而且还要在调查中给调查对象留下良好的印象,树立公司的形象,甚至可能将被调查者作为潜在的用户加以说服。

(1)个人访谈调查。个人访谈调查是指调查者与单个的被调查者面对面进行交谈收集资料的方法。它是市场营销调研中最常用和灵活的一种方法。访问时可以采用提前设计好的问卷或提纲依问题顺序提问,也可采用围绕调查主题进行"自由交谈"的形式。

个人访谈调查的优点在于具有适用范围广、灵活性强、拒答率较低、收集回来的资料的质量较好、便于进行深度访谈等优点,使其在调研中应用非常广泛。但同时费用高、技巧性强、匿名性差、管理难度大等缺点又使其在应用上受到了一定的限制。

(2)电话访问调查。电话访问是指通过电话向被调查者询问有关调查内容和征询市场反应的一种调查方法。由于彼此不接触,而是借助于电话工具,可以说它是一种间接的调查方法。

电话访问法的优点:成本低、快速与节省时间、统一性较高、易控制等。但是由于是借助电话工具进行访问调查使其拒答率高、调查项目的难度受到影响、辨别真实性和记录准确性较差,因此它一般主要应用在对热点问题、突发性问题、特定问题和特殊群体的调查上。

(3)留置问卷调查。留置问卷调查是由调查员按面访的方式找到被访者,说明调查目的和填写要求后,将问卷留置于被访者处,约定时间,例如 1～2 天后再登门取回填写好的问卷,或等待直至被访者填写完毕后将问卷当面收回。

留置问卷调查的关键之一是保证匿名性,这一点连同回收问卷的方法要事先向调查对象交代清楚。一般的做法有几种:调查员可以手持问卷回收箱或回收袋,让被访者亲自将填写完毕的问卷投入箱(袋)内;或者在发放问卷时同时给一个空白信封,让被访者亲自将填写完毕的问卷装进空白信封,然后将封好的信封交还给调查员;或给一个贴好邮票的回邮信封,要求被访者将填写好的问卷直接寄回。

(4)邮寄访问调查。它是指调查人员将印制好的调查问卷或调查表格,通过邮政系统或电子邮箱寄给选定的被调查者,由被调查者按要求填写后再寄回,由此得到市场信息。邮寄访问调查克服了堵截调查拒答率高和问题简单的缺点,但同时也就完全依赖"问卷"与被调查者交流了。显然,邮寄访问调查对问卷设计有较高的要求。

邮寄访问调查的优点:调查的区域较广;调查费用低;被调查者有充分的时间填写问卷,可以较准确地回答问题;被调查者所受影响小,匿名性强;无须对调查人员进行专门的培训和管理等。但同时也存在调查表回收率低、调查时间长、问卷回答可靠性较差等缺点。

2.观察法

现场观察法是调查人员凭借自己的眼睛或借助摄录像器材,在调查现场直接记录正在发生的市场行为或状况的一种有效的收集资料的方法。其显著特点是被调查者是在不知晓的情况下接受调查的。观察法有不同的类型,各种观察法的特点和作用均有所不同。

(1)按观察结果的标准化划分。按照观察结果的标准化程度,观察法分为控制观察和无控制观察。控制观察是根据观察目的预先规定观察范围,并在实施观察时,对观察手段、观察技术、观察程序和记录方式标准化。无控制观察比较灵活,对观察项目、程序等不做严格的规定,记录也可采取随意的方式。

(2)按观察者参与观察活动划分。按观察者是否参与观察活动,观察法可以分为参与性观察与非参与性观察。参与性观察是指调查者参加到被观察对象群体中并成为其中的一员,直接与被观察者发生关系以收集有关资料的一种调查方法。比如说很多企业为了获取市场信息,常年在一些大商场中派驻信息员,他们以售货员的身份直接与顾客接触,通过有意识的观察活动了解市场情况,把握市场动态。

非参与性观察是指调查者不改变身份,而是以局外人的身份从外围现场收集资料的一种调查方法。调查者不向被观察者提问任何问题,不随意靠近被观察者,也不对任何问题表露兴趣,尽可能保证隐蔽性。它一般适用于描述市场状况而不追究其原因的市场调查类型。

(3)按所取得资料的时间特性划分。按照所取得资料的时间特性不同,观察法可分为纵向观察、横向观察和纵横结合观察。纵向观察又称时间序列观察,就是在一定时间内,在不同时间观察同一观察对象,取得一连串的观察记录,并保持时序性,对纵向观察资料进行分析研究,以了解调查对象发展变化的过程和规律。横向观察又称横断面观察,是在某一特定时间内对若干个调查对象所发生的事态同时加以记录,取得横断面的记录。对横向观察资料进行分析研究比较,能够扩大调查范围。纵横结合观察就是对调查对象进行纵横两个观察,这样能取得更加可靠的调查资料,如各种广告对客户的影响力调查就可采用这种方法。

(4)按观察具体形式划分。按照观察的具体形式不同,观察法可分为现场观察、实际痕迹观察和比较观察。现场观察是指调查者到销售场所终端观察和记录顾客的购买情况、购买情绪,同类产品的竞争程度等。实际痕迹观察是根据被调查者实际留下痕迹进行的调查,推断过去的市场行为。比较观察是指调查者对事物所做的对比观察方法,例如将某系列产品与其他产品相对比,观察其市场的购买率。

观察法是现代市场调查中一种基本的调查方法,最显著的优点是获得的资料更加真实、客观,但观察法仅是取得表面性资料,无法深入探究其原因、态度和动机等。

3.实验法

实验法是将调查对象置于一定条件下进行小规模的"实验",以取得有用数据和资料的一种方法。实验法有两个优点:一是通过现场实验调查取得的资料客观实用,排除了主观估计的偏差;二是通过合理的实验设计,调查者可主动引起市场因素的变化并测定这种变化对市场产生的影响,而不是消极、被动地等待某种现象的发生。实验法目前已成为市场调查中用途广泛的方法。凡是某种商品变更品种、改变质量、包装、设计、价格、商标、广告时,均可以采用实验法做小规模的实验销售,以了解顾客与市场的反应,从而做出企业的营销决策。

第三节　市场需求预测

一、市场需求与市场反应函数

(一)市场需求

市场需求是指一定的顾客在一定的地理区域、一定的时间、一定的市场营销环境和一定的市场营销方案下对某种产品购买的总量。从定义中可以看出,市场需求的测量受到以下八个要素的约束。

1.产品

测量市场需求首先要确定产品的类别和范围,即确定是哪种产品的市场需求。

2.总量

总量可以用数量的绝对值表示,也可以用金额的绝对值表示。

3.购买

购买可以是订购量、装运量、收货量、付款数量或消费数量。

4.顾客群

测量市场需求需要明确顾客群的层次,是总市场的顾客群,还是某一细分市场顾客群,或是企业目标市场的顾客群。

5.时期

市场需求测量具有时间性,测量的是某一时间跨度内的市场需求。

6.地理区域

测量市场需求时,需要有明确的地理界限。

7.营销环境

市场营销环境极大地影响着市场需求,在不同营销环境下,市场需求的规模、结构都是不同的。

8.营销方案

一定的营销方案代表着行业或企业对市场需求所做出的营销计划。

(二)市场反应函数和市场预测

从上述对市场需求的分析可以看出,市场需求并不是一个固定的数值,而是一个受到多种因素影响的函数,一般称之为市场反应函数。如图 3-2 所示,横轴为行业营销费用,纵轴为市场需求,图中曲线体现了行业营销费用与市场需求量之间的对应关系。

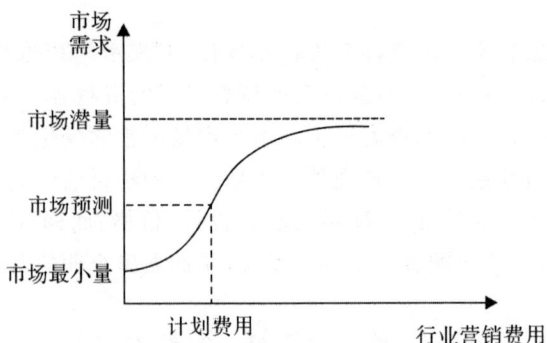

图 3-2　市场需求与行业营销费用

另外,从图 3-2 中可以看出,即使行业不做出营销努力,行业营销费用为零,仍然会存在一定的市场需求,这种市场需求量称之为市场最小量。随着行业对市场的营销影响不断加大,即行业营销费用增加,市场需求也会随之增加。但是市场需求增加的速度是不断下降的,当增加到一定水平的上限时,即使行业营销费用继续增加也不再激发市场需求的增加,这个市场需求的上限被称为市场潜量。

在一定的市场营销环境和企业资源、企业经营目标下,行业营销费用是有计划的。与计划的行业营销费用相对应的市场需求被称为市场预测。

(三)企业需求

企业需求是指某企业在市场总需求中所占的份额,它也是一个函数,称为企业需求函数,用公式表示为:

$$Q_i = S_i Q$$

式中:Q_i 代表企业 i 的需求量;S_i 代表 i 企业的市场占有率;Q 为市场总需求。

从公式中可以看出,企业需求同时要受到市场总需求和企业市场占有率的影响。企业市场占有率是企业营销努力的成果,一般情况下企业的市场占有率与企业营销努力成正比。企业的营销努力可以通过企业的营销费用来测量:

$$S_i = \frac{M_i}{\sum M_i}$$

式中:M_i 为 i 企业营销费用;$\sum M_i$ 为行业营销费用。

二、目前市场需求估计

(一)总市场潜量估计

总市场潜量是指一定时期内,一定行业营销努力下,在一定的营销环境中,一个行业中所有企业可能达到的最大销售量。总市场潜量估计有两种方法:常用估计方法和连锁比率法。

1.常用估计方法

$$Q = nqp$$

式中:Q 为总市场潜量;n 为既定条件下特定产品的购买者数量;q 为平均每个购买者的购买量;p 为单位产品的平均价格。

2.连锁比率法

这种方法是由一个基数乘以几个修正率组成,修正率的作用是不断地将基数修正到特定的产品。例如,某旅游企业开发出一条新的人文景观旅游线路,估计其总市场潜量用连锁比率法表示如下:

新旅游线路总市场潜量＝人口×人均可任意支配收入×人均可任意支配收入中用于旅游的百分比×旅游支出中用于人文景观旅游的百分比×人文景观旅游话费中用于该新旅游路线的预计百分比

(二)区域市场潜量

当企业选择了自己将要进入的区域性市场时,就需要对总市场中不同区域的市场潜量进行估计。区域市场潜量估计的方法常用的有市场累加法和购买力指数法。

1.市场累加法

市场累加法是企业在掌握了某一区域每一个可能购买者的购买量之后,将其累加起来得到区域市场潜量的方法。这种方法要求企业对要估计的区域市场有非常充分的调查和了解。

2.购买力指数法

购买力指数法是美国研究者提出的计算市场潜量的方法,其公式为:

$$B_i = 0.5Y_i + 0.3R_i + 0.2P_i$$

式中:B_i 为 i 地区购买力占全国购买力的百分比;Y_i 为 i 地区个人可支配收入占全国的百分比;R_i 为 i 地区零售额占全国的百分比;P_i 为 i 地区人口占全国总人口的百分比。

公式中 0.5、0.3、0.2 分别是个人可支配收入、零售额、人口对购买力影响的权数,但是这三个权数是基于美国的情况得出的,企业可以根据区域、产品的不同,对其进行调整后应用到自己的区域市场潜量估计中。

(三)行业销售额和市场占有率估计

企业对行业销售和本企业市场占有率估计的主要目的是为企业自身在行业中的市场地位确定而服务的。通过国家相关部门的统计数字、行业协会的统计公告、专业市场营销调研公司的报告等途径,企业可以获取行业的总销售额,进而通过与本企业销售额对比得到市场占有率。

本企业的市场占有率反映了企业在整个行业中的市场地位,若市场占有率与企业期望的市场地位不符,就需要对产品、价格、渠道、促销等市场营销策略进行调整,甚至调整企业自身的市场定位。

三、未来市场需求的预测

未来市场需求预测是指企业在一定的营销努力下,在相关市场资料和数据的基础上,通过一定的方法和模型,对未来一定时期内某种产品的市场需求量和变化趋势进行预测的活动。未来市场需求预测的结果可以为企业制订市场营销战略、策略提供客观的依据。

目前未来市场需求预测的方法可以分为定性预测与定量预测两大类,定性预测基于经验判断对未来市场需求的变化性质、趋势进行预测,定量预测则基于统计数据对市场需求量的变化做出量化描述。定性预测和定量预测根据所使用的具体方法或模型不同又可以分为不同的预测方法,不同预测方法的适用领域、预测时间长度、预测精度、成本等都不同,这里仅对几种有代表性的预测方法进行简单介绍。

(一)定性预测法

1.专家会议法

这种方法是在个人判断法的基础上，通过会议进行集体的分析判断，将专家个人的见解综合起来，寻求较为一致的结论的预测方法。这种方法参加的人数多，所拥有的信息量远远大于个人拥有的信息量，因而能凝集众多专家的智慧，避免个人判断的不足，在一些重大问题的预测方面较为可行可信。但是，集体判断的参与人员也可能受到感情、个性、时间及利益等因素的影响，不能充分或真实地表明自己的判断。

因此，运用专家会议法时，会议主持人要尊重每一位与会者，鼓励与会者各抒己见，使与会者在积极发言的同时要保持谦虚恭敬的态度，对任何意见都不应带有倾向性。同时还要把握好会议的时间和节奏，既不能拖得太长，也不要草草收场；当话题分散或意见相持不下时，应适当提醒或调节会议的进程等。

2.德尔菲法

德尔菲法最早出现于20世纪50年代末，是当时美国为了预测在其"遭受原子弹轰炸后，可能出现的结果"而发明的一种方法。1964年美国兰德（RAND）公司的赫尔默和戈登发表了"长远预测研究报告"，首次将德尔菲法用于技术预测中，之后便迅速地应用于美国和其他国家，除了科技领域之外，它几乎可以用于任何领域的预测。

（1）德尔菲法的程序。德尔菲法的基本原理按预测的程序可简要地概括为四步。

①做预测筹划。预测筹划工作包括：确定预测的课题及预测项目；设立负责预测组织工作的临时机构；选择若干名熟悉所预测课题的专家。

②由专家进行预测。预测机构把包含预测项目的预测表及有关背景材料寄送给各位专家，各专家以匿名方式独自对问题做出判断或预测。

③进行统计与反馈。专家意见汇总后，预测机构对各专家意见进行统计分析，综合成新的预测表，并把它再分别寄送给各位专家，由专家们对新预测表做出第二轮判断或预测。如此反复须经过几轮，通常为3～4轮，专家的意见趋于一致。

④表述预测结果。即由预测机构把经过几轮专家预测而形成的结果以文字或图表的形式表现出来。

（2）德尔菲法的优缺点。①优点。德尔菲法吸收专家参与预测，能充分利用专家的经验和学识；采用匿名或背靠背的方式，能使每一位专家独立自由地做出自己的判断；预测过程几轮反馈，使专家的意见逐渐趋同。②缺点。在德尔菲法进行的过程中，有些专家碍于情面，不愿意发表与其他人不同的意见，或出于自尊心而不愿意修改自己原来不全面的意见；德尔菲法进行的过程比较复杂，花费时间较长。

3.领先指标法

经济指标是对社会某一经济现象的数量描述，它反映了经济状况或经营状况的客观事实。领先指标是要预测的目标尚未发生变化时就率先发生变化的经济指标，利用领先指标的变化来预测分析的方法称为领先指标法。例如，为预测商品零售额的变化情况，选择商品零售额为预测指标，计算商品零售额指数。选取农业人均年收入、职工平均工资指标为领先指标，并以领先指标的同年环比数的几何平均值作为领先综合指数。将领先综合指数和商品零售额指数的分布情况绘于时间序列图中，如果发现领先指标综合指数领先于消费品零售额指数变化的时间为一年左右,本年领先指标综合指数开始上升,可以判断下一年的消费品零售额指数也将上升。

领先指标法操作方便,费用低,适合于宏观经济的定性预测。但是领先指标的选择要谨慎,要考虑指标之间的伴随关系是否受到多方面影响,而且领先指标与预测对象之间的时间间隔不一定是常数,需要注意时间间隔的变化。

(二)定量预测法

1.加权平均法

加权平均法是在由市场需求量的历史数据形成的时间序列基础上,给不同时间点数据以不同的权数,再加以平均的方法,计算公式如下:

$$\hat{Y} = \frac{\sum y_i w_i}{\sum w_i}$$

式中:$\hat{Y}$ 为预测值;y_i 为第 i 期的市场需求量实际值;w_i 为第 i 期的权数。

通常各时间点的权数遵循与预测期的时间远近的原则赋予,离预测期越远的时间点权数越小,离预测期越近的时间点权数越大,而权数由小到大变化的速度代表了远期数据与近期数据对预测结果影响由小向大变化的速度。

2.指数平滑法

指数平滑法又可以分为一次指数平滑法和二次指数平滑法。一次指数平滑是一种特殊的加权平均,公式如下:

$$\hat{Y}_{i+1} = S_i = \alpha y_i + (1-\alpha)S_{i-1}$$

式中:$\hat{Y}_{i+1}$ 是 $i+1$ 期的预测值;S_i 是第 i 期的一次指数平滑值;α 是平滑系数($0<\alpha<1$);y_i 是第 i 期的市场需求量实际值;S_{i-1} 是第 $i-1$ 期的一次指数平滑值。

一次指数平滑法公式是一个递推公式,第一期的一次指数平滑值通常用第一期的实际值或前三期的实际值平均数来代替。而将这个递推公式展开后,可以看出一次指数平滑法预测实际是将市场需求量的所有历史数据由近到远,进行了以 α 为首项,$(1-\alpha)$ 为公比的等比数列作为权重的加权平均。平滑系数 α 的取值越大,近期数据对预测结果影响越大;α 的取值越小,远期数据对预测结果影响越大。

二次指数平滑法首先在一次指数平滑数形成的新的时间序列基础上再做一次指数平滑,计算出二次指数平滑数,然后建立如下数学模型:

$$\hat{Y}_{i+k} = A_i + kB_i$$
$$A_i = 2S_i^{(1)} - S_i^{(2)}$$
$$B_i = (S_i^{(1)} - S_i^{(2)})\frac{\alpha}{1-\alpha}$$

式中:$\hat{y}_{i+k}$ 为第 $i+k$ 期的预测值;A_i 为直线模型的截距;B_i 为直线模型的斜率;k 为第 i 期与第 $i+k$ 期的时间点间隔数;$S_i^{(1)}$ 为第 i 期的一次指数平滑数;$S_i^{(2)}$ 为第 i 期的二次指数平滑数;一般 i 取市场需求量历史数据形成的时间序列最后一个时间点。

一次指数平滑法适用于市场需求量历史数据形成的时间序列具有水平发展趋势的情况,

二次指数平滑法适用于市场需求量历史数据形成的时间序列具有长期增长或长期下降发展趋势的情况。

3.回归分析法

回归分析法是将市场需求量的变化看作是其他影响因素变化的影响结果,通过对市场需求量与其影响因素的统计整理和分析,将其相互关系用数学模型表示出来,并利用数学模型进行预测的一种方法。当数学模型中只有一个自变量,即认为影响因素只有一个时称为一元回归,有两个或两个以上的自变量时称为二元回归和多元回归。这里只对一元线性回归做简单介绍,一元线性回归模型如下:

$$\hat{Y} = a + bX$$

$$a = \bar{Y} - b\bar{X}$$

$$b = \frac{\sum XY - \frac{1}{n}(\sum X)(\sum Y)}{\sum X^2 - \frac{1}{n}(\sum X)^2}$$

式中:Y 表示应变量市场需求量;X 表示自变量市场需求量的影响因素。

本章小结

市场营销信息是指一定时间和条件下,与企业的市场营销有关的各种事物的存在方式、运动状态及其对接收者效用的综合反映,包括内部信息和外部信息。除了具有信息的一般性特征外,市场营销信息还具有目的性和系统性两个特点。

市场营销调研可以划分为探索性调研、描述性调研、因果关系调研、预测性调研,以及全面调研、非全面调研和文案调研、实地调研。市场营销调研需要遵循准备、设计、执行、报告这四个阶段进行,可以采用随机抽样和非随机抽样的方式,利用访问法、观察法、实验法等方法进行。

市场需求测量要对总市场潜量、区域市场潜量、行业销售额和市场占有率进行全面估计。对未来市场需求量的预测包括专家会议法、德尔菲法、领先指标法等定性预测方法和加权平均法、指数平滑法及回归分析法等定量预测方法。

思考题

1.营销决策所需要的市场信息都包含哪些?

2.营销信息系统的作用和构成是什么?

3.市场调研不同类型的区别是什么?

4.市场调研的方法各自有什么样的优缺点?

5.如何做市场需求的预测?

案例分析

麦当劳奶昔的市场调研

很多年前,麦当劳发起了一个项目,项目的目的是为了增加店内奶昔的销量。

和很多其他的大公司一样,麦当劳有一套自己的顾客研究方法。他们找到奶昔的顾客,让他们填写典型的消费者调查表,向顾客提问像"要怎样改进奶昔,你才会买更多呢?""你想要这款奶昔再便宜点吗?""再多点巧克力味吗?"这类问题。根据调查的反馈信息,公司着手对奶昔进行了很多改进工作。奇怪的是,奶昔是越做越好了,但是销量和利润都没有得到增长。于是,麦当劳请了哈佛商学院教授克莱顿·克里斯坦森(Clayton Christensen)和他的团队一起解决这个问题。

通过一系列的观察、记录和访谈,Clayton 团队发现了一个有趣的现象:几乎有一半的奶昔是早上卖掉的,来买奶昔的几乎都是一类人,他们只买了奶昔,并且几乎所有的人都是开车打包带走的。

他们又进行了进一步的访谈研究,发现原来所有顾客每天一大早都有同样的事情要做:他们要开很久的车去上班,路上很无聊,开车时就需要做些事情让路程变得有意思一点;他们当时还没有真的饿,但是他们知道大约 2 个小时后,也就是上午和中午的中间时段,肚子就会咕咕叫了。他们一般怎样解决这些问题呢?有人会吃香蕉,但很快就发现香蕉消化得太快了,很快就又饿了。也有人试过面包圈,但面包圈太脆,边吃边开车时,会弄得满手黏糊糊的。还有人吃过士力架巧克力,但是早餐吃巧克力总感觉没有很健康。

奶昔呢?无疑是它们当中最好的。用细细的吸管吸厚厚的奶昔要花很长时间,并且基本上能抵挡住一上午阵阵来袭的饥饿。有位受访者说:"这些奶昔真稠!我要花去 20 分钟才能把奶昔从那细的吸管里吸干净。谁会在乎里面的成分呢,我就不在乎。我就知道整个上午都饱了,而且刚好能与我的茶杯座配套。"

在了解了上面的信息以后,到底如何改进奶昔变得显而易见了。如何才能帮顾客更好地打发无聊的通勤时间呢?让奶昔再稠一些,让顾客吸得时间更长;加上一点点果肉,并不是让消费者觉得健康,而是给顾客一些无聊旅程的小惊喜;把奶昔的机器搬到柜台前,让消费者不用排队,刷卡自助取用;等等。这些举措大大提高了奶昔的销量。

资料来源:麦当劳和一杯奶昔的故事[EB/OL].(2018-06-11)[2020-02-01].https://www.sohu.com/a/235152401_99947307.

问题讨论:

1. 克莱顿团队是如何开展奶昔需求的市场营销调研的?

2. 假如你是该调研项目的负责人,你还将采取哪些措施来进一步提升市场营销调研的准确性?

第四章
购买行为分析

- ◆ 了解：消费者市场、生产者市场、中间商市场和政府采购的含义。
- ◆ 掌握：消费者、生产者、中间商、政府购买的决策过程和影响因素。
- ◆ 熟悉：消费者市场和生产者市场的购买对象；生产者采购行为的类型。

导入案例

"95后"消费观透视

通过大数据分析，"95后"在消费行为和观念上具有几个突出特征。

首先是个性化取向："我就是我，不一样的烟火"。随着近年互联网生态的快速发展，社会的信息通达度不断提高。个体获取信息的途径和渠道趋于多元，"95后"更是突出。根据腾讯大数据调查，"95后"日常应用QQ空间、QQ、微信、微博等社交媒体，乐于在不同社交应用上分配时间，有意识地将不同平台区分开来，在其中进行不同的社交行为，如用QQ空间分享无厘头，用微信维持亲密关系等。互联网的扁平化将全球网络联系在了一起，使得"95后"能够在多元的信息交互平台的协助下拥有更加强大的信息资源获取能力。西方社会的消费文化和裹挟于其中的物质化的价值观传入中国并对"95后"的消费观的形成产生了直接影响。多元文化产品中所带有的"自由""平等"等价值符号催生了"95后"个性化取向。"我就是我，不一样的烟火"成为"95后"的个性化的标志。这一特征在这一代人具体的消费选择中有明确体现，娱乐消费是"95后"一项重要的消费。数据显示，与前代不同，"95后"追星有明确的个性化取向，超过70％的"95后"选择才华和个性，而颜值、外表比例只有50.3％。"才艺"和"个性"是最吸引"95后"的最重要的特点，他们愿意为在这方面有特点的明星投入。可见，"95后"的个性化不仅是主体特质的彰显，同样也是客体消费选择中的一项重要衡量指标。追求时尚和潮流、保持独特的风格使得他们着力体现与众不同的消费行为。"娱乐至死"的享乐文化、"轻奢"为主题的奢侈品文化、"爱疯"为代表的高端电子产品消费等极具个性的消费项目层出不穷，个性的消费文化逐渐成为"95后"日常生活和社会活动中具有象征性和符号化的风格特征。

其次是消费偏好更加多元："我喜欢，我付费"。随着经济的不断发展和对外开放的不断深化，商品和服务的供应日益丰富，可供消费的商品选择范围也愈发广泛，"95后"的消费偏好更加多元化、个性化。消费涉猎范围广泛，从"衣食住行"到"二次元"和"追星"，都能极大地激发他们的消费热情。在消费的选择上,兴趣是他们消费行为决策过程中的最重要的指标,也是"95后"重要的消费项目。大数据显示,85%的"95后"都为兴趣花过钱,游戏是最大的消费项目,其次是音乐、阅读、运动、动漫、影视。其中,为动漫付费的比例整整高出"95前"10个百分点。数据还显示,有六成的"95后"为兴趣付费的金额在0~1000元,这其中又以0~500元居多,3000元以上的消费较为稀少。这与目前"95后"经济未能完全独立的状况相一致。值得一提的是,有5%的"95后",为兴趣付费超过3万元,主要的支出来自购置装备(服装、器具、器材等)和虚拟货币(充点卡、为主播献花等)。较之于"95前",为"兴趣"而"付费"已成为"95后"生活世界的一种常态。

再次是理性化趋势:"要品牌,更要质量"。随着商品的日趋多元与充盈,品牌逐渐成为衡量商品价值的一种重要符号。入世之后,中国的品牌文化逐渐兴盛。品牌代表了一种潮流文化,同时也作为一种符号,代表阶层、财富、地位被世人所追捧。"95后"生活的时代恰好正处于品牌文化兴盛时期,其消费观在潜移默化中也受到了影响。作为新时代的年轻人,他们主动或者被动地成了时尚潮流和新的消费方式的追随者和引导者。但是与盲目跟风、追求品牌不同的,"95后"的消费更加理性。数据显示,他们注重品质,关注品牌内涵。近半数的"95后"对某品牌偏好的首要原因是质量过硬,其次是看重性价比高和口碑好。他们追求自我的个性彰显,但在网络的交互环境下更加喜欢分享,在"共享"与"反馈"的过程中不断对信息进行选择性认知、理解、记忆,从而消解消费社会传媒的负面信息,避免消费的盲目跟风。当然网络环境中的鱼龙混杂往往也让"95后"在交互中迷失正确的消费导向,无孔不入的嵌入广告使得信息的获取和处理更为艰难。

最后是超前消费:"千金散尽还复来"。大部分"95后"为独生子女,原生家庭普遍拥有较好的物质环境,他们能够独享家庭的绝大部分资源,因此"95后"大多存在消费观念超前、热爱新鲜事物等行为,同时追求个性的消费行为会促使这一群体有更加强烈的消费欲望。无论是观念还是行为,他们都离中国传统文化中强调的勤俭节约、艰苦朴素等消费观念很远,为了满足自我的需要,他们会比前代更加有意愿超前消费。数据显示,每月收入透支、没有结余的"95后"达到了15%,在所有人群中比例最高。"95后"的超前消费一定程度上促进了信贷服务的发展,也会引起相应的问题。近年来,"校园贷"事件激起了全国范围内的激烈争论。根据澎湃新闻的调查,当事人"95后"占比过半,借款金额在1000到23000元不等,其中多数人的借款金额在2000到6000元之间,主要用于游戏、购物等个人消费。"互联网金融+网络支付"逐渐成为"95后"的一种日常消费模式,面对尚不健全的金融市场,非理性的超前消费导致的后果也会给这一青年群体带来重大影响。

资料来源:曹仕涛,刘庆帅."95后"消费观透视[J].青年发展论坛,2018,28(1):20-25.

从商品卖方的角度看,市场就是未满足需求的现实的和潜在的购买者的集合。市场营销的核心即如何最好地满足购买者的需求。因此,开展市场营销活动首先必须了解和研究购买者的需求及购买行为的特点和规律,这是使企业产品能适销对路、满足市场需求的前提,也是企业制订营销计划、决定营销组合策略的出发点。只有对目标顾客进行充分关注,才有可能通过产品和服务使顾客的欲望得到满足。因此,企业要全面分析购买者需求,分析这些需求产生的各种原因,研究其购买行为的影响因素,弄清楚顾客购买行为的决策过程,以便采取相应的措施,实现企业的营销目标。购买行为研究的对象主要包括四个购买主体——消费者、生产者、中间商和政府。

第一节 消费者市场及购买行为分析

消费者市场是指所有为了满足个人消费而购买产品和服务的个人和家庭所构成的市场。生活消费是产品和服务流通的终点,因而消费者市场也称为最终产品市场。消费者需求是人类社会的原生需求,生产者市场需求、中间商市场需求及政府市场需求都由此派生而来,消费者市场从根本上决定其他所有市场的需求,因此在市场购买行为研究中具有十分重要的地位。

一、消费者市场需求的特点

消费者市场需求,是指消费者在市场获得生活资料的有货币支付能力的欲望和要求。由于受到多种主客观因素的影响,消费者市场需求是复杂多样的,但从总体上看,也具有如下共性特点。

(一)消费者需求的差异性

由于各个消费者的收入水平、受教育程度、职业、性格、年龄、民族、社会地位和生活习惯的不同,自然会有各式各样的爱好和兴趣,对商品和服务的需求就是千差万别。随着消费购买力的不断提高,人们更加注重个性选择、个性消费,新的细分市场不断涌现,需求差异有不断扩大的趋势。企业应在市场细分的基础上准确选择目标市场,开展有效的市场营销活动,满足目标顾客的消费需求。

(二)消费者需求的发展性

这是指随着经济的发展和消费者收入水平的不断提高,消费者对商品和服务的数量、质量、品种、档次等的需求都在提高。一种需求满足后,另一种新的需求又会产生。总的趋势是由低级向高级,从简单到复杂,由追求数量上的满足向追求质量上的充实发展。热门畅销货变滞销,潜在需求变成现实需求,都表明消费者需求是不断发展的。自 20 世纪后半叶,科学技术飞速发展,新技术应用到消费品生产领域后,新产品层出不穷。越来越多的消费者追随消费潮流,更加关注产品性能质量、外形款式乃至产品品味。企业要密切关注市场变化,通过增加产品花色、品种等满足消费者不断变化的需求。

(三)消费者需求的伸缩性

消费者购买商品,在数量、品质等方面往往随购买力水平的变化而变化,即需求受价格的制约和影响。一般来说,需求随价格的变化而变动,就称为有伸缩性(即弹性)。生活必需品伸缩性较小,高中档商品和耐用消费品,选择性强,消费者需求的伸缩性比较大。在通常情况下,当货币收入增多,购买力提高,或者降低销售价格,推出换代新产品,消费者需求就会明显增多;反之,则减少。

(四)消费者需求的可诱导性

消费需求是可以引导、可以调节的。也就是说,消费者需求在企业营销诱导下,可以发生变化和转移,潜在需求可以变为现实的消费。消费者市场的购买者大多缺乏相应的产品知识和市场知识,购买行为属非专业性购买。消费者在决定实施购买行为时,不像组织市场的购买决策要经过严格的审批手续,而是具有自发性、冲动性。因此,企业应明确产品定位和特征,强化其在消费者心目中的形象,启发、诱导人们的消费需求,从而有效地引导消费者的购买行为。

（五）消费者需求的联系性和替代性

消费者需求在有些商品上具有联系性，消费者往往顺便联系购买，如出售皮鞋时，可能附带售出鞋油、鞋带、鞋刷等。所以经营有联系的商品，不仅会给消费者带来方便，而且能扩大商品销售额。有些商品有替代性，即某种商品销售量增加，另一种商品销售量减少，如食品中的肉、蛋、鱼、鸡、鸭等，其中某一类销售多了，其他类就可能少，等等。这就需要企业及时掌握市场发展趋势，适应消费者购买的变化，尽量做到花色品种齐全，多准备代用商品，以利于扩大商品流转，更好地满足消费者需求。

二、消费者市场的购买对象

消费者市场购买的商品品种、规格十分广泛，但消费者在购买不同商品时，其购买行为并不都遵循同一个模式。依据产品及消费者购买行为特点，将消费者市场购买的对象（商品和服务）分为日用品、选购品、特殊品和非渴求品四类。

（一）日用品

日用品又称易耗品或便利品，是指消费者经常消耗，需要随时购买，价格低廉，购买时不需做太多选择的商品，如食品、饮料、肥皂、牙膏、糖果、冷饮等。人们经常购买这类商品，对它们相当熟悉，故购买前不需做多少计划、比较和选择，而以能方便地买到作为首选条件。日用商品中的大多数也有品牌差别，但由于产品的标准化或质量相似，不同品牌的产品通常可以相互替代。有些消费者也会对具有不同风格、特色的品牌进行比较，一旦确定了喜欢哪一种，以后的购买过程可以简化，且轻易不改变。因而企业在进行日用品产品的营销活动的时候，要充分考虑到其便于消费者购买的特点，注意分销的广泛性和经销网点的合理分布，以便消费者能及时就近购买。

（二）选购品

选购品是指消费者在购买前要经过充分的挑选、比较才决定购买的商品。选购品一般经久耐用，购买频率较低，人们在购买前大多对它们不十分熟悉，加之这类商品单价也较高，如若购买不当，经济损失较大，故消费者情愿多花一些时间、精力，多收集一些有关商品的信息资料，对商品在质量、性能、价格、款式、花色、品种等方面进行充分比较之后，才做出购买决策。典型的选购品有服装、家具、手表及彩电、冰箱等耐用消费品。选购品的情况也不尽相同。有些选购品从外观上易于比较，且不同品牌的产品品质、性能相近，此时，价格就成了消费者选购时主要考虑的因素；也有些选购品，消费者靠感官很难直接对其质量、性能进行鉴别，如电视机、电冰箱等家用电器，消费者就倾向于比较品牌的知名度和可信度，即购买名牌；还有些选购品，商品的品牌形象很重要，如男衬衫、皮鞋、领带、手表等，消费者也有依据品牌做选择的倾向。

（三）特殊品

特殊品是指消费者对其有特殊偏好并愿意花较多时间和精力去购买的消费品，如奢侈品、钢琴、高档家电、高档家具及到著名餐馆就餐等。这类商品大多价格昂贵，但消费者认为它们能为自己提供特别的利益，且没有其他任何商品可以替代，因此，他们不在乎价格的昂贵或购买的地点方便与否。也有一些商品，其价格并不十分昂贵，但在某些消费者心目中却也享有特殊品的地位，这突出表现在青年人对一些时尚商品和名牌商品的追求上。换言之，特殊品的本质特点不在于其价格是否昂贵（虽说多数特殊品确实价格昂贵），而在于消费者是否认为该种商品对自己具有独特意义，从而不惜代价，不加选择，购之为快。还有一些商品由于资源有限而成为特殊品，如著名的旅游胜地、已故著名作家的手稿、稀有的宝石或古董等。

（四）非渴求品

非渴求品通常是指消费者不了解或即使了解也不想购买的产品。非渴求品的特征表现为：一是非渴求品的设计是着眼于广大消费者的，而不像特殊品仅为某些特殊爱好者或特定需求而设计；二是消费者对非渴求产品不熟悉，又缺少去熟悉或认识的动力；三是即使消费者对非渴求品比较熟悉，但需求动机不强烈，一般缺少主动购买的习惯。传统的非渴求品有人寿保险、工艺类陶瓷及百科全书等，刚上市的、消费者从未了解的新产品也可归为非渴求品。当然，非渴求品并不是终身不变的，特别是新产品，随着消费者对产品信息的了解，它可以转换为其他类别的产品。

三、消费者购买动机的分析

所谓动机，是指激发和维持个体行为，并使行为导向某一目标的心理倾向或内部驱动力。消费者的购买行为是由其购买动机引起的。消费者的购买动机，是指消费者为了满足自身的某种需要而产生的购买商品的一种欲望、冲动和驱使。消费者的购买动机是多种多样的，按照引起动机的需要的不同，消费者购买动机可以划分为两种基本类型，即生理动机和心理动机。

（一）消费者购买的生理动机

生理动机又叫本能动机，是由消费者生理需要引起的购买动机。消费者的生理需要因目的不同而存在很大差异，由此引发的生理动机表现为多种形式。

1. 生存动机

生存动机是消费者为满足维持生命的基本需要而产生的购买动机，如饥时思食、渴时思饮、寒时思衣等。

2. 安全动机

安全动机是消费者因保护生命安全的需要而产生的购买动机，如为防范入室盗窃而购买安全门锁，为防止意外损伤而购买生命保险等。

3. 繁衍动机

繁衍动机是消费者为组织家庭、繁衍后代、抚育子女而产生的购买动机，如为组织家庭而购买结婚用品，为抚养子女而购买儿童用品等。

生理动机大量地表现在消费者购买吃、穿、用等生活必需品的购买行为中，因而生理动机在诸多购买动机中起着主导作用，并成为作用最为广泛的购买动机。同时，生理动机产生和存续的时间短，引起的购买行为具有经常性、习惯性和稳定性的特点。尽管如此，在现代市场上，单纯由生理动机驱使的购买行为并不多见，在购买过程中总是混杂着其他动机。例如，消费者因为下雨而购买雨伞，这是生理动机的要求。但要买哪种款式的雨伞，什么颜色的雨伞，哪种品牌的雨伞，等等，这些选择则是由心理动机决定的，因为这里面还包含着人们的享受欲、表现欲、爱美欲等。因此，作为供应生活必需品的企业，开展市场营销活动时也必须注意产品的内在质量、外观质量、花色品种和生产成本等，以使产品适应消费者的多种购买动机。

（二）消费者购买的心理动机

心理动机是由消费者的心理需要而引起的购买动机。消费者对产品和服务有多方面的心理要求,一是希望能买到称心如意、符合需要的商品;二是希望商品的价格合理,并同自己的购买能力相适应;三是希望商品供应的时间、地点、方式适合自己的购买要求;四是希望得到良好的销售服务等。这些要求,既受到个人因素的影响,又有社会因素的作用。反映在购买动机上,可进一步划分为个人心理动机和社会心理动机两大类。

1. 个人心理动机

个人心理动机是指由消费者个人心理引起的购买动机。具体表现为以下三种类型。

(1)感情动机,即由人们的感情要求而引起的购买动机。它包括情绪动机和情感动机两种。情绪动机是消费者因受喜、怒、哀、乐、忧、思、恐、惊等情绪影响而产生的动机。由于人们的情绪是经常变化波动的,所以情绪动机引起的购买行为,都具有冲动性、即景性和不稳定性的特点。情感动机即由人们的道德感、群体感、美感等感情因素所引起的购买动机。例如,人们因为爱美而购买漂亮的衣服和高档化妆品;因为友谊而购买礼品;等等。具有不同修养情操的人,情感是不同的,购买行为也存在差别,但这类动机所引起的购买行为是稳定的。

(2)理智动机,即建立在消费者对商品的客观认识之上,经过对商品的分析、比较后产生的购买动机。理智动机具有周密性、客观性和控制性的特点。受理智动机驱使的消费者,在购物时比较注意商品的品质,讲求实用、可靠、价格合理、设计科学、使用方便、服务周到等。一般说来,性格稳重,具有一定文化修养,深谋远虑的消费者都会具有这种购买动机。

(3)惠顾动机,亦称偏爱动机,是消费者在总结感情和理智经验的基础上,对某类商品或某种商品产生特殊的信任和爱好而重复购买的购买动机。引起消费者产生偏爱而惠顾的原因,一般在于营销者服务周到、企业信誉好、物美价廉、花色品种齐全和购买方便等。

2. 社会心理动机

社会心理动机是指由社会因素引起的消费者心理动机。

任何消费者都生活在一定的社会环境中。风俗习惯、社会文化、社会群体、经济收入等,都会影响消费者的购买心理,并使消费者产生多种社会心理动机。消费者的社会心理动机主要包括如下几种。

(1)求实动机,即以追求商品的使用价值为主要特征的消费者购买动机。受这种动机驱使的消费者,在购买商品时非常注重商品的内在质量和实际效用,做到一分钱买一分货。

(2)求新动机,即以注重商品的时尚为主要特征的消费者购买动机。受这种动机驱使的消费者,在购买商品时追求商品的时髦、奇特,要求款式新颖、格调清新、市场流行等。

(3)求美动机,即以重视商品的欣赏价值和艺术价值为主要特征的消费者购买动机。受这种动机驱使的消费者,在购买商品时追求商品的装饰性、艺术性,要求商品能美化人体,装饰环境,陶冶情操。

(4)求廉动机,即以追求商品的价格低廉为主要特征的消费者购买动机。受这种动机驱使的消费者,在购买商品时特别注重商品的价格,要求价廉物美。

(5)求名动机,即以追求商品能显示自己的地位和威望为主要特征的消费者购买动机。受这种动机驱使的消费者,在购买商品时特别注重商品品牌、商标价值、企业声誉、商品名称是否"吉利"和价格高低等因素。

(6)求同动机,亦称"仿效心理动机",是以注重追随社会潮流为主要特征的消费者购买动机。受这种动机驱使的消费者,在购买商品时愿意随大流,适应社会的传统习惯,又不甘落在潮流的后面,因而购买那些周围人群普遍购买的商品。

（7）求异动机，即以追求商品的与众不同为主要特征的消费者购买动机。受这种动机驱使的消费者，在购买商品时愿意标新立异，表现出与众不同的个性，因而购买那些周围人群从未购买或很少购买的商品。

总之，消费者的购买动机是纷繁复杂的，同一购买行为可由不同的购买动机引起，同一购买动机也可引起不同的购买行为，因而各类企业均需认真分析，深入研究，以便确立正确的市场营销策略。

四、消费者购买行为的分析

所谓消费者的购买行为，是指消费者为满足自己的生活需要，在一定购买动机驱使下，所进行的购买商品的活动过程。消费者千差万别的购买行为，是以其千姿百态的心理活动作为基础的。

营销视角 4-1

(一)消费者购买行为的内容

消费者购买行为受多种因素的影响，由购买目的、购买对象、购买时间、购买地点、购买方式、购买者六个方面共同组成。在这六个方面中，购买目的是预先决定的。因此，购买行为的实施过程包括五个方面，这就是购买什么、什么时候购买、从哪里购买、如何购买和由谁购买。

1. 购买对象

消费者需要的商品是千差万别的。消费者在购买不同商品时，往往采取不同的购买行为。有些商品消费者可能指名购买，有些商品则需经过认真选择。一般说来，因购买对象不同而产生的消费者购买行为有以下三种。

（1）全确定型。即消费者在采取购买行动之前，对商品的名称、商标、规格、型号、式样、色彩以及价格幅度等都有明确的要求，往往指名购买。这种购买行为多用于购买一些低价值和使用频繁的商品。

（2）半确定型。即消费者在采取购买行动之前，已确定了所要购买商品的种类，但还没有确定所购商品的牌号、规格、型号、式样等，因而要进行仔细的比较选择。这种购买行为多用于购买一些价格较高和使用周期较长的商品。

（3）不确定型。即消费者在采取购买行动之前，没有明确的或坚定的购买目标，碰到感兴趣的或适合的商品就购买。这种购买行为要求企业增加所供商品的花色品种，做好商品陈列，以吸引消费者购买。

2. 购买时间

商品的性质不同，消费者购买的时间也不一样。例如，日用消费品，以工作之余购买为多；高档耐用消费品则大都在节假日购买。消费者的购买时间还包括季节性购买以及发放工资、奖金和收获季节以后。

3. 购买地点

消费者购买某商品的地点往往因商品和商店而各不相同。对于各店都有的消费品，有人出于对某商店经营的产品质量、价格、计量、服务等因素的信任，可能舍近求远，到这个商店购买，而不到其他商店购买。而对于高档耐用消费品，人们一般是先在家里决定购买的式样和品牌，然后再去商店购买。这类商品一般是哪个店里有就在哪里买。还有一些商品则是随见随买。所以，企业在进行产品设计和拟订销售计划前，应充分了解消费者在何处决定购买，在此基础上做针对性的包装设计、广告宣传和现场布置等,予以区别对待。分析消费者的购买地点,可使商业网点的布局尽可能适应消费者的需要,便利消费者购买。

4. 购买方式

消费者的购买方式因人和产品的不同而有所差别。从人的因素来说,不同的人有不同的购买习惯,如在对待价格和品牌的态度上,有人只想买低价产品,而不太关心产品的商标;有人则宁愿出高价购买自己所需要的产品,并且对商标有较高的要求。在购买数量方面,有人喜欢一次性大宗购买,购买周期很长;有人则喜欢零星购买,现买现用。在付款形式上,有人喜欢现款购买,而有人由于受购买力限制,则希望分期付款。因此,营销企业要采取相应措施,增加经营的品种和规格,以适应不同消费者的购买要求。

5. 由谁购买

表面上,购买活动似乎是单个人的行为,实际上有好几个人参与购买活动,包括发挥不同作用的五种角色:发起者、影响者、决策者、执行者和使用者。营销管理人员必须了解谁是决策者、谁是影响者、谁参与购买过程,才能有针对性地开展营销活动,取得最满意的效果。

(二)消费者购买行为模式

在消费者千差万别的购买行为背后,也存在着某些相似的行为。我们把消费者普遍采用的购买行为方式称为消费者购买行为模式。根据消费者购买行为的差异,消费者购买行为模式可以分为以下七种类型。

(1)习惯型购买行为。此类消费者往往根据过去的购买经验和使用习惯进行购买,或长期惠顾某商店,或长期使用某个厂牌、商标的商品,很少受时尚风气的影响。

(2)理智型购买行为。此类消费者在购买商品时比较慎重和有主见,感情色彩较少,往往根据自己的经验和对商品知识的了解,经过周密的分析和思考,做出购买决策。

(3)冲动型购买行为。此类消费者易受商品外观质量、广告宣传和销售人员的影响,以直观感觉为主,新产品、时尚产品对其吸引力较大,能快速地做出购买决定。

(4)经济型购买行为。此类消费者在选购商品时多从经济角度考虑,对商品的价格非常敏感。当然,价格选择的原因,很大程度也与其经济条件和心理需要有关。

(5)感情型购买行为。此类消费者兴奋性较强,情感体验深刻,想象力与联想力特别丰富,审美感比较灵敏,购买商品时容易受感情的影响,往往以商品品质是否符合其感情的需要来确定是否购买。

(6)疑虑型购买行为。此类消费者选购商品从不冒失仓促地做出决定,听取商品介绍和检查商品时,往往小心谨慎和疑虑重重;挑选商品动作缓慢费时较多,还可能因犹豫不决而中断;购买时常常"三思而后行",购后还会疑心是否上当受骗。

(7)不定型购买行为。这种购买行为多见于新购买者。他们缺乏购买经验,易于接受新东西,购买习惯和购买心理正在形成,尚不稳定,缺乏主见,没有固定偏好。

上述购买行为的分析还是很粗糙的,现实生活中消费者的购买行为远比此复杂。即使在同类购买行为中,由于消费者的性别、年龄、职业、经济条件和心理素质等方面的不同,以及购买环境、购买方式、商品类别、供求状况、服务质量等方面的不同,都会出现购买行为的差异现象。所以,研究消费者的购买行为,必须结合现实的情况,结合消费者的言谈行为特点,以及他们对商品的心理反应等方面进行具体的分析。

五、消费者购买决策的过程

消费者的购买决策过程由一系列相互关联的活动构成,它们早在实际购买发生以前就已经开始,而且一直延续到实际购买之后。研究消费者购买决策过程的阶段,目的在于使市场营销者可以针对每一步骤中消费者的心理与行为,采取不同的促销措施。

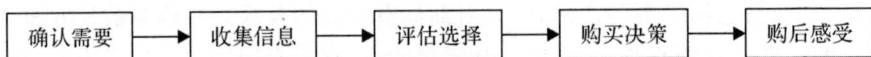

确认需要 → 收集信息 → 评估选择 → 购买决策 → 购后感受

图 4-1　消费者购买决策模式

消费者购买决策过程的基本模式如图 4-1 所示。

(一)确认需要

当消费者感觉到了一种需要而且准备购买某种商品去满足它时,对这种商品的购买决策过程就开始了。消费者需要一般由内在刺激和外在刺激所产生。内在刺激来自人体内部,如生理需要;外在刺激指人体外部客观存在的触发,如广告宣传、朋友介绍等。企业应了解消费者产生了哪些需要,它们是由什么引起的,程度如何,比较迫切地需要怎样被引导到特定的商品上从而成为购买动机。然后,企业可以制订适当的市场营销策略,唤起和强化消费者需求,并诱发购买动机。

(二)收集信息

消费者形成了购买某种商品的动机后,如果不熟悉这种商品的情况,往往就要先收集信息。这时,他增加了对有关广告、谈话等的注意,比以往更容易接受这种商品的信息,也许还会通过查阅资料、向亲友和熟人询问情况等方式,更积极地搜集信息。消费者收集多少信息,取决于他的驱策力的强度、已知信息的数量和质量以及进一步收集信息的难易程度。为了向目标市场有效地传递信息,企业需要了解消费者获得信息的主要来源及其作用。消费者一般从以下四种来源获得信息:①个人来源,即从家庭、朋友、邻居和其他熟人处得到信息。②商业性来源,即从广告、售货员介绍、商品展览与陈列、商品包装、商品说明书等得到信息。③公众来源,即从报刊、电视等大众宣传媒介的客观报道和消费者团体的评论得到信息。④经验来源,即通过触摸、试验和使用商品得到信息。

消费者需求信息的多少,视购买对象而不同。对于日用品购买,需要信息较少;对于选购品、特殊品,需要的信息较多。对于企业的营销人员,主要任务就是要确定目标市场中的消费者对所需要考虑的产品,是通过什么途径收集信息,然后采取相应的营销策略。

(三)评估选择

消费者通过信息收集,初步了解到市场上销售的各种品牌产品的基本性能,形成了购买决策的选择范围和初步方案,然后对各种方案进行分析评估,最后做出选择。消费者在评估选择时要注意以下几方面:①产品性能是消费者所考虑的首要问题;②消费者对各种性能的重视程度不同;③消费者心目中的品牌信念与实际商品有差距;④消费者对某产品的每一属性都有一个效用函数;⑤多数购买者评估是将实际商品与自己心目中的"理想商品"进行比较。

依据上述消费者评估的特点,企业的营销人员应千方百计调查了解大多数消费者心目中的理想产品所具有的各种属性,实施营销组合,设计生产最接近理想产品的实际产品,并采取促销策略,获得消费者的认同感。

(四)购买决策

这是消费者是否购买的决策阶段。在评估阶段,消费者选择了最接近理想产品的产品品牌,形成了"购买意向",在采取购买行为时,还必须做出多项决策,包括购买何种商品、何种品牌、何种款式、数量多少、何处购买、何时购买、以何种价格购买、以何方式付款等。

消费者对以上问题决策时,受两个方面因素的影响:一是他人的态度,二是外部环境因素的影响,如收入变化、家庭变故等。因此,在消费者的购买决策阶段,企业一方面要向消费者提供更多的有关商品的宣传情报信息,便于消费者比较商品的优缺点;另一方面应通过各种优质的服务,提供消费者购买使用的便利条件,加深消费者对企业及商品的良好印象,减少消费者的购买风险,促使消费者做出购买本企业商品的决策并付诸行动。

(五)购后感受

消费者购买商品后,往往会通过使用,或者通过家庭成员与亲友评价,对自己的购买选择进行检验和评比,重新考虑购买这种商品是否明智、是否合算、是否理想等,这就形成了购后的感受。购后感受是一种重要的反馈功能。通过评比和使用实践,必然会影响购买者对商品的态度,又影响以后的购买行为。如果已购买的商品不能给消费者以预期的满足,使其产生失望或使用中遇到困难,消费者就会改变对商品的态度,并在今后的购买行为中予以否定,不仅自己不会重复购买,还会做出反面宣传,影响到他人购买。如果所购买的商品使消费者需求得到满足,以利于形成购买者的特殊偏好,重复购买,并为企业及商品进行义务宣传,吸引更多的顾客购买。

购后感受对产品营销影响颇大。要求营销人员应重视售后信息的收集,广泛征求消费者的意见,及时处理顾客投诉,提供全面的售后服务,增强消费者购后的满意感,减少不满意感。

六、消费者购买行为的影响因素

消费者购买行为是在多种因素综合影响下发生的,这些因素归纳起来可以分为:文化因素、社会因素、个人因素和心理因素。

(一)文化因素

文化,指人类在社会发展过程中所创造的物质财富和精神财富的总和,是根植于一定的物质、社会、历史传统基础上形成的特定价值观念、信仰、思维方式、宗教、习俗的综合体。文化是影响人们欲望和行为的基本因素。大部分人尊重自己的文化,接受自己文化中共同的价值观,遵循文化的道德规范和风俗习惯。所以,文化对消费者的购买行为具有强烈和广泛的影响。

在每一种文化中,往往还存在许多在一定范围内具有文化同一性的群体,它们被称为亚文化群,主要有:①民族亚文化群。不同的民族都有独特的嗜好、风俗人情及文化倾向。②宗教亚文化群。不同的宗教信仰,也有不同的文化习惯、戒律和禁忌。③人种亚文化群。不同的人种,其文化特点及价值观念差异性也很大。④地理亚文化群。不同地理位置的人有不同的生活习惯、爱好等。

(二)社会因素

社会因素主要包括家庭、相关群体、社会角色和地位。

1. 家庭

家庭是构成社会的细胞,也是消费者市场的主要购买者。家庭由具有血缘、婚姻或抚养关系的人群组成,同一家庭成员往往有相同的行为规范。家庭的重要,在于从一个人幼年时就开始给他以种种倾向性的影响,这种影响可能终其一生。在不同家庭中,夫妻参与购买决策的程度不同;在同一家庭中,夫妻参与购买决策的程度又因产品的不同而有很大差异。传统上,食物、日用杂品、日常衣着的购买主要由妻子承担。在购买价格昂贵的耐用消费品或高档商品时,家庭决策模式也变得较为复杂。企业营销者应了解哪些商品的购买是夫妻双方甚至子女都参与购买决策的,谁有较大的影响力,或谁在哪些方面更具影响力。如一般认为,主要在丈夫影响下决定购买的产品和服务包括电视机、汽车等,主要在妻子影响下决定购买的产品包括洗衣机、地毯、厨房用具等,双方影响均等的产品包括家具、住宅等。丈夫在决定是否购买和在何时、何处购买等方面有较大的影响,妻子则一般在决定所购商品的颜色、外观等特征方面有较大的影响。

2. 相关群体

相关群体是指在形成一个人的思想、态度、信仰和行为时,对其有影响的一些团体。每一相关群体都有其自己的价值观和行为规范,群体内的成员都必须遵守这些共同的观念和规范。

相关群体可以分为三类:①对个人影响最大的群体,如家庭、亲朋好友、邻居和同事等;②对个人影响次一级的群体,如各种社会团体、学会、研究会等;③崇拜性群体,个人不直接参加,但对其行为有重大影响,如社会名流、影视明星、体育明星等,这种崇拜性群体的一举一动,都会成为一部分追随者的样板,如时装、化妆品可利用这种示范效应进行推销。

相关群体对消费者行为的影响表现在三个方面:首先,相关群体向人们展示新的行为和生活方式;其次,相关群体可能影响一个人的态度和自我观念;再次,相关群体能产生某种令人遵从的压力,影响消费者对商品及品牌的选择。

3. 社会角色和地位

社会角色是指某人在社会中处于一定地位的权利和义务,一个人在不同的场合扮演不同的角色,并享有不同的社会地位,因而有不同的需求,购买不同的商品。如某人在家里是儿子,结婚后是丈夫和父亲,在公司是总经理等。作为总经理,他会坐豪华小轿车,穿高档服装,因为他要代表企业形象;作为父亲,他需要为儿女购买学习用具等。

(三)个人因素

消费者的个人因素包括年龄和家庭生命周期、性别、职业、受教育程度、经济状况、生活方式及个性等。

1. 年龄和家庭生命周期

不同年龄的消费者的欲望、兴趣和爱好不同,他们购买或消费商品的种类和式样也有所区别。例如,儿童是糖果和玩具的主要消费者,青少年是文体用品和时装的主要消费者,成年人是家具的主要购买者和使用者,老年人是保健用品的主要购买者和消费者。不同年龄的消费者的购买方式也各有特点。青年人缺少经验,容易在各种信息影响下出现冲动性购买;中老年人经验比较丰富,常根据习惯和经验购买,一般不太重视广告等商业性信息。

家庭生命周期,是指消费者从年轻时离开父母独立生活到年老的家庭生活的全过程。根据消费者的年龄、婚姻和子女等状况,可以把家庭生命周期分为以下几个阶段。①独立生活的单身青年:穿戴比较时尚,参与许多体育娱乐活动;②没有孩子的年轻夫妇:需要购买汽车、家具、电冰箱等耐用消费品,并时常支出一定的旅游费用;③有 6 岁以下婴幼儿的年轻夫妇:需要购买洗衣机、婴儿食品、玩具和支付保育费等;④子女大于 6 岁,已入学:需要购买大量食品、清洁用品、自行车及教育和娱乐支出;⑤子女已长大,但尚未独立:夫妇已不很年轻,经济状况尚好,不易受广告影响,在孩子用品和教育等方面花钱较多,更新耐用消费品;⑥与孩子分居的年纪较大的夫妇:会购买较多的非生活必需品、礼品和保健用品,支出一定的旅游费用;⑦单身老人:多数已退休,收入下降,购买特殊食品和保健用品、医疗服务。

由于消费者在家庭生命周期不同阶段上的欲望和购买行为有一定的差别,企业可以制订专门的市场营销计划来满足处于某一或某些阶段的消费者的需要。

2. 性别、职业和受教育程度

由于生理和心理上的差异,不同性别的消费者的欲望、消费构成和购买习惯也有不同。多数男性顾客购买商品时比较果断和迅速,而女性顾客则往往仔细挑选。受教育程度较高的消费者对书籍、报刊等文化用品的需求量较大,购买商品的理性程度较高,审美能力较强,购买决策过程较全面,更善于利用非商业性来源的信息。职业不同的消费者由于生活、工作条件不同,消费构成和购买习惯也有区别。

3. 经济状况

一个人的经济状况,取决于他的可支配收入的水平、储蓄和资产、借贷能力及他对开支与储蓄的态度。由此决定的个人购买能力,在很大程度上制约着个人的购买行为。消费者一般都在可支配收入的范围内考虑以最合理的方式安排支出,以便更有效地满足自己的需要。收入较低的顾客往往比收入较高的顾客更关心价格的高低。如果企业经营与居民购买力密切相关的产品,就应该特别注意居民个人收入、储蓄率的变化及消费者对未来经济形势、收入和商品价格变化的预期。

4. 生活方式

生活方式是指人们根据自己的价值观念等安排生活的模式,并通过其活动、兴趣和意见表现出来。人们追求的生活方式不同,对商品的爱好和需求也就不同。市场营销向消费者提供实现其各种不同生活方式的手段,同时,营销人员可运用价值观分类法或活动、兴趣、意见分类法划分出各种类型的生活方式,如把大量时间和精力投入工作和学习的"进取型"生活方式和重视家庭生活、依惯例行事的"归属型"生活方式等。具有不同生活方式的消费者对一些商品或品牌有各自不同的偏好,营销者需深入了解产品与各种生活方式消费者群体的关系,从而加强产品对消费者生活方式的影响。

5. 个性

个性是一个人比较固定的特性,如自信或自卑、冒险或谨慎、倔强或顺从、独立或依赖、合群或孤傲、主动或被动、急躁或冷静、勇敢或怯懦等。个性使人对环境做出比较一致和持续的反应,可以直接或间接地影响其购买行为。例如,喜欢冒险的消费者容易受广告的影响,成为新产品的早期使用者;自信或急躁的人购买决策过程较短;缺乏自信的人购买决策过程较长。直接与消费者个性相联系的六种购买风格是:几乎不变换产品种类和品牌的习惯型;经过冷静、慎重思考后购买的理智型;特别重视价格的经济型;易受外来刺激而购买的冲动型;感情和联想丰富的想象型;缺乏主见或没有固定偏好的不定型。

(四)心理因素

消费者的购买行为会受其心理的支配,影响消费者购买行为的心理因素包括动机、感觉和知觉、学习、信念和态度等心理过程。

1.动机

心理学认为：人类行为是由动机支配的，而动机由需要引起，购买行为也不例外。需要，是人感到缺少一些什么从而想获得它们的状态。一种尚未满足的需要，会产生内心的紧张或不适，当它达到迫切的程度时便成为一种驱使人行动的强烈内在刺激，称为驱策力。这种驱策力引向一种可以减弱或消除它的刺激物时，如某种商品时，便成为一种动机。因此，动机是一种推动人们为达到特定目的而采取行动的迫切需要，是行为的直接原因。在一定时期，人们有许多需要，只有其中一些比较迫切的需要才发展成为动机；同样，人们的动机中，往往也是那些最强烈的"优势动机"才能导致行为。

心理学家曾提出许多关于人类行为动机的理论，最著名的如马斯洛的需要层次理论。这一理论认为，人的需要依重要性不同分为五个层次：生理的需要，即吃饭、喝水、睡眠、取暖等基本的生存需要；安全的需要，即保护人身、财产安全和防备失业、患重病的需要；社会的需要，即希望被群体接受从而有所归属和获得爱情的需要；尊重的需要，即实现自尊，赢得好评、赏识，获得承认、地位等；自我实现的需要，即充分发挥个人能力，实现理想和抱负，取得成就的需要。这些需要的层次越低，越不可缺少，越重要。人们一般按照重要性的顺序，分别轻重缓急，低层次的需要基本满足后，才去追求高一层次的需要的满足。

2.感觉和知觉

消费者有了购买动机后，就要采取行动。至于怎样采取行动，则受到认识过程的影响。消费者的认识过程，是对商品等刺激物和店容、店貌等情境的反应过程。它由感性认识和理性认识两个阶段组成。感觉和知觉属于感性认识，是指消费者的感官直接接触刺激物和情境所获得的直观、形象的反应。这种认识由感觉开始。刺激物或情境的信息，如某种商品的形状、大小、颜色、声响、气味等，刺激了人的视、听、触、嗅、味等感官，使消费者感觉到它的个别特性。随着感觉的深入，各种感觉到的信息在头脑中被联系起来进行初步的分析综合，使人形成对刺激物或情境的整体反应，就是知觉。

由于每个人都以各自的方式注意、整理、解释感觉到的信息，因此不同消费者对同种刺激物或情境的知觉很可能是不同的，这就是知觉的三个特性，即注意的选择性、理解的选择性和记忆的选择性。

人们每天面对大量的刺激物，如广告，但其中大部分都不会引起注意，留不下什么印象。一般来讲，人们倾向于注意那些与其当时需要有关的、与众不同的或反复出现的刺激物。这就是注意的选择性。

人们接受了外界信息的刺激，但却并不一定会像信息发布者预期的那样去理解或客观地解释这些信息，而是按照自己的想法、偏见或先入之见来理解这些信息。这就是理解的选择性。

记忆的选择性，指消费者常常记不住所获悉的所有信息，记住某些信息，特别是证实了他的态度和信念的信息。例如，人们可能很容易记住自己所喜欢品牌的优点，而记不住其他竞争厂家产品的优点。

上述感觉和知觉的过程告诉企业营销者们，必须精心设计他们的促销活动，才能突破消费者知觉选择性的壁垒。

3.学习

人类的行为有些是本能的,与生俱来的,但大多数行为(包括购买行为)是从后天的经验中得来的,即通过学习、实践得来的。人类的学习过程是包含驱使力、刺激物、诱因、反应和强化等因素的一连串相互作用的过程。消费者学习是指消费者由于获得有关购买和消费的知识与经验,从而比较持久地影响购买与消费行为的过程。企业为了扩大消费者对某种商品的需求,可以反复提供诱发购买该商品的提示物,尽量使消费者购买后感到满意从而强化积极的反应。

4.信念和态度

消费者在购买和使用商品的过程中形成了信念和态度,这些信念和态度又反过来影响人们的购买行为。

信念,是人们对某种事物所持的看法,如相信某种电冰箱省电、制冷快、容量大、售价合理。又如,某些消费者以精打细算、节约开支为信念。一些信念建立在科学的基础上,能够验证其真实性,如认为电冰箱省电的信念可以通过测试证实;另一些信念却可能建立在偏见的基础上。企业应关心消费者对其商品的信念,因为信念会形成产品和品牌形象,会影响消费者的购买选择。如果因误解限制了购买,企业应开展宣传活动,设法纠正消费者的信念。

消费者在长期的学习和社会交往的过程中形成了态度。所谓态度,是人们长期保持的关于某种事物或观念的是非观、好恶观。消费者一旦形成对某种产品或品牌的态度,以后就倾向于根据态度做出重复的购买决策,不愿费心去进行比较、分析、判断。因此,态度往往很难改变。对某种商品的肯定态度可以使它长期畅销,而否定态度则可以使它一蹶不振。企业在一般情况下应使产品迎合人们现存的态度,而不是设法改变这种态度,因为改变产品设计和推销方法要比改变消费者的态度容易得多。

以上社会、文化、个人和心理因素是影响消费者购买行为的主要因素。其中一些因素,如消费者的年龄、性别、职业、个性、经济状况、社会阶层、态度等,对企业来说是不可控制或难以施加影响的。但了解这些因素,可以使企业更好地识别可能对其产品或服务最感兴趣的购买者,为市场细分和选择目标市场提供必要的线索,也为制订营销组合策略提供依据。另一些因素,如消费者的购买动机、感觉、知觉、学习、信念、生活方式等,容易受到企业营销的影响,在了解这些因素的基础上,企业可以制订相应的营销策略,在一定程度上诱导消费者的购买需求。所以,现代企业非常重视研究产品开发、价格确定、广告设计、商品陈列、营销网点设置和品牌、包装等营销刺激因素与消费者反应的关系,并对影响消费者需求和购买行为的诸种因素进行深入探讨。

第二节 生产者市场及购买行为分析

生产者市场是指采购产品和劳务以生产其他产品和提供其他服务的营利性组织,也称为产业市场或企业市场,在我国特指生产资料市场。这个市场的采购者的采购目的,不是为了消费,而是为了满足生产、经营

延伸阅读 4-1

的需要。因此,生产者采购所需的资金额更大,涉及的范围和项目更加广泛。生产者市场与消费者市场存在某种程度上的相似性,但生产者市场的各类购买者又具有不同的购买行为,并受到不同影响因素的影响和制约。

一、生产者市场需求的特点

相对于消费者市场需求而言,生产者市场需求有如下特征。

(1)需求的派生性。生产者市场是"非最终用户"市场,即这个市场上的客户对产品和服务的需求是从消费者对最终产品和服务的需求中派生出来的。如果最终用户对某企业产品的需求下降,那么随着该企业削减生产计划,其作为用户在市场上的购买量也将减少。因此,当消费者的收入大幅度增加或预期将相对减少时,受影响的不仅是消费者市场的需求,而且也包括为消费品制造厂家提供原材料、设备、辅助材料、动力、零配件的生产者市场的需求,最后的连锁反应将可能导致整个经济的繁荣或衰退。

(2)需求的弹性较小。由于生产者市场需求具有派生性,这就制约着生产资料的购销双方,从而相对于消费资料的需求来说,生产资料的需求就显得缺乏弹性。一般来说,生产者市场对产品和服务的需求总量受价格变动的影响较小。也就是说,对产品的总需求不会因为价格变动而发生太大的变化,特别是短期内更是如此。一般规律是:在需求链条上距离消费者越远的产品,需求弹性越小。生产者市场较小的需求弹性决定了从事生产资料产品生产的企业要想立足于市场,就必须使自己的产品和市场上的同类产品保持同价或低价,或采取产品差异化策略去参与竞争。

(3)购买的大量性。生产者市场的购买通常都是批量集中购买,相对于消费者市场,其购买的次数要少得多。为了满足整个生产过程较长时间的需要,生产资料购买的数量和金额要比消费资料大得多,而且大批量的购买者往往是行业内的少数组织,因此争夺少数采购大户的竞争十分激烈。一方面,谁拥有大客户订单,谁就占据了大部分市场份额,处于优势地位;另一方面,大客户利用这种唯恐失去大订单的心理讨价还价,降低采购成本。

(4)供需双方关系紧密。生产者市场的购买者需要有源源不断的货源。供应商需要有长期稳定的销路,每一方对另一方都具有重要的意义,因此供需双方必须保持密切关系。买方常常在购买产品的细节上有些固定特殊的需求,而卖方需要及时地了解这些需求从而提供个性化的服务。例如,买方在产品的品种、规格、质量、交货期、服务等方面提出特定要求,那么供应商就需要与买方保持沟通,充分了解其需求并尽可能予以满足。

(5)购买活动耗时较多。由于生产资料要按特定的规格交易,购买的数量又较大,需要一定的准备时间,这就使进行交易的谈判时间较长,其购买活动耗时比消费品的购买长得多。

(6)属于专家型购买,通常又称为理智型购买。这是由生产资料购买的技术性强、数量大、价值高、责任重等特点所决定的。也就是说,生产资料的购买或销售,是由具有相当专业知识的专业技术人员进行的。特别是机电设备等产品的销售一般均包括安装、调试在内,这就要求推销人员具备相当的专业知识。

(7)购买决策的集体性。由于生产资料的购买直接影响企业生产的成果,因此,购买决策就比较慎重。尤其是大中型企业,购买主要生产资料的决策往往需要集体讨论,共同商定,很少单独由一个人做出。

二、生产者市场的购买对象

(一)关键设备

关键设备也称为生产装备或主要设备,包括重型机械、大型装备、厂房建筑、大中型车床等。关键设备大多价格昂贵,体积庞大,结构复杂,技术性能要求高,对企业生产效率及产品质量至关重要。购买此类产品所需资金往往是借入资金,需分期折旧收回。对用户来说,关键设备的购置是一项重大决策。对销售者来说,向用户提供直接、专门的推销(如介绍产品性能)和服务(如安装、调试、培训人员、保修、交货等)甚至专门的设计和制造,较之定价重要得多。

(二)附属设备

附属设备的特点是价格较低,对生产的重要性相对较小,通常有统一规格,属标准化产品,使用寿命也较短。例如,电动和手工工具、叉车、微型电机等,其购买可从一般经营资金中支付,通常由少数几个人即可做出决策,也很容易从几家相互竞争的厂家选择购买,价格竞争起一定作用。

(三)零部件

零部件是已经完工的产品,并将构成用户产品的一个组成部分,如小型电机、集成电路块、紧固件、仪器、仪表等。有的制成品可能需要成千上万个零部件,许多制造厂年收入的一半以上是由销售零部件而不是整机得来的,一些零部件作为维修配件出售比在装配市场上出售更有利。在零部件市场上,重要的是按规定要求生产并及时交货,因为延迟交货可能造成购买厂家损失。

(四)加工过的材料

加工过的材料包括经过加工而又并非零部件的材料,如钢板、玻璃、焦炭、皮革、三合板等。加工过的材料市场在以下两方面与零部件市场不同:一是零部件市场通常设有备件(即维修件)市场;二是客户使用加工过的材料的方式通常不同于零部件,客户一般将加工过的材料切割或压制成所需的形状,这样,对产品的品牌就没有太多要求,而主要要求规格相符,质量一致,交货及时。由于加工过的材料一般有多个供应来源,且这类产品本身又无多大差异,所以供应厂主要靠提供服务来竞争,价格折扣也起一定作用。

(五)原材料

原材料是指那些处于生产过程起点的海产品、农产品、森林产品和矿产品,如原木、铁矿石、谷物、原油等这类产品有规定的标准和等级,质量上没有什么差别,供货方有多次供货能力,价格折扣及向不同供货方采购产品的运费和成本在竞争中起较大作用。

(六)消耗品

维护、修理用品和办公用品是维持企业日常经营所需要的,但又不参与构成制成品的实体,如清洁用品、办公用品、润滑油、锯条等。一般来说,消耗品多是标准品,可卖给各种不同类型的客户,客户也可以从不同厂家购买同种商品,即一种品牌的产品很容易为另一种品牌的同类产品所替代。因此,卖方之间的竞争更为激烈。这类产品的单价较低,购买批量也小,通常按年需要量签订合同,根据规定期限依次进货,其购买计划完全可通过计算机实现自动订货。在销售上,价格优惠、数量折扣、按期交货均起作用,其分销特点是多渠道供应,有广泛的可获性。

(七)服务

服务是生产者市场购买的所有无形产品的总称。在很多情况下,服务与实体产品一起被购买,如某项服务合同是某项设备购买合同的一部分。不过,生产者市场购买的"纯"服务项目也很多,如金融服务、财产保险、建筑设计、维修服务、广告、运输人员培训、市场调研、审计及各种咨询服务等。对不少企业来说,服务购买金额也是一个很可观的数字,尤其在现代社会。因此,经营者对服务产品的经营与有形产品的经营应同样重视。

三、生产者市场的购买动机

生产者市场的购买目的虽然各不相同,但由于购买者都是一定的组织,因而具有共同的购买动机。生产者市场的购买动机均属于客观动机,即都是由客观的生产经营需要引起的购买动机。同时,生产者市场的购买决策是由组织集体做出的,因而其购买动机具有典型的理智动机特点。

营销视角 4-2

生产者市场购买者的动机主要有以下三种。

(1)满足生产经营需要。生产者市场的首要购买动机是满足生产经营需要。例如,生产企业购买生产资料是为了进行生产和再生产。因此,产业市场的购买者在采购过程中特别强调商品的适用性,要求所购商品在质量、数量、规格型号等方面与本企业生产经营的要求相适应,以保证本企业生产经营的顺利进行。

(2)取得较高经济效益。生产者市场的购买者都是以盈利为目的的经营单位,都要尽力降低生产经营成本,提高经济效益。因此,生产者市场购买者均注重所购商品的价格,希望价格合理,以便降低经营成本,取得更好的经济效益。

(3)适应外部环境要求。在生产者市场所购商品中,有些商品与生产经营本身无关,只是为了适应外部环境要求才决定购买,这就形成了产业市场购买的第三个动机,即适应外部环境要求动机。例如,根据《中华人民共和国食品卫生法》的要求,食品生产企业的工人必须穿卫生服,出售熟食的商店店员不能用手拿取食品,而只能用食品夹销售食品。根据《中华人民共和国环境保护法》的要求,排污企业必须采购环保设备,减少排污量并治理污染。有关企业购买上述商品的目的就是为了适应法律环境的要求。再比如,在重大节日到来之前,企业购买彩旗,悬挂彩灯,购买鲜花布置厂区,购买气球放飞,渲染喜庆气氛,则是为了适应社会文化环境的要求。为了满足这一要求,生产者市场的购买者非常重视产品的社会适应性,要求所购商品能带来满意的社会效益。

上述动机是生产者市场购买者的客观动机,是集体动机。但在现实采购过程中,每一企业的采购人员对采购行为也产生着一定的影响,尤其在产品质量、价格、服务等条件都大致相同的情况下,采购人员的个人动机对采购的影响更大。

四、生产者采购行为类型

生产者采购决策比消费者购买决策要复杂得多,主要是由于其采购活动具有不同的类型。不同的采购活动,其决策的项目有所不同。生产者采购活动类型主要有以下三种。

(一)直接采购

直接采购或称简单采购,即用户按照过去一贯的需求和供应关系进行的重复性采购。这是最简单的采购活动,供应商、采购对象、采购方式都不变,适用于原材料、零部件、标准件的采购。它是一种定期定量采购。对于这种采购者,营销者的主要任务是提高服务水平,简化采购手续,稳定供需关系。

（二）修正采购

修正采购即修正过去已采购过的产品规格、型号、价格等条件,寻找更理想的供应者的一种采购活动。这种采购较复杂,参与采购决策的人数也较多。因此,这种采购对新供应者提供机会,对原供应者带来了威胁。新供应者可通过产品价格、服务、付款方式等条件参与竞争,争取新客户;原供应商可通过改进产品、提高质量、降低成本等策略,以保住现有客户,维护现有市场。

（三）新任务采购

新任务采购指采购者为增加新的项目或更新设备第一次采购某种产品或服务。这是一种最复杂的采购活动。新任务采购的金额和风险愈大,参与决策的人愈多,所需了解的信息也最多。从产品的规格、价格幅度、交货条件及时间、服务条件,到付款方式、定购数量、包装条件、选定供应者都需做出决策。这种情况对于生产资料的营销人员既是最好的推销机会,又是对其营销能力和水平的一次挑战。供应商应组织强有力的推销团队,向采购者提供各种信息,增强对自己的了解,研究采购集团中不同成员的作用,采取相应对策,促成交易实现,并期望建立比较稳定的供需关系。

五、生产者采购决策过程

生产者的采购决策过程可以被分成八个阶段(见表4-1),但这八个阶段并非适用于所有现实购买情况。我们可以通过三种购买类型的比较看出:直接采购和修正采购可能会跳过某些阶段,而新任务采购基本是完全经历了这八个阶段。

表4-1 生产者购买决策过程

购买阶段	新任务采购	修正采购	直接采购
1.认识需要	需要	可能	不必
2.确定需要	需要	可能	不必
3.描述产品规格	需要	需要	需要
4.物色供应商	需要	可能	不必
5.征询供货建议书	需要	可能	不必
6.评估建议书并确定供应商	需要	可能	不必
7.正式订购	需要	可能	不必
8.绩效评估	需要	需要	需要

（一）认识需要

认识需要是生产者购买决策过程的开始。它是指生产者在生产过程中觉察到了有利于提高企业效率的潜在机会,认识到亟待解决的问题。也就是说,当企业的某个人认识到了问题或需求,某种特定的产品能够解决问题或满足需求,就开始购买过程了。企业的内部和外部都可能刺激而引起这种需求。企业内在的刺激包括因企业决定推出某种新产品,需要添置新的原料、设备;或因机器发生故障,需要更换零部件;或因对已经购进的产品质量、价格、服务感到不尽如人意,需要加以改善等。外部的刺激如采购人员可能通过广告、商品展销会或推销人员介绍等途径发现了质量更优、价格更低的产品的渠道,从而产生了购买需要等。

在新任务采购的情况下,供应方应该充分了解购买方目前问题和需要所在,利用强有力的营销手段向客户充分展示自己具备解决其问题的能力,及时提供合理的信息和解决方案;在修正重购和直接重购的情况下,已有的供应商应该努力保持与购买方使用者和购买者等利益相关者的良好关系;暂时未被列入购买方选择范围的供应商应该抓住供应商考虑对购买做出修正的机会展示自己的实力,使对方选取自己作为合适的替代者。

(二)确定需要

当认识到了某项需要后,购买方需要拟出一份基本的需求说明书,说明书包括产品或服务的种类、性能、特征、数量内容等。越是复杂的项目,采购中心确定的项目条件就越多。

在新任务采购和修正采购的情况下,供应商要重点介绍产品属性等技术特征,提供有关产品或服务特点等所有具有价值的信息,协助购买方确定购买需求;在直接重购的情况下,供应方需要经常与客户交流信息,适时介绍新产品开发情况,定期访问客户,了解客户对使用本企业产品是否感到满意,尽早发现并解决问题。

(三)描述产品规格

描述产品规格是指由专业技术人员对所需产品的规格、型号、功能等技术规格提出要求,决定最佳的产品性能,做出一个价值分析,并写出详细的技术说明书。说明书要列明拟购产品和服务在品种、数量、售后服务等方面的具体要求。

在新任务采购和修正采购的情况下,供应方应该向客户详尽描述自己的产品、生产过程和售后服务的优势所在,并使之尽量符合购买方的具体要求;在直接重购的情况下,现有供应商应该保持同购买方良好的合作关系;未被列入购买方选择范围的供应商可通过展示制造某种产品或提供服务等方法,把直接重购转变为全新采购,争取打入市场的机会。

(四)物色供应商

在确定并详尽描述产品技术规格和可行性采购办法之后,购买方就要开始接触供应商。供应商的选择有多种渠道,企业既可以直接从现有的合作伙伴中选择供应商,也可以从其他渠道获取供应商信息,如采购指南、推销员电话访问和上门拜访、产品质量调查、同行采购信息、媒体报道、分类广告、企业名录、产品目录、电话黄页、展览等。一般来说,购买任务越新,购买产品越复杂和经费支出越高,采购者在挑选和考验供应商上所花时间就越多。

供应商应当争取进入重要的工商企业名录,在市场上创造良好的声誉,寻找更多的和采购方建立联系的机会,争取成为潜在的供应商。在修正采购和直接重购的情况下,供应商应更注重绩效评估和信息沟通,减少购买方考虑替代供应商的可能性。

(五)征询供货建议书

购买方在对供应商进行调查之后,筛选出若干符合条件的供应商,并邀请他们提交供货的详细方案。不同购买任务所要求的供货方案可能会有所不同。相应地,对简单的购买项目,一般只会提供产品目录等;对复杂和昂贵的大项目,购买者要求供应者提供详细的建议方案或正式文件。

在新任务采购和修正采购的情况下,这些潜在供应商应提出更加正式和详尽的供货建议方案。供应商在编写供货建议方案前必须准确把握购买方遇到的问题是什么,了解生产者最关心的是什么,自己的产品在解决购买方的问题时效果如何,使自己的供货方案优于其他竞争对手。在直接重购的情况下,购买方往往只要求供应商提供有关价格、交货时间和方式等方面的最新信息。供应商在回复购买方提出的报价和供货预案要求时,应该做到及时、真实和有的放矢。

(六)评估建议书并确定供应商

购买方对潜在供应商提交的供货建议方案进行审查、分析、评价,然后确定出理想的供应商。评价内容包括供应商的财务状况、产品性能、质量标准、技术可行性、价格合理与否、信誉和历史业绩好坏、服务满意程度、交货及时性等。购买方在做出抉择前,可能会与较为满意的供应商谈判,以争取更低的价格和更好的供应条件。购买者最终可能会同时选择几个供应商,以免过分依赖某一个供应商。

(七)正式订购

一旦选定供应商,生产购买者就会根据一定程序向供应商发出订单。订单内容包括所购产品的技术说明、需求数量、质量、价格、交货期限、售后服务、信誉担保等。购买方常常采用"一揽子订货"的形式,就是放弃依靠多个供应商进行采购的方式,而通过单一货源采购全部商品。这种形式不仅有利于产品设备的维护和修理、总成本的降低,还有利于供需双方建立密切的长期合作关系。

(八)绩效评估

订单的签订并不意味着购买决策过程的终止。生产者可以通过多种方法,对各个供应商的合作情况加以评估,作为决定维持、修正或中止供货关系的依据。供应商必须及时了解用户的评价意见,加强同购买方的信息沟通和交流。

六、影响生产者购买决策的主要因素

影响生产者购买决策的基本因素是经济因素,即商品的质量、价格和服务。在不同供应商产品的质量、价格和服务差异较大的情况下,生产者的采购人员会重点审查这些因素,仔细收集和分析资料,理性地选择价廉物美以及服务更好的供应商。但是在不同供应商同时提供大体上都差不多的产品和服务时,采购者在进行选择时就会考虑其他的因素。这时,其他因素就会成为购买者考虑的重点。

影响生产者购买决策的主要因素可分为环境因素、组织因素、人际因素和个人因素等四大类。

(一)环境因素

环境因素是影响组织购买的宏观环境因素,主要包括经济环境、技术环境、政治法律环境、自然环境、产业环境等因素,其中最受关注的因素和指标有经济景气状况、市场需求状况、技术变革状况、产业发展前景、政府政策变化等。这些因素影响着生产者市场的整体发展和组织购买行为。如从经济因素看,假设国家宏观经济政策向某一产业倾斜,相关企业就会增加投资,增加生产。再如全球倡导环境保护与低碳发展的理念,使许多企业对具有节能减排功能的设备需求增加,这类产品的生产企业的市场空间增大。外部环境的复杂性和易变性,要求企业要动态掌握各类生产者用户的需求状况,以保证能够及时适应变化的市场需求。

(二)组织因素

组织因素是指生产企业内部的各种因素,每个组织都有其自身战略目标、具体策略、业务流程、组织结构、体系制度等。这些因素将在生产企业组织内部的利益、经营与发展战略等方面影响其购买决策和购买行为。

企业营销人员必须了解许多问题,包括:生产者用户的整体目标和战略是什么;为了实现这些目标和战略,他们需要什么产品;他们的采购程序是什么;有哪些采购的参与者;他们的工作流程是怎样的;企业对采购人员有哪些政策与限制;等等。以企业战略对企业采购的影响为例,实施总成本领先战略的企业,会对低价产品更感兴趣;而实施差异化战略的企业,则会对与众不同的产品更感兴趣。再以生产企业规模对企业采购的影响为例,规模生产的企业通常比较复杂,企业采购可能由管理、财务等各项专家集体协商决策,而一些小的生产企业可能由个人独自决定购买。此外,企业内部成员构成也会影响采购决策,比如一个战略咨询公司大部分员工是受过高等教育的技术人才,他们的理性分析和采购技能要比普通公司更强。

(三)人际因素

人际因素是指组织内部人与人之间的关系。采购中心通常都是由相互影响的参与决策的人组成,其成员的地位作用对于生产企业购买行为会产生重要影响,他们的职位、态度和利益等也会微妙地影响购买行为。企业采购中心一般包括以下重要成员:使用者、决策者、影响者、购买者和信息控制者。有时在采购中心内一个人可以同时担任几个角色,如购买者同时可以是影响者、使用者,而多个人也可能同时扮演一种角色。供应商的营销人员应当了解每个人在购买决策中扮演的角色是什么、相互之间的关系如何等,利用这些因素制订相应的策略来促成交易。

(四)个人因素

个人因素是指生产者用户内部参与购买过程的相关人员的年龄、教育背景、性格、风险意识等因素对购买行为的影响。与影响消费者购买行为的个人因素相似,企业采购人员的教育程度、需求和动机、个性与偏好、价值观、专业等也会影响到购买决策。例如,设备操作人员希望购买价格高而性能好的机器设备,而财务人员则可能希望购买价格低、性能适中的机器设备;受过良好教育的理智型购买者选择供应商会周密谨慎;个性强硬的采购人员却总是同供应商反复较量。采购者的个人因素常常成为购买决策的直接作用因素。

第三节　中间商购买行为分析

中间商是处于生产者和消费者之间专门进行商品流通的组织或个人。中间商市场与生产者市场一样,都属于营利性企业市场。因此,二者的购买行为有许多相似之处。但由于二者在社会再生产过程中所处位置不同、职能不同,它们的购买行为又有其自身的特点。

一、中间商购买过程的参与者

中间商主要包括零售商、批发商、经销商、代理商等。零售业又可划分为很多类型,如百货公司、连锁店、超级市场、专用品商店、方便店、折扣店、仓储商店、购物中心、零售店。中间商市场购买决策的参与者往往因中间商的规模、决策的重要程度和涉及金额而有所不同。不少批发企业和小零售企业一般不配备专职的采购人员,商品的选择与采购,可能由店主也可能由熟悉业务的员工负责,但这些员工还必须兼做其他工作。而大型批发零售企业则不同,采购已是专业化的职能,采购员是一项专职工作。然而,不同的大型批发及批发及零售企业,甚至同一行业的不同批发及零售企业,它们组织采购工作的方式也有所不同。

以连锁超市为例,参与购买过程的人员和组织主要如下。

(一)总部专职采购人员

一般大型连锁超市都采取集中进货的采购方式,这样可以降低成本并且提高效率。在连锁超市总部设立有专门的采购部门,也会有专职采购人员,他们会分别负责各类商品的信息收集、供应商筛选、采购和购后评估工作。

(二)采购委员会

采购委员会不仅包括公司总部的专职采购经理,还包括公司总部的其他各部门经理。采购委员会的主要职责是审查由采购人员或各商品经理提出的采购建议,然后做出购买与否的决策。由于专职采购人员掌握并了解了更多的信息,所以通常在采购决策上起着决定性的作用,采购委员会只是起着平衡各种意见的作用。

(三)分店经理

他们是连锁超市下属各分店的负责人,掌握着分店的采购决策权。分店经理可以选择自行采购的商品,也可以接受公司总部的统一送货。

二、中间商购买行为的类型

中间商的购买行为可分为以下四种类型。

(1)新产品采购:购买某种从来未采购过的新品种。中间商考虑新购的主要理由是终端市场有某种需求趋势,愿意购买某种产品;供应商的广告宣传和促销工作对中间商的采购人员的影响;供应商许诺给采购员、零售商购买者折让或津贴等优厚条件。在这种情形下,中间商采购人员须拥有大量市场货源信息,根据其市场前景的好坏、终端市场需求强度、产品获利的可能性等多方面因素,决定是否购买。

(2)最佳供应商选择:中间商对欲购买的品种已经确定,但需考虑选择最佳的供应商。其主要原因是仓储条件或资金有限,希望选择货源充足、供货及时的供应商以便于周转;或希望采用私人品牌推销产品,需要物色合适的供应无品牌产品的供应商;或由于自身条件限制不能经营所有供应商(只能是其中一部分供应商)的产品时,就需要从众多的供应商中选择最优者进行采购。

(3)改善交易条件的采购:中间商并不想更换供应商,但试图从原有供应商那里获得更为有利的供货条件,如更及时的供货、更合适的价格、更优厚的折扣和运费津贴、更积极的促销合作等。

(4)直接重购:中间商的采购部门按照过去的订货目录和交易条件继续向原先的供应商购买产品。

三、中间商购买决策的过程

与生产者市场类似,中间商购买决策过程也分为八个阶段。

(一)认识需要

认识需要是指中间商认识自己的需要,明确所要解决的问题。中间商需要可以由内在要求和外在刺激引起。

(1)内在要求。内在要求是指中间商通过销售业绩分析,通过对产品组合的宽度、深度进行分析,对那些利润较小或无利的产品进行撤货或更换。

(2)外在刺激。外在刺激是由于在竞争中竞争对手率先推出花色品种更多更好、性价比更优的产品,迫使中间商必须选择更具竞争力的产品,对以往的产品目录重新进行审定。

(二)确定购买商品的编配组合

中间商的商品编配组合,既是其营销特色的集中体现,又是吸引顾客的最主要的内容,而且在相当大的程度上影响甚至决定中间商的"供应商组合"、"顾客组合"和"市场营销组合"。因此,对企业商品进行合理的编配组合,是中间商最基本、最重要的购买决策。一般而言,中间商可采取的商品编配组合有以下四种。

(1)独家编配,即中间商只经销某家厂商的产品,如某家用电器商店只经营"海尔"品牌的电器。实行独家编配的中间商主要是精品店、专卖店,商品也多属于专利产品,具有技术诀窍的商品及特殊商品等。

(2)深度编配,即中间商从深度上经销一个产品系列,规格、型号齐全,这些产品由多家厂商生产,各种品牌都有。

(3)广度编配,即中间商在其经营范围内同时经销多家厂商生产的多种类产品,经营范围广泛,但并未超越中间商的营销范围。

(4)综合编配,即中间商同时经销多家厂商生产的互不相关的多种类、多规格产品,如百货商店、超级市场、仓储式商店等都属于综合编配。其经营的商品花色品种繁多、规格齐全,高、中、低档次都有。

(三)明确产品规格

明确产品规格是指中间商以采购说明书的形式说明欲购产品的品种、规格、质量、价格、数量和购进时间等,作为采购依据并向供应商提供。

(四)选择供应商

相对于消费者而言,中间商的购买活动具有较强的计划性和理智性,对供应商的选择比较慎重。厂商的品牌、声誉、商品质量、品种规格、供货能力、供货时间与条件及合作诚意等是中间商挑选供应商时须遵循的主要标准。生产厂家在设计、开发与生产商品时要考虑满足最终消费者的需求,在销售商品时却要考虑如何满足中间商的需求。

(五)选择购买的时间和数量

如前所述,中间商对商品的需求属于衍生需求,由消费者市场决定。因此,中间商购买商品的时间和数量往往有相当苛刻的要求,总希望既能及时、适时、尽量满足市场需求,抓住商机,又希望能最大限度地减少库存、加速资金的周转速度、提高资金的利用率。季节性商品、流行性商品及鲜活易腐商品,供应商按时交货特别重要。此外,随着市场竞争的加剧,中间商对电子计算机的广泛应用,无库存采购,及时供货等制度的实行,使中间商的储存功能逐渐削弱,对厂家在质量、数量和时间等方面严格按照市场需求组织生产的要求提高,中间商一次性购买数量下降,例行性购买频率增加,对交货的时效性要求更为严格。

(六)选择购买条件

购买条件的优劣直接关系中间商的效益。市场瞬息万变造成的风险压力迫使中间商尽可能从供应商那里获得尽量多的优惠购买条件,如价格折扣、促销津贴、店堂内广告折让、运费折让、信用保证、付款方式、缺陷破损商品的调换、零配件供应、降价保证、投诉的协助处理和售后服务等。由于中间商的购买价格是其商品的进货成本,是其商品销售价格的基础,销售价格又是影响消费者购买行为的一个重要的因素,因此,供应商的价格高低和价格折扣的多少是中间商购买条件中极其重要的条件,是中间商购买决策的核心内容。

(七)签订合约

中间商在相关采购说明书和有关交易条件下与选定的供应商签约。采购者通常为了保证货源稳定、供货及时、减少库存成本而倾向于签订长期有效的合同。

(八)绩效评价

中间商对各供应商在提供商品的速度、质量、合作态度、企业信誉等方面进行评估,及时通知对方处理阶段性的问题,剔除合作不佳的供应商,同时对表现出色的供应商给予褒奖,优先签订下一轮合同。

营销视角 4-3

第四节 政府采购行为分析

一、政府采购

政府采购是指各级政府为了开展日常政务活动或为公众提供服务,在财政监督下,以法定的方式、方法和程序,通过公开招标、公平竞争,由财政部门以直接向供应商付款的方式,从国内外市场上为政府部门或所属团体购买货物、工程和劳务的行为。其实质是市场竞争机制与财政支出管理的有机结合,其主要特点就是对政府采购行为进行法制化的管理。

首先,政府购买的目的是为了履行政府职能的需要。政府为了满足国家的国防、教育、公用设施、日常办公等维护国家安全和社会公众利益的需要,购买相应的产品和服务。其次,政府购买目的也是为了刺激国内需求,保护民族工业的发展,稳定市场和调控经济。再次,政府购买还要满足节约财政开支,提高资金使用效率的目的。由于政府采购经费主要来自财政拨款,政府机构往往选择招标采购的方式选择供应商,其主要目的是为了节约经费。最后,政府采购是增加政府办公的透明度和遏制腐败的重要举措。

政府市场对于很多企业来说,充满了吸引力。企业一旦进入了政府,意味着稳定的、具有保障性的、较高收益的回报。而且,进入政府市场往往也有助于企业良好形象的树立,为企业进入其他市场进行有力的宣传。其原因就在于能够为政府提供产品的企业都是经过严格竞标产生的,具有较强的竞争力。

二、政府采购的方式及特点

(一)政府采购方式

依据《中华人民共和国政府采购法》,政府采购方式主要有六种:①公开招标;②邀请招标;③竞争性谈判;④单一来源谈判;⑤询价;⑥国务院政府采购监督管理部门认定的其他采购方式。

(二)政府采购的特点

政府市场是一个巨大的、充满诱惑力的市场，对于任何一个有意进入政府市场的组织来说，都必须首先了解政府采购的特点。与其他组织类顾客相比，政府类顾客具有以下几方面特点。

(1)政府采购一般是按照年度预算进行的。年度预算具有法律效应，不会轻易变动，也就是说，政府在一个财政年度内的采购规模基本上是固定不变的，这是政府市场相对稳定的一个重要原因。政府的有关部门对于有意进入政府采购市场的供应商要求提供规定的资料，用以说明其能够提供的产品类别、规格、企业的实力、资信等情况。只有经审定被列入政府采购准供应商名单中的企业，才有可能参加有关政府采购的竞标活动。

(2)政府采购决策程序复杂，往往通过竞争性的招标采购、有限竞争性采购和竞争性谈判等方式来选择合适的供应商。由于政府经费主要来源于财政拨款，而财政收入主要来自纳税人的税收，为了提高资金的使用效率，节约经费支出，政府机构购买决策过程十分严格、复杂。对于很多产品，政府有关部门会制订出详细的标准和细则，包括技术规范、运送货物的时间要求、包装要求、保证书要求及其他采购要求，往往要求供应商进行投标。

(3)已经被列入政府采购准供应商名单的企业必须能够提供完全符合标准和细则的产品和服务才有资格进入竞标阶段。在竞标阶段，价格是重要的竞争因素，政府一般会选择竞标价最低的企业作为供应商，除非竞标价次低的企业能拿出有力的证据来说明竞标价最低的企业所提供的产品和服务不符合要求。

(4)政府采购出于保护本国产业的目的，更倾向于采购本国供应商而非外国供应商的产品。本着刺激国内需求、保护民族工业的目的，政府购买过程中往往会优先选择本国供应商，适当照顾经济欠发达地区或企业。尽管价格和质量是政府机构选择供应商的重要标准，但有时非经济因素的作用也很大。政府机构可能通过对准时交货、质量上乘和按期履行合同的供应商给予"补贴"的方式加以鼓励。

三、影响政府购买行为的主要因素

与生产者市场和中间商市场一样，环境因素、组织因素、人际因素和个人因素也会对政府市场有影响，但在以下方面有所不同。

(一)受到社会公众的监督

虽然各国的政治经济制度不同，但是政府采购工作都受到各方面的监督，主要的监督者有：

(1)国家权力机关和政治协商会议，即国会、议会或人民代表大会、政治协商会议。政府的重要预算项目必须提交国家权力机关审议通过，经费使用情况也受到监督。

(2)行政管理和预算办公室。有的国家成立专门的行政管理和预算办公室，审核政府的各项支出并试图提高使用的效率。

(3)公共媒体。政府经费的使用情况被报纸、杂志、广播、电视等传播媒体密切关注，这些传播媒体对于政府购买中不合理之处也会予以披露，起到了有效的舆论监督作用。

(4)公民和民间团体。国家公民和各种民间团体会通过多种途径来表达自己的意见，他们也非常关注自己缴纳的税负是否切实地用之于民。

(二)受到国际范围内政治形势的影响

在不同的政治形势下，政府需要的产品或者服务会不同，政府经费在各方面支出的比例也会相应变化。比如,在国家安全受到威胁或出于某种原因发动对外战争时,军备开支和军需品需求就大;和平时期用于建设和社会福利的支出就大。

(三)受到国际国内经济形势的影响

与政治形势的影响一样,国家的经济形势不同,政府用于调控经济的费用也会相应变化。例如,经济疲软时期,政府会实施积极的财政政策,加大以保障和改善民生为主的公共投资,从而增加政府采购,以刺激经济增长。

(四)受到自然因素的影响

在面对各类自然灾害的情况下,政府用于救灾的资金和物资会大幅度增加。例如,2008年四川汶川大地震发生后,我国政府实施四万亿投资计划,其中相当一部分用于地震灾区灾后重建工作。

本章小结

消费者市场是个人或家庭为了生活消费而购买产品所形成的市场,消费者市场需求具有多样性、发展性、伸缩性、层次性、可诱导性、需求的联系性和替代性等特点。消费者市场购买的对象分为日用品、选购品、特殊品和非渴求品四类。消费者的购买动机可以划分为两种基本类型,即生理动机和心理动机。消费者购买的生理动机表现为生存动机、安全动机和繁衍动机。消费者购买的心理动机分为个人心理动机和社会心理动机两大类。个人心理动机表现为感情动机、理智动机和惠顾动机,社会心理动机主要包括求实动机、求新动机、求美动机、求廉动机、求名动机、求同动机和求异动机。消费者的购买行为,是指消费者为满足自己的生活需要,在一定购买动机驱使下,所进行的购买商品的活动过程。消费者购买行为由购买目的、购买对象、购买时间、购买地点、购买方式、购买者六个方面共同组成。消费者购买行为模式可以分为习惯型购买行为、理智型购买行为、冲动型购买行为、经济型购买行为、感情型购买行为、疑虑型购买行为、不定型购买行为等七种类型。消费者购买决策过程包括确认需要、收集信息、评估选择、购买决策和购后感受五个阶段。影响消费者购买行为的因素包括文化因素、社会因素、个性因素和心理因素。

生产者市场是指采购产品和劳务以生产其他产品和提供其他服务的营利性组织,也称为产业市场或企业市场。生产者市场需求有如下特征:需求的派生性、需求的弹性较小、购买的大量性、供需双方关系紧密、购买活动耗时较多、专家型购买、购买决策的集体性等。生产者市场的购买对象有关键设备、附属设备、零部件、加工过的材料、原材料、消耗品和服务。生产者采购活动类型主要有直接采购、修正采购、新任务采购。生产者市场购买者的动机主要有满足生产经营需要、取得较高经济效益和适应外部环境要求。生产者的采购决策过程被分成认识需要、确定需要、描述产品规格、物色供应商、征询供货建议书、评估建议书并确定供应商、正式订购和绩效评估八个阶段。影响生产者购买决策的主要因素可分为环境因素、组织因素、人际因素和个人因素四大类。

中间商是处于生产者和消费者之间专门进行商品流通的组织或个人。中间商市场与生产者市场一样,都属于营利性企业市场。中间商的购买类型有新产品采购、最佳供应商选择、改善交易条件的采购和直接重购。中间商购买决策过程包括认识需要、确定购买商品的编配组合、明确产品规格、选择供应商、选择购买的时间和数量、选择购买条件、签订合约和绩效评价。

政府采购是指各级政府为了开展日常政务活动或为公众提供服务,在财政监督下,以法定的方式、方法和程序,通过公开招标、公平竞争,由财政部门以直接向供应商付款的方式,从国内外市场上为政府部门或所属团体购买货物、工程和劳务的行为。政府购买行为会受到社会公众、政治形势、经济形势、自然因素的影响。

思考题

1. 什么叫消费者市场? 消费者市场需求有哪些特点?
2. 消费者有哪些购买动机?
3. 消费者购买行为如何分类?
4. 理解消费者购买行为模式。
5. 分析消费者的购买决策过程。
6. 分析影响消费者购买行为的因素。
7. 什么叫生产者市场? 生产者市场需求有哪些?
8. 分析生产者采购活动类型。
9. 分析生产者的采购决策过程。
10. 分析影响生产者购买决策的主要因素。
11. 什么是中间商市场? 中间商的购买类型有哪些?
12. 分析中间商购买决策过程。
13. 什么是政府采购? 政府采购有哪些特点?
14. 分析政府购买行为的影响因素。

案例分析

山西省城市老年人体育消费行为的影响因素

购买体育产品是日常生活消费不可或缺的一部分,它对改变体育消费结构起着举足轻重的作用,对带动各方面经济发展的效用也功不可没。对山西省城市老年人体育消费行为特征、影响因素等问题进行研究与调查,可以为相关体育产业部门在制订老年体育消费市场开发决策方面提供科学依据。

一、体育认识对老年体育消费行为的影响

本次调查中的老年人大部分出生20世纪四五十年代,由于受当时社会环境的影响,国家战乱、社会动荡,满足生活的需要是他们的首要目的,进行体育锻炼及体育消费行为受到极大的阻碍。20世纪80年代后,中国的经济有了很大进步,人们的生活条件得到了大幅度的改善,工作之外的时间逐渐增多,这时体育锻炼开始进入人们的视野。统计发现,老年人初中及以下水平占到调查人数的74.58%,且对体育的功能认识不清,只停留在简单的肢体活动上。此外,由于受传统认识的影响,认为体育锻炼是不务正业的表现,也导致了体育消费在老年人中的发展非常缓慢。

二、体育兴趣、能力对老年体育消费行为的影响

本研究的宗旨是使体育发挥在老年人生活中的作用,让老年人能够更好地享受生活。第一,体育兴趣对老年体育消费行为的影响起着重要作用。开展老年人体育活动要把当地的实际情况结合起来,充分结合各种体育产品和体育项目的特点,还应该对体育产品和体育项目进行改造。第二,体育能力也扮演重要的角色,体育能力包括参与体育必备的身体能力、经济能力等。身体能力是首要的,也是进行体育活动的保障。经济能力,比如参与体育活动的服装、活动的器械是参加体育消费要考虑的因素。此外,亲人支持、他人的影响也十分重要。

三、社会文化环境对老年体育消费行为的影响

社会环境的塑造与老年人良好的体育消费行为习惯的形成存在很大的关系,特别是在小区、公园等体育锻炼场所,人文环境也能促进体育消费方式的形成。国家在体育发展上的重视和支持以及人们对体育的热爱所形成的体育锻炼氛围都能够很好地带动基层体育的发展,只有在全民健身的热潮下,老年人才会逐渐认识到体育消费的作用。在体育生活方式的形成过程中,体育文化是重要的因素之一,只有老年人认同这种文化,接受这种文化,体育才能真正地内化为自己的东西,成为一种习惯,并使自己终身受益。

四、政治、经济环境对老年体育消费行为的影响

从政治角度来看,主要是国家关于体育政策方针的制定,政府对体育的财政投入和设施建设,对促进老年人体育消费提供了宏观的理论依据。从经济角度来看,一般来说,经济的繁荣能促进体育消费的发展,老年人可任意支配的收入或退休金增高,他们才会把更多的时间、金钱和精力投放在体育上,才能带动老年人体育消费。

五、结论

(1)由于老年人的思想不够开放并受到经济水平的影响,因此他们体育消费的水平较低,绝大部分只停留在一般简单的体育消费活动上。一部分老年人比较重视体育消费,能够认识到体育消费的重要性以及体育对身体的良性改变,但还有相当一部分老年人不重视体育消费,其态度不够积极,不舍得为体育投资。

(2)老年人进行体育消费的出发点是比较明确的,健康养生是他们进行体育消费活动的主要理由;还应开发符合老年人自身特点的活动项目,培养体育兴趣,让老年人了解体育的功能,从而带动老年人的体育消费行为。

(3)随着社会经济的快速发展,老年人体育消费的行为日趋多样化,但消费结构尚不合理,比较重视实物型体育消费,在参与型体育消费观念上比较淡薄。

(4)老年人体育消费主要集中在购买体育服装和体育器材上,且体育器材比较简便,如毽球、棋牌等。购买体育门票观看体育比赛的老年人很少,同时,在收费的体育场所进行消费的老年人也较少。

资料来源:王明鉴.山西省城市老年人体育消费行为特征及影响因素研究[J].体育科技文献通报,2018,26(9):113-115.

问题讨论:

1.总结归纳老年人体育消费的行为特征。

2.针对老年人体育产品营销提出策略建议。

第五章
市场营销战略

学习要求

◆ 了解：市场营销战略的特征、作用、影响因素。
◆ 掌握：企业市场营销战略的管理过程。
◆ 熟悉：市场营销战略的制定阶段。

导入案例

马斯克的全球战略，特斯拉的中国"结"

终于赶在 2020 新年之前，国产特斯拉正式下线。或许是马斯克深谙中国文化的特殊性，特斯拉在 2019 年 12 月 31 日下线了首批国产 Model 3，共有 15 辆，均为公司自家员工订购。看似简单的下线 15 辆 Model 3 却被赋予了庄重的仪式感，如同在广东地区流行的"舞狮点睛"般。

中国是全球新能源汽车最大的市场。政府的政策和支持，给予了特斯拉太多的成长空间。从长期看，中国有望为特斯拉贡献 1/3 的汽车销量，特斯拉为此努力了近 4 年。从 2018 年 7 月，特斯拉与上海政府签订了建设工厂的协议，于 2019 年 1 月开始投入建设，10 月特斯拉开始试产车辆。整体完成建设工期只用了 357 天，业内纷纷用"中国速度、特斯拉速度"来形容此项工程。

想必特斯拉也是第一次在全球聚光灯下，开始了它在"异国的表演"，每一分钟都被行业媒体放大来观察，或许这是马斯克想要的效果，这位一贯懂得如何营销自己的车企领袖，知道如何让特斯拉成为热点。

除了特斯拉和马斯克的魅力之外，上海市政府的助攻可谓锦上添花。一个 500 亿的项目正式落地上海临港新城，这是上海迄今最大的一次引资，也是继上海外高桥自贸区之后的最大胆的尝试。为了进驻中国市场，特斯拉和上海市政府做了一个大胆的交易。据 2019 年 8 月上海监管报告，特斯拉驻上海工厂与市政府敲定租赁条约，工厂从 2024 年开始每年就必须向市政府交上 22.3 亿元人民币（约为 3.23 亿美元）作为土地税收，否则土地必须归还政府。除此以外，根据租赁条约，从 2019 年开始的未来的五年之内，公司必须在工厂工作的过程中投入约 140.8 亿人民币（合 20 亿美元整）的资金输出。

对此特斯拉云淡风轻，原定的目标就已超过了 20 亿美元，上海市政府的条约对于如今的特斯拉而言，不存在任何问题。甚至特斯拉还在最新公开的季度财务报告中提出："公司坚信，哪怕是工厂的实际产出低于我们预测中的数值，特斯拉也有底气实现这样一笔资金的开支要求和税收目标。"

目前特斯拉上海超级工厂每周产量已超 1000 辆。在此基础上，特斯拉 2020 全年总产量保守估计将接近 5 万辆；未来，特斯拉上海超级工厂的目标年产能将达 50 万辆，这也会把造车新势力"狠狠地甩在沙滩之上"。

马斯克相信，只要能够简化为合乎逻辑的步骤，不可能的事情就会变成可能，所以他所倡导的电气化、全球能源改变等问题，从特斯拉开始，即便特斯拉的开始只是一场汽车行业的利益交易，但有更多的人愿意去相信，特斯拉的国产，将会给予中国汽车行业一个重新鉴定自我机会。无论是以什么形式，必将充满希望。

资料来源：马斯克的全球战略,特斯拉的中国"结"[EB/OL].(2020 - 01 - 10)[2020 - 03 - 01].http://auto.ifeng.com/c/7t6KRPjS1Bl.

在市场经济条件下，一个企业在激烈的竞争中能否生存，能否获得成功，主要取决于企业的管理者能否制定切实可行的市场营销战略，这已经成为影响企业生存与发展的一个关键因素。市场营销战略是企业市场营销管理思想的综合体现，也是企业市场营销决策的基准。

第一节 市场营销战略概述

一、企业战略

战略（strategy）一词源于军事用语，指军事方面事关全局的重大部署。现在，战略已成为一般用语，广泛应用于经济、经营管理、市场营销等领域。战略即各领域事关全局性、长期性、方向性和外部性的重大决定和计划方案。

企业的战略计划并非单一的，而是有层级之分，大多数企业的战略计划可以分为四个层级，即企业战略、部门战略、业务战略和产品战略。

（1）企业战略。企业战略由企业最高领导层开发、制定。在这一层级的战略中，要决定整个企业的使命、应达到的目标、是否扩大现行事业、是否进入新事业领域、是否并购其他企业等重大问题。

（2）部门战略。部门战略中包括市场营销、人事、财务、生产和研究开发等各种战略。这些诸多战略计划支撑事业层级的竞争战略。在这些职能战略中，战略业务单位内的市场营销战略是其开发的重心。

（3）业务战略。业务战略是指在各业务部门或营业所实施按职能部门制定的战略时必须做出的定型化的决定，如决定推销人员的推销活动、发售订货业务或零售业的商品陈列、缺货的确认、降价等商品化计划。

（4）产品战略。在每个业务单位里的各个产品层次（产品线、产品项目、品牌）也要制订一个战略计划，以求达到某个特定产品市场的预定目标。这些计划分别在组织的不同层次内实施，控制结果，并采取必要的修正措施。

二、市场营销战略

市场营销战略（marketing strategy）是指企业在现代市场营销观念下，为实现其经营目标，从全局的、长远的、发展的观点出发，对一定时期内市场营销发展的总体设想和规划。

(一)市场营销战略的特征

市场营销战略的特征,既决定营销战略的性质,又是制定营销战略的基本原则。其特征主要如下。

1.全局性

全局最优原则,是市场营销战略的基本特征,战略总是对全局而言的。全局性要求企业必须从国家、社会公众的全局利益和长远利益出发制定营销战略。要以企业为中心,权衡时间、空间、环境、条件、趋势,使营销战略最有效地利用内外资源,使营销目标协调于环境,实现营销战略的最优化,不断提高经济效益。营销战略中的经济效益是一个广义的概念,泛指社会经济效益、资源经济效益、环境经济效益以及企业自身经济效益的有机统一体,并要兼顾当前经济效益与长远经济效益、局部经济效益与全局经济效益。

2.计划性

战略指导全局,必然具有计划性的特点。它既是根据国家产业政策要求、社会需求及企业的中长期发展战略目标而制定的,又是企业制订经营计划的纲领性文件。具体来说,计划性是根据企业营销思想和营销方针,把要做的工作的具体内容、方针、步骤、时间规定下来,按年(季)度付诸实施,从而形成企业长远营销的定量安排。

3.系统性

市场营销战略从企业营销的外部环境到内部条件,从营销思想、方针,营销方向、目标、策略到行动计划等方面做出系统性谋划。可见,系统的营销战略必须是不同层次、不同结构、不同功能、不同方法的,并把它们结合起来形成多维结构的营销战略。企业应将营销战略作为一个整体系统工程统筹规划,追求整体发展的最大效益。

4.长期性

战略着眼于未来,要指导和影响较长时期的企业营销行为,所以市场营销战略具有长期性的特征。也就是说,企业应该有发展的观念,要处理好企业眼前利益和长远利益之间的关系,并使二者相互衔接、相互协调。

5.竞争性

市场营销战略的制定是基于对国内外市场竞争格局的认识,就如何使企业在竞争中保持优势,立于不败之地所进行的筹划。

6.原则性

一方面,市场营销战略规定了企业在一定时期内市场营销活动的方针,为企业各个方面的工作制定了可供遵循的基本原则;另一方面,由于战略更多考虑的是面对未来较长时期的营销决策,不可能对具体的营销活动进行细致的策划,因而只能是"粗线条"的决策和筹划,由此决定了营销战略所具有的原则性。

7.稳定性

市场营销战略作为一定时期企业经营活动必须遵循的方针和原则,具有稳定性的要求。市场营销战略是企业高层领导者通过对企业外部环境和内部资源进行认真分析和研究后所做出的慎重决策,不能随意更改。

8.风险性

由于营销环境的多变性和复杂性以及企业内部条件也在不断变化,同时战略总是相对未来而言,因此企业的市场营销战略具有风险性特征。风险总是与机遇同时存在的,而且还是可以互相转化的。企业市场营销战略的实施也就是抓机遇、避风险的过程。

（二）市场营销战略的作用

市场营销战略对于企业的市场营销活动具有以下作用。

1. 市场营销战略是企业生存与发展的出发点

保持与动态变化环境的相适应，是企业在竞争中生存发展的关键，而这种相适应是建立在对环境变化做出科学性判断与预测的战略决策上的，只有做到这一点，才能保证企业营销的成功。

2. 市场营销战略有利于增强企业的应变能力

市场营销战略的制定，是建立在对未来环境综合分析基础上的。企业往往制定多个战略方案，当外部环境变化时，企业可随时从中选择较佳方案，提高了企业的适应能力。

3. 市场营销战略有利于发挥企业的相对优势

企业要想在激烈的市场竞争中享有较理想的市场占有额，就必须找到最能发挥自己优势的领域和范围。例如，2004 年 IBM 向联想集团转让个人电脑业务，专业经营软件和服务业务，就是在识别市场机会的基础上，充分发挥优势的成功范例。

4. 市场营销战略有助于提高企业的整体管理水平

当外界环境变化时，企业必须适时调整经营方针，从各方面加强内部管理，而关键是战略调整。市场营销战略是全面的、长远的经营目标，要保证其实现，企业就必须提高管理水平。

5. 市场营销战略有利于增加企业盈利

市场营销战略是决定企业实际盈利水平的关键因素。战略追求的是长期盈利的最大化，而不是斤斤计较的眼前利润。

三、市场营销战略的影响因素

制定市场营销战略，需要对宏观环境、市场、行业、竞争对手、本企业状况等进行分析，以期准确、动态地把握市场机会。

营销视角 5-1

（一）宏观环境

宏观环境即围绕企业和市场的环境，包括政治、法律、社会、文化、经济、技术等。环境的变化对企业既是威胁也是机遇，关键是企业能否抓住这种机遇或者使威胁变为机遇。了解分析宏观环境对制定市场营销战略至关重要。其理由有三个方面：一是市场营销的成果很大程度上要受到其环境的左右；二是这些环境属不可控因素，难以掌握，企业必须有组织地进行调研、收集信息，并科学地对其进行分析；三是这些环境正加速变化。

（二）市场

市场为企业提供了生存与发展的机会。但是，由于受环境因素的影响，市场需求是在不断变化的。这种变化为经营者的发展提供了机会，但也孕育着一定的风险，这就需要企业制定市场营销战略。市场特性和市场状况会决定市场营销战略的具体内容。市场特性包括以下几个方面：一是互选性，即企业可选择进入的市场，市场（顾客）也可选择企业（产品）；二是流动性，即市场会随经济、社会、文化等的发展而发生变化，包括量和质的变化；三是竞争性，即市场是企业竞争的场所，众多的企业在市场上展开着激烈的竞争；四是导向性，即市场是企业营销活动的出发点，也是归着点，担负着起点和终点的双重作用；五是非固定性，即市场可通过企业的作用去扩大、改变甚至创造。市场状况要考虑这样几个问题：市场规模；市场是同质还是异质；供求状况。

（三）行业动向和竞争对手情况

企业营销的环境是一个竞争十分激烈的环境，所以企业在制定市场营销战略时，一要了解和把握企业所在行业的现状和发展动向；二要明确竞争对手，必须认真研究竞争对手的战略，以便知己知彼，扬长避短，在竞争中取得优势，并保持优势地位。

（四）本企业状况

利用过去的实绩和目前经营情况等资料来分析本企业状况，并整理出优势和劣势。战略实际上是一种企业竞争中用以取胜的计划，在制定市场营销战略时必须充分发挥本企业的优势，尽量避免劣势。

第二节　市场营销战略制定

有效正确的市场营销战略，是企业在营销竞争过程中立于不败之地的前提保证。一般来说，企业市场营销战略的制定大致分为四个阶段：建立目标市场战略、市场发展战略、市场进入战略和市场营销组合。

一、建立目标市场战略

制定企业的市场营销战略，首先遇到的是用什么产品进入什么市场的问题，即目标市场选择。即使是一个规模巨大的企业也难以满足所有的市场需求，目标市场选择就是在细分的市场中决定企业有条件进入并且能够实现盈利的市场。目标市场战略就是回答顾客是谁、产品向谁诉求的问题。

二、市场发展战略

企业在选择和进入目标市场后，还要谋求在市场中发展壮大。为此，就需要制定企业的市场发展战略（或新增业务计划），即企业扩大再生产、开拓市场、发展经营的战略。一般来讲，有三种市场发展战略可供企业选择，即密集型市场发展战略、一体化市场发展战略、多角化市场发展战略。

（一）密集型市场发展战略

密集型市场发展战略是一种在企业现有的业务范围内寻找未来发展机会的战略。因此，需分析现有产品和市场是否存在可开发的机会。在营销中，常采用"产品/市场矩阵法"分析。如图 5-1 所示。

	现有产品	新产品
现有市场	1.市场渗透	3.产品开发
新市场	2.市场开发	4.市场组合

图 5-1　产品/市场矩阵

1.市场渗透

市场渗透即企业采取积极主动的措施在现有市场上扩大现有产品的销售，以求得企业的发展。这是企业最常采用的战略。它一般有三种渗透方法：①千方百计促使现有顾客多购买本企业的现有产品；②把竞争对手的顾客诱导过来，使其购买本企业的产品；③努力开发潜在顾客，即说服从未买过本企业产品的顾客购买。如让不爱刷牙的消费者，通过宣传口腔卫生知识，激励其产生刷牙需求而购买牙膏。

2. 市场开发

市场开发即用企业现有产品来满足新的市场需求，从而增加销售。它一般采用两种方式：一是开拓新市场，扩大销售区域，占领新的细分市场；二是通过发现老产品的新用途来扩大市场。

3. 产品开发

产品开发是指企业向现有市场提供新产品或改进的产品（如增加花色、品种、规格、型号等），以满足现有顾客的潜在需求，扩大销售。

4. 市场组合

以新产品、新材料、新能源进入新市场，要求企业在产品、价格、分销及促销等方面，采取市场组合战略，以促使新产品尽快占领市场、打开销路。

（二）一体化市场发展战略

一体化市场发展战略即生产企业、供应商、销售商实行一定程度的联合，融供、产、销于一体，以提高企业的发展和应变能力。当企业的业务很有发展前途，而且在订货、促销、服务等方面实行一体化能提高效率、加强控制、扩大销售、增加利润的情况下，可采用一体化发展战略，以发挥各自优势，促进企业发展。一体化发展战略主要有以下三种。

1. 前向一体化战略

这是指生产企业通过收买或兼并若干商业企业，建立自己的分销系统，实行产销一体化，自产自销。同时，企业如用自己的产品生产其他产品，也叫作"前向一体化"，如木材公司生产家具、批发企业开设零售商店等。

2. 后向一体化战略

这是指企业通过收购或兼并若干原材料供应企业，控制原材料的生产或销售，实行供产一体化。如某汽车制造厂以前向轮胎制造公司采购轮胎，现在自己建厂生产轮胎，就是一种"后向一体化"战略。

3. 水平一体化战略

这是指企业收购或兼并若干个竞争者同类型企业，组成联合企业或企业集团，以扩大生产经营规模，中外合资经营企业也属于水平一体化。近年来，一体化经营作为一种新的方式被我国企业界广泛采用，出现了工业自销、工商联营、工贸联营等多种经营方式。

（三）多元化市场发展战略

多元化（多角化或多样化）市场发展战略是指企业尽量新增加经营品种和产品种类，跨行业经营多种产品或业务，扩大企业的生产经营范围，使企业优势充分发挥，使企业的人力、物力、财力资源得到充分利用，从而提高经济效益，以保证企业的生存与发展。多元化发展战略可以减少风险，增强企业实力。但也会分散企业资源，出现管理漏洞导致企业失败。

多元化发展战略主要有以下三种。

1. 同心多元化

企业利用原有技术、特长和经验，开发经营新产品，吸引新的顾客，就像从圆心出发，向外扩大企业经营范围,谋求业务增长。这种战略有利于发挥企业原有优势,投资少,风险小,容易获得成功。

2.水平多元化

这是指企业利用原有市场,采用不同的技术发展新产品,增加产品的种类和品种,扩大经营范围,谋求业务增长。如某收割机公司,面向农村市场,开发经营农药、化肥等化工产品,就是水平多元化。这种战略有利于减少企业市场开发投入和风险。

3.集团多元化

这是指企业通过收购、兼并其他行业的企业,或者在其他行业投资,组建企业集团,开发新产品,开拓新业务,以发挥综合优势,寻求新的业务增长。例如,某钢铁公司经营金融业、旅馆、餐饮、证券、房地产等。实施这种战略的企业,一般都是财力雄厚、技术先进的大公司。

三、市场进入战略

企业进入目标市场时,还要进一步考虑何时、何地、何种方法、何种渠道进入的问题,并相应采取不同的战略。

延伸阅读 5—1

(一)市场定位战略

所谓市场定位,就是根据顾客对该产品某种特征或属性的重要程度,强有力地塑造出本企业产品与众不同的、给人印象鲜明的个性或形象,并把这种形象生动地传递给顾客,从而使该产品在市场上确定适当的位置。也可以说,市场定位是企业确定什么样的市场或顾客群作为自己的营销对象。

(二)市场定时战略

1.时间战略

时间战略就是要考虑投资及购买力在时间上的分布。例如,什么时间购买力旺盛? 对商品的需求有何特点及变化? 对季节性强的商品及原材料供应,更应强化时间观念。

2.时机战略

市场开拓、资源开发、商品投放、企业集团的组建都要掌握火候、把握战机。这是战略决策应有的观念。

3.时尚战略

商品都存在一个风尚、时尚、时髦和流行性的问题,经营这些商品应以新奇、灵巧、美观取胜。

(三)进入方式战略

1.联合进入战略

联合进入战略,即与对方建立联产、联营、联销关系,发挥各自的天时、地利、人和的优势,进入目标市场。

2.独立进入战略

独立进入战略,即在目标市场建立本企业的销售网络,或者通过购买对方商店、商标、产业而进入有关国内、国际市场。

3.分销战略

分销战略,即在目标市场上寻找合适的代理商、经销商等,通过代理商或中间商进入市场,这有利于利用其本土化的营销优势,缩短产品进入市场的时间。

4．合资战略

合资战略，就是共同出资兴办企业或开发资源，产品能够迅速在目标市场营销，这样有利于改进企业与外部的交流并扩大营销网络，也有利于降低经营风险。

四、市场营销组合

市场营销组合是现代市场营销学一个十分重要的概念，也是企业市场营销策略的枢纽。这一理论是由美国哈佛大学尼尔·鲍顿教授在1964年首先提出的。影响企业市场营销的因素复杂多样，但一般可将其分为可控因素和不可控因素两大类。不可控因素即企业外部宏观社会经济环境，在第三章市场营销环境分析中已做了专门的分析研究。可控因素指企业内部可改变、控制的因素，主要包括产品（product）、价格（price）、营销渠道（place）、促销（promotion）。由于这四个因素英文的第一个字母都是P，所以简称为4P组合。

所谓市场营销组合，就是指企业系统地综合运用可以控制的因素，实行最优化的组合，以实现企业的营销目标，为顾客提供服务，取得最佳的经济效益。

企业在进行市场营销组合时必须考虑以下几点：

（1）要通过调查国内外优秀企业等来了解它们是怎样进行市场营销组合的。

（2）突出与竞争对手有差异的独特之处，充分发挥本企业优势的有利性。

（3）市场营销组合是企业可以控制的，企业可以通过控制各因素来控制整个市场营销组合。

（4）市场营销组合是一个系统工程，由多层分系统（手段）构成。

（5）市场营销组合因素必须相互协调，根据不同的产品，制订不同的价格，选择不同的渠道，采取不同的促销手段。

（6）市场营销组合不是静态，而是动态的。市场营销学认为，产品从投放市场到被市场淘汰会经历投入期、成长期、成熟期和衰退期四个阶段，即存在产品生命周期。当产品生命周期所处阶段发生变化时，其他组合因素也随之变化。

（7）在上述四种主要的组合因素中到底哪种最重要，这会因行业、业态不同而异，但一般来说，其中受到高度重视的是产品。企业提供的产品是否为市场所需产品，是否能满足顾客需求，解决顾客所要解决的问题，提供顾客希望获取的利益，这才是产品的关键所在。只有让顾客满意，顾客才会认可你的产品，接受你的产品。

第三节 市场营销战略管理过程

企业的市场营销战略管理过程就是企业在不断变化的市场营销机会中，按照营销目标、能力等，如何发展和保持其战略性适应的过程。市场营销战略管理有利于协调企业内部的各种活动，为改善企业管理而创造良好的氛围环境，防止企业营销行为的盲目性和短期化，因此市场营销战略计划是维系企业生存与发展的关键。

企业市场营销战略管理过程如图5-2所示。

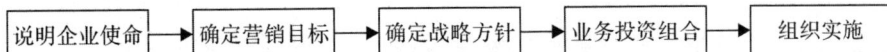

说明企业使命 → 确定营销目标 → 确定战略方针 → 业务投资组合 → 组织实施

图5-2 企业市场营销战略管理过程

一、说明企业使命

任何企业的存在都是为了完成一定的生产和经营使命,离开了这些使命,企业也就失去了存在的意义。从企业的角度讲,企业使命的确定一般应当考虑以下五个基本要素。

(1)企业历史。企业的发展历史可在很大程度上影响企业使命的确定,这是因为企业生产和经营的历史状况会使企业在某一领域形成自己的特征和优势,如生产、技术方面的优势,市场声誉方面的优势或是营销渠道方面的优势等。企业应当根据自身特定的优势来选择企业的使命,同时必须尊重自己的历史。

(2)管理者偏好。企业使命的选择在一定程度上还取决于管理者的偏好。个人心理状况会影响对市场机会的评价,如好高骛远的管理者往往会选择期望利润高而风险较大的生产和经营使命;谨小慎微的管理者则往往会选择风险较小的生产和经营使命。

(3)市场环境。市场环境的变化会在不同程度上导致企业市场机会的变化,各种政治、经济、社会、自然因素的变化都可能导致社会总需求在数量和结构上发生变化,从而使某些需求减退,某些需求增长,使企业执行某种生产和经营使命的利益和风险也会发生相应的变化。所以,企业必须根据市场环境因素的变化来调整自己的生产或经营使命。

(4)企业资源。企业选择其生产或经营使命时必须充分考虑资源的可能性,考虑企业的人力、财力、物力是否能同所选择的使命相适应。因为一定的人力、财力、物力是实现生产和经营使命的必要条件,超越了这一基本条件是什么事情也办不成的。从现代企业的角度来看,人财物的资源中还包括了技术资源的因素,因为先进技术的应用可使同样的资源产生出成倍的效益。

(5)企业核心能力。企业使命的选择应当建立在自己核心能力的基础之上,这样才有利于发挥自身的特长。尽管企业的现有资源和能力有可能使企业实现多种生产和经营使命,但是只要这种经营能力并非企业独有,就可能带来强大的竞争压力;如果这种能力不如他人,甚至可能在竞争中失败。所以企业应当寻找出其具有相对优势的某种核心能力(在资本、技术、成本、资源或是环境方面的独特优势),扬长避短,选择那些自己具有独特经营能力或相对优势的生产和经营使命。

二、确定企业营销目标

在明确企业使命的基础上,企业应当进一步确定市场营销的总目标,形成一整套目标体系,使每一位管理者都有明确的目标,将目标数量化,以保证实现,这种制度称之为"目标管理"。

企业常用的市场营销战略目标评价指标有:投资收益率(ROI=利润额/投资总额);销售增长率;市场占有率;提高知名度;树立企业及其产品的良好形象;产品创新和开发新市场等。在通常情况下,企业的营销目标不可能是唯一的,如一个企业可能以市场占有率的提高为其主要目标,而同时它必须以具体实现在几个目标市场销售额的增长为前提,并且应当考虑到最终能使企业的经营利润得以上升。因此,企业营销目标往往表现为一个以多种目标构成的目标体系,该目标体系的形成应当贯彻层次化、数量化、现实性和协调性的原则。

(1)层次化。企业目标体系的层次化首先表现为构成目标体系的各个目标中应当有主有次,突出重点。其他目标应当服从企业确立的主要目标,并为主要目标的实现而服务。如在不同目标市场销售额的增长速度就必须从总体上有利于提高企业的市场占有率。具体来说,是应当更重视新市场的开发和新市场的销售增长速度;同时只要有利于市场占有率的提高,企业的利润增长程度可以放慢一些;等等。企业目标体系的层次化还表现为企业的总目标应当进行分解,可将其层层分解为能被各个职能部门和企业员工具体执行的分目标或子目标。

(2)数量化。企业的目标反映了企业执行其生产或经营任务的期望水平和期望效果,应当是可以被衡量的,所以企业的目标应当数量化。如"使市场占有率有较大的提高"将使人感到不得要领,而若明确表述为"两年内使市场占有率提高 20%",就会使目标变得清晰可辨了。与此同时,对于各目标市场销售额的增长和企业利润的实现也应当有相应的期望指标,这样就能根据企业目标制订出生产和经营计划,并对计划执行的全过程加以有效控制。

(3)现实性。企业选择的营销目标必须切实可行,必须经过努力能够实现。这就要求目标的确定不能只从主观意愿出发,而必须充分考虑客观环境的各种约束条件,同时还应当从企业的现实基础出发。但是现实的目标,并不等于保守的目标,应当是经过一定的努力可能达到的,这样才能使企业得以不断发展和前进。

(4)协调性。在一个目标体系中,诸目标间应当保持协调一致,应当追求最佳的综合效益,而不是某一单个目标的最优化。如企业企图以"最低的销售费用获得最高的销售增长率",或在"实现最高利润的同时,占据最大的市场份额",实际上这是完全做不到的。根据系统管理的原理,在系统综合效益最优的情况下,各部分的个别效益只能是"次优"的,所以在确立企业营销目标体系时,必须考虑各具体目标之间的协调。特别是一些可能相互矛盾的目标,如短期效益和长期效益,稳定和发展,挖掘老市场和开发新市场,增加盈利和扩大市场份额,等等。企业在确定目标体系时都必须权衡抉择,有取有舍,这样才能保证企业综合效益的最优化。

三、确定企业的营销战略方针

企业的营销战略方针是遵循营销目标,结合具体的环境、条件,而制定的具有现实性、针对性和适应性的指导企业发展的纲领。它是企业开展市场营销活动的要求与规范,是市场营销目标、途径与手段的具体体现。在制定营销战略方针时,要重视环境预测、市场信息等因素的分析。

四、制订业务投资组合计划

任何企业的资源总是有限的,对从事多种经营业务的企业,在制定营销战略时,必须对各种产品业务进行分析、评价,以确定其是发展、维持,还是缩减、淘汰。这一过程称为制订产品投资组合,其目的是确定企业的竞争优势,从而有效地利用市场机会。

营销视角 5-2

企业现有业务的组合分析,分以下两个步骤。

(一)确认企业的主要业务

一般来讲,把企业的主要业务称为"战略业务单位"(strategic business units),简称"SBUS"。一个典型的战略业务单位应具备以下条件:①它是单独的业务或一组有关的业务;②具有特定的任务;③有自己的竞争对手;④有专人负责经营;⑤掌握一定的资源;⑥它能从战略计划中得到好处;⑦独立地完成其他业务。一个战略业务,可能是企业中的一个或几个部门,或者是某个部门的某产品线,或者是某种产品或品牌。

（二）战略业务单位的评估与分析

评估分析的目的是为资源配置决策服务,即决定企业的哪些业务单位(产品)应当发展、维持、减少、淘汰。西方企业常采用两种主要的评估分析方法:①波士顿咨询集团法,即"市场增长率-相对市场占有率矩阵";②通用电器公司(GE)法,即"多因素矩阵法"。下面重点介绍第一种方法。

波士顿咨询集团是美国一家著名的管理咨询公司。该公司于1970年首创建议企业用"市场增长率-市场占有率矩阵"来分类和评估各战略业务单位,如图5-3所示。

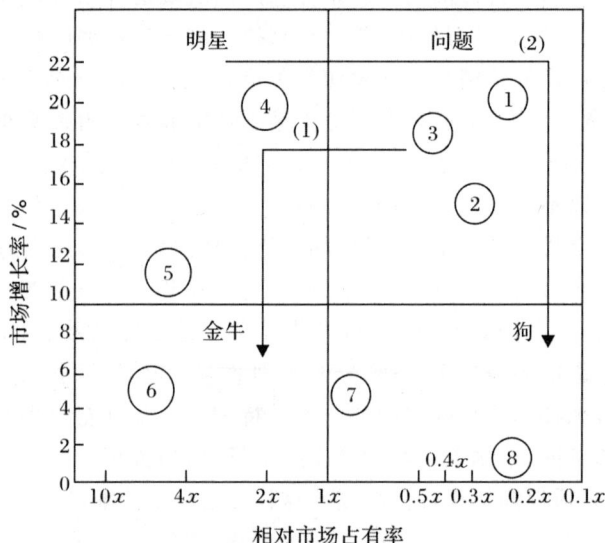

图5-3　美国波士顿咨询集团市场增长率-相对市场占有率矩阵图

矩阵图中的纵坐标代表"市场增长率",表示公司的各战略业务单位的年增长速度。假设以10%为分界线,10%以上为高增长率,10%以下为低增长率。矩阵图中横坐标代表"相对市场占有率",表示公司战略业务单位的市场占有率与同行业中最大竞争者的市场占有率之比。假设以1为分界线,1以上为高相对占有率,1以下为低相对占有率。如果相对市场占有率0.2,则表示本公司战略业务单位的市场份额为最大竞争对手市场份额的20%;相对市场占有率为10,则表示本公司战略业务单位的市场份额为最大竞争对手市场份额的10倍。矩阵图中的8个圆圈代表公司的8个战略业务单位,这些圆圈的位置表示公司战略业务单位的市场增长率和相对市场占有率的高低,每个圆圈的面积大小则表示公司的各个"战略业务单位"的销售额占企业总销售的比重。根据对图5-3的分析,可将公司的战略业务单位分为四类。

1. 明星类

明星类战略业务单位即市场增长率和相对市场占有率都高的战略业务单位。这类战略业务由于市场增长迅速,企业需投入大量现金,以支持其发展。当增长率降下来时,这类业务单位就由"现金使用者"变为"现金提供者",即成为"金牛类"。

2. 金牛类

金牛类战略业务单位即低市场增长率(10%以下)和高相对市场占有率的业务单位。这类单位能为公司提供大量的现金,可用来支持其他业务单位的生存与发展。从图5-3可以看出,公司只有一个大"现金牛",这种财务状况是很脆弱的。这是因为:如果这个"现金牛"的市场占有率突然下降,公司就不得不从其他单位抽回现金加强这个"现金牛",以维持其市场领导地位;如果公司把这个"现金牛"所放出的现金都用来支持其他单位,这个强壮的"现金牛"就会变成脆弱的"现金牛"。

3.狗类

狗类战略业务单位即一种低市场增长率和低相对占有率的业务单位。这类单位盈利少或亏损多,不可能为公司提供现金。从图5-3来看,公司有两个"狗类"业务单位,对公司的发展显然不利。

4.问题类

问题类战略业务单位即一种高市场增长率,而低相对市场占有率的业务单位,其前途命运难以预测。对这类单位是大量投资使之转入明星类,还是精简合并以至淘汰,公司的最高管理者应权衡利弊,并果断做出决策。

在图5-3中,公司各业务单位的位置及规模并不是固定不变的,而是随着时间的推移不断变化的。其变化过程一般表现为两种态势,一是对企业有利的变化趋势"问题→明星→金牛";二是对企业不利的变化趋势"明星→问题→狗"。可见,战略业务也有其"生命周期"。

在对业务单位分析评估的基础上,公司应制订业务投资组合计划。可供选择的投资战略主要有以下四种。

(1)拓展战略。目标是提高产品的相对市场占有率,必要时放弃短期利益。它适宜用于问题类产品,采取有效的促销组合,促使其迅速转化为明星类产品。

(2)维持战略。目标是保持战略业务单位的现有相对市场占有率。它适用于"现金牛"产品。因为这类产品是处于成熟期,为企业提供大量现金收入的产品,维持的目的是使其继续为企业提供大量现金。

(3)收割战略。目标是追求短期收益,特别适用于弱小的"现金牛"产品,因为其前景黯淡,使其在短期内为公司提供较多现金。它也适合于计划放弃的问题类业务单位。常采用的方法主要有减少投资、减少促销费用、提高价格等。

(4)放弃战略。这种战略的目的是变卖或处理某些业务单位,促使公司资源向能够盈利的业务单位转移,实现资源的合理配置。此策略主要适用于给企业带来亏损负担的"狗类"和"问题类"产品。

五、市场营销战略计划的组织实施

市场营销战略计划的组织实施,主要应做好以下三方面的工作。

(1)组织。合理设计能够实施营销战略计划的营销组织,发挥一切职能部门的作用,协调公司各组织结构,使它适应战略计划的要求。

(2)执行。严格控制战略计划的执行程序,按照规定的方针开展营销活动,按照规定的目标进行考核。为了保证市场营销战略计划的顺利执行,应做好:①落实目标责任制,责权利统一;②将计划任务落实到人,并要求在规定的时间完成任务;③合理分配企业的营销费用预算。

(3)控制。由于市场营销环境的迅速变化,企业原来制定的战略会与环境不相适应。因此,企业还要进行战略控制,定期对企业营销的战略计划进行再评估,主动地调整与修改战略目标与战略方针。

本章小结

市场营销战略是指企业在现代市场营销观念下，为实现其经营目标，从全局的、长远的、发展的观点出发，对一定时期内市场营销发展的总体设想和规划。市场营销战略具有全局性、计划性、系统性、长期性、竞争性、原则性、稳定性、风险性等特征。市场营销战略对于企业的市场营销活动具有以下作用：是企业生存与发展的出发点；有利于增强企业的应变能力；有利于发挥企业的相对优势；有助于提高企业的整体管理水平；有利于增加企业盈利。制定市场营销战略，需要对宏观环境、市场、行业、竞争对手、本企业状况等进行分析，以期准确、动态地把握市场机会。

企业市场营销战略的制定大致分为四个阶段：建立目标市场战略、市场发展战略、市场进入战略和市场营销组合。目标市场选择就是在细分的市场中决定企业有条件进入并且能够实现盈利的市场。有三种市场发展战略可供企业选择：密集型市场发展战略、一体化市场发展战略、多角化市场发展战略。市场进入战略包括市场定位战略、市场定时战略、进入方式战略。市场营销组合主要包括产品（product）、价格（price）、营销渠道（place）、促销（promotion）四个策略。

企业的市场营销战略管理过程是企业在不断变化的市场营销机会中，按照营销目标、能力等，如何发展和保持其战略性适应的过程。它分为说明企业使命、确定企业营销目标、确定企业的营销战略方针、制订业务投资组合计划、市场营销战略计划的组织实施五个阶段。

思考题

1. 什么是市场营销战略？它有什么特点？
2. 企业市场营销战略有什么作用？
3. 制定市场营销战略需要考虑哪些因素？
4. 简述企业的市场发展战略。
5. 简述企业的市场进入战略。
6. 企业的市场营销战略管理过程包括哪几个阶段？
7. 简述美国波士顿咨询集团法。

案例分析

格力入局"快闪店"

位于北京东三环外的合生汇广场，近年来成为北京线下零售卖场的标杆，名品云集、客流巨大，一到周末更是因其强大的引流能力导致周边交通拥堵。就在这样一个地点，2019年10月25日，出现一家名为"格力空气G密所"的店铺，里面酷炫新奇，洋溢着青春的气息，同时还摆放着众多格力的家电产品，内部几个重点的娱乐互动区域均结合了"风无界新风空调"的卖点。业界知道，这是一家典型的"快闪店"，格力入局了。

什么是快闪店？按照概念，快闪店是一种不在同一地久留、俗称Pop-up Shop或Temporary Store 的品牌游击店（Guerrilla Store），指在商业发达的地区设置临时性的铺位，供零售商在比较短的时间内推销其品牌，抓住一些季节性的消费者。其在英语中有"突然弹出"之意。之所以这种业态被冠以此名，很大程度上是因为这种业态的经营方式往往事先不做任何大型宣传，在某一时刻突然涌现在街头某处，快速吸引消费者，经营时间短暂，随即又消失不见。在海外零售行业，快闪店已经被界定为创意营销模式结合零售店面的新业态。相比传统店铺，快闪店除了时间短、地点自由，还有以下三个特点：展示的商品可能是首次亮相市场，甚至是最新设计出来尚未规模化生产的产品；通常不以销售为目的，宣传品牌、设计和试水消费者与市场才是重点；店铺往往被精心设计，极富创意性，在视觉上具有震撼效果。

2019 年，快闪店成为家电行业新零售探索的模式之一，包括长虹、A. O. 史密斯等品牌在内的多个家电品牌在全国各地开始"快闪"。某家电品牌负责人表示，随着互联网思维在零售模式上深度创新，进而形成线上线下融合的新零售业态，快闪店这种形式符合新零售快速、创意、互动、反向定制等多种需求。也有一些业内人士认为，过去几年，家电市场的线上市场红利正在消失，线下市场的新一轮营销探索正在全面展开。

在此次"格力空气 G 密所"突然在北京"闪现"之前，中国消费者对格力的品牌认知还停留在央视广告、产品口碑、公交车身等传统途径。调研显示，对格力品牌有充分认知的消费者年龄结构偏大，营销方式过于拘谨。显然，格力也意识到这一问题的存在。自 2018 年开始，格力在维持线下"格力渠道"稳定的前提下，全面发力线上市场。在这一发力过程中，格力正逐步适应线上市场营销的思维特点。在线上市场业绩全面提升的同时，格力对以互联网思维为核心的年轻化营销的试探范围也在扩大。2019 年 9 月，格力在北京 798"史无前例"地进行了"格力泡泡屋"网红打卡活动，众多网红到格力泡泡屋打卡留言，让习惯了格力传统样子的业界人士"惊掉了下巴"。因此，10 月 25 日，当格力第一家"快闪店"亮相北京合生汇，并即将在全国范围内全面开启"快闪"模式，并不出人意料。

"格力空气 G 密所"符合快闪店的大部分典型元素：此前没有宣传突然出现的意外性、高端人气零售卖场地点的选择、充满年轻娱乐元素的氛围以及爆款产品只展不销的套路。而快闪店的第一次探索也收获了成功。《电器》记者连续三天来到"格力空气 G 密所"，发现在周五白天的短暂冷清后，格力快闪店在随后的周末时光里聚集了相当的人气，消费者在年轻娱乐的互动中了解了格力此次亮相的爆款产品"风无界新风空调"的特点。一些消费者表示："第一次发现格力还挺会玩的！"

事实上，从格力此番对快闪店的全盘部署可以看出，格力目前正在线上线下全面融合的新零售形势中，全力迎合中国消费结构迭代后的需求多元化，在保证自身渠道根基和市场地位不变的情况下，正努力在营销年轻化和线下传统渠道的立体化上进行升级。格力电器董事长董明珠曾明确表示她的"内心年龄"只有 25 岁，同时格力的市场一线人员目前有很多是"95 后"的新生代——格力在营销层面的意识形态上完全具备年轻化的条件。因此，业界目前可以看到格力无论是品牌传播还是终端推广都在年轻化，如"风无界新风空调"等新品的卖点也符合年轻人的需求。稍显不足的是工业设计、控制功能等研发环节还显得过于谨慎。在线下渠道层面，快闪店有效弥补了格力以"专卖店"为核心的渠道终端架构中的不足，不仅令爆款产品有了全新的展示空间，同时也得以面向更广大的消费人群，并且能够吸引众多年轻消费群体的目光。

值得一提的是，目前中国的快闪店套路几乎沿用西方国家的固定模式，中国的移动互联特色并没有体现出来。一些专家表示,快闪店完全可以通过"线下展示—平台优惠—电商销售",形成中国独特的销售闭环,甚至可以形成"线下展示—粉丝带货—C2M 反向定制—粉丝推广—垂直销售"的销售体系。对此,格力方面表示,快闪店的套路会持续变化、升级,朝着更新奇、更个性的方向演变,请消费者"拭目以待",因为格力不会只是创造一个快闪店的形式。

目前,格力的第一家快闪店已正式拉下帷幕,那么,它的下一站会在哪里呢?

资料来源:于昊.格力入局"快闪店",新营销战略浮现[J].电器,2019(11):66-67.

问题讨论:

1.互联网能够给家电企业带来哪些发展的契机?

2.分析格力实施新营销战略的原因。

3.格力是如何制定"快闪店"营销战略的?

第六章
竞争性市场营销战略

学习要求

◆ 了解：竞争者分析的步骤。
◆ 掌握：市场竞争战略的基本类型。
◆ 熟悉：市场领导者、挑战者、追随者、补缺者的竞争战略。

导入案例

滴滴危险，阿里、国家队同时出手！

2020 年 1 月 6 日上午，滴滴宣布在上海、杭州等 8 个城市上线顺风车运营。自 2019 年 11 月 20 日开始，滴滴分三批在国内 18 个城市开启了顺风车业务。

而就在近日，各路"豪强"已纷纷展开行动。12 月 11 日，有"国家队"之称的"T3 出行"（一汽集团、东风、长安、苏宁、腾讯、阿里共同投资的南京领行公司）在长春上线，成功将自己的版图扩展到五个城市。一周后，T3 联合人民日报、360、顺丰、维也纳酒店，在此前布局的四大城市推出"我的家乡 C 位出道"活动，率先打响网约车春节大战第一枪。12 月 27 日，阿里系旗下哈罗顺风车在上线一周年之际，宣布将砸下 8000 万"春运基金"给用户和车主，将网约车战事推向新高度。阿里更是亲自出手，注资 1500 万，成为广东昕动出行大股东，而这家公司的经营范围包括网约车，这也意味着 2019 年 8 月"阿里单独推出网约车"的传闻得到了证实。此外，腾讯和广汽的"如祺出行"、高德、曹操、嘀嗒顺风车等一众对手都在布局春运市场，网约车市场，早已不是滴滴一个人的江湖。

眼下的滴滴，不只遭到了国家队和其他对手的围攻，更是被自己的股东阿里、腾讯"追着打"。更糟糕的是，这可能是滴滴头一次缺席顺风车年度盛事。当大家都在期待滴滴如何反击时，得到的回应却是：滴滴目前还没有开通跨城出行场景。也就是说，滴滴只能在已开通顺风车的 18 个城市内独立运营，这对跨城出行才是春节刚性需求的顺风车来说，滴滴等于是避而不战，而更让滴滴糟心的，远不止于此。在这些城市，用户想使用滴滴顺风车，得先完成"新手任务"，也就是乘客安全知识测试，六道题合格后，还要接受滴滴六个维度的出行倡议书并被打分，分值过低也不能使用顺风车，最后才能发布行程、等待车主接单。就在北京恢复滴滴顺风车运营的当天，新浪科技测试了使用体验，在有多达 41 位 50% 以上顺路的在线车主的情况下，硬是等了三个半小时都没有车主接单，最终只能作罢。

北京尚且如此，其他城市能好到哪里去？

没错,滴滴车主确实在减少。据 TalkAata 的数据显示,滴滴在过去 12 个月内,乘客和司机端 App 使用量分别下降了 5% 和 23%,这些客户自然都被其他巨头瓜分。但被无视的滴滴,可能更多出在烦琐的用户体验上,三个月起命案,直接导致顺风车被下架一年多,整改后的滴滴将一键报警、轨迹监控、录音录像、人脸识别,甚至失信人筛查机制都搬上车,国内网约车的安全等级被提升到了一个前所未有的高度。这样的结果本无可厚非,毕竟再发生任何一起重大安全事故,滴滴基本就得跟这个业务告别了,但这却给多数用户带来了直线下滑的体验,就连滴滴总裁柳青都自嘲:我们在做"一款最难用的顺风车产品"。

成也萧何,败也萧何。曾经的顺风车,就是滴滴的代名词,在中国市场,滴滴更是无人能敌的霸主。短短几年时间,合并快的、吞并 Uber,干掉了所有对手,拿下了国内网约车市场 90% 以上份额。然而,一统江湖后的滴滴,却开始肆意加价、乱收调度费、傲慢的听不见用户的声音。

公开数据显示,从 2012 年开始,滴滴六年来已亏损约 390 亿元,2018 年更是爆亏 109 亿,估值已缩水超 300 亿,仅有 2017 年净赚 9 亿的顺风车和代驾业务是唯一的盈利业务。当烧钱烧死了所有竞争对手后,自然要开始收割市场给投资人交代。蒙眼狂奔的滴滴却不得不为此付出更为沉重的代价。

不可否认,以"让出行更美好"为宗旨的滴滴,曾经是出行领域挑战旧体制的英雄。让几十年不变的出租车行业彻底改变,亿万用户对旧体制不满的彻底爆发,令滴滴一夜之间崛起。但是,随着滴滴一步步吞食竞争对手,成功垄断中国网约车市场的时候,滴滴变了。变得像其他多数垄断企业一样,眼里只看到了金钱和利益,最终却招来了更多强大的对手。

如今,滴滴的遭遇真实上演了这一幕,无数网约车企业蜂拥而入,不计成本大打价格战,看似用户的选择多了,但打车的体验和花费真的有比之前更好吗?

今天,滴滴顺风车重新踏上征程,是所有人的大好事。不再有谁干掉谁,充分竞争的市场自然会淘汰一切不思进取之徒。也不再会有谁一家独大,强如滴滴也很快会有新的对手取而代之。只有真正从用户的立场出发,英雄沦为恶龙的悲剧才不会上演。

资料来源:张生.滴滴危险,阿里、国家队同时出手![EB/OL].(2020-01-06)[2020-03-01].http://finance.sina.com.cn/stock/relnews/us/2020-01-06/doc-iihnzahk2383085.shtml.

竞争是广泛存在的现象,无论是自然界还是人类社会,竞争都是各种事物生存和发展的条件。博弈论认为:在不同系统之间,或者在同一系统不同元素之间,凡是通过某种较量而分出高低优劣,通过择优劣汰而推动系统进化的活动,都是竞争。在市场经济条件下,企业之间的竞争日趋加剧,分析企业的竞争对手,根据企业的自身条件并结合市场竞争状况,确定企业的竞争战略,是现代企业面临的问题。

第一节　市场竞争分析

一、行业的演变与竞争模式

在市场营销学中,把对某种产品具有现实需求和潜在需求的顾客群称为市场,把供给这些产品的企业群称为行业。

在市场经济中,行业的产生主要是由"看不见的手"塑造的。这只"看不见的手"即价值规律调节着资源的流向,从而导致某一行业的形成或消亡。这种演进过程针对不同市场和行业会有一定的差别,但对工业企业而言,这种演进过程是非常典型的。经济学家根据行业内企业是否对供给数量和供给价格起决定力量,将行业竞争结构划分为完全竞争、垄断竞争、寡头竞争和完全垄断四种类型。

(一)完全竞争

完全竞争市场必须具备以下条件:

(1)市场上有许多卖主和买主,他们买卖的商品只占商品总量的一小部分;

(2)卖主和买主买卖的商品都是相同的;

(3)新卖主可以自由进入市场;

(4)卖主和买主对市场信息尤其是市场价格变动的信息完全了解;

(5)生产要素在各行业之间有完全的流动性;

(6)所有卖主出售商品的条件都相同。

如果只具备前三个条件,这种市场形式叫作纯粹竞争;如果完全具备上述六个条件,才能叫作完全竞争。

(二)垄断竞争

垄断竞争是一种介于完全竞争和纯粹垄断之间的市场形式,它既有垄断倾向,同时又有竞争成分,是一种不完全竞争。

垄断竞争的主要特征有:

(1)市场中企业的数量比较多,但大多数是中小企业;

(2)各企业间的商品存在一定的差异,购买者有选择的权利;

(3)存在着非价格竞争,包括质量、推销、服务、品牌等竞争;

(4)一个企业的营销行为对其他企业的影响比较小。

(三)寡头竞争

随着企业生产规模的扩大,整个市场已经被少数几家企业垄断,这种竞争模式就是寡头竞争。寡头竞争是竞争和垄断的混合物,也是一种不完全竞争。

寡头竞争的特征是:

(1)在一定的市场上,少数企业拥有很大的市场占有率;

(2)少数企业的决策和行动对别的企业存在较大的影响;

(3)少数企业之间的相互依赖性大,各个企业都要根据竞争对手来确定自己的决策;

(4)新的企业要进入市场是很困难的。

寡头竞争的形式有两种,即完全寡头竞争和不完全寡头竞争。

1.完全寡头竞争

完全寡头竞争是指各个寡头企业的产品都是同质的,所以完全寡头竞争又叫作"无区别的寡头竞争"。在完全寡头竞争的条件下,整个行业的市场价格较稳定,但各个寡头企业在广告宣传、促销等方面竞争较激烈。

2.不完全寡头竞争

不完全寡头竞争是指各个寡头企业的产品都有某些差异,这些产品是不能互相代替的,所以这种寡头竞争又叫作差异性寡头竞争。

(四)完全垄断

完全垄断是指在一个行业中某种产品的生产和销售完全由一个卖主独家经营和控制。完全垄断有两种：一种是政府垄断，即政府独家经营的业务；另一种是私人垄断，即私人企业控制的业务，它包括私人管制垄断和非私人管制垄断。

以上只是对市场结构和竞争的一般分析，在实际确定竞争战略时，还必须根据本企业的实际情况加以分析研究。

二、竞争者分析

在现代市场经济条件下，企业必须根据市场需要配置资源，制定战略，安排供应。因此，必须注重对于市场的分析研究。在市场分析中，竞争者分析至关重要。古人云：知己知彼，百战不殆。根据波特竞争理论（总成本领先、差异化、集中化），每个行业都有优秀竞争者和低劣竞争者，明智的企业应善于支持、团结前者，进攻、制约后者。即与优秀竞争者结成相互配合、密切合作的战略联盟，共同对低劣竞争者展开攻击，以便实现企业的战略目标。总而言之，只有了解竞争者的动向，才能赢得市场，维系顾客，进而在激烈的市场竞争中立于不败之地。

分析竞争者的步骤如图 6-1 所示。

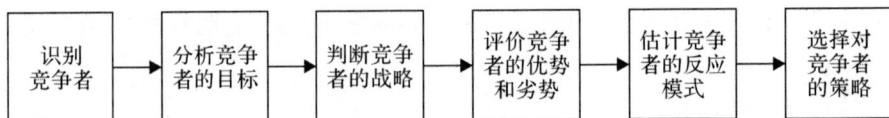

图 6-1　分析竞争者的步骤

(一)识别竞争者

识别企业的竞争者是企业进行竞争的最基本的任务。如百事可乐把可口可乐作为自己的竞争对手，伊利把蒙牛作为自己的竞争对手。在识别竞争对手时，可以从不同的方面来发现企业的竞争对手。

1.广义的竞争和狭义的竞争

竞争包含非常广泛的含义，一般可以把竞争关系分为四个层次：

(1)最为广泛的竞争，所有为争取某一部分顾客消耗其购买能力的市场营销者之间都存在竞争。

(2)范围稍微窄一些的竞争，是指提供部分或全部替代性功能产品的企业之间的竞争。

(3)范围更窄的竞争，是指提供相同或类似产品的企业之间的竞争。

(4)范围最小的竞争，是指采取相同的战略而且竞争能力非常接近的企业之间的竞争。

2.按产品替代程度，可以将竞争者分为四种类型

(1)品牌竞争者。在竞争中，经常会有一些企业和本企业以相同或近似价格向同一顾客群提供同样商品，企业可以把这些企业作为自己的品牌竞争者。如宝洁公司的洗发水品牌可以把联合利华的洗发水品牌作为自己的竞争对手；小米手机可以把 VIVO、OPPO 等手机品牌作为自己的品牌竞争者。

（2）行业竞争。在一个行业中，生产同类产品的企业比较多，企业可以把同行业中生产同类产品的企业都作为自己的行业竞争者。如海尔集团可以把所有生产家电的企业都作为自己的竞争者。

（3）形式竞争者。对于一个企业而言，还可以广泛地把所有提供相同服务和产品的企业都作为自己的竞争者。如一个汽车生产商可以把其他汽车生产商以及摩托车、自行车等的生产商都作为自己的竞争者。

（4）一般竞争者。一个企业还可以更加广泛地把所有争取相同顾客的企业都作为自己的竞争对手。如汽车生产企业可以把所有制造主要耐用消费品的企业、房产商、旅游公司等作为自己的竞争者。

（二）分析竞争者的目标

分析竞争对手现在的目标和预测其未来的目标是分析竞争对手非常重要的一步。了解竞争对手的目标，分析竞争对手的主要目标是利润最大化还是市场占有率最大化或者是生存等，对于企业制定自己的竞争战略起着至关重要的作用。同时企业还要分析竞争对手对其目前的"位置"是否满意，预测竞争对手将来如何改变战略以及对其他企业的战略的反应程度。另外，企业还要注意竞争者对不同细分市场的目标的变化以及新的细分市场的出现。

（三）判断竞争者的战略

不同竞争者的竞争战略可能有所差别，企业间的竞争战略如果相似度越大，其竞争就越激烈。将某一行业内在目标市场、产品成本、产品及服务质量、价格等主要方面实行相同或相似战略的一群企业称为一个战略群体。

企业要进入某个战略群体，就必须先了解该战略群体的特点，了解该战略群体进入壁垒的高低。如进入经营范围广、生产成本中等、服务质量较低、价格低的战略群体比较容易，而进入经营范围窄小、生产成本较高、服务质量较好、价格较高的战略群体的难度就比较大。当企业进入某一战略群体后，那么该战略群体的成员就成为企业的主要竞争对手，企业就要分析竞争对手的战略类型，竞争对手采取的是成本领先还是差异化或集中化战略，企业应该采取什么战略进行竞争。

（四）评价竞争者的优势和劣势

企业要充分考虑评估每个竞争者的优势和劣势，收集有关对手过去几年的关键资料，包括销量、市场份额、利润率、现金流量及技术领先水平等。企业也可以通过二手资料来了解有关竞争者的优势和劣势。在研究竞争者的优势和劣势时，要根据市场变化不断对竞争者进行新的分析，这样才能做出较为准确的判断。

（五）估计竞争者的反应模式

企业在分析竞争对手时，除了分析其目标和优劣势外，还要考虑其对于竞争可能采取的行为，因为每个竞争者都有自己的营销哲学，因此，企业还需要深入了解分析竞争者的竞争反应模式。

常用的竞争者反应模式有以下四类。

1. 从容不迫型

一些竞争者对竞争反应不强烈，行动迟缓。其原因可能是认为顾客忠实于自己的产品；也可能重视不够，没有发现对手的新措施；还可能是因缺乏资金无法做出相当的反应。因此，企业必须要清楚竞争者从容不迫的原因,这样才能确定自己的竞争战略。

2.选择型

一些竞争者可能会在某些方面反应强烈,如对降价总是强烈反击,但对其他方面(如增加广告预算、加强促销活动等)却不予理会,因为他们认为这对自己威胁不大。这类竞争者的反应属于选择型反应。

3.凶猛型

一些竞争者对任何方面的进攻都会迅速、强烈地做出反应。如美国宝洁公司就是一个强劲的竞争者,一旦受到挑战就会立即发起猛烈的全面反击。因此,同行业的企业都避免与它直接交锋。

4.随机型

有些竞争者的反应模式难以捉摸,它们在特定场合可能采取也可能不采取行动,竞争对手无法预料它们是否会采取什么行动。

企业通过了解主要竞争者会在哪些方面做出反应,可以为企业采取最为可行的攻击方案提供依据。

(六)选择对竞争者的策略

企业在分析了竞争者的目标、反应模式后,就可以根据以下情况,就攻击或避开竞争者做出决定。

1.竞争者的强弱

根据竞争者特性可以将竞争者分为强竞争者与弱竞争者。许多企业认为应以较弱的竞争者作为进攻目标,理由是竞争时所需要的资金和精力都比较小,但从长远来看,这样企业很难提高自身能力,容易造成盲目乐观的心理。因此,从理论上讲,企业应选择比较强大的竞争者作为竞争对手,这样可以提高自己的竞争能力。

2.竞争者与本企业相似程度的大小

多数企业主张与相近似的竞争者展开竞争,但竞争过程中尽量采取合作双赢或多赢的方式。因为相似程度大的企业之间的竞争可以提高竞争者的整体水平,有利于竞争者及行业的稳定发展。

3.竞争者的良性和破坏性

每个行业中的竞争者都会表现为良性竞争者和破坏性竞争者两种类型。良性竞争者按行业规则活动,按合理的成本定价,有利于行业的稳定和健康发展;而破坏性的竞争者不遵守行业规则,用不正当的手段扩大市场占有率,扰乱了行业的均衡。因此,企业要注意区分哪些属于良性竞争者,哪些属于破坏性竞争者,合作时更应该谨慎。

第二节 市场竞争战略的基本类型

市场竞争战略就是企业为了自身的发展,在竞争中发挥自己的竞争优势,保持或提高竞争地位及竞争能力而采取的战略组合。不同的竞争者可以根据自身的资源条件,确定自己的竞争战略。根据迈克尔·波特的观点,有五种竞争力量影响和决定一个行业的吸引力和市场前景,它们包括行业内部的竞争

营销视角 6-1

格局、新进入者的竞争威胁、替代品的竞争威胁、供应商以及购买者讨价还价能力的强弱。企业考虑竞争战略时,必须权衡这些竞争因素的影响。迈克尔·波特指出,要形成竞争优势,有三种一般性战略可供选择:成本领先战略、差异化战略、集中化战略。

一、成本领先战略

成本领先战略是指企业通过在内部加强成本控制,在研究开发、生产、销售、服务和广告等领域把成本降低到最低限度,成为行业中的成本领先者的战略。

成本领先战略实施的前提条件是企业具有成本竞争优势,因为成本竞争优势可以使企业让渡更多的顾客价值,提高顾客满意度。企业降低成本的主要方法有:利用经验曲线来预测成本、寻找高效劳动力来降低成本、使用改进产品设计来降低成本、进行生产创新以降低成本等。企业在降低成本的同时要保证产品和服务的质量,这样才能取得有效的成本竞争优势。

(一)成本领先战略的优点

1.低的成本是进行价格竞争的良好条件

在与竞争对手竞争时,成本领先战略的企业可以采取价格竞争,即使竞争对手在竞争中处于保本状态下,但企业由于成本低,仍然可以获得利润。

2.在购买者的议价能力比较强的情况下,有较好的收益

面对购买者要求降价情况下,处于低成本的企业可以在降价之后还会有一定的收益,因此,可以得到更多的市场占有率。

3.在争取供应商时,优势明显

在与竞争者争取供应商时,由于低成本的企业相对于竞争者而言有更大的对原材料、零部件价格上涨的承受能力,而且低成本企业对原材料等的需求数量比较大,因此可以得到更好的供应商并建立稳定的合作关系。

4.对潜在竞争者形成进入障碍

由于低成本的企业在成本方面的优势比较明显,形成规模经济的可能性也比较大,这对于潜在竞争者而言,提高了进入的壁垒,削弱了新进入者的进入威胁。

5.在与替代品企业的竞争中处于有利地位

在与替代品企业竞争中,低成本的企业可以使用降价的方式来稳定现有的顾客,使之不会被替代品企业所取,同时企业可以通过创新的方式不断维持原有顾客。

(二)成本领先战略的缺点

1.企业的投资大

企业要使自己的成本比较低,就需要增加各方面的投入,如增加先进的设备、培养优秀的设计人才、寻求高效的劳动力,这些都需要更多的投资。

2.技术变革带来的威胁比较大

在技术变革比较快的环境下,技术变革会导致生产过程工艺和技术的突破,使成本领先企业的优势不再明显,并且给竞争对手以更低的成本进入市场提供机会。

3.顾客需求变化的影响大

如果企业过分地追求低成本,降低产品和服务的质量,就会影响顾客的需求,当顾客需求变化时,企业可能会忽略,这对企业的竞争会形成不良的影响。

(三)成本领先战略的适用条件

1.市场需求具有较大的价格弹性

当市场上顾客对产品的需求价格弹性比较大时,企业降价就会带来比较高的销售量,这时成本领先战略下的降价策略就可以实现。

2.实现产品差异化的途径比较少

当企业由于技术所限无法实现产品的差异化,在这种情况下,企业可以使用成本领先战略来暂时取得竞争优势。

3.所处行业的企业大多生产标准化产品,价格竞争决定企业的市场地位

当行业中的企业主要生产的是标准化产品,而且顾客对产品的差异化需求不大,在这种情况下,企业之间的竞争主要就是价格竞争,成本领先战略就可以取得价格竞争中的优势地位。

4.多数顾客以相同方式使用产品

当顾客对产品的差异化的要求比较低,而且顾客使用产品时没有更多的需求差异时,企业使用成本领先战略的优势就可以体现出来。

二、差异化战略

随着科技的发展,成本竞争优势会受到更多的影响,与此同时,产品和服务差异化的竞争优势逐渐体现出来。如果企业不仅能给顾客提供低价格,而且能提供有价值、独特的产品或服务,就会形成产品和服务差异化竞争优势。

差异化战略是指企业提供与众不同的产品和服务,满足顾客特殊的需求,形成竞争优势的战略。

差异化战略的重点是创造被全行业和顾客都视为独特的产品和服务以及企业形象。企业实现差异化的途径比较多,如产品设计、品牌形象、技术特性、销售网络、用户服务等方面都可以采用差异化战略。

(一)差异化战略的优点

1.形成进入障碍

由于产品或服务的特色,顾客对产品或服务具有很高的忠诚程度,从而该产品和服务具有强有力的进入障碍,对于潜在竞争者的竞争形成威胁。

2.降低顾客价格敏感程度

由于产品或服务有差异,顾客的忠诚度较高,因此当产品价格发生变化时,顾客对价格的敏感度就会降低,从而可以有效地避免价格竞争。

3.增强讨价还价能力

产品差异化为企业提供了较高的边际收益,降低了企业的总成本,增强了对供应者的讨价还价的能力;同时由于产品具有差异化,购买者没有更多的选择,因此削弱了购买者的讨价还价的能力。

4.防止替代品的威胁

企业的产品或服务具有特色,能够取得顾客的信任,这样在和替代品竞争中会取得比较有利的地位。

（二）差异化战略的缺点

1. 保持差异化需要更高的成本投入

企业实行差异化战略时，要在技术、品牌、渠道、人才等方面进行更多的投入，这样才能使企业的产品或服务和竞争对手之间有所差异，而要长久运用差异化战略，这种投入就需要长期化。

2. 若竞争对手推出更有差别化的产品，就会降低企业产品差异化的特色

差异化战略的运用关键是企业的产品服务和竞争对手有明显的差异性，而当竞争对手对自身的产品做出改变，推出比企业更具有优势的差异化产品时，企业的差异化的竞争优势就会受到很大的威胁。

3. 可能出现购买者不再需要本企业赖以生存的产品差别化的因素

如果企业的产品差异化不能一直保持竞争优势，同时市场上顾客需求发生了很大的变化，顾客对产品产生了新的差异化的需求，在这种情况下，企业的差异化竞争优势就很难持续存在。

（三）差异化战略的适用条件

1. 有多种产品差异化的途径，且企业产品质量及生产技术领先

当企业在技术、服务、品牌等方面具有差异化优势，而且企业的产品质量领先于竞争对手时，企业使用差异化战略就可以得到更多的竞争优势。

2. 顾客对产品的需求有差异

如果顾客对产品的需求是同质的，在这种条件下企业就没有必要进行差异化营销；但当顾客对产品的需求有差异时，为了满足顾客的需求，企业就可以采用差异化营销战略。

3. 采用差异化战略的竞争对手不多

当市场上竞争对手的实力不强或者不愿意采用差异化战略，而企业自身有能力且愿意采用差异化战略时，差异化战略的优势会体现的比较多。

4. 企业具有很强的研究开发能力及较强的市场营销能力

由于企业采用差异化战略时需要在不同的方面和竞争对手有明显的差异，因此，企业必须要进行市场调查研究、设计开发新产品、采用不同的渠道策略和促销策略等方法取得差异化优势，这就要求企业具有很强的研究开发能力和市场营销能力。

在同一市场的演进过程中，常会出现以上两种竞争战略循环变化的现象。一般而言，为了竞争及生存的需要，企业往往以产品差异化战略开始，使整个市场的需求动向发生变化，当企业的差异化优势不再明显时，企业采取成本领先战略，努力降低成本，使产品产量达到规模经济，提高市场占有率以获得更多的利润。此时市场逐渐成熟，企业之间的竞争趋于激烈，企业要想长期维持竞争优势，就必须再通过新产品开发等途径来寻求产品差异化，这样新的一轮战略循环又开始了。

三、集中化战略

集中化战略是指企业把经营的重点放在一个特定的目标市场上，为特定的地区或特定的购买者提供特殊的产品或服务。集中化战略也称"聚焦"战略。成本领先战略和差异化战略的目标是全行业或整个市场；集中化战略着眼于特定领域，即谋求局部的成本领先或差异化优势。

集中化战略所依据的前提是:企业可以比竞争对手更有效或效率更高地满足特定的市场。这样企业在更好地满足特定目标时取得了产品差异或者降低了成本,或者两者兼有。集中化战略和成本领先及差异化战略有所不同,集中化战略是围绕一个特定的目标市场而进行的,而产品差异战略和成本领先战略是为了达到全行业范围内的目标。集中化战略可以采取如产品线集中、顾客集中、地区集中等具体方式来进行。

(一)集中化战略的优点

1. 经营目标集中,可以有效地利用企业的资源

在集中化战略下,企业的经营重点只在某一特定市场,这有利于企业集中自己的资源,合理安排竞争战略及策略,从而取得很好的聚焦效果。

2. 可以全面把握市场,形成竞争优势

企业选择的集中化战略的市场,往往是竞争对手不愿意进入的市场,因此相对而言,在集中化战略的市场上竞争者比较少,所以企业可以很好地把握整个市场,形成自己的集中化优势。

3. 生产高度专业化,可以实现规模效益

由于集中化战略下企业的目标市场不多,服务的只是特定的市场,因此,企业的生产专业化程度比较高,规模效应比较明显。

(二)集中化战略的缺点

1. 风险比较大

如果竞争者发现可再细分的市场时,企业的优势就会失去;如果其他的竞争者也要进入企业的聚焦市场,企业的风险就会增加。

2. 消费者需求变化和技术进步等因素影响比较大

技术进步、替代品出现、观念更新和消费偏好变化等因素的出现,也会导致特定市场与总体市场之间的差异变小,企业因而失去了原来赖以形成优势的基础,那么企业的聚焦优势就会下降。

(三)集中化战略的适用条件

1. 在相同的市场细分下,其他竞争对手不打算进入市场或实行集中化战略

企业虽然进入了细分市场,但其他竞争对手认为这个细分市场不值得进入,或者进入后使用的不是集中化战略而是差异化战略或成本领先战略等,企业就可以进入这个细分市场并使用集中化战略。

2. 企业的资源不允许其进入更多的细分市场

当企业的资源比较欠缺,营销能力不太强时,企业可以选择某一细分市场进行集中化战略,以取得生存的基础。

3. 行业中的各细分市场在吸引力方面存在很大差异

行业中各细分市场在规模、成长率、获利能力等方面存在很大的差异,致使某些细分市场比其他细分市场更具有吸引力,这样一些竞争者会趋向于更具吸引力的细分市场,而其他企业就可以选择不被重视的细分市场进而实行集中化战略。

营销视角 6-2

第三节　市场地位与竞争战略

在同一行业中,由于企业之间在资源、目标和营销战略及策略方面存在差异,因此各企业所处的市场地位也不尽相同。因此,企业应该先确定自己在目标市场中的竞争地位,然后根据自己的市场定位选择适当的营销战略和策略。本书根据不同市场地位的企业采用的竞争战略的差异,将不同市场地位的企业采用的竞争战略分为四种类型:市场领导者战略、市场挑战者战略、市场追随者战略、市场补缺者战略。

一、市场领导者战略概述

(一)市场领导者

市场领导者是指在相关产品市场上占有率最高的企业。

一般而言,多数行业都有一家企业被公认为市场领导者,如九阳公司是豆浆机的开创者和领导者,格力公司是空调的领导者等,这些企业在价格调整、新产品开发、促销和渠道等方面都有可能处于优势地位,它们是市场竞争的导向者,也是竞争者挑战、效仿或回避的对象。然而这些市场领导者的地位不是一成不变的,随着竞争局势的变化,领导者的地位经常会受到威胁。因此,领导者为了保证自己领导地位的长期稳定,经常会采取不同的战略。

(二)市场领导者战略

1.扩大总需求

当一种产品的市场需求总量扩大时,受益最大的是处于主导地位的企业。如顾客对网购需求的增加会使阿里巴巴集团取得更多的利润。因此,市场领导者可以从以下三个方面来扩大市场需求量。

(1)寻找新的使用者。每一种产品都有吸引顾客的潜力,而这些潜在的购买者可能因为不了解产品或者因为价格功能等方面的原因而未使用产品,企业可以寻找方法争取这些潜在购买者,使其尽快产生购买行为。如吉列开发的女士用刀片,使其从男士专用拓展到女性使用者,增加了产品的适用性。

(2)开发产品新用途。对于企业产品的固定用途顾客往往比较熟悉,然而企业可以通过发现并推广产品的新用途来创造并引导顾客的需求,提高占有率。如手机用途从原来简单的通话功能到目前多种功能的混合变化,使得手机行业的领导者发生了很大的变化,这也是手机需求量大增的原因。

(3)扩大产品的使用量。企业可以通过鼓励顾客在使用产品时使用更多的数量或多次使用本产品,以增加对产品的市场需求。如牙膏生产商可以鼓励顾客每天刷牙三次,这样可以提高牙膏的使用数量。

2.保持市场份额

处于市场领导地位的企业,在努力扩大整个市场规模时,必须注意保护自己现有的业务,防止竞争者的攻击。具体而言,企业可以采取以下六种防御策略。

(1)阵地防御。阵地防御是指在现有阵地周围建立防线,这是一种静态的消极防御,是防御的基本形式,但不能作为唯一的形式。对于营销者而言,单纯防御现有的阵地或产品,就会产生"营销近视症"。

（2）侧翼防御。侧翼防御是指市场领导者除保卫自己的阵地外，还应建立某些辅助性的基地作为防御阵地，或必要时作为反攻基地。市场领导者尤其要注意保护自己较弱的侧翼，以防竞争对手乘虚而入。

（3）先发防御。这是一种更积极的防御战略，在竞争对手对自己进攻之前，企业先发制人抢先攻击，使竞争对手无法取得优势。如果市场领导者具有很强的实力，面对竞争对手就可以沉着应战，而不轻易发动进攻。

（4）反攻防御。一般而言，市场领导者会对其竞争对手的挑战做出反应，当竞争对手降价或采取改进产品、积极促销等攻势时，市场领导者可选择攻击竞争者的弱势之处，以保持自己的市场份额。

（5）运动防御。运动防御需要市场领导者扩大或使其市场重心多元化，以加强战略防御能力。一般而言，市场领导者需要重新制订其业务范围。

6）收缩防御。市场领导者在所有的阵地上进行全面防御有时会出现困难，在这种情况下，市场领导者可以实行战略收缩防御，放弃一些薄弱市场，把力量集中于优势的阵地中。

3.扩大市场份额

市场领导者还可以通过扩大市场份额的方法来加强其地位，提高收益。市场占有率是影响投资收益的主要因素，因此，市场领导者也可以通过提高市场占有率的方式达到目的。市场领导者具体可以采用的战略措施有以下几种。

（1）增加新产品。研究开发新产品并投入市场，是市场领导者扩大市场占有率的重要手段。通过新产品的创新或差异化，市场领导者可以满足更多顾客的需求，提高其市场占有率。

（2）提高企业产品质量。市场领导者提高产品质量是扩大其市场占有率的有力手段，通过生产销售更高质量的产品来更好地满足顾客的需求，以此提高顾客忠诚度。

（3）增加开拓市场的费用。提高市场开拓的费用即通过提高推销费用、广告费用等来吸引更多的顾客对市场领导者的产品产生兴趣，进而购买市场领导者的产品。

二、市场挑战者战略概述

在行业中，除了市场占有率居于第一位的市场领导者外，还有市场占有率居第二或者之后等地位的企业，这些次要地位的企业在竞争时有两种做法：一种是对市场领导者或其他竞争者发起进攻，以取得更大的市场占有率，被称之为市场挑战者；另一种是维持现状，避免与市场领导者和其他竞争者发生争端，被称之为市场跟随者。

（一）市场挑战者

市场挑战者是指在行业中位于次要地位但想扩大自己市场份额的企业。

（二）市场挑战者战略

市场挑战者如果要进行挑战，首先必须要确定自己的挑战对象和战略目标，然后再选择适当的进攻战略。

1.明确挑战对象和战略目标

可供市场挑战者选择攻击的对象有以下三种。

（1）攻击市场主导者。这种进攻对象风险很大，然而吸引力也很大。市场挑战者必须具有确实高于主导者的竞争优势,如降低成本而带来的低价格或高价格但产品价值更高等。同时市场挑战者必须有办法将市场主导者的反攻限制在最小范围内,否则所获得的利益不会长久。

(2)攻击与自己实力相当者。市场挑战者针对一些与自己势均力敌的企业,可选择其中经营不善者作为进攻对象,设法夺取它们的市场份额。

(3)攻击地方性小企业。对一些地方性小企业中经营不善、财务困难者,市场挑战者可夺取它们的顾客,甚至兼并小企业本身。

总之,战略目标决定于进攻对象,如果以主导者为进攻对象,其目标可能是夺取某些市场份额,或者是夺取市场主导者地位;如果以小企业为对象,其目标可能是将它们逐出市场。但无论在何种情况下,如果要发动攻势,进行挑战,就必须遵守一条军事上的原则,即每一项军事行动都必须指向一个明确的、可达到的目标。

2.选择进攻战略

在确定了进攻对象和战略目标以后,市场挑战者要考虑进攻战略。其原则是将优势力量集中于关键市场和关键时机。挑战者可以采取的进攻战略有以下几种。

(1)正面进攻。正面进攻是指进攻者将其所有的力量集中,并直接对竞争者的主要市场发动攻击,打击的目标是竞争对手的强项而不是弱项。

(2)侧翼进攻。侧翼进攻是指企业集中优势力量攻击竞争者防御比较薄弱的地方,有时可以正面佯攻,牵制其主要力量,然后再向侧翼或背面发起进攻,采取"声东击西"方式。侧翼进攻可分为两种:一种是采用地理性的侧翼进攻,即寻找竞争对手薄弱的地区并发动攻击;另一种是细分性侧翼进攻,即寻找竞争者尚未满足的细分市场来进行攻击。侧翼进攻是一种最有效和经济的战略,比正面进攻会有更多的成功机会。

(3)包围进攻。包围进攻是对竞争对手的各个方面发动进攻,迫使竞争对手必须同时防御其前后左右的战略。包围进攻是一种全方位、大规模的进攻战略,当市场挑战者拥有很多的资源,并确信包围进攻可以打败竞争对手时,这种战略的效果才会比较好。

(4)迂回进攻。迂回进攻是一种间接的进攻战略,它避开了竞争对手的现有阵地而迂回进行攻击。一般迂回进攻可以采取的方法有三种:第一种是发展无关产品,实行多元化经营;第二种是以现有产品进入市场,实现市场多元化;第三种是通过技术创新和产品开发,以替换现有产品。

(5)游击进攻。游击进攻是指对竞争对手的各个不同的领域,发动小型的间歇性的攻击,其目的在于干扰和瓦解竞争对手的士气。游击进攻一般适用于规模比较小、力量较弱的企业。

三、市场跟随者战略概述

行业中经常会出现一些处于次要地位但不愿意向市场领导者发起进攻的企业,这些企业通过追随领导者来保持自己的顾客和市场占有率。这种"自觉并存"的状态在资本密集且产品同质性高的行业如钢铁、化工等是很普遍的现象,因为这些行业中产品差异化很小而价格敏感度更高,很容易产生价格战,导致行业受损。因此,在这些行业中,企业之间自觉遵守默契,彼此不争夺客户,不以短期市场占有率为目标,以免引起竞争对手报复。

(一)市场跟随者

市场跟随者是指位于第二、三位或者之后的、不想打击市场领导者的企业。每个市场跟随者必须懂得:如何保持现有顾客,并争取一定数量的新顾客;必须设法给自己的目标市场带来某些特有的利益,如地点、服务、融资等;必须尽力降低成本并保持较高的产品质量和服务质量。市场跟随者也不是被动的单纯追随主导者,它必须找到一条不致引起竞争者报复的成长途径。

(二)市场跟随者战略

可供市场跟随者选择的战略有以下三种。

1. 紧密跟随

紧密跟随指市场跟随者在各个子市场和营销组合方面尽可能仿效市场领导者。这种市场跟随者有时和市场挑战者有一些相似之处,但是它不从根本上侵犯市场领导者的地位,因此不会和市场领导者发生直接冲突。

2. 有距离的跟随

有距离的跟随指市场跟随者是在目标市场、产品创新、价格水平和分销渠道等主要方面都追随市场领导者,但仍与市场领导者保持若干差异。这种市场跟随者可通过兼并小企业而使自己发展壮大。

3. 有选择的跟随

有选择的跟随指市场跟随者在某些方面紧跟市场领导者,而在另一些方面又自行其是。也就是说,它不是盲目跟随,而是择优跟随,在跟随的同时还要发挥自己的独创性,但不进行直接的竞争。在这类市场跟随者之中,有些可能发展成为市场挑战者。此外,还有一种跟随者在国际市场上十分猖獗,即名牌货的伪造者或仿制者,他们的存在对许多国际驰名大公司是巨大的威胁。

四、市场补缺者战略概述

(一)市场补缺者

市场补缺者是指精心服务于市场的某些细小部分,而不与主要的企业竞争,只是通过专业化经营来占据有利的市场位置。市场补缺者在每个行业中都会出现,这种市场位置不仅对小企业有意义,而且对某些大企业中的较小部门也有意义,它们也常设法寻找一个或几个这种既安全又有利的市场位置。

一个理想的补缺区应具有以下特点:

(1)该补缺区有足够的规模和购买力,以便能够从中获利;

(2)有成长的潜力,以便企业进一步发展;

(3)对主要竞争对手不具有吸引力;

(4)企业拥有足够的技能和资源,可以有效地为该区服务;

(5)企业能够靠自己建立顾客信誉,保卫自身的地位,对抗主要竞争者的进攻。

(二)市场补缺者战略

补缺战略的关键是专业化,企业必须在市场、顾客、产品或营销组合线上实行专业化。

(1)按最终使用者专业化。企业专门致力于为某类最终使用者服务,如航空食品公司专门为民航公司提供给飞机乘客的航空食品。

(2)按垂直层面专业化。企业专门致力于生产、分销渠道中的某些层面,如制铝厂可专门生产铝锭、铝制品或铝质零部件。

(3)按顾客规模专业化。企业专门为某一种规模(大、中、小)的客户服务,如有些小企业专门为那些被大企业忽略的小客户服务。

（4）按特定顾客专业化。企业只对某一个或几个主要客户服务,如美国有些厂商专门为西尔斯百货公司或通用汽车公司供货。

（5）按地理区域专业化。企业专为国内外某一地区或地点服务。

（6）按产品或产品线专业化。企业只生产一个大类产品。

（7）按质量和价格专业化。企业专门生产经营某种质量和价格的产品,如苹果公司专门生产高质、高价的产品。

（8）按服务项目专业化。企业专门提供某一种或几种其他企业没有的服务项目。

（9）定制专家。企业按照客户的需求生产特制产品。

（10）渠道专家。企业只为某类销售渠道提供服务。

在选择市场位置时,多重位置比单一位置更能减少风险,增加保险系数。因此,营销者通常选择两个或两个以上的位置,以确保企业的生存和发展。总之,只要营销者善于经营,小企业也有许多机会,可以在获利的条件下提供优质服务。

本章小结

企业分析竞争对手的步骤包括识别竞争者、确认竞争者的目标、判断竞争者的战略、评价竞争者的优势和劣势、估计竞争者的反应模式、选择竞争者的策略等。

市场竞争的一般战略有成本领先战略、差异化战略、集中化战略。每种竞争战略各有优缺点及适用条件,这为企业选择战略提供了依据。

根据企业在目标市场中所处的地位,将企业的竞争战略分为四种类型:市场领导者战略、市场挑战者战略、市场跟随者战略、市场补缺者战略。市场领导者可以通过提高市场占有率、扩大市场份额等方式来维持自己的地位;市场挑战者可以通过选择不同的进攻战略来进攻;市场跟随者可以采取紧密跟随、距离跟随、有选择跟随等方式来生存和发展;市场补缺者可以采用专业化战略来填补市场空缺。

思考题

1. 如何分析竞争者?
2. 简述竞争战略的基本类型。
3. 简述市场领导者可采取的防御战略。
4. 分析某类熟悉的行业中的竞争状况及各企业之间的竞争战略。

案例分析

格力与奥克斯之争

凭借较低的均价,奥克斯在很长时间内都占据着线上市场空调零售排行榜的榜首,根据奥维云网(AVC)数据显示,2018 年,奥克斯以零售额占比 26.02%、零售量占比 28.57%的比例位居空调零售榜首,紧随其后的是美的。专注于线上市场的奥克斯在电商快速崛起的浪潮下大力发展电商渠道,在天猫、京东、苏宁易购等平台开设旗舰店。

大打"性价比"牌的奥克斯,吸引了众多的年轻用户,销量也在持续上涨,2016年大涨53.14%,2017年增长超过50%,卖出了1100多万台空调。在全行业2018年的增速仅4%的情况下,奥克斯却在"6·18"销售总额破40亿,"双11"销售总销额破20亿,双双位列全网空调销量第一,全年增长26%,达成了行业增速第一的愿景,过去的6年内,奥克斯空调的销量增长近56倍。

2019年8月30日晚,格力电器、美的集团分别发布了2019年中报。2019年上半年,格力电器实现营业收入973亿元,同比增长6.95%;其中,格力电器空调业务营业收入为793.2亿元,同比增长4.62%。美的集团营业收入1537.7亿元,同比增长7.82%;美的集团暖通空调业务营业收入为714.4亿元,同比增长11.84%。

竞争对手的步步逼近,再加上市场的压力让空调作为核心业务的格力不得不使出浑身解数以保持市场的份额,要知道,如果空调部分的霸主地位失守,对格力来说将很危险。

除了面临两大对手的竞争外,格力还面临着整个空调行业已经进入低增长、高饱和的存量时代的压力。根据奥维云网的数据显示,2019年上半年空调行业表现疲软,国内家用空调零售量增长1.5%、零售额下降1.4%。

一、格力举报奥克斯

格力与奥克斯之间积怨已久,最早可从2010年开始,根据澎湃新闻的报道,格力控诉奥克斯公司"通过各种不正当的方式挖走格力电器300余位的研发、质检等部门的核心骨干人员,并且手段在不断升级"。2015年8月,格力电器以奥克斯公司某系列空调产品侵犯其3件专利权为由将其诉至法院,随后奥克斯上述,但最终广东高院终审判决认定奥克斯公司侵权成立,停售侵权空调并赔偿格力电器经济损失230万元。

在2016到2018年两年的时间内,格力对奥克斯的多次关于"侵害实用新型专利权"的案件全部胜诉,胜诉达到了12次之多。

2019年6月10日,格力电器在官方微博上发布《关于奥克斯空调股份有限公司生产销售不合格空调产品的举报信》。奥克斯对此回应称:格力采用不正当手段诋毁同行,目的是影响奥克斯旺季的销售,属于一种行业的不正当的竞争手段。

2019年6月11日上午,中国消费者协会称,其关注珠海格力电器股份有限公司实名举报奥克斯空调股份有限公司生产销售不合格空调产品事件。6月11日下午,浙江省宁波市市场监督管理局一位工作人员表示,浙江省市场监督管理局和宁波市市场监督管理局已组成联合调查组,调查前述实名举报事件。6月12日,奥克斯空调回应此前格力提出的能效质疑,声明出具了奥克斯空调被格力"举报"涉及的8个产品的能效标识备案证明。6月12日,格力电器再次发布公告称将不限量购买奥克斯空调进行检测。

两个多月后的8月28日,格力公司董事长董明珠再度发声,向采访的媒体表示对奥克斯的举报很有价值,要打破"劣币驱逐良币"的现状。8月30日,奥克斯家电事业部总裁回应,双方争端再度升级,展开第二轮的交锋,但双方的博弈在8月31日戛然而止,奥克斯方面只强调了"周一见"就再也没有后文。

二、格力"双11"降价

格力有着空调界的"茅台"之称,有消费者甚至戏称,"空调分为格力空调及其他空调"。格力空调的毛利率一直"傲视"全行业,据了解,同等规格和参数的空调,格力的价格要比同行其他品牌高出15%~20%。尽管价格偏高,但格力的市场份额长年稳稳盘踞在首位。

格力的制胜法宝在于"掌握核心技术",以及强势的线下渠道。格力成为空调行业"霸主"

是从 2005 年开始的。那一年,格力电器凭借过硬的品质及渠道策略超越春兰空调、美的空调,坐上空调"王者"宝座。

在空调市场,一线阵营品牌没有一个不对格力"虎视眈眈"。其实,由于在线上渠道发力较晚,格力在线上市场已经"失守",2019 年上半年被美的超越,且格力在线上市场的劲敌还不止美的一个。从 2016 年开始,奥克斯通过另类的"互联网直卖"的打法强势从线上"杀出重围",通过对这种营销模式的贯彻和深化,奥克斯撼动了线上空调行业的格局。

奥克斯和美的让格力感受到了危机。2019 年的家电"双 11"如同一场战役,格力电器是"战争"的发起者。11 月 9 日晚,格力电器突然打出"打击低质伪劣"的口号,宣布"让利 30 亿元"补贴消费者,美的、海信、创维等一众厂商毫不犹豫立马跟进。在空调行业一直有个不成文的"共识":只要格力不涨价,其他企业不敢涨;只要格力降价,其他企业没有一家敢不降。

近日,奥维云网公布了 2019 年"双 11"的周度零售推总数据。数据显示,第 46 周(11 月 11 日至 17 日)线上渠道空调销售规模为 81.33 亿元,同比大幅增长 2127.73%;线下市场销售规模为 11.39 亿元,同比增长 323.63%,销售额同比增幅居各类家电第一。从零售量看,"双 11"当周线上空调销售约 339.92 万台,同比增长 2898.38%,但多位业内人士认为空调总体的需求量没有增加,是空调价格战提前透支了市场需求。

资料来源:格力与奥克斯的开战 源自空调市场的增长放缓[EB/OL]. (2019 - 11 - 08)[2020 - 03 - 01]. https://g.pconline.com.cn/x/1302/13021007.html? ivk_sa=1023197a.

董明珠举起"价格屠刀"空调行业要变天了?[EB/OL]. (2019 - 11 - 27)[2020 - 03 - 01]. https://tech.sina.com.cn/it/2019 - 11 - 27/doc-iihnzahi3560420.shtml.

问题讨论:

1. 分析目前我国空调行业竞争现状。

2. 分析格力空调采取的竞争战略。

3. 你认为我国空调生产企业之间应该怎样进行竞争与合作?

第七章
企业营销形象战略

学习要求

◆ 了解:企业营销形象战略的特征;企业营销形象战略产生的历史渊源和国内外发展历程;明确企业营销形象战略的功能和价值。

◆ 掌握:企业营销形象的含义;掌握企业营销形象策划的内容和程序。

◆ 熟悉:企业营销形象战略对创建中国式 CI 战略的现实意义;在实践中中国企业的具体实施策略。

导入案例

位于浙江北部太湖之滨的江南水乡城市湖州,地处鱼米之乡杭嘉湖平原,素以美食嘉点闻名遐迩,早在明朝便有"嘉湖细点"的美誉,在中华饮食文化上独树一帜。其中有着 130 年历史的中华老字号丁莲芳,更是湖州小吃中的一绝,被评为"湖州四大名点之一"。

凡名店名产必有自己的经营之道,从创店伊始,在漫长的经营道路中总结经验,找出促进自己发展的理念和精神,才能在激烈的市场竞争中存活下来并有长足的发展。细细追寻丁莲芳千张包子店 130 年的历史,从独辟蹊径、艰苦创业的丁莲芳,到混乱岁月中辛勤操持的丁焦生,再到肩负重担、再创辉煌的陈连江,有一种珍贵的精神,这也是丁莲芳创业以来一直坚持的祖训和经营理念:勤工、好料、诚心、创新。这是百年老字号丁莲芳生存和发展的根本,也是其在以后的发展历程中继续创造盛业的核心理念。

2001 年,新世纪来临的时候,湖州老字号丁莲芳千张包子店却正危机四伏,由于受到经营体制、管理机制等因素的影响,企业经营每况愈下,面临的困难很大,设备老化,负担沉重,濒临倒闭。作为一个土生土长的湖州人,浙江红鹰集团股份有限公司董事长虞炳泉对湖州老字号有着深厚的感情。他收购了"丁莲芳",决心投入资金,凭借自己多年的从商经验,全力让这个老字号起死回生。随着不断地加大资金投入、提升产品质量、扩大经营规模,老字号丁莲芳已经重现昔日的风采,公司狠抓产品生产的各个环节和销售前后的服务,并于 2003 年通过了 ISO 9001 国际标准质量管理体系认证。2005 年 1 月,丁莲芳被认定为"浙江省知名商号"。2006 年底,丁莲芳千张包子店荣获国家商务部首批颁发的"中华老字号",这是"丁莲芳"的再一次辉煌,也是一个新的起点。

如今的新一代丁莲芳人在掌门人虞炳泉的带领下,加大投资力度、扩大企业规模,在激烈的市场竞争中执着追求产品创新创优,坚持以诚实诚信的实际行动提升丁莲芳的知名度和信誉度,并先后建设起了丁莲芳食品生产基地、配送中心、连锁分店、丁家大院(丁莲芳历史文化博物馆)、绿色生态园区等。

对于老字号下一步的发展,虞炳泉有着清晰的思路和远大的目标。他说,要把老字号进一步做大做强,做好做优,不但要继承传统,也要开拓创新,要脚踏实地地一步步发展。既然我们接手了丁莲芳,就要使它产生巨大的变革与发展,做百年企业是我们团队的核心思想。老字号是湖州的城市名片,有着深厚的历史和文化积淀,丁莲芳已经走过130年了,如今,要从我们这一代人开始努力,再创百年辉煌!

资料来源:李亚,李雪威.弘扬民族品牌 再造百年企业:中华老字号"丁莲芳"品牌新形象的重塑之路[J].公关世界,2019(7):8-17,98.

第一节　企业营销形象战略概述

一、企业营销形象战略兴起的社会经济背景

企业营销形象战略是一种美化企业形象、注入新鲜感、使企业更能引起外界注意,进而提升企业的知名度、信赖度和美誉度的经营战略。随着市场营销理论的普及和企业市场竞争的深化,企业营销形象战略兴起成为市场发展使然。

(一)以形象制胜的竞争时代

从全球来看,企业竞争战略的发展经历了以下四个主要阶段。

(1)产品战略阶段:20世纪30年代以前,在产品严重供不应求的条件下,是企业依靠商品力进行竞争的时代。

(2)推销战略阶段:20世纪30年代到二战结束,大量商品的涌现,使企业进入了靠推销力竞争的时代。

(3)营销战略阶段:进入20世纪50年代后,由于商品的日益丰富和消费者需求层次的提高,企业只有更好地满足顾客需求才能在竞争中取胜,这是企业依靠营销力(即产品、价格、分销、促销的组合)进行竞争的时代。

(4)形象战略阶段:进入20世纪80年代以来,科学技术的飞速发展使得同种商品在质量、性能、价格等方面的差别越来越小,企业要持久保持生命力并在市场上立于不败之地,就必须塑造良好的企业营销形象,即进入了依靠企业形象制胜的时代。

(二)企业营销形象战略应运而生

企业营销形象战略的导入兴起于第一次世界大战。1907年,德国现代设计的重要奠基人物彼得·贝伦斯为德国电器工业公司AEG首次在其生产的系列电器产品上设计使用统一商标成为企业营销形象策划的发端。第二次世界大战期间,英国工业设计协会会长费克兰·毕克负责规划伦敦地铁,将统一字体应用于车票、站牌等处取得强烈的反响。二战以后,世界经济开始复苏,企业形象作为社会化大生产和市场经济发展到一定阶段的产物,越来越受到人们的重视。经过几十年的发展,到20世纪50年代,企业营销形象战略已成为企业自觉完善的行为。具体的原因如下:

(1)产业发展的社会化趋势导致行业界限不清,企业营销形象的个性化便于消费者和社会公众的识别和认知;

（2）企业间竞争的深刻性导致企业拓展需要借助企业营销形象力的进一步开发；

（3）企业营销形象战略的导入推动企业经营机制的转换，成为强化企业管理的动力。

二、企业营销形象战略的定义及内涵

（一）企业营销形象战略的定义

企业营销形象也称为企业形象（corporate image 或 corporate reputation），简称 CI，是指在企业营销活动中，社会公众和企业职员对企业的整体印象和评价，是企业的表现与特征在公众心目中的反映，主要体现在产品形象、环境形象、职工形象、企业家形象、公共关系形象、社会形象、总体形象等方面。CIS 是"corporate identity system"的缩写，国内有人译为"企业识别系统""企业形象革命"或"企业机构形象"等，是一个可以规范的、可以控制的、能够保证企业营销形象战略顺利实施的具体操作系统，不能等同于企业营销形象。

随着市场经济的发展和对外开放的加速，国际市场国内化、国内市场国际化趋势日益明显，生产力的发展和科技的进步使得社会商品供大于求，卖方市场逐步向买方市场转变，企业的竞争从产品间的竞争、销售力量的竞争发展为形象力的竞争，企业开始自觉地运用媒介塑造其在社会公众心目中的特定位置和形象，建立美誉，并将这一系列塑造形象的手段上升到战略的高度，称为企业形象战略，即 CI 战略，也称企业营销形象战略。CI 战略在调研和分析的基础上，对企业形象的有关要素（理念、行为、视觉）进行全面系统的策划、规范，并通过全方位、多媒体的统一传播，塑造出独特的、一贯的优良形象来体现本企业区别于其他企业的标志和特征，以谋求社会大众的认同。

企业营销形象战略相对于各种与企业生产、销售、市场拓展密切相关的经营战略来讲，它既没有以开拓市场为直接目标，也没有直接以产品的研究为对象。它不是企业某一方面的形象，而是全局的、整体的形象，是以企业的全面形象塑造为使命，与企业的长远利益紧密联系。

（二）企业营销形象战略的五层内涵

（1）企业营销形象战略是企业为适应竞争变化应运而生的。企业营销形象战略的目的之一在于同竞争对手相区分，形成自己的特色。因此，企业必须考虑竞争对手，知己知彼，百战不殆。

（2）企业主观塑造的结果。企业营销形象很大程度上是企业主观刻意塑造的结果，以企业主体为基础，是企业主体的反映，主要体现在企业形象与企业主体既相一致又相背离的关系上。两者之间不一定完全吻合，拔高的企业形象固然很脆弱，但降低的企业形象使企业蒙受的损失更大。

（3）评价者和感受者是社会公众。由于人与人之间、组织与组织之间相互联系、相互影响并相互制约，企业在塑造形象时不应把目标对象局限于目前的消费者身上，而应前瞻性地将全体社会公众视为企业形象的评价者和感受者，包括企业内部员工、消费者、供应商、竞争对手、金融机构、政府管理部门等。

（4）对企业的综合评价。社会公众对企业的评价不是局部的、个别的，而是整体的、综合的。这就要求企业应不断提高整体素质，全方位地维护形象，不但要抓大事，也要抓小事，不仅要重视企业营销形象战略的制定，更重要的是将战略落实到具体的企业细节上。

（5）相对稳定和绝对变化的。塑造企业营销形象的最终目的是要利于消费者识别和记忆。

若形象多变,会令消费者眼花缭乱,达不到目的,企业自身也会无所适从;同时,企业内外环境的变化使得企业营销形象塑造应兼顾现实和未来,用发展的观点看问题。

三、企业营销形象战略与市场营销战略的关系

市场营销战略主要包括两方面内容:一是选定目标市场;二是制订市场营销组合策略,以满足目标市场的需要,此被称为企业的基本经营战略。市场营销战略的主旨是最大化地有效利用企业营销资源,尤其对处于激烈竞争中的企业,制定营销战略更显得非常迫切和必要。

企业营销形象战略是市场营销战略母体的衍生,是市场营销战略的延伸、拓展和丰富。良好的企业营销形象是吸引顾客、扩大市场份额的保证;是吸引人才、进行社会公关活动的条件,对企业而言是一笔数额巨大的无形资产,有利于企业用来进行资本运营,发展市场营销事业。企业营销形象战略不等同于市场营销战略,二者具有互补性。市场营销战略主要是以消费者为研究对象,以产品来满足目标市场的需求,产品是市场营销的着力点;而企业营销形象战略则着眼于企业自身的行为,以对企业的视觉、理念和行为的整合和美化为研究对象,重视社会公众对企业各种要素的综合评价。它弥补了市场营销战略只重视企业和产品的客观性,而不关注消费者的主观意识的弱点。同时,企业营销形象战略与市场营销战略具有互融性。二者在目标和侧重点上虽有不同,但它们的目的都是为了增强竞争力,扩大市场份额,赢得社会青睐,在涉及的内容上也有许多交叉,彼此互融。如企业营销形象战略要突出企业经营理念,市场营销战略也必须首先解决好营销理念的问题。企业营销形象战略与市场营销战略是从两个不同的角度研究企业的营销行为,只有将两者结合起来,企业才会更具竞争活力和发展实力。

四、企业营销形象战略的特征

企业营销形象战略的实质是帮助企业实施差别化战略,它不是一般的管理工程,而是企业总体战略的一个重要组成部分,具有以下特征。

(一)系统性和整体性

企业营销形象战略是一项复杂的系统工程,由三个子系统(理念识别系统、行为识别系统和视觉识别系统)组成,它们各自相对独立,又紧密相连。理念识别系统是企业识别的核心和系统运作的原动力,是整个战略系统的基础;行为识别系统是理念系统的外化与表现,是实施导入的主体;视觉识别系统直观鲜明地向外界传播和展示企业生动具体、标准统一的视觉形象,是最为快捷的传播形式,能有效地促成社会大众对企业的认知、识别。企业营销形象战略还是多学科相互渗透、相互融合的产物,不仅涉及传播学、市场学、设计学、广告学、公共关系学,而且还涉及管理学、心理学等相关学科知识的综合应用。

企业营销形象战略的整体性特征表现在两个方面:①企业营销形象战略服从企业总体长期经营战略,必须同企业经营目标、营销策略、管理模式、人力资源开发管理等战略系统相互配合和协调。②企业营销形象战略涉及营销管理的各方面:从企业角色看,员工、管理层、企业领导围绕顾客价值的创造形成了一种共同的价值取向和行为方式;从企业的职能看,企业所有部门均以市场为中心,形成一体化的组织协调;从企业竞争看,所有企业资源都整合成企业独特的竞争优势,生产资料、资金、劳动力等是企业营销形象战略的物质依托。

(二)竞争性和差异性

良好的企业形象是企业一项无形资源和财富,现代企业的竞争已不只是产品、质量和服务

的竞争,而是各项综合资源的竞争。企业营销形象战略的根本目标是全方位塑造个性鲜明的企业营销形象以便在竞争中取胜,归根结底是一种差异性的战略。所以,独创性、个性化是企业营销形象战略策划与实施的关键。无论是理念精神、行为规范,还是视觉识别,都要有自己的特色,因势利导、开拓创新,全面创造与竞争对手之间的差异性。

(三)稳定性和动态性

企业营销形象战略从形成、确立,到导入实施是一个长期的、相对稳定的过程,不能随意改变。因为只有统一、稳定的印象才有利于社会大众的认知和识别,与其他企业形成差别。当然,这种稳定是相对的。企业在营销过程中,需要不断地完善、修正战略计划,以适应企业内外部环境、经营状况、组织机构、市场竞争策略以及消费者认识结构的变化。所以,企业营销形象战略既是企业外在形象的创立和革新,也是企业内部形象的革命,导入和实施是一个稳中求变的动态过程,如何在变与不变之中寻求平衡点,是企业营销形象战略有效实施的关键。

(四)长期性和全局性

塑造企业营销形象是一个长期的全局的战略性过程,其目的是为企业创造可以永续经营的无形资产。企业良好形象的建立不是一蹴而就的,而是一个长期的循序渐进的过程。首先企业要全面认识自身的企业文化、企业价值观、员工精神状况、企业获利能力、行业发展前景、企业发展前景、已有形象等实际状况,并找出本企业的优势与弱项;其次调整并提高影响企业形象的各种因素,准确定位并寻找适当的传播途径。从开始启动、策划到实施导入、反馈修正,往往需要一两年、两三年或者更长的时间。即使已经建立起来并被社会公众所熟悉和喜爱的企业营销形象也要依靠企业在日常活动中长期地精心维护,既要注重企业外在的表现,也要强调企业内在的素质。

(五)传播性和操作性

企业营销形象战略是一种通过企业全员传播的全方位的信息传达体系,传播途径不只局限于大众媒体,而是扩大到所有与企业营销有关的媒体上。企业信息的传播对象也不仅是消费者和一般社会大众,还包括企业内部员工、社会大众、媒体、政府机关等。同时,每一个步骤、每一个细节都必须要符合企业实际状况,要求具体的、可执行的、可控制的,不能简单、教条地套用其他企业的一般做法。

营销视角 7-1

五、实施企业营销形象战略的意义

日本 CI 专家认为,现代社会构成企业经营力量的因素除了"商品力""销售力"之外,还须加上"形象力",即三轴指向时代(见图 7-1)。"商品力"一轴指向时代:物质缺乏,产品供不应求,只要物美价廉的商品就可畅销,这是商品发展的初级阶段。"商品力"+"销售力"二轴指向时代:由于技术开发,大量商品出现,除了物美价廉的产品,还需依靠销售员的推销,才能在市场上销售更多商品。"商品力"+"销售力"+"形象力"时代,即三轴时代:企业和商品处于相同条件下,企业和商品之间的差异主要表现在企业形象和产品形象上,企业形象好、产品形象好的商品消费者优先选购。因此,企业经营者要有计划、有步骤地实施企业营销形象战略,强化企业的"形象力",以提升企业在社会公众心目中的形象。

实施企业营销形象战略具有重要的意义,具体如下。

图 7-1　三轴企业力模型

（一）为商品和服务创造消费信心，有助于有效快速地传递企业信息

松下幸之助在《日本公司经营》一书中提出："在商品日趋丰富的社会中，选择哪个公司的产品很大程度上取决于企业形象。"随着人们收入的提高，选择商品时已不太斤斤计较价格，而产品的相似之处又多于不同之处。因此，企业的形象就变得比产品和价格更为重要，能使消费者对本企业的产品和服务产生信任感，有利于降低双方在交易过程中的交易成本。同时，当企业营销失误时，良好的企业形象有助于得到公众的谅解，很快减轻或消除负面影响；当企业遭受竞争对手的攻击时，"形象"也可以成为一道"挡风墙"，能博得公众的同情和理解，成为企业建立各种公众关系的关键。

（二）增强企业的抗风险能力和筹资能力

当企业发展进军新的领域时，良好的企业形象可以降低陌生市场的风险性。同时，企业营销形象战略的导入有利于在较短的时间内积聚大量资本，扩大引资渠道和经营规模，更好地发挥资源效益，增强股东的投资信心，提高市场开拓能力和经济收益。

（三）有助于吸引优秀的人才，整合企业的内部资源，强化凝聚力

企业的竞争说到底是人才的竞争，优秀人才是确保企业管理水平和生产能力的关键。企业营销形象战略所倡导的企业理念和企业价值观是企业经营的最高准则，是员工共同的精神信仰与行动指南。实施企业营销形象战略能够帮助企业获得更多人才的青睐，使员工感到工作环境和用人制度能使自己的聪明才智得以发挥，激励员工的士气、工作热情和工作效率，促使他们将个人利益和企业利益相统一，增强企业凝聚力。

（四）为产品和服务增加价值，为创造名牌提供有利的条件

良好的企业营销形象具有提高产品附加值的作用，这主要体现在能提高品牌或商标的价值上。顾客往往会根据企业形象的外化形式——品牌和商标来选购商品或服务，并愿意为此付出溢价。当顾客总成本不变时，通过企业形象营销能提高顾客总价值中的人员价值和形象价值，从而提高顾客让渡价值，这就是为什么名牌的定价要高许多的原因。市场需求不断地向高档化、名牌化发展的今天，消费者越来越重视能满足人们文化品位、精神需求的名牌产品。企业面对的不仅是产品质量和价格的竞争，还有科技开发能力、市场营销能力、服务顾客能力、整合传播能力和社会影响能力等在内的综合实力的竞争，名牌竞争的背后实际上是企业整体营销形象的竞争。

（五）增强企业、地区，甚至国家的核心竞争力

据国际设计协会统计，企业在 CI 战略上投入 1 美元可得到 227 美元的回报。以形象力的提升为导向的企业营销形象战略已被实践证明是增强企业竞争力的有效方法。从企业本身看,企业营销形象的增值效应远远超过企业有形的固定资产和流动资金的作用,成为企业效益更重要的源泉。从宏观角度看,企业形象还是企业实力、地区实力,甚至国家实力的象征。

第二节　企业营销形象策划

一、CI 战略在营销中的应用

CI 战略理论产生后,带来了企业营销观念的一系列重大变化。目前,在市场营销中,可将 CI 战略直接导入包装、商标设计、形象设计、销售环境设计与营销战略规划。

(一)包装和商标

包装和商标是产品整体概念的重要组成部分,是营销中企业形象的重要标志,也是产品和企业视觉识别的重要途径。CI 战略在包装、商标设计中的应用是通过包装将企业的标志、标准色、字体等体现出来,形成产品鲜明独特的个性以区别于其他产品,从而更容易为消费者所识别和认可。

1.标志

标志是表明企业或产品特征的符号,也是企业营销形象最核心的部分。标志是企业的一张脸,是可以视觉识别但不能用口语发音表达的部分,传达信息的功能很强,可以跨越语言障碍,表现企业地位、特征和精神内涵,主要包括符号、设计样式或字体。在设计标志时要遵循以下几项原则:

(1)突出企业营销形象,具有独特个性;

(2)寓意准确,名实相符;

(3)简洁鲜明,富有感染力;

(4)造型精美,具有美感;

(5)相对稳定,具有前瞻性。

2.标准色

色彩具有视觉刺激,越来越成为企业营销中一种重要的市场竞争战略。标准色是企业经过设计选定代表企业形象的某一特定色彩或一组色彩系统,在企业营销形象系统中,具有强烈的识别效用,能引发生理和心理反应,会产生不同的促销效能。

企业标准色的选定,通常有以下三种方法。

(1)单色标准色:指企业只指定一种颜色作为企业的标准色。单一标准色具有集中、强烈的视觉效果,方便传播,容易记忆,是最常见的企业标准色形式。如中国电信的蓝色、北京银行的红色。

(2)复合标准色:许多企业采用两种以上的色彩搭配来追求色彩的组合效果。复合标准色不仅能增强色彩的韵律和美感,而且还能更好地传达企业的有关信息。如清华同方的红色与蓝色、当当网的绿色和橙色。

(3)标准色加辅助色:一般选择一种色彩为企业的标准色,再配以多种辅助色彩。其主次或主辅关系是为了表达企业集团母子公司各自的身份和关系,或者表示企业内部的各个事业部门或品牌、产品的分类,通过色彩系统化条件下的差别性,产生独特的识别特征。

企业选择什么样的标准色结构,应该根据企业的文化传统、历史、形象战略、经营理念等因素来定。基本的原则应该是:突出企业风格,体现企业的性质、宗旨和经营方针;通过制造差别,展示企业的独特个性;与消费者心理相吻合,迎合国际化的潮流。

3.标准字

标准字泛指将某事物、团体的形象或全名整理、组合成一个具有特殊形态的文字群。标准字与标志相比,具有明确的说明性,可直接将企业的名称传达出来,通过视觉、听觉的同步作用,强化企业形象的诉求力。

延伸阅读 7-1

依据标准字的功能,大致可以分为:

(1)企业标准字;

(2)字体标志;

(3)品牌标准字;

(4)产品名称标准字;

(5)活动标准字;

(6)标题标准字。

标准字设计应遵守如下基本原则:

(1)识别性,即要有独特的风格和个性,使消费者便于识别;

(2)易读性,即要方便人们认读,以接受企业传达的信息;

(3)艺术性,即设计要具有创新感、美感、亲切感,能够使观看者产生共鸣,引起注意;

(4)延展性,即标准字应适用各种场合和环境之中;

(5)系统性,即实现标准字与其他基本要素和谐配置。

(二)形象系统设计

形象系统设计,指系统地将企业形象标志在各种传播媒介或信息交流渠道中表现出来,使之实现整体的统一性。一个企业在市场和消费者心目中的形象确立,需要综合运用企业形象识别系统中的理念识别、行为识别和视觉识别,通过各种途径传播企业理念信息。所以,形象系统设计构成了现代 CI 战略研究和策划的中心任务,也是 CI 战略策划中最为复杂的一个应用领域。

(三)销售环境设计

销售环境设计,指有意识地通过销售环境的声、光、色彩等元素设计来突出产品及企业的形象。随着商品经济的发展,销售环境已不单是一种单纯的营业销售空间,它已成为消费者生活环境的组成部分,是体验企业形象的重要途径,它包括以下方面:

(1)明亮的光线;

(2)独特新颖的空间布置;

(3)清新、整齐的商品陈列;

(4)具有特色的橱窗设计的布置;

(5)理想的卖点广告。

(四)营销战略规划

在企业导入 CI 战略规划的过程中,企业应在对内外环境客观分析的基础上,确定企业在较长时期的发展战略。这个战略要能综合反映企业的经营理念,而且能够用一个明了的口号或关键词语表达出来,有利于使全体员工有一个明确的目标、理想,理解企业的宗旨和精神,有利于企业开展各种公关和促销活动,有利于企业文化、企业精神的培育,以增强企业的竞争力和形象力。

二、企业营销形象系统的构成

企业营销形象战略所追求的是企业形象的有效识别,该系统主要由理念识别(mind identity,MI)、行为识别(behavior identity,BI)和视觉识别(visual identity,VI)三大子系统组成。如图 7-2 所示。

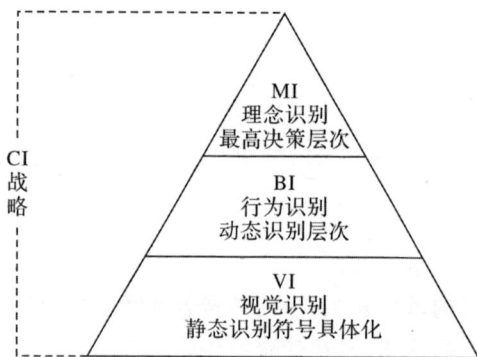

图 7-2　企业营销形象战略的构成

(一)理念识别(MI)策划——企业营销形象战略之"心"

所谓理念,就是企业经营的观念,我们也称之为指导思想,它属于思想、意识的范畴。所谓识别,就是鉴别。从战略角度看,理念识别包含两层含义:一是"统一性",即指企业内外、上下的理念都必须一致;二是"独立性",也就是使每个企业的理念区别于其他企业,只有独立性才能达到识别的目的。企业理念识别,或称策略识别,是指在企业经营过程中的经营理念、发展战略、企业哲学、行为道德准则、企业精神、企业文化、经营方针、策略的统一化。企业理念识别系统是得到社会普遍认同的、体现企业自身个性特征的、促使并保持企业正常运作以及长足发展而构建的反映整个企业明确经营意识的价值体系,是整个企业营销形象战略的核心。

1. MI 的内容

企业理念主要包括三个要素:企业存在的意义(企业使命)、企业的经营理念(经营战略)和企业的行为规范(员工的行为准则)。其中,企业使命是企业的最高原则,由此决定企业的经营理念(经营战略),而经营理念又决定企业每个员工的行为准则,这三者之间是环环相扣、密不可分的,共同构成一个整体。具体来说,企业的理念识别系统:一是企业制度和组织结构层,包括各种管理制度、规章制度、生产经营过程中的交往方式、生产方式、生活方式和行为准则;二是企业精神文化层,包括企业及员工的概念、心理和意识形态等。

(1)企业使命:是企业依据什么样的社会使命进行活动的基本原则。可以这样来理解:其一是功利性的、物质的要求。也就是说,企业为了自身的生存和发展,必然要以实现一定的经济效益为目的。盈利是企业的天职,如果企业丧失了这一使命,就失去了发展的动力,最后逐步萎缩直至破产。其二是企业对社会的责任。企业作为社会的一个构成、一个细胞、一个组成部分,它必须担负着社会赋予它的使命。著名的蓝天集团把"为社会进步注力,为员工生活添彩"作为企业的使命。

(2)经营哲学:也称为经营思想,是企业对外界的宣言,表明企业觉悟到应该如何去做,让外界真正了解经营者的价值观,是企业从事生产经营活动的基本指导思想,它是由一系列的观念所组成的。如果说企业的企业使命有一定的抽象性,那么,经营哲学就必须具体地表达企业的经营方式。经营哲学不仅是对外界的宣言,同时也是对内的宣言,重点在于全体员工全力实行企业既定的经营方针。例如,竞争观念就是企业处理自身与竞争对手之间关系的经营哲学,企业对这方面的认识和态度,反映出企业竞争观念的具体表现方式和强度。

(3)行为准则:是企业内部员工的行为规范和所服从的约束条件,表达员工应当具备的基本心理和活动状态,如服务公约、劳动纪律、工作守则、行为规范、操作要求等。行为准则可以分为两大基本类型:一是"应该"型行为准则,二是"不能"型行为准则。闻名于世界的美国麦当劳以"与其背靠着墙休息,不如起身打扫"为员工行为规范。

(4)经营方针:是企业进行经营活动时所遵循的最高指导原则,它为企业指出了前进的大方向。经营方针不是具体的行为准则,不以详细的条条框框加以限制,但却为企业经营制定了必须遵守的基本原则。

(5)经营策略:指企业为了达到自己的目标而采取的具体经营战术,也就是向社会说明企业准备"怎么做"。经营策略虽然不是企业形象的全部展示,但公众可以从企业的经营策略中知道"自己是怎样从这笔生意中获得更多的实惠的",因此能够吸引广大的公众注意。

(6)企业文化:以经营哲学为指导,建立在共同价值观念基础之上,为企业全体员工认同的群体意识。企业文化是企业内在性质最集中的体现,也是将本企业与其他企业相区别的个性体验。企业文化应当建立在当代社会政治、经济、科技发展水平上,是社会思潮、价值观念的具体反映。例如,《华为公司基本法》分别从核心价值观、员工追求、社会责任、基本目标、人力资本、公司成长等方面展现了华为"爱祖国、爱人民、爱公司"的企业文化。

2. MI 的功能

由于企业理念有高度的概括和抽象性,是企业营销形象战略中最重要的部分。对企业内部而言,MI 具有以下作用。

(1)导向作用。企业理念指导全体员工共同的理想信念、价值观,它能够引导企业和职工克服千难万险,是强大的精神武器。主要表现在两个方面:一方面是直接引导员工的人格、心理和行为;另一方面是通过员工的整体价值认同来引导员工的观念与行为。

(2)凝聚作用。"众人一条心,黄土变成金。"企业理念的确定和员工普遍认同,在一个企业中必然形成一股强有力的向心力和凝聚力。企业理念是企业内部的一种黏合剂,能以导向的方式融合员工的目标、理想、信念、情操和作风,并造就和激发员工的群体意识。

(3)规范行为。这里的行为指的是受思想支配而表现在外的活动,包括企业行为和员工行为。

(4)激励功能。企业理念与员工价值追求上的认同,能构成员工心理上的极大满足和精神激励,它具有物质激励无法真正达到的持久性和深刻性。

对企业外部而言,MI 具有以下作用。

(1)创造个性。企业营销形象系统的本质是创造差异性,形成个性。

(2)确保同一性,指企业上下内外须保持经营上、姿态上、形象上的高度一致性。

（3）稳定功能。强有力的企业理念和精神，由于其强大导向力和惯性力，可以保证一个企业不会因内外环境的某些变化使企业衰退，从而使一个企业具有持续而稳定的发展能力。

（4）辐射功能。企业理念一旦确定并为广大员工所认同，就会辐射到企业整体运行的全过程，从而使企业行为系统和形象表征系统得以优化，提升企业的整体素质。不仅如此，它还会产生巨大的经济效益和社会效益，向更加广泛的社会领域辐射。如松下精神、IBM 精神、三菱精神和健力宝精神等都不仅属于本企业、本民族，而且也属于全人类。

3. MI 的定位模式

（1）目标导向型：用精练、概括的用语提纲挈领地反映企业追求的精神境界和经营战略目标。例如，微软公司致力于提供使工作、学习、生活更加方便和丰富的个人电脑软件。

（2）团结创新型：用简洁、精练、概括的用语反映企业团结奋斗的优良传统以及拼搏、开拓、创新的团体精神和群体意识，有助于加强企业员工的团队协作精神、和谐融洽的工作氛围，提升企业在受众心中的美誉度与信赖感。例如，上海大众汽车有限公司的"十年创业、十年树人、十年奉献"。

（3）产品质量、技术开发型：用高度简洁、精练的用语强调企业名牌产品的质量，或强调尖端技术的开发意识，以此来代表企业精神，有效传达企业对社会的贡献。例如，三星的"以人才和技术为基础，创造最佳产品和服务，为人类社会做出贡献"。

（4）市场营销型：强调市场的覆盖和开拓，争创最佳的经济效益。例如，沃尔玛公司给普通百姓提供机会，使他们能与富人一样买到同样的东西。

（5）优质服务型：是指企业突出为顾客和社会提供优质服务的意识，满足受众的需求为其经营理念，着重强调顾客是上帝。这种模式在许多服务型行业、娱乐业都很常见。例如，中国电信的"用户至上，用心服务"。

4. MI 的实施原则

企业理念通过对贯穿于生产经营全过程的基本风貌、传统习惯、经营伦理学等基本特色或获得成功的基本经验的高度提炼，反映企业的性质、企业的能力、企业的文化价值，对内作为企业经营的指导思想，实现对企业员工行为的调节和规范，增强企业员工的凝聚力；对外使企业富有统一性，展示易于识别的个性。因此，其语句上要求合乎语言规范，语意要明确，含义要清楚，能体现产品及行业特点，同时，又要求新颖独特，防止千篇一律。

5. MI 的传达

确定了企业理念的内容之后，还要考虑采取怎样的形式对内对外传达更有效。在表达形式方法上可以多种多样，通过多角度、多层次、多途径反复多次的传递企业的理念识别信息。大体说来，常用的有以下几种。

（1）企业口号。企业理念最常见的一种形式，就是将其概括成一句精粹凝练、通俗上口的带纲领性和鼓动作用的简短句子。例如，阿里巴巴的"让天下没有难做的生意"；腾讯的"通过互联网服务提升人类生活品质"。

（2）企业歌曲。有些企业将自己的企业理念谱写成歌曲，在员工中广泛传唱，既可以利用歌曲慷慨激昂的旋律达到鼓舞干劲的作用，又可以借助优美动听的歌词传播企业信息。

（3）企业标语。企业标语也是具有宣传鼓动作用的口号，可以写在横幅、墙壁、标牌、墙报上，陈列于各处或广为张贴。例如，修正药业的"修元正本，造福苍生"。

（4）企业座右铭。本质上是企业信条、企业标语，更是企业领导人所遵循的行为准则，如同箴言、警句、训词。

（5）分层表达。由于企业理念系统比较复杂，包含的内容多样化，往往在一句口号内无法表达完整，因此可以根据对内、对外的不同情况设计多个宣传口号，在不同的领域使用。

（6）广告。用新颖、生动、简洁的语汇在报纸、电台、电视、招贴上宣传企业理念。

（二）行为识别（BI）策划——企业营销形象战略之"手"

企业行为识别，又叫作企业活动识别，是对企业运作方式所做的统一规划而形成的动态识别系统，是企业经营理念、企业精神或文化通过企业的整个经营管理活动的具体反映和体现。它是以经营理念为基本出发点，对内是建立完善的组织制度、管理规范、职员教育、行为规范和福利制度；对外则是开拓市场调查、进行产品开发，通过社会公益文化活动、公共关系、营销活动等方式来传达企业理念，以获得社会公众对企业识别认同的形式。

营销视角 7-2

1. BI 的内容

企业行为识别由内在和外显两大系统构成，内在行为系统包括三个方面。

（1）员工素质教育：帮助员工提高理论、政策、法制、管理水平，帮助职工领会企业经营宗旨、企业精神，了解规章制度。

（2）规范员工行为：主要指员工行为中的岗位职责、职业道德、仪容仪表、礼仪礼貌、工作态度和体态语言等，还包括员工福利制度、激励制度、公害对策、作业合理化等方面统一性和规范化要求。

（3）企业环境：领导作风、精神面貌、合作氛围、竞争环境等人文环境和工作条件等物质环境。

企业行为识别的外显系统是针对市场和公众展开的各种活动的组合，包括以下几个方面。

（1）产品组合：在市场调查和细分的基础上，确定目标消费者和了解消费动向，然后进行产品研发、生产、销售、新产品开发等，并在产品的名称、包装、功能、质量、价格等营销组合方面进行合理规划，重点在于通过提高产品质量来树立良好的产品形象。

（2）服务：无形的产品形式，服务质量也是提高竞争力的有效手段。

（3）广告：产品广告、企业形象是通过传媒对企业和产品的宣传，引起消费者对企业和产品的注意、好感、信赖与合作。公益广告也是一种宣传企业正面形象的有效手段，它不同于一般的企业广告，宣传的是政府倡导如环保、下岗再就业等顺应时代潮流的观点，更易打动社会公众，提升企业形象。例如，福特汽车这样向世人传达关怀：在斑马线上，一位白发苍苍的老人正准备过马路，但车水马龙，谁也不肯停下一会儿，这时画外音响起——"人人都有老时"。这是一则成功的公益广告，虽未直接推销自己的产品，却给人深深的思考，并留下了福特汽车关心他人的企业形象。

（4）公关活动：指通过围绕提升企业形象和产品形象的专题活动、促销活动、展示活动和新闻发布会，以及间接性的公益活动、社会活动和文化活动等，达到提高企业知名度和美誉的目的。例如，蚂蚁森林是支付宝为客户设计的一款公益行动。用户通过步行、地铁出行、在线缴纳水电煤气费、网上缴交通罚单、网络挂号、网络购票等行为，就会减少相应的碳排放量，可以用来在支付宝里种一棵虚拟的树。这棵树长大后，公益组织、环保企业等蚂蚁生态伙伴们，可以"买走"用户在蚂蚁森林里种植的虚拟树，并在现实某个地方种下一棵实体的树。

具体来说，企业行为识别策划应落实到内部识别活动和外部识别活动的细节上。

(1)企业内部 BI 活动,是体现企业文化理念和精神、能够对员工形成影响和互动的员工组织行为,包括对全体员工的组织管理、文化活动熏陶,以及创造良好的工作环境。

①工作环境。一是物理环境,包括光线度、办公室布局、自然环境、营销装饰等;二是人文环境,主要内容有领导作用、精神风貌、合作氛围、竞争环境等。

②人力资源管理活动。领导与员工的关系:尊重领导,服从领导的安排,领导经常要与员工进行沟通,了解员工的生活情况、工作情况;员工与员工之间的关系:团结,信任,协作,竞争;对待新员工的态度:主动帮助新员工了解业务上的常识,帮助解决一些常见的问题;对待有困难员工的态度:主动帮助,尽最大可能地解决困难员工的困难。

③行为规范。这是企业员工共同遵守的行为准则,包括职业道德、仪容仪表、见面礼节、电话礼貌、迎送礼仪、说话态度、说话礼节和体态语言等。

④员工管理行为。这包括企业内部管理中经常发生的、体现企业人本文化的管理行为。例如,考核沟通、员工关怀、辞退面谈、违规处理等。

⑤企业内部文化性活动。这包括企业运动会、共青团组织的青年活动、党支部组织的党员活动以及其他文体活动等。

(2)企业的对外行为识别策划,又称为社会活动识别策划,是企业内部行为识别策划的延伸,即指企业为塑造自身形象而面对社会的一切活动,主要包括市场调查、市场拓展、公共关系活动、广告活动、促销活动、公益性文化活动、产品开发、流通对策、代理商和金融业股市对策等。

2. BI 的内涵

BI 是对企业运作方式的统一规划和企业经营的行动准则,通过对内、对外一系列的实践活动将企业理念的精神实质推展到企业内部的每一个角落,汇集起员工的巨大精神力量。

(1)员工教育是将企业理念贯穿于行为的基础,包括员工的修养、专业技能、态度和动机等。

(2)制度和规范是建立行为识别系统的有力工具,包括决策行为、权力结构、沟通机制、组织发展和变革机制等。红蜻蜓集团认为:制度是企业之"法",法不在于多,关键在于精,精在于行,行在于严;管理要形成体系规范,反对随意性。

(3)卓越的管理是行为识别系统顺利实施的保证,有利于企业的市场开拓、人员的合理配置,实现企业的可持续发展。麦当劳的 QSCV① 标准体系可称得上这方面的典范,无论你走进哪一家分店,你都能得到大小相同的份额、同样口味的食品,看到一样的餐饮服饰,享受到一样的服务,其行动统一性达到了惊人的程度。

3. BI 的功能

(1)通过企业内部的制度、管理与教育训练,使员工行为规范化。

(2)企业依据准则和规范处理企业对内、对外关系的活动,以实实在在的行动体现出企业的理念精神和经营价值观。

(3)通过有利于社会大众和消费者认知、识别企业的特色活动,塑造企业的动态形象,并与理念识别、视觉识别相互交融,树立起企业良好的整体形象。

---

① Q,quality,品质、质量;S,service,服务;C,cleanliness,清洁、卫生;V,value,价值。

4.BI 的表现途径

(1)企业可以通过内部通讯、公告栏、板报、标语、广播、简报、企业报刊、企业形象系统说明书、幻灯片、公司汇报、员工手册、海报、讲习会、公关活动等实现内部的传播与交流。

(2)通过成功地策划"新闻事件"和大型活动、开展广告活动、进行社区交往等形式实现外部的推广。

(三)视觉识别(VI)策划——企业营销形象战略之"脸"

企业视觉识别是对企业的一切可视物进行统一设计、规划、制作和控制,使企业营销形象的表达充分表现个性化和统一化,是理念识别的外在表现。它将企业营销形象战略中的非可视内容转化为静态的视觉识别符号,以无比丰富的多样的应用形式,在最为广泛的层面上,进行最直接的传播。设计到位、实施科学的视觉识别系统,是传播企业经营理念、建立企业知名度、塑造企业形象的快速便捷之途。

1.VI 的内容

视觉识别系统由视觉识别表征企业经营理念所形成的企业形象和视觉识别系统本身的美学、艺术形象交融在一起。视觉识别的内容很多,设计面广,效果也最直接,其构成要素包括两大类:基本要素和应用要素。

(1)基本要素包括企业名称、企业标志或品牌标志、企业标准字和标准色、企业象征图案、企业宣传标语和口号等。其中,企业标志、标准字和标准色是核心要素,他们为其他实际要素的设计提供了基本规则和要求。

(2)应用要素包括事务用品、办公设备、室内装潢、建筑外观、标牌和旗帜、产品造型和包装、广告用品和展示陈列、服装服饰、交通工具和其他对外标识物。

2.VI 的特征

由于人们从外界获得的信息有 83% 来自视觉,因此,VI 是企业营销形象系统中最直观、最具冲击力的部分,被称为 CI 之眼。人们对企业营销形象的认识也是从 VI 开始,早期的企业形象策划主要是 VI 策划,具有外在、直接、具有传播力和感染力等主要特征。需注意,视觉形象不统一会降低企业的信息传递力和形象诉求力。

视觉识别是透过视觉符号的设计统一化来传达企业理念、企业文化、服务内容、企业规范等抽象概念,塑造企业固有的视觉形象来区别其他企业,有效地推广企业及其产品的知名度和形象。当企业视觉识别最基本的要素标志、标准字、标准色等被确定后,就要从事这些要素的精细化作业,开发各应用项目。视觉识别通常以最基本的企业名称的标准字与标志等要素组成单元,以配合各种不同的应用项目。各种视觉设计要素在各应用项目上的组合关系一经确定,就应严格地固定下来,以期达到统一性和系统化。

3.VI 策划的基本原则

VI 策划不是机械的符号操作,而是以 MI 为内涵的生动表述。所以,VI 应多角度、全方位地反映企业的经营理念。其基本原则包括:

(1)风格的统一性原则;

(2)强化视觉冲击的原则;

(3)强调人性化的原则;

(4)增强民族个性与尊重民族风俗的原则;

(5)可实施性原则;

（6）符合审美规律的原则；

（7）严格管理的原则。

（四）MI、BI 和 VI 的关系

1.三者是一个统一的、不可分割的整体

企业营销形象战略是企业对自身的经营理念、行为方式和视觉识别进行系统的革新、统一的传播，以塑造出富有个性的企业形象，从而获得内外人员和组织认同的经营战略。

企业理念是企业的灵魂，只有在理念的指导下才能有方向，才能达到预期的目的，否则就会使行为陷入麻木无序的状态。企业理念识别是整个形象战略的根本依据和核心，对企业营销形象战略的成功起到决定性作用，行为识别和视觉识别的策划必须充分体现企业经营理念的精神实质和内涵。反过来，企业的理念也要靠具体的、可执行的行为标准和可视化的形象来展现。视觉识别可以用生动具体的视觉形象来表现抽象的企业理念和个性，是整个形象系统中最直接和最有感染力的传播力量。但再美的视觉符号系统，如不能表现企业理念和个性形象，也只能是艺术品而已。一味追求哗众取宠的表面包装，美丽动人的视觉传达，但缺乏企业的精神支柱，向社会和公众传达企业的虚假情报，终究只会造成负面的影响，有的甚至危害企业的命运。

2.必须内外结合

企业营销形象战略不是单纯的企业标识等外部表象的塑造，它涉及企业高层决策者的理念精神和各部门的行为规范。因此，CI 战略内涵的系统性，必然导致 CI 战略导入和实施的复杂性和整体性。

（1）CI 战略的策划，必须以企业内部力量为主，组成 CI 策划小组，借助企业外部的专业策划公司、咨询公司、大专院校等力量，共同搞好策划。

（2）企业营销形象战略的实施和落实不能仅靠企业高层领导的意志和行为，更不能仅靠企业广告部门和公共关系部门的对外宣传活动，要通过全体员工的共同努力实践才能取得成功。企业的经营哲学、精神文化、传统风格等，要通过全体员工的行为来加以体现，也只有变为全体员工的自觉行为，规范化的内部管理制度，才能得以合理的贯彻和落实。

（3）企业理念精神、行为规范及企业标识等信息的传播，不仅仅要借助大众广告媒体，还要通过企业内部的办公用品、交通工具、服饰、办公室内设计、包装系列、企业建筑物、企业公益活动等非大众媒体进行传播。

3.要与企业其他活动结合起来

企业要改变传统的生产观念和产品观念，修正单纯的市场观念，将企业营销形象战略实施与企业的其他活动结合以来，共同塑造良好的企业形象。

同时，现代的企业营销形象战略随着市场的发展和企业的实践已进一步发展出环境识别、店面识别、听觉识别、数字化企业形象及互联网识别、商业应用等内容。

三、企业营销形象策划程序

（一）确定企业营销形象策划的战略目标

战略目标是制定企业营销形象战略的依据。

1.巩固现有的企业形象

对于具有良好企业营销形象的企业，战略重点应该是保持、完善和提升现有企业形象。良

好企业形象的表现有：

(1)经营者素质高；

(2)产品信得过；

(3)价格合理；

(4)服务热情周到；

(5)为顾客着想；

(6)居行业领先地位；

(7)诚实、可靠、可信、效率高。

2.改善企业形象

对于形象较差的企业，必须针对企业存在的问题及症结经过长期的、循序渐进地塑造形象，从内部到外部彻底改变社会公众对企业的看法。企业消极形象的表现有：

(1)服务质量差，不友好；

(2)产品质量差，伪劣产品多；

(3)价格不合理；

(4)经营不善，没活力，脏、乱、差；

(5)不讲社会公德，不堪信任等。

3.重新塑造企业形象

对于缺乏特色、形象模糊的企业，必须突出企业定位和优势，重塑新的企业形象。

(二)确定企业营销形象定位

企业营销形象定位是指企业在公众心目中的地位，分为企业定位、市场定位、产品定位三部分，各有侧重又密切相关。

(1)企业定位是企业在社会公众心目中形成的总体形象和地位。如麦当劳是为消费者提供快餐食品及相关服务的企业；沃尔玛是零售业中的领先者。

营销视角 7-3

(2)市场定位是在现有业务范围内，根据消费者的需求、竞争者定位及自身的实力所确定的经营对象和经营风格定位，这种定位决定消费者或社会公众怎样认识产品或企业。如王老吉定位为功能型饮料以区别于其他饮料。

(3)产品定位是产品在目标顾客心目中的形象和地位，是根据目标市场的需求偏好所确定的企业产品的独特形象和地位。如潘婷定位为头发营养专家。

(三)选择和确定企业营销形象的战略计划及行动方案

根据企业定位，策划表现良好企业形象的有关战略及内外活动计划。

(1)根据企业形象塑造战略目标要求及其定位，制定出长期战略和短期战略。

(2)制订企业形象计划的实施方案和管理办法。

(3)确定各项活动的具体方式，所需时间及日程表、经费，各项活动的负责人及主办、协办单位等。

(四)实施导入

企业营销形象战略是一项周密、复杂、系统的长期发展规划。作为一项系统工程，必须按照一定的规则，循序渐进地展开作业，才能达到预期的目标。

(1)准备计划。以公司最高负责人为中心成立筹备委员会,明确导入企业营销形象战略的理由,了解实施的意义和目的,确定只改变企业标志等视觉要素呢,还是要彻底、重新改变整个企业的理念。然后,决定委托哪一家 CI 专业机构或专业公司从事具体的实施工作。

(2)现状分析,包括企业内部环境和外部环境。企业内部营销环境的分析必须进行实地调查,与企业最高负责人面谈,和各部门负责人面谈,与员工面谈,企业形象调查,视觉识别审查等,找出公司目前存在的问题,为下一步的 CI 作业指明方向。企业外部营销环境的分析是针对社会环境、市场环境和其他竞争企业形象的分析等,以掌握本企业在同行业中的地位,探讨企业今后的发展方向。

(3)企业理念和事业领域的确定。根据上述现状的把握,以企业的经营意志和社会、市场背景为基础,确定出 10 年后或 20 年后的事业领域,预测企业理念、企业活动未来发展动向。

(4)整合企业结构。根据企业理念、事业领域来检讨企业内部结构,设定企业内部组织和体制以及信息传递系统,以形成新的企业体制。

(5)整合行动识别、视觉识别。行动识别方面,可积极地推行内部促进运动,展开企业理念的贯彻实施计划,使企业整体的行动高度科学化、规律化、规范化和操作化。视觉识别方面,企业在视觉媒体的表现上也必须加以整合,保证信息传递的效率化和媒体制作的效率化。此阶段的工作可细分为基本设计要素的开发、应用设计系统的开发、实施设计和实施各系统的开发等几个阶段。

第三节　企业营销形象战略的发展及应用

一、企业营销形象战略的发展

企业营销形象战略产生于市场经济的土壤,作为一种企业参与市场竞争的有力工具,在不同发展时期、不同的国家和地区,实施的方法和目标有所不同。各国根据自己的实际情况形成了独具特色的典型模式,学术界有欧美型企业形象战略和东方型企业形象战略之说。

(一)欧美 CI 战略的发展

企业营销形象战略发轫于西方。1956 年,IBM 公司通过视觉冲击力体现公司的开拓精神、创造精神和鲜明个性,将公司全称"International Business Machines"减缩为"IBM",并设计出以蓝色为标准色的八线条标识,象征着"前卫·科技·智慧",通过提供优质服务等各方面的努力,一举成为世界闻名的"蓝色巨人"。随后,欧美许多公司纷纷仿效 IBM,通过实施企业营销形象战略提升经营业绩。有"美国国民共有财产"之称的可口可乐公司,1970 年设计了红色衬底上的白色 Coca-Cola 企业标识,使该公司的市场占有率得以迅速扩大,并在公众心目中确立了美好的企业形象。可口可乐企业营销形象战略的成功掀起了企业界导入 CI 的热潮。

欧美企业文化强调:①效率。处处体现实用主义,以效益为价值标准,特别强调生产效率、利润指标。②创造力。非常重视个人能力的发挥,把个人创造力看作是个人自由的发展动力。③责任心。强调个人荣誉感。

因此,欧美 CI 模式主要是企业标识的设计和策划,以视觉形象设计为主,有三个特点:

(1)主要是通过对企业视觉识别(VI)的标准化、系统化设计规范,尤其强调标准化。

(2)尽管欧美也强调理念设计,但更注重企业管理的因素,偏重于理性制度条规的管理。

(3)从管理角度看,比较系统、规则化、便于操作。

（二）日本 CI 战略的发展

受第二次世界大战的影响，20 世纪 80 年代后期日本将企业的文化和理念与企业的视觉符号结合起来，使得企业形象的塑造理念得到了推广，掀起了第二次企业形象战略革命热潮——企业文化战略革命。日本最早且又较完整开发 CI 战略的企业是 1970 年的东洋工业公司，后更改为马自达（MAZDA）汽车公司，为日本企业识别系统树立了典范。1971 年，日本第一银行和劝业银行合并为日本第一劝业银行，并通过企业营销形象的策划，成功地把其新形象推销给国内外的公众。之后大批企业纷纷进行了策划实践活动。20 世纪 90 年代后，日本消费市场上商品的价值判断，从"重、厚、宽、大"转为"轻、薄、短、小"。这种针对日本地域环境与风土民情所衍生出来的商品观念改革，不仅促使企业界强调"产品力"的开发研究，同时对于"形象力"的塑造与诉求也有所改变。企业标志从过去烦琐复杂的图案转向单纯简洁的几何抽象造型，体现了企业向理智、科技、现代的时代精神发展的趋势。

日本企业在导入企业营销形象战略时，不仅吸取了欧美国家的长处，同时融合了日本民族文化和管理特色，创造了具有本民族特色的模式。不仅强调视觉识别的标准化、系统化，而且重视理念识别、行为识别、视觉识别的整体性作用，追求完整地传达企业的独特经营理念和特色，并上升到企业经营管理和企业文化建设的高度，最终达到使社会大众识别、建立良好企业形象的目的。

日本 CI 模式有三大特点，具体如下。

(1)强调企业理念为中心，并把概念性的抽象理念转变为独特的行为模式与具体可见的视觉形象，在统一的企业理念指导下，对内整合和强化全体员工的归属意识，对外整合传播企业良好的产品形象、品牌形象、市场形象和企业形象。它强调企业形象的一致性和整体性，企业的经营者可以变化，但继承和培育这种企业经营的宗旨不变，并将其视为企业生存的根本。

(2)具有人性管理精神，整个战略系统的设计偏向于以人为本。

(3)注重企业实际的调查研究以及企业开发经营、发展等未来趋势走向与策略的长期规划，因此从企业策划到导入耗费的时间较长。

（三）东西方模式的比较

欧美型企业营销形象战略以视觉为中心，强调视觉对社会公众的冲击力，称为外塑型。在实施企业营销形象战略时，欧美型往往按照"VI—BI—MI"的顺序进行操作，即以视觉形象作为战略导入的切入点和重点。首要的标准是视觉上的动感和美感及其所带来的冲击力，而对其内蕴则置于第二位，最后才是理念。

东方型企业营销形象战略作为企业经营战略对待，塑造文化型或内塑型的企业形象。东方型企业营销形象战略强调企业形象与企业文化的结合，传达企业的文化内蕴，包含观念、道德、精神、共识、追求、情感、审美、价值观等内容，由一般的技术引向企业营销战略的高度。东方型企业营销形象战略的操作顺序是"MI—BI—VI"。东方型企业营销形象把理念的确定作为企业营销形象战略导入的切入点和重点，然后围绕理念识别系统谋划企业行为和视觉表达。

二、企业营销形象战略在中国的发展

（一）引入期

20 世纪 90 年代初，企业形象这一概念传入我国大陆，当时买方市场尚未形成，众多的企业仍在计划经济的框架中，企业自主权少，企业营销形象的作用还没有被大多企业认识。1984

年,浙江某高校从日本引进了一套 CIS 资料作为教材使用,而后各大美术学院纷纷在平面设计、立体设计等教学中增加了 CIS 视觉设计的内容。广州美术学院设计系最先把 CIS 从教学走向实践。广东太阳神集团有限公司成功地导入 CI 战略,使公司在短短的五年内由一个普通专业厂发展成为产品多元化、经营多角化的跨国企业集团,其产品覆盖中国大部分市场及东南亚地区,总产值从 1988 年的 520 万元发展到 1992 年的 12 亿元,国内保健品市场占有率高达65%。它的企业标识以冉冉升起的太阳为背景,一个醒目的"人"字表明了企业以人为本的经营理念,人字下面有 APOLLO 几个英文字母,很好地向消费者传递了诸如产品、经营理念、经营者的创新思想等企业信息。太阳神集团公司导入 CI 成功的探索,被理论界称赞为"中国特色的 CIS 经典",开创了我国企业导入 CIS 的先河。之后,如新能源、第一投资公司、健力宝、燕舞集团、四通集团、北新集团、深圳华源等大中企业也纷纷导入 CI,呈现出百花齐放的态势。但遗憾的是,这些企业仅停留在 VI 上,没有更深层次地向 MI 和 BI 进军,成为引进企业营销形象战略初期中国企业的通病。

(二)喧嚣期

20 世纪 90 年代中期,企业形象策划成了企业界、学术界、策划界的热门话题,刮起一股 CI战略旋风,策划公司如雨后春笋,许多广告公司、咨询公司也新增了 CI 策划业务。在这一时期,实施企业营销形象策划成为企业界的一种时髦、跟风,许多企业仅仅制作一本员工行为规范手册和一个企业标识就认为是实施了 CI 战略。

(三)沉寂期

经过喧嚣期后,成功实施形象策划的企业凤毛麟角,于是大家开始怀疑 CI 战略的作用。中国企业既面临着国际企业的挑战,又面临着转换经营机制的驱动,人们的意识虽然有改变,但仍保留着浓厚的传统观念,加之各方面的体制还不是很完善,尚处于企业营销形象战略导入的初级阶段。

(四)中国企业实施企业营销形象战略的误区

(1)重策划,轻战略。西方企业家相信"战略"及其严格的实施方能带来成功,很多企业三分之一的经费都是花在战略咨询上的。而中国企业家信奉"策划",对企业营销形象的塑造不同程度上带有投机意识。企业营销形象无用论、形式论、万能论常在实践中出现,缺乏战略意识。尤其是,大多民营企业规模较小,多认为在起步阶段并不需要明确的企业营销形象,认为整个企业的精力应主要放在生产、开发和市场方面,形象意识淡薄。

(2)重形式,轻内容。一些企业以为完成 VI 设计即是实施了 CI 战略,把企业营销形象战略等同于标志或图案设计,割裂"MI""BI""VI"三者的统一,片面追求广告和视觉的策划。

(3)重规划,轻调查。对形象的资源投入决策随意性强,过分迷信企业营销形象战略的作用,脱离企业实际盲目模仿和追逐潮流。一些企业受成功案例的鼓舞,不顾企业自身的经营情况,形式主义地迎合潮流,盲目模仿他人。三株总裁吴炳新曾说过:"我们的广告费一年投入 3个亿,起码浪费了 1 个亿。"

(4)重设计,轻贯彻。很多企业将营销形象战略的导入停留在纸面上,忽视企业形象的建设和管理。在设计时很重视,但很难将战略落实到具体的企业行为中。这样的企业形象在消费者心目中没有连续不断的沉淀,达不到利于消费者识别的目的。

(5)重眼前,轻长远。一些企业在实施企业营销形象战略时过多考虑非经济因素,急于树立政府和公众的认可,不顾自身的实力和企业长远的发展,使得企业形象塑造时的心态产生了畸形,带来了惨痛的教训。例如,巨人集团拟建造的巨人大厦,从起初的 18 层增至 70 层,预算从 2 亿元增至 12 亿元,最终导致资金周转失控。

(6)高素质的专业人员和服务专业机构严重匮乏。提供 CI 策划服务的专业机构自身素质低下,专业训练不足,他们对 CI 战略的认识和把握不够。

三、中国实施企业营销形象战略的实践

(一)导入的原则和时机

1.导入原则

(1)适时性原则。企业营销形象并不是一朝一夕就能塑造出来的,它需要长时间的积累与培育。加上每个企业的组织结构、经营观点和方针、竞争策略、行销手法都不尽相同,因此,我们不能忽视战略的适应性问题,要配合企业内外环境,适时导入。

(2)民族性原则。每个地区、国家都有自己独特的政治、经济、文化环境,不能禁锢于某一刻板的模式中,一成不变地照搬。麦当劳的"最快、最好、最省"原则体现了美国文化特点,但不符合中国特色。

(3)个性化原则。企业营销形象战略导入和策划必须突出企业及产品的个性,达到与众不同、独树一帜的目的。

(4)统一性原则。在实施中,企业的上下、内外、前后都要保持一致。它包括视觉的统一,也包括理念和行为的统一,以形成规范化、标准化、整体化的指导思想。

(5)易识别原则。各个子系统的策划都要易识别,要求标识易辨认,色调有冲击力,企业精神、广告导语等应易上口、易记忆,企业行为举措易接受。

(6)易认可原则。企业营销形象战略的导入要与社会公众审美要求相适应,要与社会时尚相协调,要与社会信息传媒相沟通。

2.导入时机

(1)内部时机。

①新公司成立或企业合并;

②企业知名度过低;

③企业名称和企业标志陈旧或与其他企业雷同;

④企业实态与企业形象不符;

⑤消除负面效应,纠正企业失态;

⑥解脱经营危机,停滞的事业得以新生;

⑦企业形象不佳,员工士气低落;

⑧创业周年或若干年纪念。

(2)外部时机。

①企业进军海外市场,迈向国际化经营;

②企业改组或人事更迭,经营理念需要重整与再建立;

③新产品开发上市;

④企业扩大营业范围,朝多元化发展;

⑤企业改变经营战略。

企业导入 CI 战略的契机很多,可以在以下时机实施导入:在竞争产品、品牌差异性不明确时;企业宣传出现分歧、管理系统不佳时;起用新的品牌、创造新市场时;以优良的产品品牌确定为企业标志,建立统一化形象时;原来商标品牌纷繁、归并统一、强化形象推广度时;改变企业经营方向,进入另一全新的领域时;建立关系企业共生机制、规划共性信息系统时;兴办公共社会文化和公益活动,提高企业社会地位时。

(二)企业营销形象战略导入的模式

我国企业导入企业营销形象战略应根据企业的发展状况分别采取不同的模式。

(1)预备性导入模式。这是新建企业使用的模式。企业在筹建时,对企业的未来形象进行有目的的设计和策划。新型企业通过企业营销形象策划,一方面通过一致的价值取向和行为规范的确立,实现规范化管理,增强职工的归属感和凝聚力,从而使全体员工心往一处想,力往一处使。另一方面通过对企业的视觉要素标准化设计,有利于实现信息传播的高效率。

(2)扩张性导入模式。这是企业在成长过程中,为了实现资本扩张,把企业带进新的更高一级的发展阶段而导入的模式,是对企业革新换面、脱胎换骨的改造。扩张性企业营销形象战略的导入,最重要的是谋划好企业的战略定位,它是决定企业扩张成败的关键。战略定位的准确,一是来自对企业发展态势的正确评估,二是来自对企业的市场潜力的正确预测。

(3)拯救性导入模式,亦称医疗性导入模式。对于众多传统型企业来说,为了重塑形象、改变旧貌而重新调整经营理念、经营行为及经营者的面貌,以通过企业营销形象战略导入,拯救企业,以维护企业的生存和发展前景。拯救性导入的实质上就是一场深入的企业改革和企业现代制度的建立过程。

(三)导入的策略

(1)科学的企业理念,是塑造良好企业营销形象的灵魂。当前,许多企业都制订了企业理念,显示企业的目标、使命、经营观念和行动准则,并通过口号鼓励全体员工树立企业良好形象。这是塑造企业良好营销形象的一种很有效的形式,对企业的发展能起到不可低估的作用。如苹果公司的"勇于创新"、凤凰网的"开创新视野、创造新文化"等都成为企业长久不衰的重要支撑。

(2)优质的产品形象,是塑造企业营销形象的首要任务。首先,企业要提供优质的产品形象,就要把质量视为企业的生命,把诚信作为企业谋求可持续发展的基本前提。如秦池的假酒勾兑、三株的虚假广告最终使他们走上了不归路。其次,要在竞争中求生存,创名牌。在市场经济中,随着统一、开放、竞争、有序的全国大市场的逐步形成,企业必须自觉地扩大自己的知名度,强化市场竞争,多出精品,使产品在市场中形成自身的优势。同时,要加强产品的对外宣传,富于个性的宣传是塑造企业形象的重要手段。

(3)优美的环境形象,是塑造良好企业营销形象的外在表现。企业要精心设计厂区的布局,严格管理厂区的环境和秩序,不断提高企业的净化、绿化、美化水平,营造富有情意的工作氛围,陶冶职工情操,提高企业的社会知名度,为企业整体形象增光添彩。

(4)敬业的职工形象,是塑造良好企业形象的重要基础。企业职工形象也是企业重要的战略资源,是企业的无形资产。企业的员工是人格化的企业形象,良好的形象可以形成和谐的组织气氛和强大的凝聚力。企业应该按照"以人为本、重在建设、内聚人心、外树形象"的总体要求,坚持不懈地把提高员工的整体形象作为一项战略任务来抓,培养职工干一行、爱一行、钻一行、精一行的爱岗敬业精神;树立尊重知识、尊重人才的观念;创造一种有利于各类人才脱颖而出的环境和平等、团结、和谐、互助的人际关系,从而增强企业的凝聚力、向心力,以职工优秀的业务素质和精神风貌,赢得企业良好的社会形象和声誉。

(5)清正的领导形象,是塑造良好企业营销形象的关键。首先,企业领导干部要不断提高自身素质,既要成为真抓实干、精通业务与技术、善于经营、勇于创新的管理者,也要成为廉洁奉公、严于律己、具有献身精神的带头人。其次,要提高企业领导对企业形象的认识程度,使之成为企业形象建设的明白人。一是企业领导要将自己塑造成具有高品位的素养形象和现代管理观念的企业家,适应市场经济发展的需要。二是要把握好企业发展的方向和基本原则,在学习、借鉴优秀企业经验的基础上,拓宽视野、不断创新。

(6)企业营销形象的准确定位,是企业制定战略的依据。企业在具体的形象塑造过程中,还必须注意企业在不同的形象传播对象中的定位,如在消费者、政府、媒体心目中的形象定位等。通过恰当的定位,企业可以避免在制定营销形象战略时好高骛远,造成企业形象传播与企业实际形象的错位。

(7)全面的形象管理是企业持续发展的保证。企业营销形象战略的导入过程固然重要,管理和维护更是成功的关键。企业要将观念、目标、管理、战略等企业"灵魂"立足于"现代市场经济与国际经贸一体化"的新观念,从深层企业理念到浅层企业标识的管理和维护都要顺应市场的变化,以获得社会心理的认同支持、顺应时代潮流为立足点,根据社会成熟的心理需求和价值导向做出新的调整,要在汲取民族文化精神的同时与时代的先进经营管理相结合,以民族为导向,创造世界名牌。例如,华为作为一个中国的、非上市的、民营的、高科技企业,20年的成长与发展中一直将"坚持均衡发展"作为企业长期坚守的核心价值观,认为企业发展是建立在动态实现功与利、经营与管理的均衡基础之上的,通过持续不断地改进、改良与改善,使企业走上了一条良性发展之路。

本章小结

随着市场的发展变化和竞争加剧、产品生命周期的缩短以及全球经济一体化的加强,企业的成功不再归功于短暂或偶然的产品开发等市场战略,而是企业的核心竞争力。企业营销形象战略的实施为企业形成自己的核心竞争力起了巨大的推动作用。

企业营销形象战略(CI战略)是目前应用最为广泛、可操作性最强的企业形象理论,是指企业的精神与理念的统一、规范、强化,从而形成一个鲜明而强有力的企业营销形象,达到提高企业竞争力的目的,它通过理念共识化、行为规范化、设计整合化三部分形成一个与形象战略定位相一致的有效的企业形象识别系统,使企业更有凝聚力、创造力和生命力。

企业营销形象战略是当今时代企业参与市场竞争的一种重要策略,是有效进行企业管理的一种崭新模式。中国大量的企业在转轨变型中,从计划经济走向市场经济,原有的计划体制下的经营理念、文化观念、思想作风等已经不能适应市场经济的运行规律。因此,导入企业营销形象战略,建立新形象、设计新理念,与市场接轨、与国际接轨势在必行。我国企业在导入和实施这项系统工程中,应立足于本企业的实际,把注重内在修炼、改进管理、加强基础和能力的建设作为核心,逐步加以推进,才能真正增强企业的竞争实力。

思考题

1. 企业营销形象战略是怎样产生发展的？如何正确理解 CI 战略？
2. 企业营销形象策划包括几个阶段？
3. 企业营销形象策划包括哪些内容？
4. 分析比较企业形象战略与市场营销战略。
5. 掌握 CI 战略在企业营销中的应用领域。

案例分析

1988 年退役后，李宁以其姓名命名创立了体育品牌"李宁"。20 世纪 90 年代，国外大牌尚未开始"攻城略地"，国人整体审美品位蓬勃生长，这个具有强烈 IP 效应的品牌，在运动市场占据了先天的优势。

2004 年上市以来，李宁的发展态势一直稳健。最风光的时刻无疑是 2008 年北京奥运会，身穿短袖运动套装的李宁在鸟巢"高空漫步"，点燃奥运圣火的瞬间，不仅将李宁品牌的知名度推到了顶峰，也点燃了消费者对李宁的追捧。2009 年，李宁公司收入 83.87 亿元，在国内的市场份额也首次超越阿迪达斯，坐上了仅次于耐克的"第二把交椅"。其年报披露，2010 年业额达到 94.79 亿元，全国 8000 家店面大街小巷遍地开花，是当之无愧的国产运动品牌老大。

然而盲目的扩张也为李宁留下库存积压的隐患。巨量的老款各地搞大甩卖，直接拉低了李宁的品牌定位。2010 年，以张志勇为首的管理团队提出品牌重塑战略，不仅把耳熟能详的 Logo"一切皆有可能"换成"Make The Change"，还推出"90 后李宁"的概念。为走国际化高端路线，李宁的服装产品涨价 17.9%，还开始进军海外市场，希望李宁向耐克、阿迪达斯等大牌看齐。但换标运动使原有的老标识商品成为库存品，迫使终端门店快速清仓，加重了滞销的局面。产品的设计风格跟不上 90 后的审美水平，原先的 70 后、80 后又逐渐流失，使李宁陷入两边都不讨好的尴尬境地。

张志勇主导的这场转型运动对李宁造成了深远的影响，造成空前的内忧外患局面。2011 年，随着 5 名高管陆续出走，高速增长的问题也逐渐暴露出来。年报披露，2011 年李宁实现总收入 89.29 亿元，同比下滑 5.8%；净利润 3.86 亿元，同比下滑 65.19%。库存金额由 2010 年的 8.1 亿元激增到 11.33 亿元。这些危机使得李宁不得不裁员来缓解资金链的紧张。李宁的国际化战略也屡屡受挫。2012 年，美国旗舰店无奈以关门收场，西班牙授权商破产，香港门店也没逃过噩运。7 月，张志勇为这场转型的失败付出了卸任的代价。随后空降的 CEO、TPG 合伙人金珍君，虽然曾带领达芙妮走出困境，但大刀阔斧的复兴计划没能在李宁身上奏效。2012 年李宁亏损达 19.79 亿元，出现了上市以来的首次亏损。另外，竞争对手安踏却盈利了 13.59 亿元，并以 76.2 亿元的营收超越李宁的 67.4 亿元。自此，李宁国产体育品牌老大的位子易主安踏。

两换 CEO 仍没能改变李宁陨落的现状，2014 年 11 月，金珍君离开李宁后，久居幕后的创始人李宁决定出山重新接管公司。

那场被外界视为失败品的转型运动中，张志勇的两大举措颇有先见之明：一是 2012 年以

10年1亿美金的价格签下NBA球星德维恩·韦德,推出"韦德之道"球鞋系列;二是成为CBA联赛的主赞助商。它们成为新李宁时代品牌崛起的两大王牌。"商业就是一场赌博,投入都是先期的。"李宁曾在接受采访时表示。2015年的CBA总决赛中,李宁设计的冠军T恤被贴上了黑胶带,这欲盖弥彰的黑胶带却炒火了冠军T恤。黑胶带下的"牛B""削他"等字样极具地域特色,瞬间让球迷沸腾了。冠军T恤在寒冬销售火爆,北京地区的李宁专卖店外,大批人群排队购买冠军T恤,一天内销售高达数万件。2016年,李宁跨界合作定制鞋"無界",实现了时尚潮流和地方特色的融合。回归一年,李宁就让公司在2015年实现扭亏为盈。在创新新品的同时,李宁公司也在逐渐调整自己的销售渠道,积极拥抱电商平台。2017年上半年,李宁的门店数量减少了111家,电商占李宁主品牌的收入从12.8%增至18.2%,达7.2亿元,同比增长58%。

2018年2月8日,李宁作为中国第一个运动品牌登上了纽约时装周。这个一度被揶揄为"保守老土"的品牌,在异国的T台上蜕变为潮流先锋:印有"中国""李宁"汉字的卫衣、宽大的红色篮球裤、银色的冲锋衣外套……这些融中国元素与西方风格于一体的运动单品,打破了以往公众对李宁的刻板印象。除了浓郁的中国风,这次时装周的单品中还融入了更多的李宁元素。几件T恤和卫衣,印上了这位体操王子征战赛场的几个精彩瞬间,颇有向往昔辉煌时代致敬的意味。

李宁在纽约时装周上的爆红并非没有先兆。随着品牌定位的逐渐清晰,李宁公司不断破除以往保守老旧的产品形象,这次海外亮相则是一种更加聚焦式的曝光。李宁方面表示,近几年品牌在坚持中国原创和创新的基础上,升级产品的研发与设计,将中国文化在潮流运动的基础上进行了更加现代的演绎,"我们的'韦德之道''Bad Five''悟道''悟空''溯'等系列在年轻消费者中有很好的口碑"。未来仍旧会延续李宁品牌的DNA,"李宁在专业运动领域有绝对的发言权,对运动潮流方面也有独到的见解。对于我们来说,做好'中国李宁'更重要"。

资料来源:AI财经社.李宁在美国改走时尚范[EB/OL].(2018-03-04)[2020-03-01].https://baijia-hao.baidu.com/s?id=15939653249996911899&wfr=spider&for=pc.

问题讨论:

1. 准确的企业营销形象战略定位对李宁公司开拓市场有什么重要意义?

2. 概括分析李宁新的企业营销形象。

3. "中国李宁"的CI战略对中国体育用品企业有什么样的启示?

第八章
目标市场营销战略

学习要求

◆ 了解：市场细分、目标市场及市场定位的基本含义。
◆ 掌握：市场细分的标准和条件，目标市场营销战略。
◆ 熟悉：目标市场选择方式、市场定位方式。

导入案例

三只松鼠股份有限公司成立于 2012 年，公司总部在安徽省芜湖市，它是中国第一家定位于纯互联网食品品牌的企业，也是当前中国销售规模最大的食品电商企业，其主营业务覆盖了坚果、肉脯、果干、膨化等全品类休闲零食。"三只松鼠"及三个松鼠形象"松鼠小酷""松鼠小美""松鼠小健"在消费者群体中享有较高的知名度。从当初一个小品牌发展成为如今中国销售规模最大的食品电商企业，三只松鼠从细分做起，最终成为大众品牌。

细分品类，只做坚果类的老大。三只松鼠在成立之初，目标和定位就是非常明确的，其只做坚果这个类目，而三只松鼠的品牌形象跟这个定位也是非常切合的：松鼠爱吃坚果。拟人化的形象加上第一家做坚果品类的商家，让很多的消费者都记住了它。其实消费者对于细分品类的这种需求，来自消费升级，大众对零食的要求已经不仅仅满足于单一的品类，而是趋向于多元化，只做垂直领域，会让很多消费者认为这个品牌是该领域的专家，对于树立品牌形象是非常好的。

三只松鼠在目标市场的选择上抢占了市场先机。当时的"80 后""90 后"年轻消费群体已经渐渐从瓜子等休闲食品转变为热爱坚果类产品，而坚果又是一个相对来说门槛比较低的初加工产品，三只松鼠抓住互联网机遇，在前端营销上下了很大功夫，采用直接、低价的方式，去赚人气、赚口碑，使得消费者很容易接触并接受这个品牌。后期针对新顾客打低价，老顾客看品牌，采用品牌效应，利用情感营销再慢慢回本。

在品牌形象方面，三只松鼠采用了萌态十足的松鼠作为品牌的 Logo，在和顾客沟通时，借用松鼠可爱的口吻来热情为顾客购物，简直毫无违和感，并且十分接地气，深受顾客喜爱。在品牌定位方面，其定位为互联网的坚果品牌，这是为了区别于线下一切坚果的品牌；同时三只松鼠也十分创新，凭借"森林系""慢食快活"等宣传语，深受消费者的认可；并且其落实在细节的人性化服务，大大超过了顾客的预期。

从三只松鼠的案例来看，更多的中小型企业应该把目光投向细分品类，先做精，再做强，最后再做大。这样才能最大限度地规避激烈的市场竞争,在小而美的领域中,发挥自身的价值。

资料来源:三只松鼠[EB/OL].[2020-03-01].https://baike.baidu.com/item/三只松鼠.

由于市场顾客需求的异质性和营销者资源的有限性,任何企业都无法满足市场顾客的全部需求。营销者只有把整体市场划分为若干个不同群体,并从中找出自己为之服务的目标市场,并制定有针对性的营销战略和策略,才能取得理想的营销绩效。这个管理过程就是目标市场营销过程,它由三个部分组成:一是市场细分(segmentation),即选择细分变量,将一个整体市场划分为若干个不同的购买群体,并描述他们的轮廓特征;二是目标市场选择(targeting),即企业在市场细分的基础上选择适合自己经营的细分市场;三是市场定位(positioning),即为了适应顾客心目中的某一地位而设计企业的产品和营销组合的行为。我们经常将目标市场营销战略称为STP战略。

第一节 市场细分战略

一、市场细分战略的产生和发展

(一)市场细分的概念

市场细分也称之为市场区划、市场分片、市场区隔化,是现代市场营销学中的一个重要的概念。所谓市场细分就是营销者通过市场调研,从区别消费者(生活消费者、产业用户)不同需求出发,根据消费者需求和购买行为的明显差异性,并以此作为标准将整体市场细分为两个或更多的具有类似需求的消费者群,从而确定企业目标市场营销的过程。在市场细分下,每一个消费者群就是一个子市场,亦称"子市场"或"亚市场"。每一个子市场都是一个由有相似需求的群组成的,当然每一个子市场之间的需求是不同的,其差异性很明显。市场细分就是一个以求大异存小同的原则把整体市场进行分片集合化的过程。

市场细分理论最早是由美国营销学家温德尔·斯密于1956年在《产品差异和市场细分——可供选择的两种市场营销战略》一文中提出,它不仅是一种理论抽象,而且具有很强的实践性,它顺应了第二次世界大战后美国众多产品由卖方市场向买方市场转变的新趋势,是企业营销思想的新发展,该理论一经提出,就给理论界和企业界带来了巨大的影响。

(二)市场细分战略的产生和发展

市场细分的产生和发展经历了以下几个主要阶段。

1.大量营销阶段

早在19世纪末20年代初,西方经济发展的中心是速度和规模,企业市场营销的基本方式是大量营销。所谓大量营销,就是企业面向所有的购买者,通过大量生产、大量分配销售、大量宣传推广单一产品,以吸引所有消费者购买的一种营销方式。这属于在典型的生产观念指导下的企业营销行为。例如,可口可乐公司早期只生产一种饮料,并用它针对整个饮料市场,以满足所有消费者的需求。

2.产品差异化营销阶段

在20世纪30年代,发生了震撼世界的资本主义经济危机,西方企业面临产品产能过剩问题,市场迫使企业转变经营观念,营销方式开始从大量营销阶段转变为产品差异化营销阶段。

所谓产品差异化营销是指企业生产和销售两种或两种以上不同式样、花色和规格的产品,或是生产经营与竞争者不同的产品,使消费者有充分的自由选择权。但这种差异化并不是专门针对某类消费者的不同需要而设计,不是在市场细分基础上实现的,而是企业根据自己的生产经营特点来决定的。例如,福特公司从"只生产黑色汽车"到生产多种类型的车型的变化,就是产品差异化阶段。

3.目标营销阶段

20世纪50年代以后,西方科学技术发展迅速,生产力水平大幅提高,产品日新月异,生产和消费的矛盾凸显。于是市场迫使企业再次转变经营观念和经营方式,由产品差异化营销转变为目标市场营销。所谓目标市场营销是指企业在市场细分的基础上,选择一个或几个细分部分作为目标市场,针对目标市场的需要开发产品和制订营销计划。如日本丰田汽车进入美国市场就采用了目标市场营销,通过对美国市场进行细分,发现未满足的需求,然后推出自己的产品,并成功进入美国市场。

市场细分理论的产生,使传统观念发生了根本的变革,在理论界和实践中都产生了极大的影响,被西方理论家称为"市场营销革命"。在我国改革开放的40多年期间,以上三种营销阶段都不同程度地存在,但随着消费需求的变化和企业竞争的加剧,差异化营销和目标营销将成为主导潮流和必然趋势。

(三)市场细分的作用

在现代激烈竞争的市场环境下,市场细分的作用表现在以下几个方面。

1.有利于企业分析、发现、挖掘新的市场机会

企业的营销人员通过市场调查和市场细分,可以有效地分析和了解各个消费者群的需求满足程度和市场上的竞争状况,包括:发现哪类消费者的需求已经满足,哪类满足不够,哪类尚无适销产品去满足;发现哪些细分市场竞争激烈,哪些较少竞争,哪些尚待开发。而满足程度低的市场部分,通常存在着极好的市场机会,结合企业资源状况,可以从中形成并确立适宜自身发展的目标市场,并以此为出发点设计出相应的营销战略,便有可能迅速取得市场优势地位,提高企业营销能力。例如,可口可乐公司推出"酷儿"饮料时,就进行了市场细分,发现市场中没有满足儿童需求的健康饮料,因此推出"酷儿"一系列饮料并进行宣传,最终取得了很好的效果。

2.有利于中小企业开拓市场

中小企业的总体实力低于大企业,为了生存,中小企业要在大企业的夹缝中寻求发展。而进行市场细分,拾遗补阙是很有必要的。中小企业细分市场的目的是挖掘适合本企业优势而大企业又不愿顾及的市场机会,并确定目标市场,从而获得生存和发展的机会。例如,奇瑞"QQ"汽车的推出,就是奇瑞公司通过市场细分而发现的市场机会,"QQ"的推出及成功为奇瑞后来的发展奠定了基础。

3.有利于企业优化资源,提高竞争能力和经济效益

现代营销理论认为,只有企业的服务对象明确,才能做到有的放矢。因此,企业在市场细分基础上实现目标营销,可以把有限的人力、物力、财力资源集中使用于一个或几个细分市场,扬长避短,有效地开展针对性经营,避免分散力量,从而为获取投入少、产出多的经济效益奠定了基础。例如,微软公司主要致力于桌面操作系统市场,占据了大量的市场份额,几乎市场上出售的大部分计算机都预装了微软的Windows系统。

4.有利于满足现有社会消费需求的变化并创造新的需求

消费者需求是一个不断变化的动态过程,当消费者需求发生变化时,企业通过细分市场,就可以认识新的消费需求,发现营销机会,开发新产品,更好地满足细分市场消费者的需求;同时通过市场细分,可以发现新的机会,进入蓝海市场,创造消费者的需求,这样不仅有利于竞争过程中的有序化和持久性,也有利于整个市场竞争环境的优化。

二、市场细分的客观依据和层次

(一)市场细分的客观依据

市场细分的客观依据是同类产品消费需求的多样性。从需求状况角度来看,产品的市场可以分为同质市场和异质市场两种类型。同质市场是指消费者对某一产品的需求、购买行为等具有基本相同或相似的一致性;异质市场是指消费需求、习惯、购买行为具有差异性。目前绝大多数市场都是异质市场,这些异质市场的差异使市场细分成为可能。

(二)市场细分的层次

在大部分市场已经从卖方市场转变为买方市场的环境下,许多知名的公司都已成功开展了市场细分战略,如宝洁公司针对不同细分市场推出的飘柔、海飞丝、潘婷、沙宣、伊卡璐等洗发水,在市场中取得了巨大的成功。因此,在大众化营销变得越来越难时,企业需要分众化营销甚至定制营销。

美国市场营销学家菲利普·科特勒在总结企业实施市场精细化经验后,提出"市场细分层次"这个概念,即市场细分随着精细化程度的提高而呈现四个层次:细分、补缺、本地化、个别化。

1.细分营销

在这种细分层次下,市场上的消费者组成大量可识别的各种群体——细分市场片,在这些群体中,购买者的欲望、购买力、地理位置、购买行为和购买习惯等各不相同,同时,企业并没有把每个顾客细分出来,为其量身定制产品。因此,这个细分层次是介于大众化营销和个别化营销之间的细分。如"七匹狼"休闲男装和商务男装就是将男装市场简单细分而得到的。

2.补缺营销

相对于市场细分所确定出的较大群体而言,补缺是在更小方面确定一些群体,这类群体一般是一个细小的市场并可能为大企业所忽略和放弃。细分营销市场相当大并且吸引大量竞争者,而补缺市场比较小,只吸引一个或少数竞争者。通常确定补缺市场的方法是把细分市场再细分,或确定一组有区别的为特定利益组合在一起的少数人。如九阳公司只生产小家电,并在这个市场取得了很好的业绩,它使用的就是补缺营销。

3.本地化营销

在企业的市场区域范围越来越广的情况下,越来越多的企业采用地区和本地化营销的方式。企业本地化营销主要是考虑了地区之间生活方式和需求的差异性,满足了不同地区的差异性需求。但本地化营销减少了规模经济效益,增加了制造和营销成本。例如,阿里巴巴集团旗下的阿里本地服务公司是本土化营销和数字化的结合。

4.个别化营销

市场细分再进一步划分就进入最后一层——个人,这类营销被称为"定制"或"一对一营销"。随着计算机技术、互联网技术、机器人生产技术等的发展,消费者的定制需求被满足的可能性越来越大,定制营销已经成为可能,并且也成为一些企业的营销战略。如戴尔公司计算机的定制服务。

三、市场细分的标准

(一)消费者市场细分的标准

消费者市场细分的变量通常有地理、人口、心理、利益及使用率等变量。营销人员可以采用单一变量对消费者市场进行细分,如人口中的年龄;也可以同时采用几个变量进行细分,如人口变量再加上地理变量或

延伸阅读 8-1

心理变量等。单变量细分的结果往往没有多变量准确,但它比较简单。因此,企业可以根据自身特点来确定细分变量的多少。

1.地理细分

地理细分就是企业按照消费者所在的地理位置以及其他地理变量(包括城市、农村、地形、气候、交通运输等)来细分消费者市场,具体变量包括国家、地区、地理方位、城市规模、气候、人口密度等变量。地理细分的主要理论依据是:处在不同地理位置的消费者,他们对企业所采取的市场营销战略,对企业的产品价格、分销渠道、广告宣传等市场营销措施有不同的反应。但地理细分是相对静态的变量,处于同一地区的消费者对于某一产品的需求可能会有很大差异,因此,还必须同时依据其他因素进行市场细分。

2.人口细分

人口细分就是企业按照人口变量(包括年龄、性别、收入、职业、教育水平、家庭规模、家庭生命周期阶段、宗教、种族、国籍等)来细分消费者市场。

营销人员使用各种各样的术语去表示不同的年龄群体,如新生儿、婴儿、学龄前儿童、幼儿、青少年、青年、中年、老年等,不同年龄段的消费者有不同的市场需求,企业可以根据年龄来细分消费者市场。像服饰、化妆品、个人护理项目、杂志、珠宝以及鞋类等产品的营销人员通常使用性别来细分市场。收入是市场细分中所使用的非常多的人口变量,因为收入水平会影响消费者的欲望并决定他们的购买能力,包括汽车、房屋、服装等很多市场都用收入来进行细分。性别、年龄和收入这些人口因素通常并不能完全解释消费者的购买行为的不同,因此,家庭生命周期也是人口细分过程中可以使用的变量。

3.心理细分

心理细分就是按照消费者的生活方式、个性等心理变量来细分消费者市场。心理因素十分复杂,包括生活方式、个性、购买动机、价值取向以及对商品供求趋势和销售方式的感应程度等变量。

生活方式是指人们对工作、消费、娱乐等的特定的习惯和倾向性。不同的生活方式会产生不同的需求偏好,根据消费者生活方式的不同,可以将消费者划分为不同的群体,如"传统型""新潮型""节俭型""严肃型""活泼型""爱好家庭型""乐于社交型"等。

由购买动机细分市场,也是心理细分的常用方法。购买动机是一种引起购买行为的内心

推动力,不同的心理因素会产生不同的购买动机,购买动机中普遍存在的心理现象有求实心理、求安心理、爱美心理、求新心理等。

4.利益细分

利益细分就是企业按照消费者购买或使用某种产品所追求的利益来对消费者进行分类的市场细分过程。

利益细分与其他细分方式不同,因为它是以消费者的需求或欲望为基础来将潜在的消费者进行细分。通过考察与人们所追求利益相关的人口统计信息,营销人员就可以描绘顾客需要。如针对手机的需求,不同消费者考虑的利益点就不同,有的追求品牌、有的考虑功能、有的以价格为首选目标,因此,利益细分在消费者市场细分时使用的比较多。

5.使用率细分

使用率细分是指通过购买或消费产品的数量来划分市场。一般会包括以下这些类型:初次使用者、轻度或不定期使用者、中度使用者、重度使用者等。用使用率细分可以使营销人员将营销力量更多地投入到中度使用者身上,培养顾客使之成为重度使用者是很多企业的营销目标。

80/20法则(80/20 principle)认为20％的顾客产生80％的需求,因此很多企业都对消费者有不同程度的细分并且区别对待,如企业的"VIP"客户或大客户等。

(二)产业市场细分的标准

尽管营销人员对消费者市场关注的比较多,但实际上营销人员也经常要对产业市场中的商业客户进行细分。产业市场一般由以下几个主要的细分市场组成:生产者市场、转卖者市场、政府及机构市场。细分消费者市场的标准,有些同样适用于产业市场,如用户所处的地理位置、用户所追求的利益、用户的使用频率等因素。由于产业市场的特点和消费者市场有所不同,因此,产业市场的细分标准还有部分区别。

1.用户的行业类别

用户的行业包括农业、食品、纺织、机械、电子、汽车、建筑等行业。用户的行业不同,其需求也有很大的差异。如同样是钢材,建筑业和机械业对产品的性能、规格、质量的要求就不同。因此,营销人员可以根据用户行业来进行细分。

2.用户规模

用户规模也是细分产业市场的一个重要变量。用户规模可以包括大型、中型、小型企业等,不同规模的用户,其购买力、购买批量、购买频率等有所不同。

3.用户购买状况

用户购买的主要方式有直接重购、修正重购、新购等。不同购买方式的采购程度、决策过程不太相同,因此可根据购买状况来进行细分。

消费者市场和产业市场细分标准的比较如表8-1所示。

表 8-1   消费者市场和产业市场细分标准的比较

消费者市场细分标准	产业市场细分标准
地理因素,如国家、地区、气候、市场规模、邮政编码	地理因素,如国家、销售覆盖面
人口因素,如年龄、性别、收入水平及教育水平、家庭情况(家庭生命周期阶段、孩子数目、婚姻状况)	人口因素,如公司规模、资金进出量
行为因素,如接触何种媒体(杂志、电视、网络、电影)、忠诚度、购买频率	公司类型,如建筑公司、非营利性企业、零售商、学校、医院
态度,如意识、涉入度、价格敏感度、风险承受能力、价值便利性、寻求威望的倾向	态度,如价格敏感型、风险承受能力、企业文化、营利性

四、有效市场细分的条件

细分市场有各种方法,不同的企业面临的市场也有所不同,要使细分成为有效和可行的,所选择的细分市场必须具备以下几个条件。

(一)可衡量性

可衡量性是指该细分市场的有关数据资料可以衡量或推算,如购买力的大小、人口的规模、需求的类型等都可以通过调查或推算得到。企业的营销人员细分市场后,要识别细分市场的相关数据,要分析细分市场上现有的数据,并且要通过调查得到相关的顾客的信息、竞争者的信息等,这样有助于企业分析细分市场,然后做出选择。因此,只有当细分市场上相关的资料可以通过不同途径得到时,这样的细分市场才是比较有效的。

(二)可盈利性

可盈利性是指该细分市场要达到足以获得利润的程度,并且具有一定的发展潜力,这样的细分对企业而言才是比较成功的。虽然大多数营销人员都会对细分市场的规模感兴趣,但实际上规模大小与盈利性没有直接关系。细分市场规模大小仅仅意味着顾客数量的多少,但盈利性却是一种更精细的信息,包括顾客购买频率、购买金额、价格敏感性以及细分市场的稳定程度和增长潜力等。因此,营销人员应结合顾客数量和盈利信息评价细分市场的价值大小。如果营销人员对小型细分市场非常关注,并且很好地满足这个细分市场顾客的需求,那么小的细分市场也可能是高盈利性的。

(三)可进入性

可进入性是指企业细分的市场对于企业目前的情况而言是不是可以进入,这主要是根据企业目前的人、财、物以及技术等资源来进行分析的。营销人员在细分了市场后,还要结合企业自身的条件来分析细分市场是否适合企业的目标、资源条件等方面,有些细分市场从盈利性角度分析可能是非常乐观的,但有可能对于企业自身而言,却是不适合的。

(四)可区分性

可区分性是指对细分出的市场之间的特征加以区分,即各个细分市场具有一定的差异性,且对不同的营销组合因素和方案有不同的反应。如营销人员在对化妆品市场细分时,就要通过年龄、肌肤的类型来细分,并且以此来评价细分市场,因为通过这些变量细分出来的市场对化妆品的需求有更多的差异性。

细分市场不一定要很大,但是要达到具备盈利可能性的规模;同时选择细分市场时必须与企业的能力相匹配。精明的营销人员、精明的企业不是试图抓住整个市场,而是对整个市场进行细分后选择目标市场。研究表明,成功本身也会带来问题,成功可能意味着从更多的顾客身上获得更多的销售额。同时,随着细分市场规模的增大,细分市场内的顾客群体也越来越多趋向于同质化。然而,要服务好这种大的、多样化的细分市场会变得越来越困难。实际上,此时就应该进行新的市场细分研究,重新调整市场细分的标准。

第二节　目标市场选择战略

如果一种产品的市场是同质市场,或者营销者认为该产品的市场基本上是同质的,就没有必要进行市场细分,营销者一般就以该产品的整体市场作为自己的目标市场。目前市场中大部分产品属于异质市场,企业在对市场进行细分的基础上,需要对不同的细分市场进行评估,然后选择一个或几个细分市场作为自己的目标市场,并选择不同的市场营销战略,这就是目标市场选择战略。

一、选择目标市场

目标市场是指企业准备进入的细分市场,或打算满足具有某种需求的顾客群体,是企业为实现自己的目标而要选择的市场。

目标市场的选择是否恰当,直接关系着企业的营销效果以及市场占有率。因此,选择目标市场时,必须认真评价细分市场的营销价值并分析研究细分市场是否值得去占领。

(一)评价细分市场

企业评价细分市场时,必须考虑以下三个因素。

1.细分市场的吸引力

细分市场的吸引力是指细分市场的长期盈利能力和成长性状况。分析细分市场吸引力大小时,可以考虑竞争者的多寡、替代品的存在与否、购买者的数量等。如果竞争对手尚未控制市场,市场竞争还不激烈,且这样的目标市场是企业能够占领的,那么企业应该乘势进入并占领目标市场,在市场竞争中夺取优势;如果市场没有替代品出现,那么企业产品的盈利机会就比较大;如果购买者的数量比较稳定或持续增长,那么企业的长期发展趋势就会比较好。

2.细分市场的规模和增长潜力

细分市场的规模和增长潜力是指细分市场拥有较理想的现实需求和潜在需求,企业进入后可以获得较好的生存和发展机会。只有具有足够的购买力和销售量,目标市场才具有实际意义,才具有开发的价值,使企业有利可图;也只有具有一定的尚未满足的潜在需求和充分发展的潜在购买力,目标市场的开发才能使企业获得发展。

3.企业本身的目标和资源

在评价细分市场时,企业必须要考虑自身的目标和资源是否和细分市场一致,如果不一致,这样的细分市场就要放弃。只有当企业具有进入细分市场的资源并且细分市场符合企业目标时,这样企业才能够充分发挥优势,销售适销对路产品,提高企业经济效益,才能以巨大的优势去占领目标市场。所以,并不是所有的细分市场都可以作为企业的目标市场,企业必须选择一个或一个以上有利于本企业扩大产品营销的市场为营销对象,而不是越多越好。

(二)目标市场选择的方式

企业在对市场进行细分并且对不同的细分市场进行评估后,就可以决定选择进入的细分市场。企业可以选择一个或若干几个甚至所有的细分市场作为自己的目标市场,一般而言,企业可以采用的涵盖市场的方式主要有以下五种。

1.单一市场集中化

这是一种最简单的方式,这种方式是企业将目标市场集中于一个细分市场,生产一种产品,供应某一特定的消费者群,以利于企业在某一特定市场上取得竞争优势。例如,某服装厂只生产儿童服装。选择单一市场集中化一般基于以下考虑:企业具备在该细分市场从事专业化经营或取得目标利益的优势条件;限于资金、能力、只能经营一个细分市场;该细分市场没有竞争对手或竞争对手实力很弱。这种方式主要适用于较小规模的企业或刚进入市场的新企业。如图 8-1(a)所示。

2.产品专业化

产品专业化是指企业将几个细分市场作为目标市场,同时向不同类型的消费者提供某种产品。如格兰仕早期只生产微波炉,并将微波炉销售给家庭、机关、学校等用户。这种方式的优点是企业可以专注于某一类产品的生产,有利于企业发挥优势和树立形象,但局限性是当新领域出现全新产品时,企业的风险会比较大。如图 8-1(b)所示。

3.市场专业化

市场专业化即企业以某一细分市场作为自己的目标市场,向它们提供不同种类的产品。如广西柳工机械股份公司专门向建筑业用户供应装载机、压路机、推土机、起重机等机械设备。市场专业化方式下企业提供的产品类型比较多,可以有效地分散风险。但由于其集中于某一类顾客群,当这类顾客的需求下降时,企业也会遇到风险。如图 8-1(c)所示。

4.选择性专业化

选择性专业化即企业有选择地进入几个不同的细分市场,为不同的消费群体提供不同的产品,而且各个细分市场之间的联系不多。如青岛双星集团在鞋业、轮胎、服装、印刷、绣品行业方面满足不同类型顾客的不同需求。在这种方式下,企业可以有效地分散经营风险,即使某个细分市场盈利状况不佳,仍可在其他细分市场取得盈利。采用选择性专业化模式的企业应该具有较强的资源和营销实力。如图 8-1(d)所示。

5.市场全面化

市场全面化是指企业生产多种产品满足各种顾客群体的需要。如丰田公司在全球汽车市场采取的就是这种方式。市场全面化一般是实力雄厚的大企业在一定阶段会选用这种模式,以求取得更好的效果。如图 8-1(e)所示。

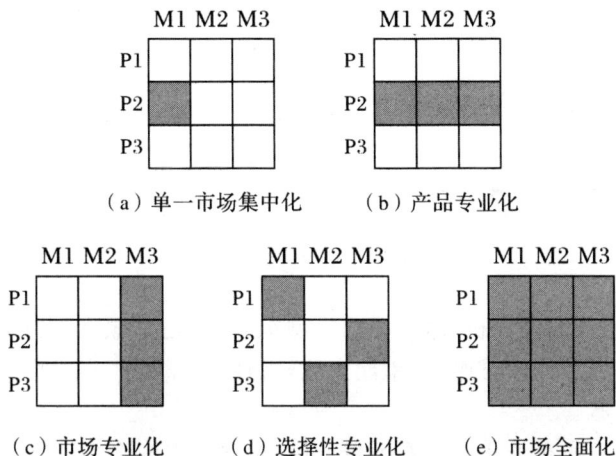

（a）单一市场集中化　　（b）产品专业化

（c）市场专业化　　（d）选择性专业化　　（e）市场全面化

P：product；M：market

图 8 - 1　目标企业涵盖市场的方式

二、目标市场营销战略

企业在选择了目标市场以后，一般有三种可供选择的营销战略：无差异性战略、差异性战略、集中性战略，每一种目标市场营销战略的优点和缺点不太相同。

（一）三种战略的内容

1.无差异营销战略

无差异营销战略是指企业在市场细分之后，不考虑各目标市场的特性，而只注重目标市场的共性，决定只推出单一产品，运用单一的市场营销组合，力求在一定程度上适合尽可能多的顾客的需求。如图 8 - 2 所示。

图 8 - 2　无差异营销战略

这种战略的优点是成本的经济性，即产品的品牌、规格、款式简单，有利于标准化与大规模生产，有利于降低生产、存货、运输、促销等成本费用。其主要缺点是提供的产品缺乏更多的差异性，更容易受到竞争对手的威胁。如美国的可口可乐公司在 20 世纪 60 年代以前曾经属于无差异营销战略的典范，但在百事可乐异军突起的情况下，可口可乐独霸市场的局面被打破，可口可乐公司不得不放弃无差异营销战略。因此，无差异营销战略对于大多数产品并不适用，它只适用于差异性小且需求量大的物品，如标准量具、螺丝螺母等。

2.差异性营销战略

差异性营销战略是指企业决定同时为几个细分市场服务，设计不同的产品，并在渠道、促销和定价方面都加以相应改变，以适应各个细分市场的需要。如图 8 - 3 所示。

这种战略的优点是可以有针对性地满足不同顾客的需求，提高产品的竞争能力。其主要缺点是生产成本和销售成本的增加，各个细分市场之间的竞争比较多。如我国海尔集团就采

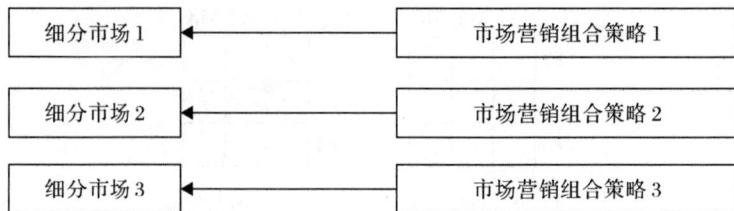

图 8-3　差异性营销战略

用差异化营销战略,生产的洗衣机、冰箱等的类型很多,满足了顾客的差异化的需求。差异化营销战略主要适用于资源比较雄厚、营销能力比较强的企业。

3.集中性营销战略

集中性营销战略是指企业集中所有力量,以一个细分市场作为目标市场,试图在较少的目标市场上取得较大的市场占有率。如图 8-4 所示。

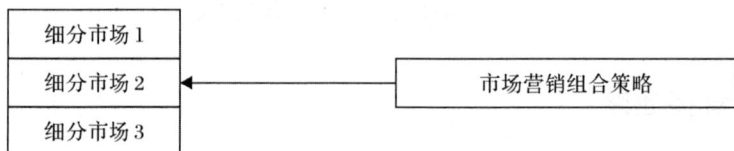

图 8-4　集中性营销战略

这种战略的优点是企业可以集中运用有限的资源,实行专业化生产和销售,取得竞争优势。其缺点是企业对单一或较少的细分市场依赖性比较大,一旦目标市场情况发生变化,企业的经营风险就比较大。如我国的九阳公司主要生产的是厨房小家电,豆浆机更属于领先者,但在美的公司豆浆机的强烈攻势下,九阳公司的利润受到很大影响,因此,九阳公司未来可能更多地会强调差异化战略。集中性营销战略主要适用于资源有限的企业,当企业的资源逐渐雄厚时,可以采用差异性战略。

(二)选择目标市场营销战略应考虑的因素

三种目标市场涵盖战略各有利弊,企业在选择时除了考虑其优缺点外,还需要考虑其他五方面的主要因素,即企业实力、产品同质性、市场同质性、产品所处的生命周期阶段、竞争对手的目标市场营销战略等。

1.企业实力

企业实力是指企业在生产、销售、资金、管理等方面的力量的综合。如果企业的实力比较雄厚,且市场营销管理能力强,就可以采用差异性营销战略或无差异性营销战略,否则,应采取集中性营销战略。

2.产品同质性

对于同质产品,如标准件、火柴、水泥等,一般宜实行无差异性营销战略;对于异质产品,如服装、家具、家电等,则应实行差异性营销战略或集中性营销战略。

3.市场同质性

若顾客的需求、爱好、购买行为大致相近,对产品供应和销售要求的差别不大,即市场需求类似度很高时,一般宜实行无差异营销战略;对于异质市场,则应实行差异性营销战略或集中性营销战略。如食盐市场可以看作是同质市场，一般采用无差异营销战略。

4. 产品所处的生命周期阶段

处在介绍期或成长期的产品，市场营销重点是启发和巩固消费者的偏好，一般采用无差异性营销战略或针对某一特定子市场实行集中性营销战略；当产品进入成熟期时，市场竞争激烈，消费者需求日益多样化，可改用差异性营销战略以开拓新市场，满足新需求，延长产品生命周期。

营销视角 8-1

5. 竞争对手的目标市场营销战略

一般来说，企业的目标市场营销战略应与竞争者有所区别，反其道而行之。但如果企业和竞争对手实力相当，也可能使用相同的战略，如宝洁公司和联合利华使用的都是差异化战略。

第三节　市场定位战略

企业在选择了目标市场后，为了能够顺利地进入该市场，使顾客认识并购买本企业的产品，就必须设法让顾客认识本企业产品的特色、利益，并努力将其吸引过来，这就是产品的市场定位。市场定位是企业全面战略计划中的一个重要的组成部分，它关系到企业及其产品如何与众不同，与竞争者相比有多么突出。

一、市场定位的概念

"定位"一词是 1972 年由两位美国广告经理艾尔·里斯和杰克·特劳斯提出的，其定义如下："定位起始于产品。一件商品、一项服务、一家公司、一个机构甚至是一个人，定位并不是对产品本身采取什么行动，而是要针对潜在顾客的心理采取行动，即要将产品在潜在顾客的心目中定一个适当的位置。"在此基础上，菲利普·科特勒给定位下了一个简明的定义："定位是对公司的产品进行设计，从而使其能在目标顾客心目中占有一个独特的、有价值的位置的行动。"

随着现代经济和科学技术的不断进步，市场定位已经成为企业市场营销中极为重要的概念。现代市场营销理论认为，市场定位（marketing positioning）是指企业根据竞争者及其现有产品在细分市场上所处的地位和顾客对某些产品属性的重视程度，塑造出本企业及其产品与众不同的鲜明个性或形象并传递给目标顾客，使该企业及其产品在细分市场上占有强有力的竞争位置。

二、市场定位的步骤

市场定位要通过识别潜在竞争优势、确定企业核心竞争优势和制定发挥核心竞争优势的战略等三个步骤来实现。

（一）识别潜在竞争优势

识别潜在竞争优势是市场定位的基础。企业的竞争优势可能表现在不同方面，如产品差异化优势、成本优势、促销优势等。因此，为了进行市场定位，企业必须先进行市场调查，了解目标市场需求的特征及满足程度，以及目标市场中竞争者的竞争优势和劣势，从而分析适合目标市场需求的企业的潜在竞争优势类型。

(二)确定企业核心竞争优势

在企业选择进入的目标市场中,可能会出现一些竞争对手。企业的核心竞争优势是指和主要的竞争对手相比较,企业在产品开发、定价、品牌、渠道、促销等方面所具有的可获得差别化竞争利益的优势。确定企业核心竞争优势对企业的定位至关重要。

(三)制定发挥核心竞争优势的战略

企业的核心竞争优势需要通过制定战略并且实施来发挥,因此,在综合考虑目标市场上竞争对手的状况,同时结合企业的核心竞争优势的基础上,企业要制定市场定位战略,充分发挥自身的核心竞争优势。

三、市场定位战略的制定

(一)市场定位战略

企业可以使用的定位战略包括以下几种。

1. 产品差别化战略

产品差别化战略是指企业从产品质量、产品款式等方面实现差别化。产品质量是指产品的有效性、耐用性和可靠程度;产品款式是产品差别化的一个有效工具,对于服装、汽车、房屋等产品尤为重要,如日本汽车行业中流传着这样一句话:"丰田的安装,本田的外形,日产的价格,三菱的发动机",这体现了日本四家主要汽车公司的核心专长。产品差异化战略在现实中应用比较多,如农夫山泉进入市场时采用的就是产品差别化战略,强调"农夫山泉有点甜""我们只做大自然的搬运工"等。

2. 服务差别化战略

服务差别化战略是指企业向目标市场提供与竞争者不同的优质服务。服务差别化不仅体现在服务性行业中,还体现在耐用品的服务上。服务差别化战略可以提高顾客总价值,增加顾客的满意度,保持顾客的忠诚度。如我国家电企业中海尔集团的服务就值得推崇,银行业中招商银行、浦发银行等的服务也值得借鉴。

3. 人员差别化战略

人员差别化战略是指企业通过聘用和培训比竞争者更为优秀的人员以获得更强的竞争优势。随着市场竞争的加剧,人员素质的培养和提高对扩大企业差异化的质量起着越来越重要的作用,越来越多的企业因为人员差异化、服务差异化的成功而享誉全球。如泰国东方大饭店的服务和人员差别化战略就很有特色。

4. 形象差别化战略

形象差别化战略是指企业经过长期的、全方位的努力,在顾客心目中树立起与众不同的优秀的企业形象。企业形象差别化可以从不同的方面来体现,包括标志、文字和视听媒体、气氛、个性等。如"KFC""M"等标志可以使顾客联想到肯德基、麦当劳的环境和服务。

(二)常用定位方式

1. 初次定位

初次定位是指新成立的企业初入市场,企业新产品投入市场,或产品进入新市场时,企业必须从零开始,运用所有的市场营销组合,使产品特色符合所选择的目标市场。如果企业要进入目标市场时竞争者的产品已在市场露面或形成了一定的市场格局,这时,企业就应该认真研

究同一产品中目标市场竞争对手的位置,从而确定本企业产品的有利位置。如美的豆浆机进入市场时就定位在"无网、免泡",和当时九阳豆浆机的"有网、泡豆"完全不同,结果进入市场后效果很好,市场占有率增长比较快。

2.重新定位

重新定位是指企业变动产品特色,改变目标顾客对其原有的印象,使目标顾客对其产品新形象有一个重新的认识过程。

营销视角8-2

市场重新定位对于企业适应市场环境,调整市场营销战略是必不可少的。企业产品在市场上的定位即使很恰当,但在出现下列情况时也需考虑重新定位:一是竞争者推出的市场定位在本企业产品的附近,侵占了本企业品牌的部分市场,使本企业品牌的市场占有率有所下降;二是消费者偏好发生变化,从喜爱本企业的品牌转移到喜爱竞争对手的品牌。如万宝路香烟的重新定位,从女士香烟的定位转变为男士香烟,并且改变宣传形象,这一定位的变化为万宝路后来的发展起到了至关重要的作用。

企业在重新定位前,需要考虑两个主要因素:一是企业将自己的品牌定位从一个子市场转移到另一个子市场时的全部费用;二是企业将自己的品牌定在新位置上的收入有多少,而收入多少又取决于该子市场上的购买者和竞争者情况,取决于在该子市场上销售价格能定多高等。

3.迎头定位

迎头定位是指企业选择靠近于现有竞争者或与现有竞争者重合的市场位置,争夺同样的顾客,彼此在产品、价格、分销及促销等各个方面差别不大。迎头定位时必须知己知彼,正确估计自己的实力。如加多宝凉茶的定位就属于迎头定位,和王老吉的凉茶定位基本相同。

4.避强定位

避强定位是指企业回避与目标市场上的竞争者直接对抗,将其位置定在市场"空白点",开发并销售目前市场上还没有的某种特色产品,开拓新的市场领域。如中美史克的"保丽净"假牙清洁片宣传为"真牙用牙刷,假牙用保丽净","保丽净"的定位就属于避强定位。

(三)具体的定位策略

1.根据利益定位

利益定位即企业把产品定位在某一特定利益上。这里的"利益"不仅包括购买企业产品时追求的利益,也包括购买企业产品所能获得的附加利益。如拼多多"拼的多,省的多"。

2.根据属性定位

产品本身的属性能使消费者体会到它的定位。产品属性不仅包括制造技术、设备、生产流程、产品功能,也包括产品的原料、产地、历史等因素。如王守义十三香强调其专门的调料配方;瑞士军刀强调产品的产地等。

3.根据使用者定位

企业针对某些特定的顾客群进行定位和广告宣传,以便在该群体心目中确立特定的形象。如强生婴儿系列产品的定位。

4.根据产品档次定位

企业在选择目标市场时,常根据本企业的产品档次来选择。如茅台集团的飞天茅台定位在高档酒,而茅台王子酒和茅台迎宾酒则属于中端酒。

5.根据竞争定位

企业可以根据市场竞争状况以及与竞争有关的属性和利益来进行定位,其目的是突出企业的优势,如技术可靠性程度、售后服务方便快捷以及其他因素,从而在竞争之中突出自己的形象。如格力空调定位"掌握核心科技"。

本章小结

目标市场营销战略包括三个部分,即市场细分、目标市场选择、市场定位,简称 STP 战略。

市场细分是营销者将整个市场细分为更多的有类似需求的顾客群,从而确定企业目标市场的过程。对消费者市场细分,可以使细分市场内的众多消费者对于某一产品具有极其类似的需求,而隶属于不同细分市场的消费者对于某一产品具有明显的需求差异。

目标市场是指企业准备进入的细分市场,或打算满足具有某种需求的顾客群体,是企业为实现自己的目标而要选择的市场。企业目标市场选择的方式有单一市场集中化、产品专业化、市场专业化、选择专业化、市场全面化等五种;企业的目标市场营销战略有三种可供选择:无差异性战略、差异性战略、集中性战略。

市场定位是指企业根据竞争者及其现有产品在细分市场上所处的地位和顾客对某些产品属性的重视程度,塑造出本企业及其产品与众不同的鲜明个性或形象并传递给目标顾客,使该企业及其产品在细分市场上占有强有力的竞争位置。市场定位的方式有初次定位、重新定位、迎头定位、避强定位等;企业具体的定位策略,可以根据利益、属性、使用者、产品档次、竞争因素等来确定。

思考题

1.市场细分的标准有哪些?比较消费者市场和产业市场标准的差异。

2.企业怎样选择目标市场?

3.为什么要进行定位?如何进行市场定位?

4.选择熟悉的企业或产品,分析其如何进行目标市场营销。

案例分析

蒙牛:为高品质"乳品新国货"代言

1999 年,蒙牛在一间 53 平方米的出租房中起步,历经 20 余年发展,已跻身"2019 年全球品牌价值 500 强",连续多年入选全球乳业十强榜单。从上一个乳业复兴十年,进入到乳业发展黄金十年,蒙牛已从"草原牛"成长为"世界牛",也完成了从"百利包"到"乳品后花园"的蜕变。

一、目标市场的选择

(一)"草原牛"走向全国

1999 年 6 月 10 日,蒙牛第一个自建生产基地在内蒙古和林格尔县破土动工。伴随着品牌的日益壮大,蒙牛逐步走出草原,成长为一家全国性乳企,并且改变了中国乳业格局,引领行业走入第一个十年黄金期。凭借严格的品质管控和创新研发力,蒙牛在十岁生日时就占据中国液奶市场 38% 的市场份额,跻身世界乳业 20 强。

诞生至今,蒙牛实现了超 1600 倍的业绩增长,成为中国发展速度最快的乳品企业。目前,蒙牛在全国 19 个省区市建立 33 个生产基地、59 个加工厂,拥有液态奶、酸奶、冰激凌、奶粉、奶酪 5 大系列 400 多个品项,完成了从"百利包"到"乳品百花园"的蜕变。

(二)注入世界品质因子

从 2009 年布局新西兰奶源、迈出全球化开始,蒙牛便将"引进来,走出去"作为提升竞争力的重要战略,并秉持与海外乳业构建"共同体",实现共赢理念。

2013 年 9 月,蒙牛-雅士利宣布在新西兰投资建厂;两年后工厂建成投产,迈出了"出海"过程的关键一步。2016 年 4 月,蒙牛-雅士利新西兰公司生产的奶粉已进入新西兰奥克兰的 8 家主要连锁超市。

2018 年 11 月 29 日,蒙牛第二家海外工厂——印尼芝卡朗大地的蒙牛工厂落成。据蒙牛工程技术管理部工程师杨树岗介绍,该工厂占地面积 1.5 万平方米,总投资 5000 万美元,设计日产能 260 吨,年产值 1.6 亿美元,从开工到投产仅用了 172 天。目前,蒙牛产品已进入蒙古、新加坡、缅甸、柬埔寨等市场,包括纯牛奶、特仑苏、优益 C、纯甄、蒂兰圣雪等,海外销售连续 3 年年均增长突破 30%,并在中国香港荣获"百佳最爱品牌大奖",在新加坡获"7-11 最喜爱品牌奖"。2018 年,蒙牛印尼工厂生产的产品已覆盖当地 5000 多家门店。

随着中国乳业进入高质量发展的黄金十年,中国乳企的国际影响力日益增长。2019 年 9 月 22 日,国际乳品联合会于土耳其伊斯坦布尔召开 2019 年大会,宣布蒙牛集团总裁卢敏放当选董事会成员,未来他将参与董事会各项重大议题。这是代表全球乳业最广泛利益的国际组织成立百余年来迎来的首位中国董事。

如今,蒙牛代表中国乳业参与到国际乳业治理体系中,在推动全球乳业实现技术革命和供应链、价值链重塑,推进全球乳业共治、共享、共赢和可持续发展方面,发出中国乳业的强有力声音。蒙牛这个来自草原的"中国牛"正迅速进入世界舞台,为高品质"乳品新国货"代言。

二、市场定位

(一)不是所有牛奶都叫特仑苏

特仑苏牛奶诞生于 2005 年,是蒙牛旗下品牌,在蒙语中是"金牌牛奶"之意,是中国市场上第一个高端牛奶品牌。十余年发展历程中,特仑苏始终坚持创新,通过采用专属牧场的高品质奶源,以及坚持业内高标准的原料甄选和生产工艺,为消费者提供至高品质的营养,并逐步成长为全球销量领先的高端牛奶品牌,品牌标语"不是所有牛奶都叫特仑苏"家喻户晓。2016 年,特仑苏进行品质升级,限定专属牧场,以更高标准严苛要求,孕育出每 100 毫升牛奶高达 3.6 克天然优质乳蛋白和 120 毫克天然高钙。自 2005 年特仑苏首创高品质牛奶标准之后,蒙牛再次超越自我,并且重新定义高品质牛奶行业标准。

(二)点滴纯粹,乳此简单

蒙牛纯甄是一款不添加色素、香精和防腐剂的高端酸牛奶产品。其严选优质牧场奶源,进口丹麦菌种发酵,使得纯甄酸牛奶的口味简单纯净,让每一位品尝纯甄的人,回忆起了童年留在唇边的那一抹纯正奶香。蒙牛秉承自然、简单的理念,引用丹麦先进的生产技术,甄选优质牧场奶源,常温纯甄酸牛奶采用六层复合利乐钻的外包装技术,常温下密封保存 5 个月,更适合冬季饮用;常温纯甄酸牛奶作为一款高端产品,已成为节日赠礼的首选。

（三）乳品新国货

2019年9月，蒙牛在北京成立营养研究院。蒙牛总裁卢敏放表示，研究院将开展前沿性营养健康科学研究，通过打造开放性研发合作平台，在全球范围推进科研合作，把最新科研技术和成果用于新产品开发，最终通过建立统筹协作机制，实现营养科学产业化。

"如果要用一个新概念来替代传统的中国制造，'新国货'或许比较合适。'新国货'信仰品质，注重核心技术，在中国不断升级的新群体消费中，占有愈发重要的地位。"面对如何打造蒙牛乃至中国乳业这张名片，卢敏放如是说。

2019年正值蒙牛成立20周年，蒙牛在乳业"新国货"的打造上，已从"中国牛"成长为"世界牛"：引进首套高自动化挤奶设备，开创亚洲先河；布局全球全产业链，构建全球乳业共同体；实现1600倍业绩增长，成为中国发展速度最快的乳企……凭借"新国货"理念和全球产业链布局，蒙牛距离"双千亿"目标越来越近。

"我们期待中国早日建成世界乳都，让'新国货'成为中国乳业乃至中国制造业的一张名片，彻底改变国内外消费者的旧有认识。"卢敏放说。

资料来源：郭铁.蒙牛："新国货"质造中国乳业名片[N].新京报，2019-11-05.

问题讨论：

1.分析蒙牛快速成长发展的原因。

2.蒙牛的成功有何启示？

3."新国货"如何走向国际市场？

第九章
产 品 策 略

学习要求

◆ 了解：产品的整体概念；品牌、商标、包装的概念。

◆ 掌握：产品组合策略和产品生命周期的阶段特征及其营销策略；企业品牌决策和名牌战略；产品包装策略；服务策略。

◆ 熟悉：新产品开发的意义、原则和程序。

导入案例

40 岁的旺旺，为什么营销亮眼，业绩暗淡？

1962 年，台湾宜兰食品成立，于 1979 年自创品牌旺旺，同时推出了品牌形象"旺仔"。旺旺在 1983 年推出第一款米果产品旺旺仙贝，次年发售旺旺雪饼，随后在台湾大获成功。1992 年，旺旺正式进军大陆市场，把米果产品作为主打品类。一时间，旺旺俘获了无数小朋友，轻而易举打开了市场。1994 年，旺旺湖南工厂投产的第一年，就收获了 2.5 亿元的销售额。与此同时，旺旺也陆续推出了旺仔小馒头、旺仔牛奶等单品，加上铺天盖地的广告，成了许多小孩子的最爱。旺仔牛奶那句"再看我就把你喝掉"的广告语，更是成为童年的经典之一。

旺旺的"旺气"在 2014 年开始消减。彼时经典产品开始卖不动，旺仔牛奶和旺旺米果作为营收的主力军，在市场中开始败退，许多经销商纷纷和旺旺解约。2018 年，旺旺的营收为 207 亿元，同比仅增长 2.8%，净利润约 35 亿元，同比增长 11.6%。这样的成绩其实还算好的，前几年旺旺的业绩还处于持续下滑中。

回顾旺旺这几年的表现，可以明显感知旺旺"不旺"的原因，主要是以下几点。

其一，产品跟不上消费升级。随着生活水平提高，人们的饮食健康意识变强，更倾向于选择天然、少添加、少制作的食品。旺旺的主打产品，是调味料较多、经过多重加工的零食类，自然越来越受到人们的冷落。比如，旺仔牛奶是复原乳，用奶粉冲制而成，相比之下纯牛奶和酸奶更受消费者欢迎。相关报告显示，中国牛奶和酸奶产品的销售额在 2012—2017 年大幅增长。

其二，产品太多太杂。一直以来，旺旺在推新产品方面可谓是不遗余力。雪姬梅酒、哎哟燕麦粥、年轮蛋糕、Mr. HOT 芥末味牛奶糖……花样百出，让人眼花缭乱。但有多少人知道这些都是旺旺旗下的产品。旺旺方面此前表示，目前研发人员超过 150 人，一年产生新品超过

100个,相当于10年前的3倍不止。大量上新,显得没有焦点,产品系列也过于繁杂。一个新品要讨得消费者欢心都不容易,何况是多个一起上。结果就是,大多数人记住的,还是那几款经典产品,新品的热度在问世之后很难持续。之前旺旺在天猫旗舰店设置了一个版块"你没吃过的旺旺",就被人调侃为"你没印象的旺旺新品"。

其三,外部竞争加剧。在旺旺自身策略失误的同时,竞争对手也在步步紧逼。2010年以来,儿童牛奶品类出现了不少强势产品,比如蒙牛的未来星、伊利的QQ星等,对旺仔牛奶造成了不小冲击。其他零食品类方面,以三只松鼠、百草味、良品铺子为代表的新兴品牌,打着营养健康的旗号,推出了以坚果类为主的一系列零食,瓜分了原属于旺旺的市场份额。面对竞争对手的进击,旺旺在产品策略上鲜有调整,以至于业绩不断下滑。

和业绩低迷不同的是,旺旺的营销显得热火朝天。早年,旺旺曾推出风靡一时的李子明旺仔牛奶广告。2017年,旺旺邀请当年片中的小男孩,如今已长大的李子明继续担任主角,拍摄了一支李子明长大了的续集广告,一时间引爆了社交媒体。旺旺还玩起了跨界。和流行服饰潮牌TYAKASHAT联名,推出了毛衣、帽子、T恤、卫衣、袜子等一系列新品,一改过去的形象,越来越潮酷。新茶饮行业也有旺旺的足迹。2019年六一,旺旺就和奈雪的茶合作,上新了旺仔QQ芝士杯和宝藏茶等饮料,以及一系列的周边产品。可以看出,旺旺在营销上十分用心。想通过各种有趣的活动,让品牌变得年轻,在定位上从儿童零食转变为年轻人的零食,但实际效果不太理想。虽然大多数人都听说过旺旺的活动,却很少有人买旺旺的产品。

旺旺的营销能力已经得到认可,目前最重要的还是产品层面的问题。近期,旺旺推出了一款果味的饮料——梦梦水,具有缓解疲劳、帮助睡眠的作用。这款针对失眠人群的饮料,定价15元,尽管价钱有些高,但依然是旺旺在产品上一次有益的尝试。最关键的是,旺旺的产品应该以健康、营养为主要卖点。对于吃旺旺产品长大的人,做了父母之后,也会为孩子选择更加健康的产品。如果旺旺能够满足这类需求,必然会吸引更多当年的旺旺粉丝。

具体而言,可以将经典产品重新制作,比如旺旺雪饼可以用粗粮,少添加调味料;也可以推出更好的新品,比如健康饮用水。只有全面重塑产品,摆脱不健康的帽子,40岁的旺旺才可能稳住,继续"旺"下去。

资料来源:徐立.40岁的旺旺,为什么营销亮眼,业绩暗淡[J].销售与市场(管理版),2019(12):84-85.

企业的市场营销活动是以满足市场需求为中心的,而市场需求的满足只能通过提供某种有形或无形的产品来满足。因此,产品是市场营销组合中最重要的因素。正确理解产品的含义,不断开发新产品,灵活运用产品策略,市场营销组合中价格、分销和促销等其他三个因素才有了决策的依据。因此,产品策略是市场营销组合策略的基石。

第一节 产品与产品组合

一、产品的整体概念

从营销的角度来讲,产品是指能够提供给市场的用于满足人们某种欲望和需要的任何事物,包括实物商品(如服装、书籍)、服务(如导游、运输)、场所(如酒店、运动场)、组织(如社团、会议)、人(如演员、企业家)和创意(如某项策划、设计)等。

市场营销者在向市场提供产品时,需要考虑产品的层次性,即产品的整体概念,包括核心产品、形式产品、期望产品、附加产品和潜在产品五个层次。

（一）核心产品

核心产品是指企业向顾客提供的最基本的效用和利益。消费者或用户购买某种产品,并非仅仅是为了购买某一物质实体,而是为了满足某种特定的需求。例如,对于空调机,消费者真正要购买的是在炎热的夏季或寒冷的冬季获取凉爽或温暖的"室内舒适";购买电视机是为了获取信息和娱乐功能;购买旅馆产品的旅客真正要购买的是"休息与睡眠"。因此,市场营销者作为顾客所期望的效用或利益的提供者,任何产品都必须反映顾客对该产品的核心需求的基本效用和利益。

（二）形式产品

形式产品是指产品借以实现的形式,包括品质、式样、特征、商标、包装等内容。产品的基本效用必须通过这些具体的形式才能得以实现。例如,空调机的空调功能必须借助各部件的合理组合、式样等才能实现。由于市场上具有相同或相似基本功效的产品较多,因此这一层是企业获取竞争优势,吸引顾客的重要部分。市场营销者应与技术人员一起,着眼于顾客购买产品所追求的核心利益,去寻求利益得以实现的最恰当的形式,进行产品设计,以满足顾客的需要。

（三）期望产品

期望产品是指购买者在购买该产品时期望得到的与产品密切相关的一整套属性和条件。如消费者购买洗衣机不仅要求洗衣机能洗衣服,同时还要省水、省电、不伤衣物、操作便利等。进入市场的产品提供的利益通常与顾客期望获得的核心利益存在着偏差。当顾客通过对一种产品的可感知的效果(或结果)同期望的产品相比较后,形成愉悦或失望的感觉状态,会对市场营销的成功产生巨大的影响。因此,市场营销者必须把握其顾客的期望利益。

（四）附加产品

附加产品是指人们在购买形式产品时所能得到的附加利益的总和。它包括提供信贷、免费运送、售后服务、设备安装以及各种保证等。附加产品是顾客购买产品时得到的额外利益,能够让顾客感觉得到了更多的让渡价值。附加产品是构成产品差异化的重要基础,市场营销者只有向顾客提供更多的实际利益,更好地满足其对附加利益的需求,才能在竞争中取胜。

（五）潜在产品

潜在产品是指现有产品包括所有附加产品在内的,可能发展成为未来最终产品潜在状态的产品。潜在产品指出了现有产品可能的演变趋势和前景。比如,家用电器的发展趋势之一就是成为网络终端,可以与通信设备联网,通过互联网远程控制。如果市场营销者看不到产品的潜在发展趋势,那么就有可能跟不上产品发展的潮流,被竞争对手超过。

整体产品概念的上述五个层次(见图9-1),充分体现了以顾客为中心的现代市场营销观念。它既让市场营销者认识到满足顾客需求是产品的本质,同时也为市场营销者进行竞争提供了线索。可以说,不具备产品的整体概念,就不可能真正贯彻现代市场营销观念。

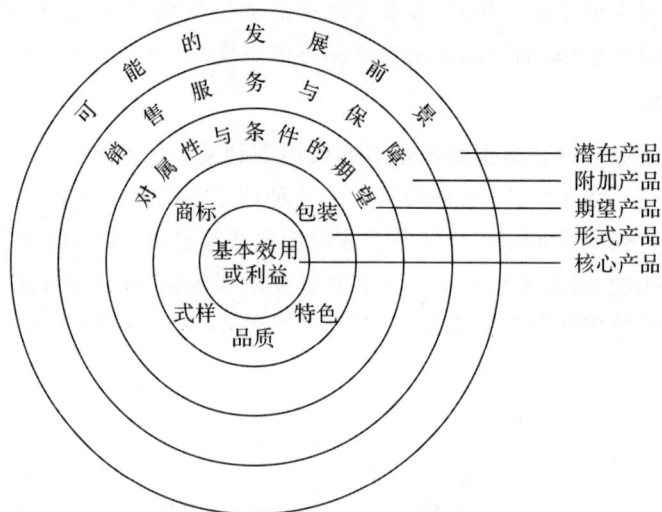

图 9-1　产品整体概念示意图

二、产品组合

企业为市场提供的产品往往是多种多样的,如何组合企业的产品也是企业常见的产品策略。在产品策略中,整体产品概念为营销者带来了很多的启发,产品组合也是营销者可以控制的非常重要的产品因素。

所谓产品组合,是指企业生产经营的全部产品的总和,即企业的经营范围和产品结构。产品组合由不同的产品线和产品项目组成。产品线又称产品大类,是指在技术上和结构上密切相关,具有相同的使用功能、规格不同而满足同类需要的一组产品。产品项目是指产品线中各种不同的品种、规格、质量、价格、技术结构和其他特征的具体产品,企业产品目录上列出的每一个产品都是一个产品项目。例如,某企业经营家电、服装、鞋、帽等,这就是产品组合;其中家电、服装、鞋、帽等产品大类就是产品线,即四条产品线;每条产品线中包含的具体品牌、品种就是产品项目。

任何企业的产品组合一般都由其广度、深度及关联性构成。所谓广度是指企业产品组合中所包含产品线的多少,产品线越多,说明广度越大;产品线越少,则广度越小。所谓深度是指企业经营的每个产品线所包括的产品项目的平均数多少,平均项目越多,深度越大;反之,则小。所谓关联性是指各产品线之间在最终用途、生产条件、销售渠道等方面的相互关联程度。例如,某电视机厂生产的产品都与电子有关,那么它的产品组合关联性就强。相反,实行集团式多元化经营的混合型公司,其各类产品线间的关联性则较小,或毫无关联性。

三、产品组合决策

一个企业的产品组合,应当根据市场竞争状况和销售、利润的变动情况进行适时调整。供给侧结构性改革的主攻方向是提高供给质量,扩大有效供给,减少无效供给,增强供给结构对需求结构的适应性,这就要求企业不断调整和优化产品组合,对如下方面做出决策。

（一）产品组合的宽度决策

产品组合的宽度决策是指企业根据环境变化决定增加或缩减产品线，以扩大或缩小经营范围。增加或缩减产品线，既可以与现有产品线相关，也可以不受产品之间关联性的制约，发展与原有产品毫无关联的产品线或产品项目。一般来讲，扩大产品组合，可以充分地利用人、财、物资源，增强企业竞争能力；但不足之处是风险较大。缩减产品组合有利于企业集中力量改造保留的产品线，减少资金占用，降低生产成本，实现生产经营专业化；但不足之处是，若处理不当，就会影响其他产品销售，减少一定的市场份额，降低企业的盈利水平。

扩大或缩减产品线不是随意可以进行的，而是要有一定的前提条件。扩大产品线的条件是：①市场变化为企业提供了新的盈利机会；②这种机会一旦利用将给企业带来一定的盈利规模；③企业能开发利用这种机会。缩减产品线的条件是：①能源与原材料供应不足，不得不缩减某一产品线；②企业处于亏损状态，且亏损的原因是由某一产品线引起的；③企业为了集中经营目标。

（二）产品组合的深度决策

产品组合的深度决策是指企业通过增加或减少产品项目来确定某一产品线的长度。通常情况下，企业增加或减少产品项目的依据是盈利水平的变化情况。例如，若企业认为增加产品项目可以提高盈利，则表示产品线太短，这时应增加产品项目以延长产品线；相反，若缩短产品项目能使盈利增加，则表示产品线太长，这时应减少产品项目，以缩短产品线。

增加或减少产品项目也不是随意的，也是有条件的。企业增加产品项目的条件是：①希望能获取新的盈利；②认为企业的产品线有缺口，失去了盈利机会；③希望能利用淡季中的剩余生产能力；④希望本企业能生产某一产品线中的所有产品项目，以利于提高竞争能力；⑤自行填补产品线的缺口，以防止竞争者的渗入。企业减少产品项目的条件是：①无利可图；②该产品项目失去或将要失去竞争能力；③产品项目陈旧，需要更新。

（三）产品线的延伸决策

产品线的延伸决策是指部分地或全部地改变企业原有产品线的市场地位。产品线延伸可以分为三种情况：向下延伸、向上延伸和双向延伸。

1. 向下延伸

把企业原来定位于高档市场的产品线向下延伸，在高档产品中增加中低档产品项目。实行这一决策的主要原因是：①利用高档名牌产品的声誉，吸引消费者购买该产品线中的低档商品；②企业认为高档产品的发展前途越来越小，因此决定将产品线向低档延伸；③企业最初进入高档产品市场的目的是树立良好的企业形象，然后再进入中、低档产品市场，以扩大市场范围；④填补企业产品线的缺口。

2. 向上延伸

把企业原来定位于低档市场的产品线向上延伸，在低档产品中增加中高档产品项目。实行这一决策的主要原因是：①开发高档产品市场能取得更多的利润；②利用高档产品树立低档产品的形象；③企业具有生产高档产品的技术条件；④企业希望占有全线产品。

3. 双向延伸

把企业原来定位于中档产品市场的产品线向上下两个方向延伸。一方面增加高档产品，树立企业良好的形象；另一方面则增加低档产品，扩大企业的市场规模。

(四)产品线现代化和产品差异化

1.产品线现代化

在某些情况下,虽然产品组合的宽度、长度、深度都很恰当,但产品线的生产形式可能已经过时,这就必须对产品线实施现代化改造。例如,20世纪90年代我国纺织行业某些企业主要机械设备还停留在20世纪三四十年代的水平,无论是技术还是操作方式都比较落后,这就必然使这些企业败给产品线较为新式的竞争对手。产品线现代化面临两种决策:企业是逐步实现技术改造,还是以更快的速度用全新设备更换原有产品大类。逐步现代化可以节省资金耗费,但缺点是竞争者很快就会察觉,并有充足的时间重新设计它们的产品大类;快速现代化策略虽然在短时期内耗费资金较多,但可以出其不意,击败竞争对手。

2.产品差异化

企业进行产品组合决策时,必然会涉及产品差异化。所谓产品的差异化,是指企业以某种方式改变那些基本相同的产品,以使顾客相信这些产品存在差异,从而产生不同的偏好,实现企业营销意图。实行产品差异化有四种策略:一是对产品线上低档产品进行差异化,使之充当"拓展销路的低价品"。二是对高档产品进行差异化,以提高产品线的等级。三是对产品线上出现部分产品销售好、部分产品销售不好时,可对销售不好的产品实行差异化,以打开销路。四是在规划产品线时,根据细分市场,有目的地对整个产品线上的产品进行差异化布置,以使每个产品都有自己的消费群体。产品可从产品功能、价格、消费群体、营销手段等多方面进行差异化。

第二节 新产品开发策略

在现代市场中,企业之间的竞争不断加强,这种竞争不仅表现在价格、促销等方面,而且越来越多地从产品本身表现出来,企业要在激烈的市场竞争中站住脚,必须不断地更新产品。同时,由于生活水平的不断提高,顾客的需求也在日益迅速地发生变化,这也要求企业不断地推出新产品。

一、新产品的概念及类型

新产品是指产品整体概念中的任何一部分进行变革或创新,并且给消费者带来新的利益、新的满足需求的产品。只要在结构上、性能参数上、外观上与以前的产品相比有了一定的变动,而且这种变动能够给顾客带来新的好处都可称之为新产品,并不一定有技术方面的创新。

新产品可以分为以下几种类型。

(1)全新产品。全新产品是指利用新的科学技术、材料等生产出来的前所未有的产品。全新产品一般是由于科技进步或为满足市场上出现的新的需求而发明的产品,具有明显的新特征和新性能,甚至能改变消费者的生产方式或消费方式。但全新产品的开发难度大,开发时间长,需要大量的开发资金,成功率偏低。

(2)换代新产品。换代新产品指在原有产品的基础上,为满足市场新的需要采用新技术、新材料、新结构制造的产品,如在第五代移动通信技术标准上开发的智能型手机。

(3)改进新产品。改进新产品指在现有产品的基础上,改进参数性能,变化规格、型号和花色、款式,以满足不同市场需要的产品。

(4)本企业新产品。本企业新产品是指本企业仿照市场上的已有产品,做了部分改进而投入市场的产品。

二、开发新产品的意义和原则

(一)开发新产品的意义

开发新产品,是繁荣市场的需要,同时也是企业竞争取胜的重要因素。近年来,由于科学技术的突飞猛进,新技术、新工艺的不断涌现,产品市场寿命越来越短,更新换代的速度大大加快。同时,顾客需求也在不断变化,所以在市场竞争中,企业如果墨守成规,产品就没有销路。因此,开发市场需要的新产品,就成为企业生存与发展的关键,其主要作用如下:

第一,开发新产品,避免产品线老化,从而使企业能适应市场变化,更好地为人民群众日益增长的物质文化需求服务。

第二,开发新产品,有利于企业及时填补市场空白,抢占市场制高点,控制生产、流通和消费的导向权,在激烈的市场竞争中立于不败之地。

第三,开发新产品,有利于充分利用企业的资源和生产能力,提高经济效益。

第四,开发新产品,有利于新市场的开拓,提高了企业的声誉,扩大了销售量,增加了企业的盈利。

第五,开发新产品,有利于减少企业的风险,稳定企业的利润。

(二)开发新产品的原则

对企业而言,开发新产品绝非一件易事。随着科学技术和市场需求的高速发展,新产品开发具有多能化、高能化、微型化、简易化、系列化、舒适化、生态化的趋势。这就要求企业在开发新产品时,要注意以下几个问题:①选择有特色的产品,即要有较强独创性、时尚性和适应性,能满足顾客新的欲望和需求。②以企业的资源为依托,即企业应具备开发新产品的资金实力、技术装备和人才优势,为新产品开发提供较充足的物质资源。③以市场为导向,即有实现新产品的潜在市场,新产品效用能激发和创造新需求,与市场购买力水平和消费观念变化相一致,具有一定规模的销售量。④具有经济效益,即能充分利用企业的综合生产能力,形成适度的规模生产和经营,努力降低成本,制订合理价格,在提高社会效益的前提下,较大幅度地增加经济效益。⑤要符合国情,即以社会需要为目的开发新产品,在充分利用资源优势的前提下,瞄准世界先进技术,开发结构相似、工艺相近、周期短、投资少、效益高的新产品,填补国内市场空白。⑥要有调查,即开发新产品必须在市场调查和科学论证的基础上进行,提高新产品开发的科学性,避免盲目研制和重复开发所造成的资源浪费。

三、新产品开发的程序

新产品开发是一个系统工程,它与市场是不能脱节的。新产品开发与市场是一种互动的关系,包括市场开发、产品开发、营销开发,这三者互相渗透,互为先后,呈整体互动运作之势。

为保证新产品开发工作的顺利进行,必须有一套系统、科学的开发管理程序。不同的行业和企业、不同的生产条件和水平,其开发管理程序也各有不同。但一般来说,新产品开发的程序大致如图9-2所示,共分为八个阶段。

创意产生 → 创意筛选 → 产品概念的形成、发展和测试 → 制定营销战略 → 商业分析 → 产品研究试制 → 市场试销 → 商品化

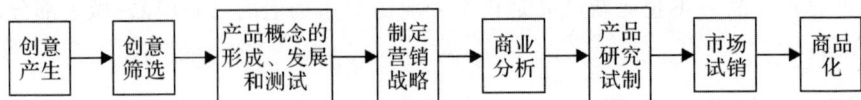

图 9-2　新产品开发程序

(1)创意产生。创意产生是指为满足一种新的需求而提出的设想。虽然并不是所有的创意都能变成产品,但寻求尽可能多的创意,却可为开发新产品提供较多的机会。新产品的创意主要来源于消费者、科技人员、竞争对手、销售人员和经销商、企业管理人员、市场研究公司、广告代理商、咨询公司和行业团体等。

(2)创意筛选。创意筛选的目的是选出那些符合本企业发展目标和长远利益,并与市场和企业自有资源相协调的产品构思,摒弃那些不可行或可行性较低的创意。这个过程是一个较为重要的过程。注意:要尽量避免"误弃"或"误用"两种过失,否则,会造成企业不必要的损失。

(3)产品概念的形成、发展和测试。产品创意经筛选后需要发展成产品概念和产品形象。产品概念是指企业从消费者的角度对创意所做的详尽的描述。产品形象是指消费者从某种现实产品或潜在产品上所形成的特定产品的形象。一个产品创意可以转化为若干个产品概念,这主要是创意发展成产品概念的过程中,由目标市场、产品功能及使用环境所组合而必然要派生出多种产品概念。因而,企业还要从中选择最佳的产品概念,并进行产品概念测试。所谓产品概念测试,就是用文字、图画描述或者用实物将产品概念展示在目标顾客面前,观察他们的反应,以便企业更好地选择和完善产品概念。

(4)制定营销战略。发展出产品概念后,企业必须提出一个把产品引入市场的初步营销战略计划(这个计划将在以后的发展阶段中不断完善)。这个营销计划包括三个部分:第一部分是描述目标市场的规模、结构和行为,计划产品的定位,最初几年的预计销售额、市场份额和利润目标等;第二部分是概述新产品的计划价格、分销策略以及第一年的营销预算;第三部分是阐述预计的长期销售额和目标利润及不同时期的营销战略组合。

(5)商业分析。企业开发出产品概念,并制订初步营销战略计划后,就能对这些做出商业吸引力的评价,即商业分析。企业营销者必须要复查新产品将来的销售额、市场份额和利润的估计是否可靠,是否满足企业目标。如果符合,就可以进入产品研究试行阶段(随着新信息的不断获得,商业分析还可不断完善)。

(6)产品研究试制。如果通过了商业分析,研发与技术部门就可进行具体研制,将产品概念转变成实体产品。这一阶段的资源投入是较大的。所以,要搞清楚的问题是,产品概念能否变为技术上的和商业上可行的产品。如果不能,除在本阶段过程中取得一些技术、商业资料外,其全部资源将付诸东流。因而,在这一阶段,要首先进行技术方面的可行性论述(包括外形设计分析、材料与加工分析、价值工程分析等)和商业方面的可行性论证(包括包装设计分析、品牌设计分析及产品外形设计分析)。论证通过后,就可进行样品试制。然后进行功能测试和用户测试。前者主要是检查产品质量、成本等是否符合要求。样品必须满足三点要求,即一是产品具备了产品概念中列举的各项主要指标,二是在正常条件下能可靠发挥功能,三是能在预计的成本范围内生产成品,达到这三个要求,可认为试制是成功的。后者主要是一些用户试用样品,征求他们对样品的意见。

(7)市场试销。如果企业对新产品的试制及测试结果感到满意后,就要着手确定品牌名

称、包装设计和初步的营销方案。把产品推上真正的消费者舞台上进行试销。这一阶段的主要目的是了解消费者和经销商对于经营、购买和使用该产品的反应以及市场大小等信息。

（8）商品化。经过市场试销，企业已获得了足够的信息，可以对是否向市场推出该产品做出最后的决策。如果决定推出该产品，企业就必须再次付出大量资源：一是生产设施的购置或租用，二是投入大量的营销费用。因此企业决策要在以下问题上做出慎重决策：①何时推出新产品（时间战略）；②何地推出新产品（地域战略）；③向谁推出新产品（目标市场战略）；④怎样推出新产品（导入战略）。

四、新产品开发策略

开发新产品时的策略主要有两个方面：一是根据产品的开发方向而制订的策略；二是根据产品的开发方式制订的策略。

营销视角 9-1

（一）新产品开发方向策略

常用的产品开发方面的策略有以下几种。

（1）创新策略。这种策略是采用新技术、新材料、新工艺，创造出富有特色的新产品占领市场。该策略的特点是标新立异，以新取胜。其优点是在技术上处于领先地位，竞争者难以仿制，因而可以取得竞争中的绝对优势和巨大的经济效益。其缺点是这些产品的技术难度大，需用的资金较多，周期较长，一般中小企业无力单独承担，并且开发的风险较大，有的产品在花费很多投资后仍不能成功。因此，采用这种策略的企业大都在人力、物力、财力等方面有比较雄厚的基础。

（2）补缺策略。这种策略是把注意力放到市场供应的空当中去，积极开发市场上的短线缺口产品。该策略的特点是钻空补缺，以补取胜。由于这类产品可能是因为技术难度较大，或者需要批量小，或者利润不丰厚而被遗忘、忽视或抛弃，因而该策略的优点是可以得到上级有关部门的支持，竞争相对较弱，容易取得成功，成功后的利润因竞争对手少而较大。其缺点是发现这类产品较难，有的产品在开始时不易看到它的市场前景，因而需要决策者有敏锐的观察力和一定的冒险精神。

（3）配角策略。这种策略是通过开发那些为主导企业配套的产品来占领市场。这是那些在生产经营活动中不能取得主导地位的企业采用的策略。该策略的特点是甘当配角，以配为主，稳定销售。其优点是由于提供配套产品，因而容易得到主导企业在技术和经济方面的帮助，原材料和市场都有保证，风险较小。其缺点是把自己的命运同主导企业绑在一起，容易对主导企业过分依赖，一旦主导企业出现产品积压，自己的效益就成了问题。因此，采用这种策略应注意充分发挥自己的优势，努力提高产品质量和服务质量，大力发展品种规格，降低生产成本，以扩大市场面，使更多的企业购买自己的产品。这样，逐步实现从"以配为主"向"变配为主"的过渡，把握市场的主动权。

（4）扩散策略。这种策略是以获得成功的产品为中心，开发出各种变形产品、系列产品、配套产品和延伸产品。该策略的特点是围绕中心，多向发展，扩展营销，以多种新产品占领市场。其优点是企业已掌握了主要产品的开发技术，开发这些扩散产品就容易得多，并且可以利用原产品的声誉和销售渠道，容易进入市场，打开局面；同时，由于产品的配套使用，可以扩大销售，各种产品的标准化、系列化，为用户选择、采购、维修提供了方便；等等。因此，运用该策略能够在较短的时间、花费较少的费用扩大市场规模，提高竞争能力，取得较好的经济效益。其缺点是没有获得成功产品的企业不能采用。

（5）改革策略。这种策略是通过对现有产品的改革形成新的产品去占领市场。该策略的特点是以改为主，改创结合，通过对现有产品的革新改造，生产出换代新产品和改进新产品投放市场。其优点是开发费用低，一般企业都能做到。其缺点是新产品的变化受老产品的限制，其生命力不如创新产品；并且由于开发容易，导致竞争激烈。

（6）组合策略。这种策略是将现有已经成熟的技术和产品加以重新组合，开发出别具一格的新产品。该策略的特点是不追求发明创造和新原理、新技术，只强调重新组合，开发出多功能的产品占领市场。例如，把录音机和收音机加以组合开发出新的产品"收录机"；把汽车、船舶、飞机加以组合，开发出水陆空三用的运输工具；等等。这一策略的优点是投资少、见效快，只要在现有技术和产品的基础上不断加以组合，就可以开发出无限的新产品，其失败的风险也较少。其缺点是具有丰富想象力的开发者比较难找，同时因技术要求不高而竞争激烈。

（7）仿制策略。这种策略是仿照竞争对手新产品的基本性能和要求经过改造生产出自己的新产品。该策略的特点是仿改结合，自成一体，生产出既与竞争者的产品相似又不完全相同的产品占领市场。其优点是投资少，上马快，风险小。其缺点是许多畅销产品因有专利保护不能模仿；有些能模仿的产品因自己的加入使竞争更加激烈；如果对原产品做较大的改革又需较高的技术。因此，采用该策略时必须细心研究市场需要，只有市场容量大时才可开发，并且要坚持"以我为主，博采众长，融合提炼，自成一家"的原则，开发出适合市场需要的新产品。

（二）新产品开发方式策略

新产品开发方式方面的策略主要有以下三种。

（1）独立研制，即由企业运用自己的科研力量开发出新的具有特色的产品，取得技术上的领先地位，从而在市场上占绝对优势。这种策略又可分为三种形式：一是从基础理论开始研究，经过应用研究和开发研究，最终开发出新产品。这种方式的优点是新产品开发出来后可以在较长的时间内保持技术优势，从而在竞争中处于领先地位；缺点是难度较大，时间较长，并需要较多的研制费用和较强的科研力量，因而只有技术力量强和资金雄厚的大中型企业才能做到。二是利用已有的基础理论，进行应用研究和开发研究，开发出新的产品。这种方式的优点是难度较小，需要的物力和财力较少，花费的时间也短一些，因而许多大中型企业都可利用。三是利用基础理论和应用理论的成果进行开发性研究，开发出新产品投放市场。这种方式需要的人力、财力较少，只要具备一定的科研力量就可进行。但独立研制的产品只能保持短期的优势。

（2）技术引进，即花一定的费用购买别人的先进技术和研究成果。搞技术引进，既可以从国外引进，也可以从本国其他地区引进。实行技术引进不仅能节约研制费用，而且能赢得时间，赶超先进技术水平，因而是许多科研力量不强的企业采用的策略。但由于该策略所有的企业均可采用，因而市场竞争激烈，企业难以拥有较高的市场占有率。

（3）研制与引进相结合，即在开发新产品上采取两条腿走路的方针，既独立研制，又引进技术，并通过对引进技术的消化吸收，与本企业的技术结合，创造出本企业的新产品。这种策略的优点是使二者相互促进，独立研制促进引进技术的消化，引进技术又为独立研制提供了借鉴，从而加快了新产品开发的进程。

延伸阅读 9-1

第三节　产品生命周期及其策略

在市场营销活动中,企业的产品面临着经济环境的变化、竞争者的不断超越以及技术的巨大飞跃,而且购买者的兴趣与要求不断地变化,对产品提出更高的要求,对产品的期望不断升高,因此,企业要根据市场竞争状况的动态变化制订一系列的营销策略。

一、产品生命周期的概念

一般来说,产品从投放市场到在市场上被淘汰,如同任何生物体一样,都有一个发生、发展和衰亡的过程,这一过程在时间上的表现叫作产品的市场生命周期。换言之,产品市场生命周期就是产品从投放市场到被市场淘汰所经历的时间间隔。产品生命周期与产品使用寿命期不同。产品使用寿命期是指产品的耐用时间,也就是产品从投入使用到损坏报废为止的时间。有些产品使用寿命期很短,但市场生命周期很长,如鞭炮、某些饮料等;有些产品市场生命周期很短,但使用寿命期很长,如某些时装等。

产品生命周期源于生产该产品技术的进步和消费者需求偏好的转移。随着生产该产品的技术不断进步,比该产品更加先进的替代产品被创造出来,从而导致相对落后的该产品销售日渐式微,最终退出市场,比如以前使用的传呼机,随着通信设备技术的提高、手机的出现和发展,传呼机便逐渐退出了市场。另外,从消费者需求偏好的角度来看,消费者一般具有喜新厌旧的心理,当一种产品生产出来之后,由陌生到熟悉再到喜欢,最后可能发展到厌弃,转而购买其他更先进的替代产品,从而使得产品出现被消费者认识、接受、喜欢和远离的过程。

产品生命周期一般可分为四个阶段,即投入期、成长期、成熟期和衰退期。如图9-3所示。产品生命周期的投入期也称导入期,是产品进入市场的初期,此阶段消费者对该产品不熟悉,产品销售额非常低,利润一般为负值;随着消费者对产品认识的增加,产品销量也进一步增加,便进入了产品生命周期的成长期,此阶段产品销售增长速度比较快,利润也开始增加;产品成长期发展到一定程度便进入产品生命周期的成熟期,此阶段的特点便是销售额达到顶峰,利润也达到最大值;产品生命周期持续一段时间后,产品销售量和利润迅速下滑,便进入衰退期,此时消费者可能有了新的消费偏好,从而导致销量和利润的快速下滑。

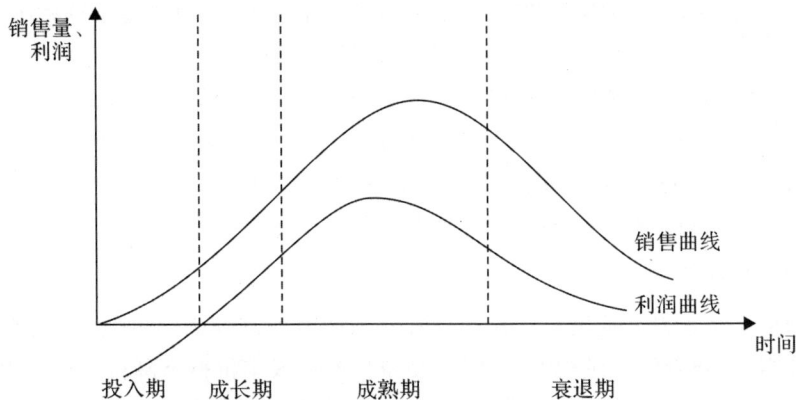

图9-3　产品生命周期曲线

产品生命周期的长短由众多的影响因素决定,包括:产品本身的性质、特点,市场竞争的激烈程度,科学技术的发展速度,消费需求的变化速度,企业营销的努力程度等。从总的趋势看,产品生命周期正在日益缩短。如日本的一项调查所显示,手机平均126天更新一次;电脑产品更可用"日新月异"来形容。因此,企业应加快产品开发和更新换代的速度,这样才能立于不败之地。

二、产品生命周期各阶段的营销策略

企业为了使产品适应市场的需要和达到预定的目标,必须根据产品市场寿命周期各阶段的特点,制订不同的营销策略,从而获得较好的经济效益。

(一)投入期的营销策略

当企业的某产品首次在市场上普遍销售时,投入阶段就开始了。新产品进入引入期以前,需要经历开发、研制、试销等过程。投入期产品的市场特点是:产品销量小,促销费用高,制造成本高,产品技术、性能还不够完善,价格策略难以确立,销量和利润很低甚至为负数,市场风险很大。投入期内,由于产品刚进入市场,因而市场竞争者较少,企业若能快速建立有效的营销系统,强化促销,就可吸引消费者试用,逐步扩大消费群体,缩短投入期,进入成长期。因此,投入期市场营销策略一般有以下四种。

(1)快速撇脂策略,即以高价格和高促销水平的方式推出新产品。企业采用高价格是为了在每单位产品销售中尽可能获取更多的毛利。同时,企业花费巨额促销费用向市场上说明虽然该产品定价水平是高的,但有其值得的优点。高水平的促销活动加快了市场的渗透率。成功地实施这一策略,可以赚取较大的利润,尽快收回新产品开发的投资。实施该策略的市场条件是:市场上有较大的需求潜力;目标顾客具有求新心理,急于购买新品,并愿意为此支付高价;企业面临潜在竞争者的威胁,需要及早树立名牌。

(2)缓慢撇脂策略,即以高价和低促销方式推出新产品。推行高价格是为了尽可能多地回收每单位产品销售中的毛利,而推行低水平销售是为了降低营销费用,两者结合有望从市场上获取大量利润。实施该策略的市场条件是:市场规模相对较小,竞争威胁不大;市场上大多数用户对该产品没有过多疑虑;适当的高价能为市场所接受。

(3)快速渗透策略,即以低价格和高促销费用推出新产品。其目的在于先发制人,以最快的速度打入市场,该策略可以给企业带来最快的市场渗透率和最高的市场占有率。实施这一策略的条件是:产品市场容量很大;潜在消费者对产品不了解,且对价格十分敏感;潜在竞争比较激烈;产品的单位制造成本可随生产规模和销售量的扩大迅速下降。

(4)缓慢渗透策略,即企业以低价格和低促销费用推出新产品。低价是为了促使市场迅速地接受新产品,低促销费用可以实现更多的净利润。企业坚信该市场需求对价格弹性较高,而对促销弹性较小。实施这一策略的基本条件是:市场容量较大;市场上这种产品的知名度较高;市场对价格十分敏感;有相当的潜在竞争者准备加入竞争行列。

(二)成长期的营销策略

成长期的标志是销售迅速增长。在这一阶段利润增加的原因是:①促销成本被大量的销售营业额所分担;②随着生产经验的增加,产品单位制造成本价格下降得更快。由于有大规模的生产和利润机会吸引,新的竞争者进入市场,他们通过大规模生产来提高吸引力和利润。在需求迅速增长的同时,产品价格维持不变或略有下降。销售的高速上升,使促销费用对销售额的比率不断下降。在成长中后期,销售的增长速度由原来的加速上升渐渐转变为减速上升。

成长期企业营销策略的核心是维持其市场增长率,延长获取最大利润的时间。具体说来,可以采取以下营销策略。

(1)改善产品品质,如增加新的功能、改变产品款式等。对产品进行改进,可以提高产品的竞争力,满足顾客更广泛的需求,吸引更多的顾客。

(2)寻找新的子市场。通过市场细分,找到新的尚未满足的子市场,根据其需求组织生产,迅速进入这一新的市场。

(3)改变营销沟通的重点。把广告公关的重心从介绍产品转到建立产品形象上来,树立产品名牌形象。维系老顾客,吸引新顾客,使产品形象深入顾客。

(4)在适当的时机,可以采取降价策略,以激发那些对价格比较敏感的消费者产生购买动机和采取购买行动。

(三)成熟期的营销策略

这一时期产品进入大批量生产并稳定地进入市场畅销期。通常成熟期在产品生命周期中持续的时间最长。根据这一阶段的销售特点,成熟期可以分为成长成熟期、稳定成熟期和衰退成熟期三个时期。三个时期的主要特点如下:①成长成熟期的销售渠道呈饱和状态,增长率缓慢上升,还有少数消费者继续进入市场;②稳定成熟期的市场出现饱和状态,销售平稳,销售增长率只与购买人数成比例,如无新购买者则增长率停滞或下降;③衰退成熟期的销售水平开始缓慢下降,消费者的兴趣开始转向其他产品和替代品。

对成熟期的产品,只能采取主动出击的策略,使成熟期延长,或使产品生命周期出现再循环。为此,可以采取以下三种策略。

(1)调整市场。这种策略不是要调整产品本身,而是发现产品的新用途或改变推销及促销方式等,使产品销售量得以扩大。

(2)调整产品。这种策略是通过产品自身的调整来满足顾客的不同需求,吸引有不同需求的顾客。整体产品概念的任何一个层次的调整都可视为产品再造。

(3)调整营销组合,即通过对产品、定价、渠道、促销四个市场营销组合因素加以综合调整,刺激销售量回升。例如,在提高产品质量、改变产品性能、增加产品规格品种的同时,通过特价、早期购买折扣、补贴运费、延期付款等方法来降价让利;拓展分销渠道,广设分销网点,调整广告媒体组合,变换广告时间和频率,增加人员推销,强化公共关系等,多管齐下,进行市场渗透,扩大企业及产品的影响,争取更多的顾客。

(四)衰退期的营销策略

在成熟期,产品的销售量从缓慢增加直到缓慢下降,如果销售量的下降速度开始加剧,利润水平很低,在一般情况下,就可以认为这种产品已进入市场生命周期的衰退期。衰退期的主要特点是:产品的销售量急剧下降;企业从这种产品中获得的利润很低或为零,甚至为负;大量的竞争者退出市场;消费者的消费习惯已发生转变等。面对处于衰退期的产品,企业需要进行认真的研究分析,决定采取什么决策以及在什么时间退出市场。在衰退期,通常有以下几种决策可供选择。

(1)维持策略。继续沿用过去的决策,仍按照原来的细分市场,使用相同的销售渠道、定价及促销方式,直到这种产品完全退出市场为止。

（2）集中策略。把企业能力和资源集中在最有利的细分市场和销售渠道上,从中获取利润。这样有利于缩短产品退出市场的时间,同时又能为企业创造更多的利润。

（3）收缩策略。大幅度降低促销水平,尽量减少销售和推销费用,以增加目前的利润。这样可能导致产品在市场上的衰退加速,但又能从忠实于这种产品的顾客中得到利润。

（4）放弃策略。对于衰落比较迅速的产品,应该当机立断,放弃经营。可以采取完全放弃的形式,如把产品完全转移出去或立即停止生产;也可采取逐步放弃的方式,使其所占用的资源逐步转向其他的产品。

三、延长产品市场生命周期的途径

产品生命周期的长短,对企业良好形象的树立、尽快收回投资成本、最大限度获取利润、拓展销售领域、提高技术和经营管理水平和弱化经营风险,都具有重要作用。因此,企业在开发研制新产品的同时,要注意延长产品生命周期,使产品长期立足市场,畅销不衰。

延长产品市场生命的主要途径有:

（1）改进产品,增加新功能和新用途。根据消费者需求变化,以技术进步为龙头,改进原有产品的外观和内在质量,增加新功能和新用途,不仅巩固原有的客户群,而且吸引了新的顾客,扩大了市场覆盖面,延长了产品市场生命周期。

（2）转移市场阵地,开辟新的市场领域。一种产品在某一市场区域进入成熟期或衰退期,而在另一区域可能是投入期,甚至还没有问世。一种产品在某一国家是淘汰产品,而在另一国家可能是全新产品。由于不同区域技术水平、开放程度和货币支付能力等方面的差异,从广度开发新市场,扩大销售范围,是延长产品生命周期的重要方式。

（3）异国生产与销售,国内市场向国际市场延伸。利用国内市场与国际市场的不平衡性,把国内进入成熟或衰退期的产品,以独资或合资形式转移到较为落后的国家和地区,是发达国家和地区延长产品生命周期惯用的手法。

（4）发挥市场营销组合策略的作用,提高管理水平。欲延长产品生命周期,单纯依靠产品形态、功能、质量的改进是远远不够的,必须综合发挥产品策略、定价策略、促销策略、分销渠道策略的功能,在调整价格水平,加强人员、广告、公共关系促销,处理好与批发商和零售商的关系,提供全面良好的服务等多方面不断改进,从而刺激新的需求,扩大市场份额,实现延长产品生命周期的目的。

延伸阅读 9-2

第四节 产品品牌与商标决策

在市场经济中,提高企业竞争力的一个重要策略,就是要形成一种企业创名牌商品,提高商品质量的运行机制。品牌与商标决策是企业产品策略的重要组成部分。

一、品牌的概念及整体含义

（一）品牌的概念

品牌是用以识别某个销售者或者某群销售者的产品或服务,并使之与竞争对手的产品或服务区别开来的商业名称及其标志,通常由文字、标志、符号、图案和颜色等要素或这些要素的组合构成。品牌是一个综合名词,具有广泛的意义。它包括品牌名称、品牌标志、商标、品牌化等。

(1)品牌名称,是指品牌中可以用语言表达的部分,如可口可乐、格力、娃哈哈、淘宝、利郎等。

(2)品牌标志,是指品牌中可以辨认但不能用语言称呼的部分,如符号、设计、颜色等。

(3)商标,是指企业在工商行政管理部门登记注册,用来区别不同厂家生产的同种产品的一种标志。它是产品的品牌或品牌的一部分,使该企业享有专用权并受到法律的保护。

(4)品牌化,是指企业为某产品规定品牌名称、品牌标志,并向工商行政管理部门注册登记的一切业务活动。

(二)品牌的整体含义

品牌实质上代表着卖者对交付给买者的产品特征、利益和服务的一贯性的承诺。品牌的整体含义可分为六个层次。

(1)属性。品牌首先使人们想到某种属性。例如,汽车业的奔驰品牌意味着昂贵、工艺精湛、功率大、高贵、转卖价值高、速度快等。企业可以采用一种或几种属性为汽车做广告。多年来奔驰汽车的广告一直强调它是"世界上工艺最佳的汽车"。

(2)利益。品牌不仅意味着一整套属性,还意味着利益。顾客买的不是属性,而是利益。属性需要转化为功能性或情感性的利益。耐久的属性体现了功能性的利益:"多年内无须再买一辆新车。"昂贵的属性体现了情感性利益:"这辆车让我感觉到自己很重要,并受人尊重。"制作精良的属性既体现了功能性利益,又体现了情感性利益:"一旦出事故,我很安全。"

(3)价值。品牌也体现一些生产者的价值。如奔驰汽车代表着高绩效、安全及声望等。品牌的营销人员必须分辨出对这些价值感兴趣的消费者群体。

(4)文化。品牌也可能代表着一种文化。奔驰汽车代表着德国文化:组织严密,高效率和高质量。

(5)个性。品牌也反映一定的个性。如果品牌是一个人、动物或物体的名字,会使人想到什么呢? 奔驰品牌可能会让人想到严谨的老板、凶猛的狮子或庄严的建筑。

(6)用户。品牌暗示购买或使用产品的消费者类型。如果看到一位 20 多岁的蓝领工人开着一辆奔驰车时会令人感到很吃惊,而一位 50 多岁的高级经理开着奔驰车就不会令人吃惊。

二、品牌的作用

(一)品牌对消费者的作用

(1)有助于消费者识别产品的来源或产品制造厂家,更有效地选择和购买商品。

(2)借助品牌,消费者可以得到相应的服务便利,如更换零部件、维修服务等。

(3)品牌有利于保护消费者权益,如选购时避免上当受骗,出现问题时便于索赔和更换等。

(4)有助于消费者避免购买风险,降低购买成本,从而更有利于消费者选购商品。

(5)好的品牌对消费者具有很大的吸引力,有利于消费者形成品牌偏好,满足消费者的精神需求。

(二)品牌对生产者的作用

(1)有助于产品的销售和占领市场。品牌一旦形成一定的知名度和美誉度,企业就可利用品牌优势扩大市场,促使消费者形成品牌忠诚。品牌忠诚使销售者在竞争中得到某些保护,并使它们在执行市场营销计划时具有较强的控制能力。

(2)有助于稳定产品的价格,减少价格弹性,增强对动态市场的适应性,减少未来的经营风险。

(3)有助于市场细分,进而进行市场定位。品牌有自己的独特风格,不仅有助于销售,还有利于企业进行市场细分,在不同的细分市场推出不同品牌以适应消费者个性差异,更好地满足消费者。

(4)有助于新产品开发,节约新产品市场投入成本。一种新产品进入市场时,风险很大,投入成本也相当大。但是企业可以进行品牌延伸,借助成功的品牌扩大企业的产品组合或延伸产品线,利用现有的品牌的知名度和美誉度,推出新产品。

(5)有助于企业抵御竞争者的攻击,保持竞争优势。新产品推向市场,如果畅销,很容易被竞争者模仿,但品牌是企业特有的一种资产,可通过注册得到法律保护。品牌忠诚是竞争者无论如何模仿也无法获得的。当市场趋向成熟,市场份额相对稳定时,品牌忠诚是抵御竞争者进攻最有力的武器。另外,品牌忠诚也为其他企业的进入构筑了壁垒。所以,从某种程度上说,品牌可以看作是企业保持竞争优势的强有力工具。

三、品牌设计的原则

品牌设计不但具有科学性,而且也具有艺术性。品牌设计包括品牌命名和品牌标志设计两部分。品牌的命名和标志的设计需要遵循以下几点原则。

(一)简洁醒目,易读易记

品牌设计简洁明了,读起来朗朗上口,看起来赏心悦目,那样才有利于品牌被消费者识别、记忆和传播,比如娃哈哈、大白兔等知名品牌就非常好读好记,让人过目不忘。

(二)构思巧妙,暗示属性

品牌的命名和标志设计要巧妙地暗示产品的特点,让人接触该品牌之后就能想到产品的特色。比如,雪碧、冷酸灵等品牌让人们通过品牌就能看出产品的功能与特点,便于消费者对品牌的认知理解。

(三)含义丰富,蕴含情感

设计的品牌要内涵丰富,具有一定寓意,而且能够表达某种情感。比如,雀巢的品牌命名让人想到鸟巢,而其品牌标志就是鸟妈妈在给鸟孩子喂食的情景,能让人联想到母爱、想到母乳,也表达了企业致力生产好产品的情感。

(四)避免雷同,合理合法

品牌设计要具有自己的个性与特色,避免与其他品牌雷同,同时也要考虑目标市场的传统习惯、文化习俗与禁忌和法律规定,使品牌设计合理合法。

四、品牌决策的内容

(一)品牌化决策

所谓品牌化决策是指企业的营销管理人员决定是否为企业产品规定名称。产品是否需要

有个名称,应根据产品的性质和消费者需求决定。从营销的角度来看,大多数产品都需要一个名称,也就是需要一个品牌。品牌化无论对企业还是消费者都是有好处的。对企业的好处是:①方便管理订货;②注册商标使企业产品特色得到法律保护;③有利于吸引品牌的忠诚者;④有助于企业细分市场;⑤有助于树立良好的企业形象。对于消费者来说,品牌是购买者获得商品信息的一个重要来源,其好处有:①购买者通过品牌可以了解产品的质量;②有助于提高购买效率。但是,有些产品不一定必须要有一个品牌。在下列情况下,可以考虑不使用品牌:①未经加工的原料产品;②消费者已习惯购买没有品牌的产品,如散装食品、蔬菜等;③临时性一次出售的产品。实行非"品牌化"的目的是:节省包装、广告等费用,降低营销费用,从而降低价格,促进销售。

营销视角 9-2

(二)品牌归属决策

品牌归属决策是指使用哪家品牌,是制造商品牌还是中间商品牌。

1. 制造商品牌

在企业的信誉良好,拥有较大市场份额的条件下,大多数制造商都使用自己的品牌。当制造商的品牌成为名牌后,使用制造商品牌就更有利。有时,还有一些享有盛誉的制造商将其著名商标租用给别人使用,收取"特许权使用费"。比如,广州医药集团就曾将"王老吉"商标租借给广州加多宝饮料食品有限公司使用。

2. 经销商品牌

在制造商资金短缺、市场营销力量不足时,可以考虑采用经销商的品牌。这种策略对于新进入市场的中小企业非常有利。经销商品牌已经成为品牌竞争的一种重要工具。使用经销商品牌的优点为:①经销商可控制价格,可在一定程度上控制供应商;②有利于经销商降低进货成本,增强竞争力,获得较高利润。当然也会带来一些问题,主要有:①经销商需投入大量资金用于广告宣传,树立品牌形象;②经销商需大量进货,导致库存增大,需承担一定的风险。

(三)品牌统分决策

如果企业决定其大部分或全部产品都使用自己的品牌,那么还要进一步决定其产品是分别使用不同的品牌,还是统一使用一个或几个品牌。通常有以下几种可供选择的策略。

1. 统一品牌策略

统一品牌策略是企业所有的产品都采用统一的品牌,这种品牌策略有利于企业塑造统一的形象,有利于降低企业的宣传成本。但是这种品牌策略也有其不足之处,任何一种产品的失败都会使品牌蒙受损失。因此,使用统一品牌的企业,必须对所有产品的质量严格控制。

2. 个别品牌策略

个别品牌策略是企业生产的不同产品采用不同的品牌的策略,如中国移动对不同的服务产品建立"全球通""神州行"和"动感地带"等不同品牌。这种品牌策略有利于表现不同产品品牌的个性与特色,当某种产品出现问题时,不会影响其他品牌产品的销售,但是这种品牌策略不利于企业塑造统一的市场形象,而且为每种品牌进行宣传所花费的费用也比较多。

3. 分类品牌策略

分类品牌策略是企业在分类的基础上对各类产品使用不同的品牌,主要分为两种情况:

①各产品线分别使用不同品牌,避免发生混淆;②生产或销售同类型的产品,但质量水平有差异,使用不同品牌以便于识别。比如,五粮液集团有限公司生产的白酒,就有五粮醇、五粮春、金六福、浏阳河等多个品牌。

4.企业名称加个别品牌

这种策略是指企业对其不同的产品分别使用不同的品牌,而且各种产品的品牌前面还冠以企业名称。例如,美国通用汽车公司(GM)所生产的各种小轿车分别使用不同的品牌,即凯迪拉克、欧宝、别克、奥斯莫比、潘蒂克、雪佛兰等,每个品牌上都另加"GM"两个字母,以表示是通用汽车公司的产品。企业采取这种策略的好处主要是:既可利用企业声誉推出新产品,节省广告宣传费用,又可使各个品牌保持自己相对的独立性。

(四)品牌延伸决策

品牌延伸决策是指企业利用其成功品牌的声誉来推出新产品的策略。比如,海尔冰箱品牌成功之后,企业又利用海尔品牌推出海尔洗衣机、海尔空调、海尔电脑和海尔手机等。品牌延伸策略能够利用成功品牌良好的声誉,有利于消费者将这种良好印象投射到新产品上,有利于新产品的市场推广,提高新产品成功的可能性。但是使用品牌延伸决策时要注意原有品牌产品与新产品之间的相关性,如果相关性比较小,那么效果就不会太好。另外,品牌延伸策略也有其他方面的风险性。比如,当品牌延伸到太多的产品身上时,可能会影响到产品品牌的个性,新产品的失败也会影响到品牌的声誉。

(五)多品牌决策

多品牌决策是指企业为一种产品设计两个或两个以上互相竞争的品牌的策略。美国宝洁公司是这一策略的首创者,它生产的洗衣剂目前在美国有9个牌子,其中仅"汰渍"一个品牌就占有31%以上的市场份额。该公司1988年以"海飞丝"打开中国市场,至今它的洗发水已有4个品牌(海飞丝、飘柔、潘婷、沙宣),各有不同定位,总销量占中国洗发水市场份额60%以上。多品牌策略的优点主要有:①可以在零售商店占据更多的销售空间,减少竞争者的机会;②可吸引那些有求新好奇心理的品牌转换者;③发展多品牌可使企业占领不同的细分市场;④发展多种不同的品牌能促进企业内部各个产品部门和产品经理之间的竞争,提高企业整体的效益。采用这种策略时应注意,每种品牌都应有一定的市场占有率,具有盈利的空间,否则会浪费企业有限的资源。

(六)品牌重新定位决策

随着时间的推移,由于消费者的偏好发生了变化或竞争者推出了新的品牌,市场对企业品牌的需求会减少。这时企业应重新评价原品牌与细分市场,对品牌进行重新定位。在对品牌进行重新定位时,企业必须考虑:①将品牌转移到另一个细分市场的费用,包括产品质量改善费、包装费及广告费;②定位于新位置的品牌的盈利能力,盈利水平取决于细分市场上的消费者人数、平均购买率、竞争者的数量和实力等,企业要对各种品牌重新定位方案进行经济可行性分析,选定一个盈利最多的方案。

五、商标的作用

商标(trade mark)是商品的标志,主要用来区分不同厂家生产的某一同类商品。在市场经济条件下,商标对企业营销活动的作用越来越重要,许多企业也开始重视产品的商标,并把它作为代表企业形象的一种重要标志。

商标作为企业一种重要的知识产权,企业享有使用的专用权。商标的专用权具有以下四个特点。

(1)它是经工商行政管理部门核准注册而取得的特殊权利。这种权利具有独占性,不容他人侵犯。

(2)专用权具有时间性。《中华人民共和国商标法》规定,商标有效期限为10年,到期后应重新申请登记,否则就以自动放弃这种专用权处理。

(3)商标专用权是一种财产权,法律上称为工业产权。这种产权是一种知识产权,是企业的一种无形财富。

(4)专用权受严格的地域限制,在某国取得商标专用权,就受该国法律保护。

商标在企业营销活动中的地位和作用越来越重要,其主要表现如下。

(1)商标有利于促进产品销售。商标是商品的质量和特性的象征,是商品信息传播的工具和竞争的手段。优质商品的名牌商标,有利于建立商品信誉,便于顾客认牌购买,适应购买者的习惯性偏好,能够提高购买者对产品的信赖程度,从而对提高商品的重复购买力、保持市场占有率起着重要作用。

(2)商标有利于维护企业正当的权益。企业的产品性能好、质量高,能够在消费者心中建立良好的形象,成为名牌产品(如贵州的茅台酒、青岛的海尔电器等)。这种商标经注册登记后,就作为一种工业产权使企业的权益受法律的保护。

(3)商标有利于不断改进产品性能,提高产品质量。一个企业要维护声誉和商标的地位,就必须始终保持原有产品的特性和质量,并随着科学技术的发展而不断提高。"创牌子容易,保牌子难"就是这个道理,许多企业尝到了忽视质量、牌子被砸的滋味,因此,如何维护产品的商标应引起企业的高度重视。

(4)利用商标,可以保护消费者的利益。商标对消费者是一种广告促销,购买者可随时接触到产品的商标形象,不断加深印象,产生兴趣,并进行购买。同时,不同的商标代表着产品的不同质量,消费者认牌购买,可以防止误购和利益受损。

六、企业名牌战略

名牌是指具有很高社会知名度和信誉度的标识(商标或商号),从本质上来说,它是知识产权的价值符号。名牌商品是指具有极高社会知名度和市场占有率的某种商标的产品,具有质量上乘、品种对路、服务周到、信誉良好、市场覆盖面广、具有较高经济效益和社会效益等特点。

名牌产品依靠其高质量、高信誉、优质服务,在市场竞争中处于有利地位,所以实施名牌战略,是提高企业竞争力的有效途径,能够给企业创造巨大的价值。企业应重视培养全体员工的名牌意识,争创名牌,保护名牌,增强企业的竞争力。企业名牌战略是指企业有关创名牌、保名牌和发展名牌全局性的谋划和策略,是一项复杂的系统工程。可供企业选择的名牌战略主要有以下几种。

(一)商标战略

商标是企业产品形象的代表,商标战略是企业创名牌的核心。商标战略包括:商标设计、商标注册、商标宣传、商标防伪、商标管理和商标CI策划。

(二)质量战略

质量是名牌发展的基础,是商品的生命。名牌商品首先必须是优质商品。质量战略的重点是企业要用现代科学技术手段开展质量竞争。质量战略包括:①加强全面质量管理,建立有效的质量保证体系;②狠抓技术进步,确保质量不断提高;③质量应与消费水平相适应;④重点解决服务质量差的问题。

(三)名牌营销战略

营销是把名牌的商标形式和质量内容结合起来的纽带,名牌商品也必须进入市场接受检验。企业的名牌营销战略包括广告战略、形象战略、价值对策、连锁营销机制、服务体系等。

(四)产权重组战略

应以名牌为龙头进行产权重组,建立现代企业集团;壮大名牌企业的实力;优先进行名牌企业的股份制改革;做好名牌商标和名牌商号知识产权价值的评估,并进行作价入股。

(五)科技与人才战略

现代科学技术日新月异,要发展名牌,就必须努力提高名牌的科学技术含量,这样名牌才可能有竞争力。因此,要重视科学技术和人才在发展中国名牌中的作用。

总之,在企业的营销活动中,要把创名牌作为企业的重大战略问题高度重视;同时从政府行为、法制建设、社会评估、文化因素、国际条件等方面,创造一个发展名牌的良好环境,实现中国名牌国际化,创造世界级名牌,促使中国名牌商品进入国际市场,在国际市场竞争中发展壮大。

第五节　产品包装策略

产品的包装是增加商品价值并实现商品价值和使用价值的一种重要手段,也是市场营销对产品要求的一个重要方面。产品包装的优劣,不但影响产品能否顺利进入市场,而且影响产品的销路和价格。随着科学技术的发展和消费者收入的增加、需求的变化,市场对产品的包装提出了更高的要求,同时包装水平的高低,也是衡量一个国家技术工艺水平高低的重要标志之一。

一、包装的含义

包装是指对某一品牌商品设计并制作容器或包扎物的一系列活动。其构成要素有:

(1)形式。商品包装的形式,要有利于储运、陈列、销售以及消费。

(2)材料。包装材料的选择,影响包装成本,也影响市场竞争力。

(3)标签。标签含有大量商品信息,印有商标、品名、包装内容以及产品所含主要成分、产品质量等级、生产厂家、生产日期、有效期和使用方法等。

(4)标志。标志是外部印刷的图形、文字和数字及其组合,主要有运输标志、指示性标志和警告性标志。

(5)装潢。装潢是对产品包装物进行的装饰和美化,其依附在包装物上。

二、包装的种类

(一)按包装的作用划分

按包装的作用划分,包装可分为运输包装和销售包装。

(1)运输包装,又称工业包装,是指为了适应储存、搬运过程的需要而进行的包装。常见的有箱装、袋装、桶装及其防潮防震装置。运输包装的主要作用是为了提高物流效率。

(2)销售包装,又称商业包装,指便于刺激、携带和方便使用的包装。这类包装要美观大方,反映产品特色,有刺激性,起到"5秒钟广告的作用";信息丰富,注明厂名、商标、品名、规格、容量、用途、用法及注意事项等,便于消费者选购和使用。销售包装的主要目的是为了促进销售。

(二)按包装的结构划分

按包装的结构划分,包装可分为内包装、中包装和外包装。

(1)内包装,即基本包装或主体包装,是产品的直接容器,从产品出厂到使用终结一直与产品紧密结合。如装有牙膏的软管、装香烟的小纸盒等。内包装应根据产品的物理、化学性质和用途选用包装材料和包装方法。某些有销售包装性质的件装(如酒瓶)还应按销售包装设计。

(2)中包装,又称次级包装,是介于内包装和外包装之间的包装,是商品基本包装的保护层,如牙膏管外的纸盒、每条香烟的包装等。

(3)外包装,即运输包装,是产品外部的包扎物,主要指适应运输需要而进行的产品包扎,如装入一定数量盒装牙膏的纸箱、装运成条香烟的纸板箱等。它通常加有支撑、加固和防风雨等材料并有储运标志。

三、包装的作用

(一)保护产品,便于储运

包装可以保护产品的内在质量和外表形状,使产品的使用价值不受影响,保证产品在储存、运输、销售中不至于损坏、散失和变质。例如,易腐、易碎、易燃、易蒸发的产品,若有了良好的包装,能够保护商品使用价值不受损坏。

(二)识别商品,促进销售

包装具有识别和推销功能。市场上日益繁多的商品,有些产品特色很相似,只有通过合适的包装才能突出本企业商品特色,使消费者易于识别。合理的商品包装,其绘图、商标和文字说明等既展示了商品的内在品质、方便消费者识别,又介绍了商品成分、性质、用途和使用方法,便于消费者购买、携带。同时精美的包装能够诱导顾客的购买兴趣和购买欲望,促进产品的销售。

(三)创造价值,增加盈利

新颖独特、精致美观的包装能够影响消费者的购买欲望,又能增加商品的附加价值。同时,由于包装的作用,避免了商品的损坏,降低了费用。这些都有利于增加企业的利润。

(四)美化商品,树立形象

包装装潢具有视觉传播作用。良好的包装设计,能够给消费者留下难以忘怀的印象,扩大企业及产品的知名度,树立起良好的企业形象。

四、产品包装的设计要求

通常,产品包装的设计应符合下列要求。

(1)造型美观大方,图案生动形象。

(2)包装应与商品的价值或质量水平相配合。既不能"金玉其外,败絮其中",但是也不能用"烂稻草包珍珠,自贬身价"。

(3)包装要能显示商品的特点或独特风格。对于以外形和色彩表现其特点或风格的商品,如服装、装饰品、食物等的包装,应考虑能向购买者直接显示商品本身,以便于选购。常用的方法是全透明包装、开天窗包装或在包装上附有彩色图片。

延伸阅读 9-3

(4)包装的造型和结构应考虑使用、保管和携带的方便。包装的造型、结构除了外形美观、新颖大方等艺术性方面的要求外,还应考虑销售和使用的方便。包装所起的促进销售的作用在相当程度上取决于包装便于使用、携带和贮存的功能。

(5)包装上文字的设计要求能增加顾客的信任感并能指导消费。产品的性能、使用方法和使用效果常常不是直观所能显示的,需要用文字来表达。包装上文字的设计应根据顾客的心理,对不同商品有不同的突出重点。如食品类的包装上应说明用料、食用方法,药物类商品应说明成分、功效、服用量、禁忌及是否有副作用等。总之,应能直接回答购买者所关心的问题,同时也考虑购买者可能存在的疑虑,在包装上要有针对性的说明,以增加顾客对商品的了解和信任。

(6)包装装潢上所采用的色彩、图案要符合消费者的心理要求,并且不和民族习惯、宗教信仰发生抵触。

五、产品常用的包装策略

符合设计要求的包装固然是良好的包装,但良好的包装只有同包装策略结合起来才能发挥应有的作用。常用的包装策略主要包括以下几种。

(一)无包装策略

无包装策略即对商品不进行包装,是一种特殊的包装策略。对一些便利品、生活日用品,若消费者对商品价格很敏感,无包装可以降低经营成本从而降低售价,有利于扩大销售。如农贸市场中的水果、蔬菜等。

(二)类似包装策略

类似包装策略是指企业所生产经营的各种产品在包装上采用相同的图案、色彩或其他共有特征,从而使整个包装外形相类似,使消费者容易注意到这是同一家企业生产的产品。这种策略的主要优点是:①可以节省包装设计成本;②能增加企业声势、提高企业声誉,一系列格调统一的产品包装势必会使消费者受到反复的视觉冲击而形成深刻的印象;③有利于新产品上市,通过类似包装可以利用企业已有声誉,使新产品迅速在市场上占有一席之地。类似包装策略适用于质量水平档次相同的产品,不适于质量等级相差悬殊的产品,否则,会对高档次优质产品产生不利影响,并危及企业声誉。

(三)配套包装策略

按不同的消费者习惯,将企业生产经营的有关联的产品放在同一包装中,既便于消费者购买、使用和携带,又可扩大产品的销售。在配套产品中如加入某种新产品,可使消费者不知不觉地习惯使用新产品,有利于新产品上市和普及。例如,针线盒、医药箱和一些化妆品的组合包装等。

（四）等级包装策略

等级包装策略主要有三种：第一种是按产品档次决定其包装，即高档产品采用精美包装，以突出其优质优价的形象；而低档产品采用简单包装，以突出其经济实惠的形象。第二种是按顾客购买目的对同一产品采用不同包装，即如果顾客购买是为了馈赠亲友，则应用礼盒包装，是为了自用，则应包装得简单朴素，如中秋月饼就有豪华、精致以及简易包装等。第三种是根据产品的性质及不同顾客的使用习惯，设计不同形式、不同重量、不同体积的包装。

（五）复用包装策略

复用包装策略又叫再使用包装策略，即在商品使用后，包装物另作他用。复用根据目的和用途基本上可以分为两大类：一类是从回收再利用的角度来讲，如产品运储周转箱、啤酒瓶、饮料瓶等，复用可以大幅降低包装成本，便于商品周转，且有利于减少环境污染。另一类是从消费者角度来讲，商品使用后，其包装还可以作为其他用途，以达到变废为宝的目的。这就要求在包装设计时，应考虑到再利用的特点，以保证再利用的可能性和方便性。

（六）附赠品包装策略

附赠品包装策略是指在商品包装物内附赠奖券或实物，以诱发消费者购买，或包装本身可以换取礼品，引起顾客的惠顾效应，导致顾客重复购买。例如，在儿童食品中附赠画片，在一盒玩具中附赠画册等；康师傅绿茶开展的"再来一瓶"促销活动，打开瓶盖如果有"再来一瓶"的字样，消费者就可以到零售商处兑换一瓶康师傅绿茶。

（七）改变包装策略

改变包装策略是指改变和放弃原有的产品包装，改用新的包装。当由于某种原因使产品销量下降，市场声誉跌落时，企业可以在改进产品质量的同时，改变包装的形式，从而以新的产品形象出现在市场，改变产品在消费者心目中的不良地位。采用这种做法，有利于迅速恢复企业声誉，重新扩大市场份额。由于包装技术、包装材料的不断更新，消费者的偏好不断变化，采用新的包装以弥补原包装的不足，同时企业在改变包装的过程中，必须配合好宣传工作，以消除消费者以为产品质量下降或产生其他的误解。

（八）绿色包装策略

绿色包装策略又称生态包装策略，指包装材料使用可再生、再循环材料，包装废弃物容易被处理及对生态环境有益的包装。采用这种包装策略易于被消费者认同，从而有利于企业产品的销售。如用纸质包装替代塑料袋包装，或者采用可降解塑料袋包装，既美化了包装，又顺应了发展潮流，一举两得。

第六节　服务和服务策略

一、服务的含义

这里的服务是指产品支持性服务，即以实物产品为基础的行业，为支持实物产品的销售而向顾客提供的附加服务。如果用产品的整体概念来解释，所谓产品支持服务就是指整体产品中的附加产品部分。

产品支持服务的内容非常广泛,如以提供服务的时间来分类,可分为售前服务、售中服务和售后服务三类。售前服务是指产品销售之前向顾客提供的服务,如设计、咨询、产品介绍、迅速报价、容易联系等。售中服务是指销售过程中提供的服务,包括热情接待、为顾客精心挑选产品、做操作使用的示范表演等。售后服务是指产品售出后向顾客提供的服务,包括送货上门、安装、调试、维修、培训、提供信贷以及保证更换、实行三包等。

整体产品概念强调了服务是产品的组成部分,如果产品的实体部分性能类似,而随同实体提供的服务有明显的差别,在顾客看来就是两种不同质量水平的产品,因此提高服务质量成为决定产品销路的关键因素。

二、服务策略

服务策略的制订,总的来说就是在如下三方面做出决策:第一,应该向顾客提供哪些服务项目;第二,所提供的服务应达到何种水平;第三,应以什么形式来提供服务。

(一)服务项目策略

各种服务项目对不同行业的顾客来说,其相对重要性是不同的,如免费送货上门和维修服务这两个服务项目,对家具和电子计算机的购买者来说,重要性就有显著差别。企业需要通过调查,对顾客要求的服务项目,按重要性的大小加以排列,然后做出决定,至少要在本行业顾客认为最重要的服务项目上能使顾客得到充分的满意。

(二)服务水平策略

在一般情况下,较高的服务水平将使顾客得到较大的满足。但是,提高服务水平,不能笼统地指全部服务项目,需要根据顾客的实际要求来明确应着重提高服务质量的项目。如向电视机购买者提供一个月的保修期,可能不会给顾客以多大的影响;如果提供三年以内的保修期,就比较符合顾客的预期,会大大刺激电视机的销量。

(三)服务形式策略

以什么形式向用户提供服务的问题主要包括两个方面:第一,服务要素如何定价;第二,有关修理服务如何提供。

关于服务要素的定价,可供选择的定价方式有多种。以电视机的维修服务为例,如:①在规定时期(保修期)内,提供免费修理服务;②对本企业产品的用户实行优惠价格;③由用户自行决定是否需要购买本企业所提供的各种服务;④按市场上流行的价格收费。关于修理服务的提供,可供选择的方式也有多种,如:①企业培训一批修理服务人员,派到分布在各地的修理服务站去;②维修服务工作委托经销商提供;③委托专业修理店为特约修理点。

以上服务形式的选择,很大程度上取决于顾客的需求和竞争者的策略,由企业灵活做出选择。

本章小结

产品是为顾客提供某种预期效益而设计的物质属性、无形服务和各种标记的组合。产品的整体概念包括核心产品、形式产品、期望产品、附加产品和潜在产品五个层次。产品组合,是指企业生产经营的全部产品的总和,即企业的经营范围和产品结构。产品组合由不同的产品线和产品项目组成。任何企业的产品组合一般都由其广度、深度及关联性构成。产品组合决策包括宽度决策、深度决策、产品线的延伸决策、产品线现代化和产品差异化。

新产品是指产品整体概念中的任何一部分进行变革或创新，并且给消费者带来新的利益、新的满足的产品，分为全新产品、换代新产品、改进新产品和本企业新产品四种类型。新产品的开发分为创意产生、创意筛选、产品概念的形成、发展和测试、制定营销战略、商业分析、产品研究试制、市场试销和商品化八个阶段。

产品市场生命周期就是产品从投放市场到被市场淘汰所经历的时间间隔，分为投入期、成长期、成熟期和衰退期四个阶段。企业必须根据产品市场生命周期各阶段的特点，制订不同的营销策略，才能获得较好的经济效益。

品牌是用以识别某个销售者或者某群销售者的产品或服务，并使之与竞争对手的产品或服务区别开来的商业名称及其标志，通常由文字、标志、符号、图案和颜色等要素或这些要素的组合构成，包括品牌名称、品牌标志、商标、品牌化等。商标是指企业在工商行政管理部门登记注册，用来区别不同厂家生产的同种产品的一种标志，企业享有专用权并受到法律的保护。品牌决策的内容包括品牌化决策、品牌归属决策、品牌统分决策、品牌延伸决策、多品牌决策和品牌重新定位决策。名牌是指具有很高社会知名度和信誉度的标识（商标或商号），从本质上来说它是知识产权的价值符号。企业名牌战略是指企业有关创名牌、保名牌和发展名牌全局性的谋划和策略。

包装是指对某一品牌商品设计并制作容器或包扎物的一系列活动，由包装形式、材料、标签、标志和装潢组成。产品包装策略有无包装策略、类似包装策略、配套包装策略、等级包装策略、复用包装策略、附赠品包装策略、改变包装策略和绿色包装策略。

为支持实物产品的销售而向顾客提供的附加服务可分为售前服务、售中服务和售后服务三类。服务策略的制订，应在服务项目、服务水平、服务形式三方面做出决策。

思考题

1. 怎样理解产品的整体概念？
2. 什么叫产品组合？它包括哪些内容？
3. 企业产品组合策略有哪几种？
4. 什么叫新产品？新产品有哪几种类型？
5. 新产品开发的原则和程序是什么？
6. 什么叫产品生命周期？产品生命周期分为哪几个阶段？
7. 分析产品生命周期各阶段的特征及企业应采取的营销策略。
8. 如何延长产品生命周期？
9. 什么叫品牌？品牌包括哪些内容？
10. 简述品牌设计的原则。
11. 品牌决策包括哪些内容？
12. 什么叫商标？商标有什么作用？
13. 企业怎样实施名牌战略？
14. 何谓包装？包装有什么作用？

15.包装策略有哪几种？

16.服务策略如何制订？

案例分析

2019年吉利汽车共销售136.156万辆

2019才刚刚过完，吉利汽车就有点"迫不及待"地公布了2019年的全年销量数据：2019年累计销量1361560辆，超额完成136万辆全年销售目标，是国内少数完成年度目标的车企，且是继2017、2018年之后，第三次夺得中国品牌乘用车销量第一。

值得一提的是，吉利汽车在2019年12月共销售了130036辆，同比增长高达39.3％。而且，12月份经销商终端销量更是达到惊人的约17万辆，创有史以来单月终端最高销量纪录。在车市寒冬未过去之前，吉利还能保持如此强劲的增长，实属不易。

一、全年超21万辆，连续8年问鼎中国品牌轿车销量冠军

2019年，随着吉利旗下的高端纯电品牌——几何的发布，吉利终于构建起以吉利、领克、几何三大品牌为核心的三国鼎立之势。三大品牌齐齐发力，推出了星越、博越PRO、嘉际、几何A等多款全新车型，覆盖了SUV、轿车、MPV等细分市场，且都保持了齐头并进的势头。

在吉利最注重的轿车市场，2019年共销售了211472辆，已经连续8年稳坐中国品牌轿车销冠，这可是实打实的综合实力体现。

在SUV市场，吉利汽车以博越、博越PRO等为主打车型，共销售了709841辆，占吉利全年总销量的52.1％。其中，博越PRO与2020款博越全年累计销售228564辆，且仅在12月份就销售了24427辆，连续7个月实现了环比增长；全新上市的运动SUV——星越上市7个月就斩获近3万辆的销量，表现亮眼；作为吉利旗下仅有的一款MPV，嘉际上市10个月累计销售了32961辆，同样表现不俗。

领克作为吉利旗下的高端品牌，全年累计销量达到128066辆，同比增长6.4％。据统计，领克01增/换购用户达到45％，其中65％的车主来自主流合资品牌；领克02高配车型占比接近80％；领克03顶配车型占比超过70％。尤其值得一提的是，领克03性能家族，一年时间内就形成了03、03＋、03 TCR赛车、03 Cyan概念车等产品矩阵，成为搅动轿车市场的一匹"黑马"。

此外，除了传统燃油车外，吉利汽车在新能源车领域方面，2019年共销售了113067辆，同比增长66.5％，成为促进吉利高质量增长的新引擎。

纵观最近几年的市场表现，2019年已经是吉利第三年实现产销超百万辆的"奇迹"，这是吉利近年来不断追求高质量发展的结果，也让吉利的品牌力获得了进一步提升。

二、出口量同比增长110.6％，宝腾X70助力吉利全球化发展

除了在国内市场大显身手外，在海外市场，吉利同样提速明显：2019年共出口57991辆，同比增长110.6％。

"当前全球汽车市场正面临百年未有之大变局，挑战与机遇并存。吉利将以市场为原点，以用户需求为导向，以产品为核心，以市场占有率提升为目标，坚持走高质量发展路线，保持战略定力不放松，打好技术品牌升级战，加速海外市场开拓，推动中国制造迈向全球价值链中高端，助力中国汽车品牌持续向上。"正如吉利汽车集团CEO、总裁安聪慧所说，这个产品与市场

逻辑不仅适用于国内市场,也同样有助于开拓海外市场。

就在前不久,马来西亚给巴基斯坦总理送了一份"国礼"——一辆具有吉利基因的宝腾X70。宝腾X70是基于博越打造的SUV车型,并实现了马来西亚本地化下线,目前已经位列当地细分市场销量冠军。

吉利在白俄罗斯的合资工厂也于2019年实现了第20000辆吉利汽车的下线,这不仅标志着BELGEE的产量真正达到了工厂的设计产能,也预示着吉利的国际化进程又走出了坚实的一步。

目前,吉利汽车出口的国家已经超过20个,在海外拥有400多个服务网点。正是这种立体化海外布局,吉利实现了制造、研发、采购、销售的全球布局,成为中国走向全球的又一个国际化车企。

三、吉利将推出icon、领克05等6款全新车型

对吉利而言,上一个五年,吉利汽车实现了产品和销量领先;下一个五年,吉利要实现"品牌和技术"的全面领先。按照这个规划,2020年将是吉利向品牌和技术领先进阶的开局之年,也是吉利的架构之年和产品大年。

目前,吉利旗下已具备了BMA、CMA、SPA三大基础架构和PMA纯电专属架构。其中,诞生于BMA、CMA模块化平台的车型已占吉利和领克总量的21.5%。

根据计划,吉利将推出BMA架构第二款SUV——吉利icon、CMA架构打造的"领克05"、吉利首款中大型多功能SUV——VX11,以及几何品牌的第二款车型——GE13等6款全新车型,以及多款改款车型,进一步优化产品结构,提升市场竞争力。

接下来,领克还将正式进军欧洲,与全球一流品牌同台竞技,迈出领克品牌全球化发展的关键一步。

在吉利看来,新一轮的全球经济大调整时代已经来临,汽车工业也随之进入百年未有之大变局。

当然,市场环境会更加复杂多变,也充满了更多挑战,但同时,这也是一个"弯道超车"的机会。对吉利是这样,对于中国车企亦是如此。

资料来源:2019年吉利汽车共销售136.156万辆[EB/OL].(2020-01-07)[2020-03-01].http://news.bitauto.com/hao/wenzhang/31923670.

问题讨论:

1.如何理解吉利汽车的产品组合策略?

2.借助产品生命周期理论,分析吉利汽车如何提高产品销量?

3.吉利汽车的名牌战略有哪些成功的关键因素?

第十章
价格策略

◆ 了解：成本导向、需求导向和竞争导向三大类定价方法；企业价格调整的原因、方式和注意的问题。

◆ 掌握：影响企业定价的主要因素。

◆ 熟悉：新产品定价策略、折扣定价策略、地区定价策略、心理定价策略、差别定价策略、产品组合定价策略、商业信用价格策略。

导入案例

回望 2019 年，家电业整体市场环境低迷，增长动力不足。其中，热水器行业也开始进入存量竞争，规模增速表现为持续下行趋势。

据奥维云网总预测数据显示，2019 年热水器市场两大品类规模增速纷纷下滑，电储水热水器零售额规模为 304 亿元，同比下降 6.7%；燃气热水器零售额规模为 312 亿元，同比下降5.6%。

而值得注意的是，进入 2019 年来，优势市场大环境不佳，企业为了提高自身的市场份额，开始纷纷降价，行业内的"价格战"氛围十分浓厚。

从市场销售数据来看，2019 年电储水热水器零售量为 2349 万台，同比不仅未降，还实现微增 2%；燃气热水器零售量为 1463 万台，同比仅微降 1.7%，远低于零售额的下滑幅度。这种"额降量增"的市场表现，恰恰反映出了热水器产品均价的下滑，价格战趋势明显，市场利润不断受到挤压。

从品类细分来看，电热水器市场价格竞争近年来一直十分激烈，而从 2019 年的表现来看，价格战可以用愈演愈烈来形容。据奥维云网监测数据显示，2019 年 1—11 月，线上电热水器产品均价已在 1004 元低位，线下电热水器产品均价也已经降到了 2000 元以下。

行业分析人士表示，主流品牌在低迷环境，为抢占线上市场，纷纷布局超低价新品，对于中小品牌的份额打击较大，是导致价格战的直接原因。此外，产品技术缺乏创新，同质化问题严重也是导致市场深陷价格战的另一因素。

从 2019 年"双 11"的销售情况来看则更为直观，"双 11"期间，电储水热水器价格突破了历史新低，重点品牌的主销机型多布局在 60 L，均价大多位于 900 元以下，个别产品更是以抢购五折活动，使产品价格低至 500 元以下。

而燃气热水器方面,市场虽然也表现出均价下行趋势,但值得一提的是技术升级比较明显,尤其是"零冷水"燃气热水器产品,在 2019 年的渗透率得到迅速提升。据奥维云网数据显示,2019 年 1—11 月,"零冷水"燃气水热器的零售额渗透率提升至 12.8%,线下零售额渗透率达 26.1%。均价方面,零冷水产品的线上和线下市场表现又相差较大。其中,零冷水产品线上均价呈现出断崖式下跌,2019 年仅为 3023 元,究其原因,主要是主流内资品牌降维打击,外资专业品牌价格仍处于高位。线下仍然是专业品牌主导市场,均价较为稳定,仍接近 5000 元的水平。

总的来看,刚刚过去的 2019 年,热水器是没能跳出价格战的泥淖。目前,行业亟待更具创新功能的产品,以价值战来取代价格战,从而改变恶性循环的市场状态,让行业迎来新的转机。

资料来源:热水器行业持续下行,市场深陷"价格战"泥淖[EB/OL]. (2020 - 01 - 13)[2020 - 03 - 01]. https://tech. sina. com. cn/e/2020 - 01 - 13/doc-iihnzhha2061407. shtml.

价格是市场营销组合诸多因素中十分敏感而又难以控制的因素,它既直接影响着顾客的购买心理即市场需求量,同时又影响企业的收入和盈利,无论是生产者、顾客还是竞争者,对产品的价格都十分关注。

第一节　定价概述

一、价格的构成

通过一定数量的货币表现出来的商品价值,叫作价格。商品价格一般包括四个要素:生产成本、流通费用、国家税金和企业利润。

1. 生产成本

商品生产中,必须支出物质消耗和劳动报酬。在正常情况下,每个企业在出售商品时应该收回这两部分支出,否则企业的再生产就会发生困难。

2. 流通费用

流通费用指商品在流通过程中所发生的各种费用。流通费用包括商品从产地到销地之间的运输,商品在流通过程中的保管、挑选、整理、分类、包装以及由商品购销活动和管理核算业务活动所引起的一系列开支。

3. 利润

利润是生产者为社会劳动所创造价值一部分的货币表现。其量的大小,一般而论,是商品价格与生产成本、流通费用和税金之间的差额。

4. 税金

国家按照税法规定,向经济单位和个人无偿征收的预算缴款,纳入国家财政收入。

二、价格策略的重要性

价格策略是指在制订价格和调整价格的过程中,为了达到企业的营销目标而采取的定价艺术和定价技巧。价格策略在企业市场营销活动中发挥着十分重要的作用。

1. 价格能调节和诱导市场需求

价格是企业营销组合中的一个重要因素,定价是否合理,对企业市场营销组合,将起到加强或削弱的作用。价格的高低往往直接影响着产品在市场中的地位和形象,影响着顾客对产品的接受程度,影响着产品的销路。合理的价格对顾客的心理会产生良好的刺激作用,本身就具有促销的功能。例如,在企业的营销产品组合中,尤其是那些具有消费连带与消费替代关系的产品,价格的高低与价格比例的合理性明显影响这些产品的市场需求。这样,企业就可能根据具体产品的生产经营能力,确定盈利水平略有差异的不同价格,保证各类产品市场需求与生产经营能力的协调。另外,价格的高低还制约着销售渠道的选择,只有与企业促销及销售渠道策略协调一致的价格,才能起到加强营销整体效果的作用。

2.价格是营销竞争的重要手段

在市场营销中,技术、质量、服务等方面固然是企业竞争的重要因素,但价格同样是不可忽视的参与竞争的有效手段。很显然,价格对产品的销路及整个企业的利润,都有"看得见"的影响。一般说来,在同一产品有众多供应者的条件下,价格相对低的产品,市场竞争能力就会提高。同时,价格也是竞争对手极为关注,并会迅速做出反应的最敏感的因素。另外,由于制订价格时往往很难准确预测消费者和竞争者的反应,由此而导致的决策失误,会使企业陷入困境和带来多方面的损失。因而产品定价既具有高度的科学性,又具有"微妙的"艺术性。

3.价格影响企业营销目标的实现

合理地制订价格,有利于企业降低产品成本、促进技术进步、提高产品质量,促进企业主动地适应消费者需求、适应市场竞争状况,不断提高经济效益,从而能顺利实现企业的营销目标。市场价格的形成具有客观性、规律性的特征,企业定价在很大程度上必须利用和服从这些规律。在现实的营销活动中,企业定价的自由度是有限的,企业往往是市场价格的适应者,而非操纵者。从这个意义上讲,企业的所有工作都必须与价格相适应。因为在既定的价格水平下,企业要想比竞争者更加卓有成效地实现营销目标,建立起优越的市场地位,就必须提供质量过硬、性能卓越、服务良好的产品,使顾客对企业和产品产生偏爱,树立起良好的形象。在这样的情况下,必然就促使企业尽量采用先进的经营管理方式,减少成本,争取做到以最小的投入获取最大的收益。

第二节　影响企业定价的因素

企业定价策略的起点是明确定价目标。只有明确了企业定价的基本目标,才能初步确定产品价格的总体水平。如果说目标在战略的层面上给出了企业产品定价的基本依据,定价的各种影响因素则从战术层面上为企业的定价决策提供了参考。

一、定价目标

企业的定价目标是指企业在一定的经营环境和条件下,对其生产经营的商品制订价格时所要达到的目的,它是企业选择定价方法和制订价格策略的依据。定价目标根本上取决于企业的总体目标,不同行业的企业、同一行业的不同企业,以及同一企业在不同的时期和市场条件下,都可能有不同的定价目标。一般来说,定价目标可分为利润目标、销售目标和竞争目标三大类,每个大类又包含若干个具体目标。

(一)利润目标

追求利润是市场经济下企业生存和发展的根本使命,企业各项管理活动的最终目标都是获得适当利润,产品价格作为决定利润水平的最直接因素,在制订过程中,必然要充分考虑其对利润的影响。根据企业对利润的期望水平不同,利润目标又可以分为以实现最大利润为目标和以获取适当利润为目标。

1. 以最大利润为目标

这是一种通过制订较高价格,迅速获取最大利润的定价目标。在市场经济中,企业只有不断地获取更多的利润,才能求得企业的生存和发展。采用这种定价目标的企业,其产品在市场上应该处于绝对优势地位,例如新产品投放市场时,企业常常采用高价,以便尽快收回投资,获取较高利润,并占有同竞争对手展开价格竞争的有利条件。

获取最大利润不仅是长期利润最大,而且应该是总体上利润最大。企业应合理地确定相关产品之间的比价,比如互补商品的售价,下调主要商品价格,上调附属商品价格,以保证总体利润最大化。追求利润最大,并不一定必须采取高价。如果价格过高,会带来激烈的竞争,并遭到消费者的抵制,最终影响企业利润目标的实现。

2. 以适度利润为目标

以适度利润为目标是指企业为避免不必要的价格竞争,以适中、稳定的价格获得长期利润的一种定价目标。此时,企业旨在补偿正常情况下的平均成本的基础上加上适当利润作为产品价格,可以避免不必要的价格竞争,并可以凭借稳定的价格保持良好的客户关系,树立企业形象,取得长期发展。通常情况下,投资者总是追求高回报,预期投资报酬率应不低于银行存款利率。采用这种定价目标的企业应具备的条件是:①本企业经营的产品在同行业中居主导地位,对该产品价格具有重大影响,有较强的竞争能力;②产品应是畅销商品,或独家专利商品、高产量的标准化商品,否则因销路问题可能影响预期利润的实现。

（二）销售目标

产品有销路、有市场是所有生产企业的共同愿望,在企业定价过程中不得不考虑销售前景问题。销售目标具体来说又包括以销售额最大化为目标和以保持和扩大市场占有率为目标。

1. 以销售额最大化为目标

以销售额最大化为目标是指企业在保证一定利润水平的前提下,谋求销售额的最大化。由于某种产品在一定时期、一定市场状况下的销售额由该产品的销售量和价格共同决定,因此要结合产品的价格需求弹性来合理制订价格。对于价格需求弹性较大的商品,可采用薄利多销策略,以低价带销量;对于价格需求弹性较小的商品,则可采用高价、厚利、限销的策略。当产品适合大批量生产时,企业往往采取这一定价目标。另外,当企业由于市场行情变化、经营转型或其他原因急于清理库存时,以销售额最大化为定价目标也比较适宜。

2. 以提高或维持市场占有率为定价目标

市场占有率的高低,是企业经营状况和产品竞争能力的综合反映,提高市场占有率,是企业占领市场,实现长期利润目标的主要途径。一般情况下,在市场占有率既定的条件下,为了维持或提高市场占有率,通常采用低价策略。采取低价策略提高市场占有率,必须慎重考虑,量力而行。因为低价可能带来消费需求的急剧增长,企业如没有充足的商品供应,就会使竞争者乘虚而入,损害企业的利益,同时还应分析低价给企业利润带来的影响。

（三）竞争目标

产品一旦被推向市场就开始了与同类产品的竞争,企业在定价前都会仔细研究竞争对手的产品和价格情况,然后有意识地制订具有竞争力的价格。产品定价的竞争目标包括两种:以稳定价格为目标和以适应市场竞争为目标。

1.以稳定价格为定价目标

这种定价目标是指企业在市场竞争及供求关系比较正常的情况下,为了避免价格竞争,从而稳固地占领市场,以求在稳定价格中取得合理利润。这是企业从长远利润考虑的一种定价目标。在这种定价目标下,产品价格是由处在领导地位的企业决定的,或者是由同一行业中举足轻重的几家大企业互相默契制订较固定的价格,因此也称为领导者价格。在稳定价格目标下,其他企业产品定价与领导者保持一定的比例关系,而不轻易变动价格。同时,领导者价格也不能任意抬高,以免引起社会公众不满和政府的经济干预。

2.以适应市场竞争为目标

以适应市场竞争为目标时,有两种策略可供企业选择:一是追随定价,企业价格的制订主要以对行业中占领导地位的竞争者的价格为依据,根据产品的差异情况稍高或稍低于竞争者,中小企业的产品定价通常采取这种策略;二是挑战定价,即通过明显低于竞争者的价格抢夺市场份额,或者通过提供优质的产品或服务而制订高于竞争者的价格。

二、产品成本

产品成本是由产品的生产过程和流通过程所花费的物质消耗和支付的劳动报酬所形成的,是产品定价的基本因素。价格与成本的差异决定企业的盈亏状况及利润水平。在市场营销活动中,企业定价参照的成本主要有以下几种。

(一)平均成本

企业生产一定数量的某种产品所发生的成本总额被称为总成本,包括总固定成本和总变动成本两个部分,前者指为组织一定范围内的生产经营活动所支付的固定数目的费用,如固定资产折旧、办公费用、管理人员的工资等,不随产量的变化而变化;后者指原材料、燃料动力等随产量增减而按比例增减的费用。用总成本除以产量就可以计算出单位产品的生产费用,即平均成本。通常情况下,只有产品价格高于平均成本时,企业才有可能形成盈利,反之则亏损。

(二)平均变动成本

顾名思义,平均变动成本是总成本中扣除总固定成本,再除以产量所得的商数,即总变动成本相对于产品产量的平均数。当企业无法以大于或等于平均成本的价格出售商品时,可以选择继续降价,但幅度以平均变动成本为限。这是因为,企业在生产当期需要支付的通常只是原材料、工人工资等变动成本,固定成本则是在整个固定资产寿命周期内对早期投入的一种补偿,并不形成当期的实际支出。在平均变动成本与平均成本构成的区间内,选择一点作为产品价格,虽然不能扭转企业的亏损状态,但仍然能够维持其生存。

(三)边际成本

边际成本指增加一个单位产量所支付的追加成本,是增加单位产品时总成本的增量。相应地,边际收入指企业多售出单位产品得到的追加收入,是销售总收入的增量。企业定价过程中不但关心价格对成本的弥补程度,更加注重价格对销售水平的影响。这是因为,销量的提高可能通过规模效益而降低单位产品成本。这样,企业可以通过适当降低产品价格更好地满足顾客需求,只要价格能够保证边际收入大于边际成本,企业就是有利可图的。在理想的市场经济条件下,商品的价格同边际成本相等时,企业的利润将实现最大化。

(四)使用成本

使用成本是指顾客在使用产品的过程中所支付的成本,包括为使产品得以正常使用所支付的一切货币成本、心理成本和精力成本,如电费、汽油费、维修的便利性和售后服务的其他支持等,这些都是影响价格和顾客需求的重要因素。

(五)机会成本

企业常常会为了从事某一项生产经营活动而放弃从事另外一些生产经营活动,因此也就会失去另外一些活动所带来的收益,这些失去的收益就是企业的机会成本。因为有了机会成本的存在,企业在选择投资机会时,就必须慎重考虑,要尽可能在所从事的领域内,通过产品价格的制订及其他相关策略来弥补这种成本的发生。

三、市场需求

供求规律是市场经济的基本经济规律,它决定着价格背离或趋向价值的方向和程度。当产品供过于求时,价格下降;供不应求时,价格上涨。企业在制订价格之前,必须分析在不同价格水平下市场对产品的接受程度,根据产品的需求弹性,采取适当的定价策略。需求弹性是指因价格和收入等因素而引起的需求量的相应变动率,一般分为需求的收入弹性、价格弹性和交叉弹性,其中,需求价格弹性对于理解市场价格的形成和企业定价具有重要意义。

需求价格弹性是指价格变动对市场需求变动的影响程度,它以需求变动的百分比与价格变动的百分比的比值来衡量。由于价格与需求量呈现反方向变动关系,所以计算出的弹性系数是负数。研究需求弹性时应取其绝对值。需求价格弹性的大小有以下三种基本情况。

(1)当需求价格弹性小于1时,意味着需求量变动幅度小于价格变动幅度,如生活必需品、农产品等。对这类商品定价时,较高的价格水平一般会增加盈利,低价对需求量刺激效果不大,薄利不能多销,反而会降低收入水平。需要注意的是,这类商品的供应者较多,产品的差异性不大,除非企业的产品质量有超群之处,否则高价位将难以维持。

(2)当需求价格弹性等于1时,意味着需求量与价格等比例变化。对于这类商品,价格变动对销售收入影响不大。定价时,可选择实现预期盈利率的价格或选择通行的市场价格,并尽量保持价格的稳定。

(3)当需求价格弹性大于1时,意味着需求量变动幅度大于价格变动幅度,如非生活必需品、奢侈品等。此时可以通过降低价格、薄利多销达到增加盈利的目的,同时提价时务求谨慎,以防需求量发生锐减,影响企业收入。

四、市场竞争因素

价格是企业竞争的重要手段,因而在定价时除了考虑成本与需求因素外,还要密切关注竞争对手同类产品的定价。竞争因素对企业定价的影响首先表现在企业所处市场竞争结构对定价的影响上,不同的市场竞争结构决定了企业定价方法的差别。在完全竞争市场,由于产品高度同质,价格由供求关系决定;在垄断竞争市场,由于不同企业产品存在要素差异化,企业可根据自己产品特色及定位确定价格;在寡头垄断市场,少数企业垄断市场,此时企业定价采用协议价格;在完全垄断市场中,由于行业中只有一家企业,其他企业没有进入机会,该企业定价呈现垄断高价。

此外,企业的竞争手段及竞争目标也直接影响定价。比如,如果企业采用价格竞争手段,通常其竞争目标是提高产品的市场占有率,其价格往往低于行业平均水平,或者是价格战的发动者。而任何一次价格调整都会引起竞争者的关注,并导致竞争者采取相应的对策。在这种对抗中,竞争力量强的企业有较大的定价自由,竞争力量弱的企业定价的自主性就小。此外,通常是市场领先者进行定价。

五、宏观经济状况

宏观经济诸因素的变化从多方面影响产品价格的变化。

(一)经济增长对价格的影响

市场经济周期性的变化直接影响市场的繁荣,并决定价格总水平的变化。一般说来,经济高速发展,人们收入增长较快,易出现总需求膨胀,人们对价格变动的敏感性减弱,有利于企业自由地为产品定价;而在经济调整或衰退时期,经济发展速度放慢,易出现有效需求不足。如2019年全球经济增速继续放缓,并呈现长期下降的趋势,这也影响到了全球住房价格增速继续下降。

(二)通货膨胀对价格的影响

产品价格的变动受货币因素特别是通货膨胀的影响,在通货膨胀的外部环境下,为维持以往的利润水平,当企业无法全部消化通胀因素时,提价成为必然。通货膨胀对价格的影响有时和其他因素的作用交织在一起,当货币因素和非货币因素的作用方向一致时,如垄断因素、周期性高涨等交织在一起,价格上涨水平就会明显提高。

(三)汇率对价格的影响

汇率是不同国家货币之间的比价。汇率的变动会对一国的进出口贸易产生重要的影响。从理论上讲,一国为了增加出口,可以通过本币贬值的方法实现汇率的变化,会直接影响到国内外市场上的供求状况,从而对价格产生影响。

六、政府的政策法规

为了维护国家与民众的利益,维护正常的市场秩序,每个国家都有相关的经济法规,以约束企业的定价行为。这种约束反映在定价的种类、价格水平和定价的产品、品种等方面。例如,国家对某些产品规定了价格浮动制度,以保持物价的基本稳定;国家对某些产品实行最高限价或最低保护价,以保障消费者或生产者利益。在我国,规范企业定价行为的法律和相关法规有:《中华人民共和国价格法》《中华人民共和国反不正当竞争法》《制止牟取暴利的暂行规定》《价格违反行为行政处罚规定》《关于制止低价倾销行为的规定》等。在企业开展国际市场营销活动时,更需要了解相关目标市场的政府定价政策与法规,以保证企业顺利开展营销活动。

七、购买者心理

购买者受到购买目的、购买行为等因素的影响,在购买企业提供的产品时会有不同的心理,这种购买心理往往会在很大程度上影响企业产品的定价。市场上购买者的类别不同,其购买产品时的心理往往也不相同。

（一）消费者的价格心理

消费者的价格心理主要通过他们的价值观念、消费预期及认知价值来体现。在价值观念方面，由于不同的消费者具有不同的文化程度、社会地位及收入水平等，所以不同的消费者就会形成不同的价格评价标准，企业在定价时就要考虑同一件产品对不同消费者及消费者群体的不同需求价格弹性。如果消费者预期未来商品价格将下跌，消费者就会采取等待观望的态度，持币待购；反之，消费者就会争相抢购。消费者的预期心理及由此产生的消费行为，势必对企业定价产生影响。认知价值是消费者心理上对商品价值的一种估计和认同，它与消费者的商品知识、购物经验、对市场行情了解的程度有关，同时受到消费者的兴趣爱好的影响。企业只有准确把握消费者的消费心理，才能制订出既能适应消费者的需要，又有利于扩大商品销售和提高企业经济效益的价格策略。

（二）中间商的价格心理

中间商购买产品是为了获得利润，因此中间商在选购产品时会重点考虑产品的市场销量、产品买进与卖出之间的差价，而不太注重单位产品的市场价格。中间商在购买产品时会与供货商讨价还价，但是中间商讨价还价的目的不是帮助消费者获得产品的最低价格，而是为了通过扩大差价来为自己获得更多的利润。对中间商而言，只要产品好销，利润合理，他们都愿意经销。

延伸阅读 10-1

（三）集团购买者的价格心理

集团购买者是代表组织进行相应的采购。因此，他们更关心产品所表现出来的属性和利益、购买总金额、预算、职权范围、规章制度和批办手续之间的差距等，一般不太关心产品实际价格的高低及价格的变化。

第三节 企业定价的程序

企业制订价格是一项复杂的工作，需要考虑一系列相关因素，遵循科学的定价程序。在明确了定价的基本目标后，企业定价的一般程序是：测定需求、核算成本、分析竞争者的价格与产品、选择定价方法并综合考虑各种因素确定最终价格。

一、测定需求

（一）预测价格竞争趋势

预测市场价格走势是企业采取价格竞争行为前必须考虑的问题。企业必须认识到其竞争对手在市场中的地位、彼此的目标顾客群体的相似或相同程度、所拥有的资源的相似性等。当企业在上述方面相似程度越高，并且在主要市场进行竞争时，彼此应密切关注对方的价格变动。比如可口可乐和百事可乐、沃尔玛和华润万家、国美与苏宁、华为与大唐，它们在极其相似的领域和区域开展价格竞争。这些企业通常通过价格竞争行为来试探和分析对手的反应。

（二）确定需求价格弹性

在正常情况下，产品的需求和价格是反向关系，即价格越高，需求越低；价格越低，需求越高。而对于有威望的产品来说,需求价格弹性有时呈现正值。如某世界著名香水公司发现通过提高产品的价格,它销售了更多的香水,因为消费者认为高价格的香水意味着是一种品质更好的香水。

企业需要了解所面对的市场需求对于价格变动会做出何种反应,进而对产品价格进行相应调整。对企业来说,首先必须对大的价格变动引起重视,因为它会直接影响企业的产品销量;其次企业要注意降价与提价的效应是完全不同的,而价格变动后的效应伴随着价格弹性系数的不同而不同;最后企业要注意长期需求价格弹性和短期需求价格弹性是有区别的。长期需求价格弹性要比短期的更富有弹性,原因是一种产品提价后,选择新的替代产品,要花费时间,消费者可能在短期内继续向原来的企业购货,但是他们最终可能转向购买其他企业的产品。

(三)估计需求量

企业在测量其产品的市场需求量时,可以通过下面几种方法。

(1)统计法。用统计的方法分析产品过去的价格、销售数量和其他因素的数据之间的关系,通过构建数理模型估算当期的市场需求量。这种数据分析可以是纵向的(随时间变化),也可以是横向的(在同一时间不同的地点)。

(2)实验法。价格实验法即选择样本地区,为产品确定不同的价格,观察价格是怎样影响销售的。一旦实验达到目标,可扩大到整个市场。

(3)询问法。询问被调查者在不同的价格水平上他们会购买产品的可能性及购买多少,这主要通过事先设计好的价格问卷来获得。

二、核算成本

市场需求高低为企业制订其产品价格确定了一个最高上限,而成本水平构成价格下限。产品价格只有补偿了生产、分销各环节支出的成本费用,企业才可以考虑盈利性的问题。在成本中,生产成本占主要比重,又分为固定成本和变动成本。固定成本是指不随生产或销售数量变化而变动的成本,变动成本是随着生产规模的变化而直接发生变动的成本,总成本是一定水平下生产所需的固定成本和变动成本的总和,单位产品成本等于总成本除以生产数量。企业的产品定价,必须保证总成本得到补偿,这就要求产品价格不能低于单位产品成本。企业要科学定价,需要了解不同生产水平下企业成本水平的变动情况,从而为企业确定理想的经济规模和作为定价基础的成本水平。

三、分析竞争者的价格与产品

企业为其产品定价时,不仅要考虑市场需求、单位成本,而且还必须考虑竞争者的价格,分析竞争产品的特点。市场竞争就是同类产品或可替代产品之间发生的价格竞争和非价格竞争。按照市场心理,对购买者最具吸引力的产品应该是价廉物美的。所谓价廉是指质量相同的前提下价格低;所谓物美是指同样售价下质量最好。由于顾客购买商品时是经过比较、挑选才做出决定的,因此企业在为其产品制订价格时,不能不了解竞争产品的价格和质量,以此作为定价的出发点。如果企业的产品质量与竞争者相似,则定价也应相似,否则就会失去顾客;如果本企业的产品质量较竞争者逊色,则定价就不能和竞争者一样高;只有本企业的产品质量优于竞争者,其定价才有可能高于竞争者,且对顾客仍有吸引力。

四、选择定价方法

定价方法是指企业为了在目标市场上实现定价目标，而给产品制订一个基本价格或浮动范围的方法。成本、需求和竞争是影响企业定价行为的三个最主要的因素。在实际定价中，由于市场环境和产品特性的差异，同一类的产品往往对某一因素较敏感，企业在决定产品价格时就会侧重这一因素，这样就形成了成本导向、需求导向和竞争导向三大类定价方法。

（一）成本导向定价法

企业从主观意愿出发，以各种成本或投资额作为制订价格依据的各种方法都称作成本导向定价法。在定价时，首先考虑的是收回企业在生产经营中投入的全部成本，即以成本作为价格的最低界限，加上要求达到的利润，就可以制订出产品的基本价格。成本导向定价法操作较为简单，是企业最基本、最普遍、最常用的定价方法。根据其利润确定方法的不同，可以分为以下四种。

1. 成本加成定价法

这种方法是在平均单位产品成本的基础上，加上预期的利润和税金来确定产品的售价。其公式为：

$$单位产品价格＝单位产品成本×（1＋目标利润加成率）$$

这种方法历史悠久，应用普遍，尤其在零售业中大都采用成本加成定价法。加成率的确定是定价的关键。实践中，同行业往往形成一个为大多数企业所接受的加成率，如百货公司一般对烟草制品的加成率为20％，照相机为28％，书籍为34％，服装为41％，一般饰品为40％，珠宝饰品为46％等。

成本加成定价法具备了以下优点：①简单易行，省去根据需求变动和竞争者不同反应而随时调整价格的麻烦，大大简化了企业的定价程序。②在市场环境诸因素基本稳定的情况下，采用这种方法可以保证各行业获得正常的利润率，从而保证生产经营的正常进行。③只要行业中都采用这种定价方法，且各家成本加成又比较接近的话，价格也大致相似，企业之间的竞争就不会像采用需求差异定价法时那样激烈。④对买卖双方都显得较为公平。加成率不是随意制订的，多数企业采取同行业平均利润率，当买方需求迫切时，卖方不利用该条件谋取额外收益，且仍能获得一定利润。

成本加成定价法的缺点：①严格地按习惯加成比例对产品定价，加成比例往往是依据历史实际成本所确定的估计值，缺乏一定的科学性。②这种方法主要从企业的利益出发进行定价，其基本原则是将本求利及水涨船高，而没有充分地考虑市场需求和竞争的影响。③从营销的观点看，对任何一种产品定价，都应该考虑这种产品的需求价格弹性，如果忽略这一点，企业就不可能获得最大利润。④由于季节变动、经济周期性变化以及产品生命周期不同阶段的影响，加成比例也应该进行相应的调整。

2. 目标收益定价法

目标收益定价法又称为目标利润定价法，或投资收益率定价法。它是根据企业预期的总销售量及其总成本，确定一个目标收益率作为核算价格标准的定价方法。确定单位产品价格的方法为：企业先确定预期的销售量，然后推算出在这个预期销售量下企业的总成本，结合企业的营销目标和市场条件制订企业的目标收益率，最后计算出单位产品的价格。

$$单位产品价格＝（总成本＋目标收益）÷预期销售量$$

目标收益定价法的优点是：计算方法简单、容易；企业经营目标明确，可预计企业的利润。其缺点是：首先，这种方法也是从企业的利益出发，没有充分考虑市场竞争及需求因素，是一种生产者导向的方法。其次，这种方法是根据销售量倒过来推算价格，这在理论上是说不通的。任何产品的市场需求量都是其价格的函数，即由价格决定和影响销售量，而不是由销售量决定价格。因此，用这种方法计算出来的价格，不可能保证销售量必然会实现，尤其是需求弹性大的企业这个问题更加突出。目标收益定价法只有在市场占有率很高或具有垄断性质的企业才能采用，对于大型的公用事业单位更为适用。这种企业的投资极大，业务具有垄断性，又与公众利益息息相关，需求弹性很小。政府为保证其有一个稳定的收益率，常在对其目标收益率进行限制的前提下允许其采用目标收益率。

目标收益定价和成本加成定价的主要区别在于：前者是根据预期的销售量推算出产品的成本，而后者却不管市场销售量如何，通过产品成本制订价格；前者的收益率是企业按需要和可能及时制订的，而后者是按照行业的习惯标准制订的。

3. 盈亏平衡定价法

盈亏平衡定价法也称保本定价法或收支平衡定价法，即根据盈亏平衡点原理进行定价。盈亏平衡点又称保本点，是指一定价格水平下，企业的销售收入刚好与同期发生的费用额相等，收支相抵、不盈不亏时的销售量，或在一定销售量前提下，使收支相抵的价格。其计算公式如下：

$$单位产品价格＝固定总成本÷销量＋单位变动成本$$

以盈亏平衡点确定价格只能使企业的生产耗费得以补偿，而不能得到收益。因此，在实际中均将盈亏平衡点价格作为价格的最低限度，通常再加上单位产品目标利润后才作为最终市场价格。在遇到市场不景气的临时困难时，保本经营总比停业的损失要小许多，而且企业有灵活回旋的余地。因此，盈亏平衡定价法是一种非常时期的定价策略。但在运用这种定价法时，企业生产的该产品应以能全部销售出去为前提条件。

4. 边际贡献定价法

边际贡献定价法又称边际成本定价法，即仅计算变动成本，不计算固定成本，而以预期的边际贡献补偿固定成本，获得收益的定价方法。所谓边际贡献是指产品价格超过变动成本的部分，能够对固定成本和利润做出贡献的部分。当市场不景气时，企业按照原价格已经无法出售它的产品，只能采取降价的策略，但这时的价格必须包含一部分边际贡献，以便企业在全部补偿了变动成本后还剩下一定的余额，用来补偿一部分固定成本，减少亏损。

与前面几种成本导向定价法的不同在于：边际贡献定价法将固定成本看成"沉没成本"（sunk cost）。在固定成本已经投入的情况下，无论企业是否利用这一部分投入进行生产，投入的部分都属于已经发生的成本。鉴于此，企业定价时就以变动成本为基础，产品价格只要高于变动成本，企业就可以接受，边际贡献定价扩大了企业定价的空间。

边际成本定价法改变了企业产品售价低于总成本就拒绝交易的传统做法，在竞争激烈的市场条件下使企业的定价具有极大的灵活性，对于企业有效地应对竞争者，开拓新市场，调节季节性的需求差异，形成最优产品组合等可以发挥巨大的作用。

（二）需求导向定价法

需求导向定价法，是以消费者对产品价格的接受能力和需求程度为依据制订价格的方法。

其目标是追求价格与消费者心理相吻合,从而使消费者获得公平交易的满足,同时刺激其产生再次购买的欲望。需求导向定价的方法主要有认知价值定价法、需求差异定价法和反向定价法三种。

1. 认知价值定价法

认知价值定价法又称理解价值定价法,是指企业按照消费者在主观上对该产品所理解的价值,而不是产品的成本费用水平来定价。采用这种定价方法时,企业可利用各种非价格的营销策略和手段,如产品质量、特色、广告、包装等,树立商品形象,影响消费者,增强购买者对企业商品的价值理解和评估,然后根据商品在消费者心目中的价值来定价。这是一种顾客导向的定价方法。

实施这一定价方法的要点在于提高消费者对产品效用和价值的认知及理解度。企业可以通过实施产品差异化和适当的市场定位,突出企业产品特色,再辅以整体的营销组合策略,塑造企业和产品形象,使消费者感到购买这些产品能够获得更多的相对利益,从而提高它们可接受的产品价格上限。从现代营销实践看,消费者对产品价值的认知,在很大程度上来自外界的影响,其中一条途径就是广告。另外,精美的包装往往也是不可忽视的。

认知价值定价法的一个突出优点是,它能与产品的定位很好地结合起来。与成本导向定价法相比,认知价值定价法要复杂和困难得多。但是,认知导向定价能够回避价格竞争,获取利润的潜力远胜于其他的定价方法。

2. 需求差别定价法

这种方法又称区分需求定价法,是指在给产品定价时可根据不同需求强度、不同购买力、不同购买地点和不同购买时间等因素,采取不同的价格。

(1)以消费者为基础的差别定价。以消费者为基础的差别定价,是指对不同的消费者,可以采用不同的价格。例如,对老客户和新客户,采用不同价格,给老客户一定的优惠;对长期客户和短期客户、男性和女性、成人和儿童、健康人和残疾人、居民用户和工业用户等,分别采用不同的价格;同一产品卖给批发商、零售商或消费者,采用不同的价格;等等。

(2)以产品为基础的差别定价。企业对质量和成本相同而外观、花色、型号、规格不同的产品制订不同的价格,例如,不同花色的布匹、不同款式的手表等,都可以定不同的价格。这主要是依据市场对该产品的需求情况而定。

(3)以地点为基础的差别定价。例如,同一地区或城市的影剧院、运动场、球场或游乐场等因地点或位置的不同,要价也不同。体育场的前排座位可能售价较高,旅馆客房因楼层、朝向、方位的不同而制订不同的价格。这样做的目的是调节消费者对不同地点的需求和偏好,达到平衡市场供求的目的。

(4)以时间为基础的差别定价。不同季节、不同日期,甚至在不同时点的商品或劳务可以制订不同的价格。例如,供电局在用电高峰期和闲暇期制订不同的电费价格;电影院在白天和晚上的票价有别。某些时令产品,在销售旺季,可以制订较高的价格进行销售,而一到淡季,则消费者购买意愿明显减弱,所以这类产品在定价之初就应考虑到淡、旺季的价格差别。

采用需求差别定价法,应该具备一些基本条件。市场必须能够细分,并且各细分市场需求差异性明显;要防止低价产品在高价市场销售;在国家法规范围内实行,以防止引起顾客反感。需求差别定价法的优点是:产品价格灵敏,反映了市场需求变化,有利于产品销售和提高企业的市场占有率;有利于扩大企业的总收入,增加企业利润量;价格竞争的适应性较强。其缺点是:顾客需求差异的变化难以准确把握,定价时容易发生误差。

营销视角 10-1

3.反向定价法

反向定价法又称价格倒推法,是以市场需求为出发点,企业以购买者能够接受的最终价格为基础,在计算经营成本与利润后,倒推出产品批发价格或零售价格。由于交易价格既定,企业要想扩大利润空间,只有通过降低成本实现。

(三)竞争导向定价法

竞争导向定价法是一种主要注重竞争因素,而相对不注重成本和需求因素的定价方法。它是企业以应付竞争或防止竞争为定价目标,以市场上竞争者的价格作为制订企业同类产品价格主要依据的方法。在现代市场营销活动中,竞争导向定价法已被企业广泛采用。这种方法适用于市场竞争激烈,供求变化不大的产品。该种方法具有以下优点:利用产品价格排斥竞争者,扩大企业市场占有率的优势;迫使企业在竞争中努力推广新技术,取得优势地位。

竞争导向定价法一般可以分为以下几种具体方法:随行就市定价法、密封投标定价法和拍卖定价法等。

1.随行就市定价法

随行就市定价法是根据同行业企业的现行价格水平定价的方法,这是一种比较常见的定价方法。随行就市定价法常常是同质产品市场的惯用定价方法。一般是在基于产品的成本测算比较困难、竞争对手不确定,以及企业希望得到一种公平的报酬和不愿打乱市场现有正常秩序的情况下,采用的一种行之有效的方法。采用这种方法既可以追随市场领先者定价,也可以采用市场的一般价格水平定价,这要根据企业产品特征,及其产品的市场差异性而定。一般在以下两种场合中应用:①基于产品的成本测算比较困难,竞争对手不确定及企业希望得到一种公平的报酬和不愿打乱市场现有正常秩序的情况;②在寡头垄断市场,市场价格通常由属于寡头垄断地位的企业确定,那些小型企业不得不跟随寡头定价。小型企业变动自己的价格,与其说是根据自己的需求变化或者是成本变化,不如说是依据寡头的价格变动。这些小型企业可以支付一些微小的赠品或折扣,但是它们保持着价格的大体一致。当然,就这种价格所产生的一种公平的报酬和不扰乱行业间的协调这点而论,随行就市定价法被认为是反映了行业的集体智慧。

2.密封投标定价法

密封投标定价法是招标人通过引导卖方竞争的方法来寻找最佳合作者的一种有效途径,这种定价法主要用于投标交易方式。在市场营销活动中,投标竞争是一种营销竞争常用的方式,投标竞争的过程往往就是价格竞争的过程,竞争的结果产生实际的成交价格。它主要用于建筑包工、产品设计和政府采购等方面。其基本原理是,招标者(买方)首先发出招标信息,说明招标内容和具体要求。参加投标的企业(卖方)在规定期间内密封报价和提供其他有关内容,参与竞争。其中,密封价格就是投标者愿意承担的价格。这个价格主要考虑竞争者的报价研究决定,而不能只看本企业的成本。在投标中,报价的目的是中标,所以报价要力求低于竞争者。

采用这种方法既可以追随市场领先者定价,也可以采用市场的一般价格水平定价,这要根据企业产品特征及其产品的市场差异性而定。

3.拍卖定价法

拍卖定价法是指卖方委托拍卖行,以公开叫卖方式引导买方报价,利用买方竞争求购的心理,从中选择高价格成交的一种定价方法。运用这种方法,就是商品所有者或其代理人事先不对商品规定价格,而通过对商品特点的宣传,采取拍卖的方式,使顾客出价竞购,然后以最有利的价格成交。这种定价方法在西方国家得到了广泛的运用,从古董、文物、高级艺术品到大宗商品的交易都可以采用这种方法。

拍卖定价法是一种非常有吸引力的定价方式,消费者在拍卖过程中不仅可以获得较低的价格,还可以享受拍卖成功后的喜悦,这是其他定价方法所不能拥有的。

五、选定最后价格

企业初步确定价格方案后,还要参考其他因素进行修正,如:要考虑企业定价是否符合国家的有关政策法令;要考虑定价是否符合企业的定价指导思想;要考虑企业内部有关人员和经销商的意见以及竞争者对价格的反应等。

第四节　企业定价策略

企业在一定的定价目标指导下,依据成本水平、市场需求、市场竞争因素制订出的是产品的基本价格,还必须针对市场环境、产品生命周期、交易条件等具体情况,对基本价格进行适当调整,以确定最有利于实现营销目标的成交价格。

一、新产品定价策略

企业开发的新产品上市,针对新产品开发成本高、缺乏定价参照等特点,采取适当的定价策略有助于企业降低开发风险,尽快收回投资。常见的新产品定价策略主要有以下三种。

(一)撇脂定价

撇脂定价策略是指在新产品刚刚上市时,一开始为其制订一个相当高的价格,尽可能在产品生命周期的投入期,在竞争者研制出相似的产品之前,尽快地收回投资,并取得相当的利润,然后随着时间的推移,逐步降低产品价格的一种定价策略。这种策略的基本思路是:新产品上市初期,利用顾客求新、求奇的心理和竞争对手较少的条件吸引一部分顾客。这种产品替代品很少,顾客购买时不太重视价格问题,而采用高价格可以帮助企业获得较多的利润。一般而言,撇脂定价策略适用于全新产品、受专利保护的产品、需求价格弹性小的产品、流行产品及未来市场形势难以测定的产品等。

撇脂定价策略的适用条件有:市场上存在一批购买力很强并且对价格不敏感的消费者;暂时没有竞争对手推出类似的产品,本企业的产品具有明显的独特优势;当有竞争对手加入时,本企业有能力转换定价方法,通过提高性价比来提高竞争力;本企业的品牌在市场上有较高的影响力。

采用撇脂定价策略有以下优点:企业可以在竞争对手未出现时迅速地获得高额利润,收回投资,等到竞争对手出现时,企业可以降低价格以争取更大的市场;新产品特别是全新产品上市时,消费者对产品的理性认识不足,购买心理大多处于求新求奇的状态,这时企业为产品制订高价有助于形成产品的优良质量形象,容易引起消费者的注意;利用这种定价策略先制订高价,在产品进入成熟期后企业会拥有较大的调价空间,这样不仅可以通过逐步降价保持企业的竞争力,而且可以从现有的目标市场上吸引现在的消费者。

撇脂定价策略的局限性表现在:高价格虽然能为企业带来高利润,但它也很容易吸引大量的竞争者进入该市场;高价格往往不能维持太久,如果价格一旦频繁下降,反而会有损产品及企业形象;高价产品的需求规模有限,不利于市场开拓、增加销量、占领及稳定市场,有时为了达到一定的市场占有率,需要支付大量的促销费用,结果反而得不偿失。

(二)渗透定价

与撇脂定价恰好相反,渗透定价策略即在新产品刚上市时,利用顾客求廉心理,采用低价政策,吸引大量消费者,从而提高市场占有率,然后随市场份额增加调整价格,降低成本,实现企业盈利目标。这一定价策略主要依据产品的高度需求弹性而确立,企业主要利用高销售量获取规模经济效益。一般来说,渗透定价适用于需求价格弹性大、生命周期较长的产品,一般只有实力较强的企业才能有效地利用这一定价策略。

渗透定价策略适用的条件是:市场对价格敏感,低价格能促进需求的增加;生产和销售成本随销售量的增加而减少;低价能排除竞争,否则价格优势只能是暂时的。

渗透定价策略有以下优点:企业的低价可以使其产品尽快为市场接受,并借助较大的销售量降低成本而获得长期稳定的市场地位;企业制订的低价一旦占领市场,会有效地阻止竞争者进入,增强了企业自身的市场竞争力。当然,渗透定价法也有不足之处,利用这一定价策略存在较大的风险,如果销售量达不到预期水平,企业有可能会出现严重的亏损局面;利用这一策略意味着企业收回投资的时间比较长,这对企业的资金要求比较高;企业放弃了单位产品的高回报,只能获得微利,并要依靠较大的市场销售量实现企业的利润目标。

(三)适中定价

适中定价又称满意定价,是介于撇脂定价和渗透定价之间的一种折中做法,价格水平适中,同时兼顾生产者、中间商及消费者利益,力求使各方面都感到满意。这种策略既可避免撇脂定价因价格过高而带来的市场风险,又可消除渗透定价因价格过低而引起的企业生产经营困难,因而既能使企业获取适当的平均利润,又能兼顾消费者利益。适中定价

营销视角 10-2

策略主要适用于价格弹性适中的产品,如日用生活必需品。在市场供需基本平衡,供求水平和结构相对稳定,企业又注重长远利益的产品定价时,宜采用这一策略。

适中定价策略的优点体现在:适中价格对企业和顾客都较为公平合理;由于价格稳定,在正常情况下企业的盈利目标都可以按期实现。这一定价策略的缺点是:该策略是将产品消极地推向市场,而不是使产品积极地参与市场竞争,因此价格比较保守,不适于竞争激烈或复杂多变的市场环境。

二、折扣定价策略

折扣定价策略是指企业根据产品的销售对象、成交数量、付款条件以及买卖双方负担的经济责任等方面的不同,对基本价格做出一定的让步,以争取顾客、扩大销量的一种定价策略。常见的折扣定价有以下几种形式。

（一）数量折扣

数量折扣是卖方因为买方购买数量大而给予的一种折扣。一般情况下,顾客购买的数量越多,企业给予的折扣也就越大。数量折扣包括积累数量折扣和非积累数量折扣两种。积累数量折扣规定顾客在一定的时间内,购买产品若达到一定的数量或金额,则按其总量给予一定的折扣,目的是鼓励顾客经常向本企业购买产品,成为企业可信赖的长期顾客;非积累数量折扣规定一次购买某种产品达到一定数量或购买多种产品达到一定金额,则给予折扣优惠,目的是鼓励顾客大批量购买,促进产品多销、快销。数量折扣的促销作用在营销实践中表现得非常明显,但运用此策略的难点在于如何确定合适的折扣标准以及折扣比例。

（二）现金折扣

现金折扣是对在规定的时间内提前付款或按约定日期付款者所给予的一种价格折扣,其目的是鼓励顾客尽早付款,以加速企业资金周转,降低销售费用,减少财务风险。采用现金折扣一般要考虑以下三个因素:折扣比例;给予折扣的时间限制;付清全部货款的期限。典型的付款期限折扣是"2/10, n/30",其含义是在成交后 10 天内付款,买者可以得到 2％的现金折扣;超过 10 天并在 30 天内付款,买者不能享受折扣;超过 30 天付款,买者要加付利息。

（三）功能折扣

功能折扣也称为交易折扣,它是企业向履行了某种功能,如推销、储存和账务记载的销售渠道成员所提供的一种折扣。由于销售渠道成员在产品分销过程中所处的环节不同,其所承担的功能、责任和防线也不同,企业据此给予不同的价格折扣给销售渠道成员。企业向销售渠道成员提供功能折扣,目的是对销售渠道成员的成本和费用进行一定的补偿,保证或一定程度地扩大中间商的利润空间;鼓励销售渠道成员大批量订货,扩大销售,争取顾客,与企业建立长期良好的合作关系。

（四）季节折扣

季节折扣是卖者向那些购买非时令产品或服务的买者所提供的一种折扣。有些产品的生产是连续的,而消费却具有明显的季节性,为了调节供需矛盾,这些产品的生产企业便采用季节折扣的方式,对在淡季购买产品的顾客给予一定的优惠,使企业的生产和销售在一年四季都能保持相对稳定。季节折扣有利于减轻库存、加速产品流通和资金周转,减少时间风险,促进企业均衡生产,充分发挥生产和销售潜力。

（五）价格折让

折让是企业折扣定价的特殊形式,也称津贴、补贴,是企业对做出额外贡献者的一种价格补偿。折让主要有以下三种形式。

（1）推广折让。由于零售商单独或与生产企业联合刊登广告、设置样品陈列窗等,有助于扩大产品销售,为此生产企业给予零售商一定的价格鼓励。

（2）减免折让。一般产品价格中会包括一定比例的服务费,如送货费、维修费、技术指导费等,如果消费者要求免除某项服务,企业应退还相应的服务费。对于进入成熟期的消费者,企业开展以旧换新业务,将旧货折算成一定的价格,在新产品的价格中扣除,消费者只支付余额。

（3）特约优惠折让。由于特约经销商在推广企业产品的过程中发挥了独特的作用,企业应向特约经销商提供一定比例的价格优惠。

(六)销售返利

销售返利是厂家对于经销商在经销其产品超过规定的数量或金额时,由厂家从获得的利润中返还给经销商的一种做法。一般常用的返利可分为销售进度返利、年度总量返利、及时回款返利、产品专卖返利和新产品推广返利等。

1.返利的基本目的

(1)以促进阶段性销售目标达成为目的。如"进度返利"就是为了促成经销商按时完成每季度的销售任务。这样有利于市场拓展前期的快速铺货、渠道覆盖以及分销网络的建设;有利于将年度的大目标化小,化整为零,增强经销商完成年度目标的信心。

(2)以提升整体销量或销售额为目的。激励、刺激经销商多卖产品,把产品的销量尽量做大,从而提升产品整体的销量或销售额是返利最主要的目的。这也是返利为什么总是与销量或销售额挂钩(经销商随着销量或销售额的提升而享受更高比例的返利)的根本原因。

(3)以加速回款为目的。将返利直接与回款速度挂钩,按回款时间长短不同所制订的回款返利就是为了促进企业资金快速回笼,防止资金被经销商占用,这不失为一种保证货款安全的有效手段。

(4)以规范经销商销售行为为目的。这是通过返利发挥其控制市场功能的一种形式。除了与销量或销售额挂钩之外,返利还将与防止窜货行为、提高市场占有率、维护统一的市场价格、保护区域市场等管理目标相结合。

(5)以品牌形象推广为目的。比如说,企业通过实物形式返利来展现企业实力,树立企业的良好形象。

2.返利的具体形式

(1)现金形式。厂家直接以现金支付经销商应得的返利,这是最原始、最简单的返利形式。这种形式对厂家而言,容易操作、易于管理,但会增加厂家的现金压力。

(2)货款折扣形式。返利不以现金的形式支付给经销商,而是给经销商在下次提货时享受一个折扣。厂家主要是通过这种模式减少自身的现金压力,同时在对经销商的返利拉力上形成环环相扣的局面,不购进下一批货就无法得到这笔返利。

(3)实物形式。厂家以等价位的实物支付经销商应得的返利,如向经销商赠送配送车辆、电脑,或直接以销售的货品作为奖励,这可以加大经销商的配送推广能力。

(4)市场宣传、培训形式。将返利的资金作为经销商的培训费用和当地经销商的广告宣传费用来使用,如市场活动、广告宣传,可以帮助经销商扩大影响、快速销货,提升经销商的业务能力、经营管理水平,为扩大产品销量打下基础。

(5)联谊活动形式。这种返利形式有观光、旅游、联欢等,可以缓解经销商的工作压力,通过制造机会增进沟通,加深感情,有利于淡化利益矛盾,融洽厂商关系。

(七)集点消费

这是企业在零售终端上针对最终消费者所采用的方式。如商家为了扩大销售而推出了会员制,当顾客在店里购物达到一定数(金额)就可以得到一定的返利。如累计消费1000元则返利50元,以现金或购物券的形式兑现,从而吸引消费者前来购买。此方法可以有效培养顾客的忠诚度。利用集点消费的促销方式关键是要讲信誉,承诺的政策一定要兑现,让消费者得到切实的好处。

三、地区定价策略

所谓地区定价策略,就是根据买卖双方地理位置的差异,考虑双方分担运输、装卸、仓储、保险等费用而分别制订不同价格的策略。地区定价策略主要有以下几种形式。

(一)原产地定价

原产地定价(简称 FOB 价格)即买方按照出厂价购买某种产品,卖方只负责将这种产品运到产地某种运输工具(如火车、船舶等)上交货。交货后,从产地到目的地的一切风险和费用由顾客承担,也就是买方承担了全部运杂费用及风险。在此过程中,卖方要承担的责任有:货物装船、装车后应及时通知买方(风险转移);承担装船、装车前一切费用;提供相关单据及办理单证所发生的费用;提供单据给买方。买方要承担的责任:租船(车)、订舱(厢)费用;通知卖方船名、车名、航次、车次及船期;支付开船、开车至目的港、站的运费;负担货物越过船舷、车架后的一切风险并支付保险费。如果是进口商品,则要办理货物到达目的港、站后的一切进口手续及负担其费用。原产地定价对卖方来说较为便利,费用最省,风险最小,适用于销路好、市场紧俏的商品,但不利于吸引路途较远的顾客,因此对扩大销售有一定的不利影响。

(二)目的地交货定价

目的地交货定价指的是由卖方负责将产品送到买方所在地才算完成交货任务时所采用的定价策略,从产地到目的地的手续费、运输费及保险费由卖方承担。目的地交货定价对卖方来说比较烦琐,费用高、风险大,但有利于扩大产品销售,提高市场占有率。

(三)统一交货定价

所谓统一交货定价,就是企业对于卖给不同地区顾客的某种产品,都按照相同的出厂价加相同的运费(按平均运费计算)定价。也就是说,对全国不同地区的顾客,不论远近,都实行一个价。这种方法简便易行,易于在全国范围内统一管理,适用于体积小、重量轻、运费低或运费占成本比例较小的产品。但实际上,近处的顾客承担了部分远方顾客的运费,对近处的顾客不利,而远方顾客比较欢迎。

(四)分区运送定价

分区运送定价,也称区域定价,指卖方根据顾客所在地区距离的远近,将产品覆盖的整个市场分成若干个区域,在每个区域内实行统一价格,类似于邮政包裹、长途电话的收费。实行这种办法,可以较为简便地协调不同地理位置用户的运费负担问题,但对处于分界线两侧的顾客还会存在一定的矛盾。

(五)基点定价

基点定价即企业选定某些城市作为基点,然后按一定的出厂价加上从基点城市到顾客所在地的运费来定价。有些公司为了提高灵活性,选定许多个基点城市,按照顾客最近的基点计算运费。

(六)运费免收定价

有些卖家考虑到比竞争对手更具有竞争能力,从而承担买家全部或部分实际运杂费用。持这种定价方法的企业认为,通过减免客户的运杂费,则市场可以扩大,市场占有率会提高,平均成本就会降低,因此足以抵偿这些费用开支。采取运费免收定价可以使企业加深市场渗透,争取能在竞争日益激烈的市场上处于领先地位。

四、心理定价策略

每一件产品都能满足消费者某一方面的需求,其价值与消费者的心理感受有着很大的关系。这就使得企业在定价时可以利用消费者的心理因素,而有意识地将产品价格定得高一点或低一点。这样的价格不仅迎合了消费者的心理需求,而且还能帮助企业扩大市场销售量,以实现最大效益。心理定价策略就是针对消费者的不同消费心理制订相应的商品价格,以满足不同类型消费者需求的策略。

(一)尾数定价

尾数定价也称"非整数定价",是企业基于消费者对价格的感觉、知觉的不同,利用消费者求廉的心理制订非整数价格,而刺激其购买欲望的策略,是目前国际市场上广为流行的一种零售商品的定价策略。常见的做法是小数点后保留两位的尾数,尽可能在价格上不进位。

采用尾数定价能够在消费者心中产生两种对产品有利的心理效应。一是认为商品便宜,998 元的商品让购买者觉得还不到 1000 元,而标价 1001 元却让人觉得是 1000 多元。二是认为价格精准,既然连几角几分都算得清清楚楚,说明企业在定价过程中非常认真、负责,消费者会产生货真价实的感觉。

尾数定价一般适用于价值较低的产品,对于高档产品,尾数价格就无法显示出它的高贵,同时消费者也不太会接受。

(二)整数定价

与尾数定价正好相反,整数定价策略指企业利用消费者价高质优的心理,有意将产品价格定为整数,以显示产品具有一定质量和品位的价格策略。针对消费者求名和自尊心理,企业有意将产品的价格定为整数,以此显示产品具有一定的优良品质,同时便于结算。

整数定价策略主要适用于需求价格弹性小、价格高低不会对需求产生较大影响的商品,如流行品、时尚品、奢侈品、礼品、星级宾馆、高级文化娱乐场所等。一方面,这类商品的顾客对质量较为重视,容易持有"一分价钱一分货"的观点;另一方面,目标消费者都属于高收入阶层,较高的价格不但容易被接受,有时甚至可以满足其炫耀富有、显示地位、崇尚名牌的虚荣心。

(三)声望定价

企业利用消费者求名好胜和炫耀消费心理,根据产品在消费者心中的声望、信任度和社会地位来确定价格的一种定价策略。消费者受相关群体、所属阶层、地位、身份等外部刺激影响而对某些特殊商品愿意花高价购买,以达到显示身份、实现自我价值的目的。声望定价适用于知名度高、有较大的市场影响、深受市场欢迎的名牌产品,如豪华轿车、高档手表、名牌时装等。另外,名人字画、珠宝、古董等稀缺物品,在消费者心目中也享有极高的声望价值。

采用声望定价须注意两方面的问题:一是高价的制订不能过于离谱,一旦消费者觉得物非所值,心目中存在的"价高质必优"的信念将会产生动摇;二是为了使声望价格得以维持,需要适当控制市场拥有量。

(四)招徕定价

招徕定价是指零售商利用部分顾客求廉的心理,特意将某几种商品的价格定得较低以吸引顾客的一种定价策略。这一定价策略常为综合性百货商店、超级市场,甚至高档商品的专卖店所采用。商场为了形成购买人气,每天都有多种商品降价出售,吸引顾客经常来采购廉价商品,同时进店后的顾客也选购了其他正常价格的商品。需要注意的是,用于招徕的降价品,必须是品种新、质量优的适销产品,低劣、过时的处理品不仅达不到招徕顾客的目的,反而可能使企业声誉受到影响。另外,实行招徕定价的商品,经营的品种要多,以便使顾客有较多的选购机会。

招徕定价的奥秘在于以低价诱惑消费者来到商场,利用其逛商场时不自觉地产生的"购买冲动"销售更多的其他商品。事实上,有些时候出奇的高价也可以起到招徕顾客的目的,有时也将高得令人吃惊的价格称为招徕定价。

(五)分级定价

分级定价又称分档定价心理策略,是指在制订价格时,把同类产品分成几个等级,不同等级的产品,其价格有所不同,从而使顾客感到产品的货真价实、按质论价。例如,服装厂可以把自己的产品按大、中、小号分级定价,也可以按大众型、折中型、时髦型划分定价,这种明显的等级,便于满足不同的消费需要,还能简化企业的计划、订货、会计、库存、推销工作。采用这种定价策略,等级的划分要适当,级差不能太大或太小;否则,起不到应有的分级效果。

(六)习惯定价

生活中,消费者对有些产品已形成所适应的价格,企业对这类产品定价时以消费者的习惯倾向为主要依据的方法就是习惯定价策略。当企业定价低于消费者适应水平的时候易引起其对产品品质的怀疑,反之则可能受到消费者的抵制,转而购买其他商家的产品。因此,在不得不需要提价时,应采取改换包装或品牌等措施,减少抵触心理,并引导消费者逐步形成新的习惯价格。

(七)吉祥数定价

吉祥数定价是利用人们求平安、求财富的心理来确定价格的一种定价策略,一般通过吉祥数字来表达价格的多少,如98元、988元、1888元。这种价格的制订是为满足大多数人心理上求得吉利的需求。

五、差别定价策略

差别定价策略又称为歧视性定价,是指在给产品定价时可根据不同需求强度、不同购买力、不同购买地点和不同购买时间等因素,采取不同的价格。

差别定价一般在以下条件下使用:市场必须是可以细分的,而且各个市场部分须表现出不同的需求程度;以较低价格购买某种产品的顾客没有可能以较高价格把这种产品倒卖给别人;竞争者没有可能在企业以较高价格销售产品的市场上以低价竞销;细分市场和控制市场的成本费用不得超过因实行价格歧视而得到的额外收入;价格歧视不会引起顾客反感;采取的价格歧视形式不能违法。按照设定价差的依据不同,差别定价策略可以分为地理差价策略、时间差价策略、用途差价策略和质量差价策略。

(一)地理差价策略

地理差价策略即企业以不同的价格策略在不同地区营销同一种产品,以形成同一产品在不同空间的横向价格策略组合。差价的原因不仅是因为运输和其他相关费用的差别,而且由于不同地区的市场具有不同的爱好和习惯,具有不相同的需求强度和需求能力。例如,沿海与内地的房地产价格存在巨大差别,日用消费品的国内价格与国外价格也往往大相径庭。

(二)时间差价策略

对相同的产品,按需求的时间不同而制订不同价格的例子在生活中也比比皆是。例如,夜间实行廉价的长途电话费、过季商品的削价销售、航空机票的淡季折扣等。采用此种策略能鼓励中间商和消费者增加购货量,减少企业仓储费用和加速资金周转,但只有在时间需求的紧迫性差别较大时才能采用。

(三)用途差价策略

根据产品的不同用途制订有差别的价格,也是企业乐于选择的定价策略,这种策略不但能平衡不同目标市场的收益,而且有利于增加产品的新用途来开拓新市场。如在超市里为肥胖人群提供的脱脂奶粉售价远高于其他奶粉,婴儿用卫生纸比普通家用卷纸贵得多。另外,标有某种纪念符号的产品,往往会产生比其他具有同样使用价值的产品更为强烈的需求,价格也要相应调高。如奥运会期间,标有奥运会会徽或吉祥物的产品的价格,比其他未做标记的同类产品价格要高出许多。

(四)质量差价策略

质量的差异意味着产品包含着不同的社会必要劳动时间,从而决定了产品成本的差异,采取质优价高的定价策略,符合企业生产经营的客观要求,也是企业树立品牌的基本途径。在现实的市场营销中,只有产品的质量为广大消费者所认可,才能使价格为其所接受,因此,质量差价策略必须依靠其他营销因素的配合才能实现。对于尚未建立起声誉的高质量产品,不要急于和竞争者拉开过大的差价,而应通过促销等多方面努力,争取创立优秀品牌的产品形象;对于已经创名牌的优质产品,则可以较大的差价提高产品身价,吸引喜爱该名牌产品的消费者。

六、产品组合定价策略

这里的产品组合是指在满足消费者需求上具有密切相关性的一系列产品的组合。对于生产产品组合的企业来说,定价须着眼于整个组合的利润最大化,充分考虑不同产品之间的关系,以及个别产品定价高低对企业总利润的影响等多种因素。产品组合定价法有以下几种。

延伸阅读 10-2

(一)产品线定价策略

产品线定价又称产品大类定价。当企业生产的系列产品存在需求和成本的内在关联时,为了充分发挥这种关联的积极效应,企业对产品线内的不同产品,依据其不同的规格、型号、档次及在竞争中充当的角色,制订不同的价格,以实现整体收益的最大化。

产品线定价的基础是确定每种产品在竞争中的地位,其中,有些低端产品价格较低主要用来充当招徕品,目的是吸引顾客购买产品线中的其他产品;有些高端产品则价格较高,用来充当获利产品,以及树立企业的品牌形象并快速收回投资。这样,如何合理确定产品线中不同产品的价格差距就成为产品线价格策略的关键。通常,产品线中不同产品的价差要适应顾客的心理要求,价差过大,会诱导顾客集中购买某一种低价产品;价差过小,则会导致顾客无法确定选购目标。

（二）互补品定价

互补品就是指具有互补关系，必须配合在一起才能发挥使用价值的多个产品，如手机与电池、饮水机与桶装水、计算机硬件与软件等。互补品中，价值大且使用寿命长的商品为主体产品，价值小、寿命短且需要频繁购买的商品为附属产品。

企业互补品的定价策略通常表现为将主体产品价格定得较低以吸引顾客购买，将附属产品的价格定得较高以获得利润，比如类似存话费赠手机的促销活动。

（三）选择品定价

许多企业在提供主要产品的同时，还提供各种可选择的次要产品或具有特色的产品。如消费者购买汽车，除了标准配置之外，可以自行选择配置倒车雷达、导航仪、氙气大灯等产品。企业为选择品定价有两种方式可供选择：一种是为任选品定高价，依靠其营利；另一种是定低价，把它作为招徕顾客的项目之一，以此招徕顾客。

（四）分部定价

服务性企业常常采用分部定价，即收取固定费用，另外加一笔可变的使用费。如电话用户每月至少要付一笔钱称为基本费，如果使用次数超过规定还要增收另一笔费用。分部定价的关键是固定费用和附加费用的比例如何确定，通常的做法是，固定费用较低，以吸引顾客使用该服务项目，企业通过可变使用费获取利润。

（五）副产品定价

在生产加工肉类、石油产品和其他化学产品的过程中，经常有副产品。如果副产品价值很低，处理费用昂贵，就会影响到主产品的定价，制造商确定的价格必须能够弥补副产品的处理费用。如果副产品对某一顾客群有价值，就应该按其价值定价，副产品如果能带来收入，将有助于企业在迫于竞争压力时制订较低的主产品价格。

（六）产品捆绑定价

捆绑式定价又称一揽子定价，该定价策略就是将两种或两种以上的产品或服务作为一个整体包（一揽子服务），以一个特别优惠的价格卖给顾客。如房屋装修全包价、旅游景点联票价、图书经销商将整套书籍销售等，其价格比单独购买要低得多。顾客本来无意购买全部产品，但在这种捆绑价格上节约的金额相当可观，就可以吸引部分顾客购买。

七、商业信用价格策略

商业信用是指企业以赊销、预付形式提供的，与商品交易直接联系的一种信用购货方式。商业信用与折扣不同，它不存在让价的百分比，但又与价格有着一定联系。商业信用形式有赊销和分期付款。

营销视角 10-3

（一）赊销

赊销是商业信用的一种主要形式，它是一种短期信用，卖方不向买方收取其他费用，但在规定期限内必须付清货款。这样，给买方一定的融通资金的时间。这种信用方式，作为债权人的卖方要付出一定的代价，但在市场竞争中，采用这种竞争形式，能够吸引顾客购买。

(二)分期付款

分期付款是指对一些价值大、生产周期长的产品,要求购买者首期支付一定预订金,其余货款分若干期支付的一种销售方式。采用分期付款是建立在买卖双方互相了解基础上的一种高级信用交易方式,常用于价值较大的耐用品交易,如汽车、家用电脑、住房等。采用这种方式,实质上也等于给购买者一定优惠,企业可以吸引潜在购买者,加快商品流通。

第五节 企业价格调整

企业定价并不是一劳永逸的,企业的生产经营活动处于一个不断发展变化的环境中,随着需求状况和竞争环境的变化,企业必须对现行价格予以适当的调整,才能适应变化的环境。

一、价格调整的原因

企业产品价格调整的动力既可能来自内部,也有可能来自外部。如果企业利用自身的产品或成本优势,主动地进行价格调整,将价格作为竞争的利器,这称为主动调整价格;如果价格的调整是处于应付竞争对手,即竞争对手主动调整价格,而企业据此相应地调整价格,即为被动调整价格。无论是主动调整价格还是被动调整价格,企业调价的形式无外乎降价和提价两种。

(一)企业降价的原因

(1)技术革新带来产品升级换代。技术革新带来产品升级换代导致现有产品相对落伍时,需要企业降价销售以清理库存。

(2)存在竞争压力。企业在竞争对手降价或者新加入者增多的强大竞争压力下,企业的市场占有率下降,迫使企业以降价方式来维持和扩大市场份额。

(3)企业的库存过多。企业的库存过多导致资金周转困难、产品有效期将至或影响企业生产转型时,通过降价可促进库存清理,回笼资金。

(4)公司的生产能力过剩,需要扩大销售,而又不能通过产品改进和加强销售等措施来扩大销售,在这种情况下,企业就必须考虑降价。

(5)追求规模经济效应。企业决策者预期,削价会扩大销售,获得更大的生产规模,从而可以大幅度降低成本,特别是企业的成本原本就比竞争者低时,通过降价还可以进一步降低成本,进而有效阻止竞争者的竞争。

(6)经济形势。在经济紧缩的形势下,由于币值上升,价格总水平下降,企业的产品价格也应降低。

(二)企业提价的原因

(1)成本上升。原材料短缺、通货膨胀、汇率变动等因素都可能造成企业成本增加,当增加的幅度超过企业的承受能力时,企业就不得不提价以将成本压力转嫁给中间商和消费者。

(2)改进产品。企业通过技术革新,提高了产品质量,改进了产品性能,增加了产品功能,企业为了补偿改进产品过程中支付的费用和显示其产品的高品位而提高了产品价格。

延伸阅读 10-3

（3）企业的产品供不应求，不能满足所有顾客的需要。通过提价可以将产品卖给需求强度最大的那一部分顾客，这样不但平衡了需求，而且能够增加企业收益。

（4）竞争策略的需要。有的企业涨价，并非出于前几个原因，而是由于竞争策略的需要，以产品的高价格来显示产品的高品位。即将自己产品的价格提高到同类产品价格之上，使消费者感到其产品的品位要比同类产品高。

（5）塑造产品和企业的优质形象。企业提价可以利用消费者"价高质优"的心理定式来塑造产品形象，甚至可以利用消费者"好货难寻"的心理制造好的产品供应紧缺的现象，在消费者心目中留下一个较深刻的印象。这种做法常用在革新产品和贵重商品的营销中，生产规模受到限制而短期内又难以扩大的产品也经常会使用这种策略。

二、价格调整的方式

（一）企业提价的方式

企业可以用许多方法来提高价格，通常采用直接提价与间接提价两种形式。①直接提价，即公开涨价。企业将涨价的情况传递给消费者，使其支持价格上涨。调高价格时，企业必须与消费者进行交流，告诉消费者为什么产品价格会被提高，避免形成价格欺骗的形象。②间接提价，是通过取消折扣、在产品线中增加高价产品、实行服务收费、减少产品的不必要的功能等手段来实现，这种办法十分隐蔽，几乎不露痕迹。在通货膨胀的情况下，企业还可以通过以下方式提价：①采取推迟报价定价的策略，就是企业暂时不规定最后价格，等产品制成时或交货时才规定价格。建筑业、重型设备制造业一般采用这种方法。②在合同中规定调整条款，即企业在合同中规定一定时期内（一般到交货时为止）可以按照某种价格指数来调整价格。

只要有可能，企业应该考虑采用其他的办法来弥补增加的成本和满足增加的需求，而不用提高价格的办法。例如，可以缩小产品而不提高价格，这是糖果企业经常采用的办法；或者可以除去某些产品特色、包装或服务；或者可以"拆散"产品和服务。

（二）企业降价的方式

降价最直截了当的方式是将企业产品的目录价格或标价绝对下降，但企业更多的是采用各种折扣形式来降低价格，包括现金折扣、数量折扣、季节折扣等。企业还可采取津贴和回扣的方式。津贴是企业对特殊顾客以特定形式所给予的价格补贴或其他补贴。回扣是购买者在按价格目录将货款全部付给销售者以后，销售者再按一定比例将货款的一部分返还给购买者。

除上述折扣降价的策略，还有以下策略：①增加额外费用支出。在价格不变的情况下，企业增加运费支出，提供送货上门，或免费安装、调试、维修及为顾客保险等服务。这些费用本应该从价格中扣除，因而实际上降低了产品价格。②改进产品的性能，提高产品的质量。在价格不变的情况下，增加产品功能，提高产品质量，实际上等于降低了产品的价格。③馈赠礼品。在其他条件不变的情况下，给购买商品的顾客，馈赠某种礼品，如玩具、工艺品等。赠送礼品的费用应从商品价格中补偿，这实际上也等于降低了商品的价格。

三、价格调整应注意的问题

适当的价格调整能够产生良好的效果，但是如果调整不当，就会适得其反。无论是调高价格还是降低价格，企业都必须注意以下几个方面的问题。

(一)消费者对价格变动的反应

不同市场上的消费者对价格变动的反应是不同的,即使处在同一市场上的消费者,对价格变动的反应也有可能不同。从理论上讲,可以通过需求的价格弹性来分析消费者对价格变动的反应,但在实践中,价格弹性的统计和测定非常困难,而且消费者对价格变动未必能做出明确的解释。对于降价,消费者可能会有这样的解释:这种产品可能因式样陈旧而被新型产品所替代;这一企业可能遇到了资金周转或其他财务问题,因而经营受到制约;这种产品可能存在某些缺点,因而销路不畅;市场竞争更加激烈,这类产品价格可能还会进一步下降等。对于提价,一般而言,它会阻碍产品的销售,但是提价可能因消费者的不同认识及理解而给企业带来积极的作用:消费者认为这种产品之所以提价,是因为它很畅销,作为消费者,自己必须抓紧时间购买,否则就会买不到;这种产品对自己很有价值;其他产品都在提价,这种产品提价很正常;企业想要获取更多的利润;等等。

消费者对产品的价格有一定的敏感度,有些消费者敏感度较高,而有些消费者敏感度较低。企业在调整产品价格时就需要分析,自己面对的市场消费者敏感度如何,一般情况下收入越低,消费者对价格的敏感度就越高,据此企业对产品应进行合理界限内的调价。消费者可接受的产品价格有一定的界限,企业在调价时要尽可能把价格调整控制在消费者可接受的上下限内,这样更有助于企业实现销售目标。

(二)竞争者对价格变动的反应

在竞争市场上,企业制订某种价格水平、采用某种价格策略的最终效果还要取决于竞争者的反应。企业预期竞争者的价格反应,主要从两个途径进行:一是如果竞争者以一定的方式应对价格变化,那么,企业就可以预计它的反应;二是如果竞争者把每一个价格变动都作为一次新的挑战,并且根据自身利益做出相应反应,那么,企业这时不得不估计竞争者当时追求的利益是什么。企业应对竞争者的财务状况、最近的销售量与生产能力、顾客忠诚度和企业目标进行研究,以确定如何应对竞争者的反应。

在竞争者的价格策略不会做任何调整的情况下,企业降价可能就起到了扩大市场份额的效果,而企业提价就起到了增加利润的目的。但若在企业调整价格的同时,竞争者也进行了价格调整,企业的价格策略可能就起不到任何作用,反而会使企业降低利润。例如,在企业降低产品价格后,竞争者也跟着降低了其产品价格,而且竞争者以更大的幅度降低了产品价格,这时企业降价的效果就会被抵消,销售和利润状况甚至不如调整之前。如果市场上存在着几个强大的竞争者,企业必须对每一个竞争者可能的反应做出估计,尤其是竞争者在规模、市场份额或政策方面有关键性差异时。如果企业面对的所有竞争者的行为都相似,企业只要对典型的竞争者进行分析就可以了。

(三)企业对竞争者价格变动的反应

竞争者在实施价格变动之前,一般都经过了长时间的权衡利弊的考虑,但是,一旦竞争者调价成为现实,则这个过程是相当快的。竞争者在调价之前一般都会采取必要的保密措施,以保证其价格变动的突然性。在这种情况下,企业需要尽快地对以下问题进行调查研究:竞争者为什么要进行价格调整;竞争者的价格调整是临时性的还是长期性的策略;竞争者调价会对本企业的市场占有率、销售量、利润等产生什么样的影响;同行业的其他企业对竞争者调价有何反应;对于企业的每一种可能反应,竞争者会有哪些可能的反应;等等。根据以上问题,企业结合自身产品所处的生命周期阶段,竞争者的意图和资源,市场上消费者对于价格和价值的敏感程度,产品数量和成本之间的关系和企业可供选择的各种机会来做出最好的价格反应。一般来说,企业可以根据自己与竞争者是否属于同质市场进行决策。

如果是在同质产品市场上,竞争者采取降价策略,企业除了跟进竞争者的价格变动外别无他法。如果企业不跟进降价,大多数消费者会选择到价格最低的竞争者那里。如果竞争者采取提价策略,企业和其他企业可以有较大的选择空间,这时企业可以根据自身企业情况选择不跟进或选择跟进。在竞争程度较高的市场上,只要有一家企业认为提价对自己没有好处,就可能迫使市场领导者与其他企业取消这次提价。

如果是在异质产品市场,企业对竞争者的价格变动所做出的反应会有更多的自由。因为每个企业的产品在质量、品牌、服务、包装、消费者偏好等方面有着明显的不同,所以面对竞争者的调价策略,企业有着较大的选择余地。如企业可以保持价格不变,任其自然,依靠消费者对产品的偏爱和忠诚来抵御竞争者的价格变动;企业也可以在保持价格不变的同时,加强非价格竞争,如企业可以加强广告宣传、增加销售网点、在包装功能用途等方面对产品进行改进、强化售后服务等应对竞争者的价格变动;企业也可以部分或完全跟随竞争者的价格变动,采取较稳妥的策略,维持原来的市场格局,巩固已经取得的市场地位,在价格上与竞争者一较高低。

本章小结

通过一定数量的货币表现出来的商品价值,叫作价格。商品价格一般包括四个要素:生产成本、流通费用、国家税金和企业利润。价格策略是指在制订价格和调整价格的过程中,为了达到企业的营销目标而采取的定价艺术和定价技巧。

企业的定价目标是指企业在一定的经营环境和条件下,对其生产经营的商品制订价格时所要达到的目的,它是企业选择定价方法和制订价格策略的依据。定价目标可分为利润目标、销量目标和竞争目标三大类。除了定价目标,影响企业定价的因素还有产品成本、市场需求、市场竞争因素、宏观经济状况、政府的政策法规、购买者心理等。

企业定价的一般程序是:测定需求、核算成本、分析竞争者的价格和产品、选择定价方法并综合考虑各种因素确定最终价格。企业定价方法有成本导向、需求导向和竞争导向三大类定价方法。

企业在一定的定价目标指导下,制订出产品的基本价格,还必须针对具体情况,对基本价格进行适当调整,以确定最有利于实现营销目标的成交价格,这就是企业定价策略。企业定价策略包括新产品定价策略、折扣定价策略、地区定价策略、心理定价策略、差别定价策略、产品组合定价策略、商业信用价格策略。

企业产品价格调整包括主动调整价格和被动调整价格。根据价格调整的原因,企业应选择正确的方式,注意消费者、竞争者对价格变动的反应,对竞争者价格变动采取适当的反应。

思考题

1. 简述价格策略的重要作用。

2. 影响企业产品定价的因素有哪些?

3.企业有哪几种定价目标？

4.简述企业定价的程序。

5.成本导向定价法有哪几种？

6.新产品如何定价？分析其定价条件。

7.企业折扣定价有哪几种形式？

8.企业如何利用心理因素定价？

9.简述产品组合定价策略。

10.企业为什么调整产品价格？

11.企业产品价格调整要注意哪些问题？

案例分析

创维为什么开打 OLED① 电视价格战？

2019年7月9日，作为最先加入 OLED 阵营的中国彩电品牌，创维宣布将55英寸和65英寸的 OLED 电视价格分别降至7999元和15999元，并提出"今年让100万中国家庭用上OLED"的新目标。

"2013年创维就已经开始量产 OLED 电视，经过6年的市场培育期，我认为普及发展的时机已经成熟，我们要用 OLED 电视支撑起逐渐下沉的 LCD 电视市场。目前国内所有企业在LCD 电视创新上都遇到了难题，这一领域的技术创新已不足以支撑产品的溢价。只有开辟OLED 电视的新赛道才能为行业带来新希望、新生机。"创维 RGB 董事长王志国表示。为了重塑国内逐步消失的高端市场，创维打破 OLED 电视的价格壁垒，锁定5999元以上的电视机用户群体，让更多用户以更低的价格体验到 OLED 自发光电视的不同。

多年来，彩电市场都是液晶显示器（Liquid Crystal Display，LCD）的天下，随着其产品创新性日渐触顶，OLED 作为新一代显示技术逐渐被大家认可和青睐。不同于 LCD 的被动发光器件，OLED 为自发光器件，两者如日月之别，传统液晶技术需借助背光源实现发光，如向太阳借光的月亮，而 OLED 则完全不同，自发光像素控光，正如自带光芒的太阳。而能否自发光对电视机画质的表现有着决定性的作用。此外，业内普遍认为，OLED 技术在显示效果上基本没有短板，除了自发光之外，还拥有广视角、无穷对比度、低功耗、高反应速度等优势。

作为最早且最积极布局 OLED 的电视机品牌，创维凭借其先发技术优势与渠道储备，已经拿下中国 OLED 电视市场的一半份额。创维方面表示，从 CRT 到 LCD 再到 OLED 时代，在每次行业重大技术时代的更迭过程中，创维都基于自身的技术领先实力和市场前瞻布局，成为推动行业技术大洗牌变革的领头羊。目前，创维在 OLED 领域已积累相关专利技术100多项，并且成为中国唯一有资质做自制 OLED 模组的高科技企业。

在王志国的眼中，作为行业领军企业的责任就是不断引领行业的技术进步，不可为短期利益因循守旧，于是"OLED 普及风暴"应运而生，中国家庭客厅娱乐的品质化升级也将进入一个全新的时代。王志国介绍："一直以来在推广 OLED 电视上，品牌方都是给渠道等环节高返利，今天创维降价4000元，实际上能做到这个降幅空间有几个方面的因素。第一，是缩小渠道

---

① 有机发光二极管（Organic Light-Emitting Diode，OLED）。

返利;第二,在创维内部全部'零回报'来普及 OLED 电视;第三,将创维品牌上的投入直接用到 OLED 普及上。"对于直接降价四五千元的举措,王志国还有另外一种解读。他表示:"一个看起来令人倒吸一口凉气的残酷现实,就是在中国 55 英寸电视市场结构中,整个 7000 元以上的市场接近消失的边缘,导火索就是惨烈的价格战已经让消费者只接受 1999 元以下的 55 英寸电视。"

"低端市场逐步扩大的过程中,高端市场全部消失,产业全部下沉没了,这才是我们的危机。所以,一个行业高端市场逐步缩小,所有用户的关注度都会下降,如果不进行重塑一定会消亡。"王志国坦言,这也是为什么创维通过普及 OLED 要重新开辟一条赛道的最关键的原因。

王志国认为,创维掀起的这场普及风暴大概在三年之内会让 OLED 电视在国内市场占据 10%～20% 的市场份额,争取让整个电视机行业朝着更健康、更广阔的方向发展。

资料来源:于昊.55 英寸降至 7999 元,创维为什么开打 OLED 电视价格战?[J].电器,2019(8):51.

问题讨论:

1.分析 OLED 电视定价的影响因素。

2.创维采用了什么定价方法?

3.如何理解创维的价格战策略? 你认为这种策略能够收到理想的效果吗?

第十一章
分销渠道策略

学习要求

◆ 了解：分销渠道的概念、特征和功能；中间商的概念和功能。
◆ 掌握：分销渠道的类型；中间商的类型；分销渠道的管理。
◆ 熟悉：分销渠道模式；分销渠道设计的原则和内容。

导入案例

在全球最大消费技术产业盛会——第 53 届国际消费电子展（简称 CES 2020）上，京东与微软、惠普、AMD、金士顿、西部数据等电脑数码核心品牌制订了新一年的合作计划，深化了京东与各品牌的合作伙伴关系，为海外品牌进军中国市场打开新的篇章。

对于行业知名品牌来说，京东是全球最具价值的电子产品销售渠道。根据京东的消费数据显示，2019 年，京东助力各大美国品牌及商品实现了 42% 的销量同比增幅，其中数码品类的销量同比增幅更是超过了 100%。因此，在本届 CES 2020 现场，各大品牌不仅高度认可了与京东过往的合作，还与京东共同探讨了新一年的合作计划。

大会现场，AMD 为京东颁发了"AMD 全球在线销售领导伙伴""全球锐龙笔记本零售冠军""亚洲地区锐龙 3000 系列 CPU 销售冠军"三项大奖，并就 2020 年全新推出的锐龙 4000H 系列移动处理器新品达成深度合作，联合 OEM 厂商共同推出搭载该款处理器的优质产品。另外，双方还宣布了另一个为期三年的合作伙伴关系，以期未来在京东实现搭载 AMD 处理器的品牌整机销量持续增长，为品牌、行业谋共赢。

惠普在现场为京东颁发了"惠普暗影精灵 2019 全球最佳合作伙伴"大奖，双方宣布在 2020 年将共同推动以人为本的货场搭建，继续深耕以用户需求为底层逻辑的 C2M 产品反向定制项目，并在未来两年内携手推动百款 C2M 反向定制产品上市。在 CES 2020 期间，惠普刚刚发布的暗影精灵游戏新品也将在京东同步开卖。

全球存储一线品牌金士顿与京东在展会上就 2020 年及未来战略合作达成新目标，即未来 3 年，金士顿将在京东实现累计销售额 8 亿美元，同时，双方将共同致力于开发和销售高性能产品，满足客户对高速存储产品的需求。除此之外，微软全球高层以及微软消费及设备事业部大中华区副总裁沈斌也与京东达成了新一轮合作，在 2020 年双方将共同推动 Office 365 在中国地区针对目标用户的试用体验和购买。

各大核心品牌纷纷选择在 CES 2020 与京东达成新的合作，这既彰显了双方深厚的合作伙伴关系，也体现了京东是各大海外品牌实现价值升级的最佳增量场。值得一提的是，过往 3

年 CES 上的明星产品,都不约而同地选择京东作为新品首发平台,赢得了中国市场。其中,2018 年 Surface 在京东销售额达到了 2017 年同期的 1.5 倍;2018 年 Bose 京东超级品牌日单日销量创下历史第一,达到了 2017 年 11 月 11 日当天的 2 倍。

依托对消费者的精准判断和行业前瞻性,京东一贯是行业探索新机遇的先行者,助力各大品牌在电竞领域和新的 PC 细分市场上不断创新。早在 2016 年,京东就发力游戏市场,推出了"游戏本"这一全新 PC 品类,为行业的持续发展提供了全新的增长机会,并助力品牌厂商生产进行产品升级,如通过反向定制助力联想研发了拯救者 Y7000P 游戏本,在京东首发当日 5 分钟就售罄 5000 台。2019 年,针对"创意工作者"这一重合于游戏人群和商务办公人群的特定用户,京东则联合英特尔、联想等品牌推出了"高性能轻薄本"这一全新品类,为 PC 市场创造了全新的消费活力。

通过与京东的合作,CES 上无数品牌备受瞩目的创新新品,在中国市场取得了叫好又叫座的业绩。未来,通过大数据、供应链、多样化营销的助力,在 5G、电竞等领域,京东将助力更多中国品牌、国际品牌实现有质量的加速增长,而京东也正在成为海外品牌进入中国市场最佳的合作伙伴和增量场。

资料来源:CES 2020 京东与微软、惠普等海外品牌打开合作新篇章[EB/OL].(2020 - 01 - 13)[2020 - 03 - 01].https://tech.china.com/article/20200113/kejiyuan0129451454.html.

在现代市场经济条件下,生产者与消费者之间在时间、地点、数量、品种、信息、产品估价和所有权等方面存在差异与矛盾。要使产品顺利地由生产领域向消费领域转移,实现其价值和使用价值,取得一定的经济效益,必须通过一定的分销渠道。分销渠道的选择影响着商品使用价值的实现。因此,企业必须重视分销渠道的决策。

第一节 分销渠道概述

一、分销渠道的概念及特征

(一)分销渠道的概念

分销渠道(或称营销渠道、销售渠道)是指产品从生产经营者转移到最终消费者或使用者所经过的途径。在市场经济条件下,任何企业生产的产品除由原生产者直接输送和销售外,绝大多数都需通过专门从事商品流通的中间组织批发、零售等环节进行销售。他们为使产品或服务顺利到达最终消费者手中而履行各自的职能,通力合作,有效地满足市场需求,实现产品价值和企业效益。因此,企业应重视分销渠道在实现商品流通过程中的通道功能。

分销渠道在商品流通中能够创造以下三种效用。

(1)时间效用,即分销渠道能够解决商品产需在时间上不一致的矛盾,保证顾客和用户需求,并及时组织供货。

(2)地点效用,即分销渠道能够解决商品产需在空间上不一致的矛盾,保证顾客和用户能够就地、就近购买到所需要的商品。

(3)所有权转移的效用,即分销渠道能够解决产品所有权在生产者和消费者之间不一致的矛盾,顺利实现产品所有权由生产者向消费者的转移。

（二）分销渠道的特征

（1）分销渠道反映某一特定产品价值实现的全过程所经由的通道。

（2）分销渠道是由参与商品交易的各种类型的机构或个人组成的，但不包括只在流通过程中起服务和促进作用的交通、信用和其他服务性组织。他们因共同的经济和社会利益结成共生伙伴关系，但这种关系也会发生矛盾和冲突。

（3）在分销渠道中，产品的运动以其所有权转移为前提。

（4）在分销渠道中，除商品所有权转移方式外，还隐含物流、商流、货币流、信息流、促销流等。

物流，是指产品从生产领域向消费领域转移的过程中的一系列产品实体的运动。它包括产品实体的储存以及由一个机构向另一个机构进行运输的过程，同时还包括与之相关的产品包装、装卸、流通、加工等活动。物流活动使产品由生产领域向消费领域转移得到了实质保证。

商流，是指产品从生产领域向消费领域转移过程中的一系列买卖交易活动。在这一活动中，实现的是产品所有权由一个机构向另一个机构的转移。

货币流，是指产品从生产领域向消费领域转移的交易活动中所发生的货币运动。一般是顾客通过银行或其他金融机构将货款付给中间商，再由中间商扣除佣金或差价后支付给制造商。通常，付款流与商流正好反方向运动。

信息流，是指产品从生产领域向消费领域转移的过程中所发生的一切信息收集、传递和加工处理活动。它既包括制造商向中间商及其顾客传递产品、价格、销售方式等方面的信息，也包括中间商及其顾客向制造商传递购买力、购买偏好、对产品及其销售状况的意见等信息。信息流的运动是双向的。

促销流，是指企业为了产品销售，通过广告、宣传报道、人员推销、营业推广、公共关系等促销活动对顾客施加影响的过程。

在以上"五流"中，物流和商流最为重要，是整个产品营销活动得以实现的关键。

二、分销渠道的功能

分销渠道的功能就是指分销渠道的功效和能力。一般说来，分销渠道具有九大基本功能：调研、促销、寻求、编配、洽谈、物流、融资、财务、风险。

（1）调研。收集、整理现实中潜在消费者、竞争者以及营销环境的相关信息，并及时地传递给渠道中的其他参与者和合作者。

（2）促销。各个环节的成员通过各种促销手段，把商品和服务的有关信息传播给消费者，刺激消费者的需求和欲望，促进其采取购买行为。

（3）寻求。通过认真分析市场机会，寻求潜在市场和潜在顾客，针对不同细分市场目标消费者的特点，提供不同的分销渠道形式。

（4）编配。按照买方要求分类整理供应品。例如，按产品相关性分类整理和组合，调整改变产品包装大小、分级等，以满足不同消费者的需要。

（5）洽谈。各个渠道成员之间，按照互利互惠、彼此协商的原则，就有关交易商品的价格、付款和交货条件等问题达成协议，促成买卖双方功能的实现。

（6）物流。分销渠道最终要实现把商品送到消费者或用户的手中，满足其消费的需求，所以，当然不能缺少采购供应、商品实体的运输、储存和配送服务等功能。

（7）融资。为了顺利地实现商品的交换，分销渠道的成员之间可以用赊销、信用的形式互相协作，加速商品流通和资金周转。

（8）财务。分销渠道促进商品交易和实体分销的活动与资金的流通是伴随进行的，分销渠道当然离不开货款往来、交易费用支付、消费信贷实施等有关财务方面的管理，以有利于筹措和用活、用好有限资金等。

（9）风险。分销渠道成员除了在商品流通中通过分工分享利益以外，还应共同承担商品销售、市场变化带来的风险。

三、分销渠道模式

社会商品分为消费品和生产资料两大类，分销渠道也因商品不同分为不同模式。

（一）消费品分销渠道模式

消费品用户面广、购买频率高、批量少、大部分是单件或小量购买，它通常以间接销售为主要形式，中间环节较多，一般都有批发和零售等环节。其分销渠道模式如图11-1所示。

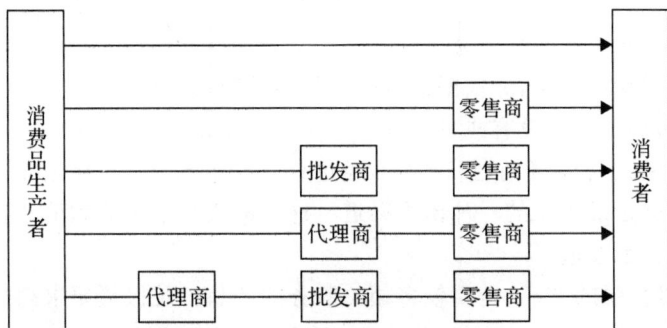

图11-1 消费品分销渠道模式

（二）生产资料分销渠道模式

生产资料商品由于技术性较强，价格较高，用户相对较少，购买次数少而数量大，交易谈判时间长，而且需要提供售后技术服务，因而其分销以直接销售为主要形式，即使经过中间商，一般层次少、渠道短。其分销渠道模式如图11-2所示。

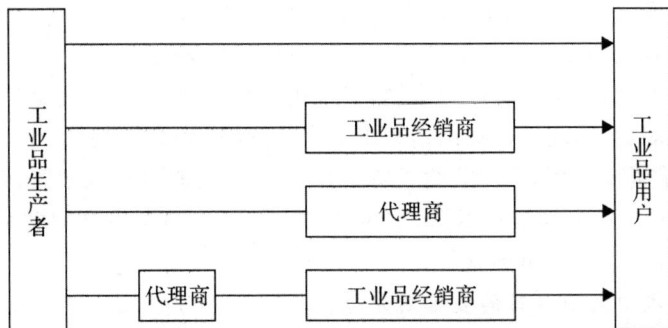

图11-2 生产资料（工业品）分销渠道

四、分销渠道的类型

(一)传统分销渠道类型

传统分销渠道是指由独立的生产者、批发商、零售商和消费者组成的营销渠道。这种渠道的每一个成员均是独立的,他们都为追求自身利益最大化而与其他成员短期合作或展开激烈竞争,没有一个渠道成员能够完全或基本控制其他成员。按照不同的标准,营销渠道一般可划分为以下类型。

1. 根据是否有中间商的介入划分

根据是否有中间商的介入,分销渠道可以分为直接渠道和间接渠道。

(1)直接渠道。直接渠道又叫零级渠道,是指产品从企业流向最终消费者的过程中不经过任何中间商转手的分销渠道。直销渠道是最简单、最直接的渠道,是工业品分销采用的主要类型。

(2)间接渠道。间接渠道是指企业通过若干中间环节,把产品销售给最终消费者或用户的渠道类型。

2. 根据中间环节层次的多少划分

根据中间环节层次的多少,分销渠道可分为长渠道和短渠道。

(1)短渠道。短渠道是指没有或只经过一个中间环节的分销渠道,主要有两类:①零层分销渠道。这种分销模式简称直销,指产品不经过任何中间环节,直接由企业供应给消费者。②一层分销渠道。这是最常见的一种销售渠道。这种模式是指企业和消费者之间只经过一个层次的中间环节的分销渠道。

一般来说,技术性强的产品、需要较多相关服务的产品以及保鲜要求高的产品需要较短的渠道。短渠道的优点是:①由于流通环节减少,产品可以迅速到达消费者手中,生产者能够及时、全面地了解消费者的需求变化,调整企业生产经营决策;②由于环节少,节省费用开支,产品价格低,便于开展售后服务,提高产品的竞争力。其缺点是:流通环节少,销售范围受到限制,不利于产品的大量销售。

(2)长渠道。长渠道是指经过两个或两个以上的中间环节把产品销售给消费者的分销渠道,主要有三种:①二层经销渠道。这是一种传统的也是常用的分销模式。这种模式是指在企业与消费者之间经过两个层次的中间环节的分销渠道。②二层代理分销渠道。这种分销模式也是在企业与消费者之间经过两个层次的中间环节的分销渠道。③三层分销渠道。这种模式是指在企业与消费者之间经过三个层次的中间环节的分销渠道。

有些消费品技术性强,又需要广泛推销,多采用这种分销渠道,其优点是:①生产者不用承担流通过程的商业职能,因而可以抽出精力组织生产,缩短生产周期;②生产者把产品大量销售给批发商,减少了资金占用,从而节约了费用开支;③容易打开产品销路,开拓新市场。其缺点是:①长渠道使生产者市场信息迟滞;②生产者、中间商、消费者之间关系复杂,难以协调;③商品价格一般较高,不利于市场竞争。

3. 根据同一层次中间商数目的多少划分

根据同一层次中间商数目的多少,分销渠道可以分为宽渠道和窄渠道。产品和劳务在从生产者向消费者转移的过程中,不仅要经过若干流通环节,而且也要通过流通环节中若干中间商的努力,从而完成转移。产品或劳务通过同一环节中间商数目的多少,形成了不同宽度的分销渠道。

(1)宽渠道。这是指生产者在同一流通环节利用中间商的数目较多,形成渠道的宽度大。其优点是:①通过多家中间商,分销广泛,可以迅速地把产品推入流通领域,使消费者随时随地可以购买到需要的产品。②促使中间商展开竞争,使生产者有一定的选择余地,提高产品的销售效率。其不足之处在于:由于每个层次的同类中间商较多,各个中间商推销某一种产品不专一,不愿意花更多的时间、精力推销某一产品;同时,生产者与各中间商之间的关系比较松散,在遇到某些情况时关系容易僵化,不利于合作。

(2)窄渠道。这是指生产者在同一流通环节中只选择一个中间商销售自己的产品。其优点是:①由于每一层次中同类中间商较少,生产者与中间商的关系非常密切,生产者可以指导和支持中间商开展销售业务,有利于相互协作;②销售、运货、结算手续大为简化,便于新产品的上市、试销,迅速取得信息反馈。其不足之处在于:①生产者对某一中间商的依赖性太强,情况一旦发生变化(如中间商不想再与生产者合作),容易使生产者失掉所占领的市场;②只限于使用一个中间商,容易使中间商垄断产品营销,或因销售力量不足而失掉消费者;③产品销售渠道范围较窄,市场占有率低,不便于消费者购买。因此,窄渠道适用于专业性较强、生产批量小的产品销售。

4.根据企业采用分销渠道的多少划分

根据企业采用分销渠道的多少,分销渠道可分为单渠道系统和多渠道系统。

(1)单渠道系统,是指企业只通过一条分销渠道销售产品。

(2)多渠道系统,又称复式渠道或混合渠道,是指企业对同一或不同细分市场,同时采用多条渠道的分销体系,并对每条渠道或至少对其中一条渠道拥有较大控制权。其形式主要有:①企业通过两条以上的竞争性分销渠道销售同一商标的产品;②企业通过多条分销渠道销售不同商标的竞争性产品;③通过多条分销渠道销售服务内容与方式有差异的产品,以满足不同消费者的需求。

(二)现代分销渠道类型

随着是市场经济的发展,分销渠道也在不断发展变化。近年来,分销渠道的纵向联合、横向联合趋势日益明显。新型中间商的出现,市场环境的改变,以及分销渠道自身的完善,都会促进渠道系统的演变。

1.垂直渠道系统

垂直渠道系统也称纵向渠道系统,是由生产企业、批发商、零售商根据纵向一体化的原理组成的渠道销售系统。它包括以下三种形式。

①公司式。公司式是指生产者自行出资并雇佣人员建立、收购或控股各个层级的分销渠道,使生产、批发、零售等环节融为一体的分销系统。它包括两种形式:一是由大工业公司拥有和统一管理若干生产单位和商业机构,采取一体化经营方式;二是由大零售公司拥有和统一管理若干批发机构、工厂等。其目的一方面是为了取得对渠道的绝对管理和控制权,另一方面是为了拓展生产者的利润增长空间。

②契约式。契约式是以契约为基础的较为松散的联营关系,一般由不同层次的各自独立的生产商和分销商组成,以求获得比其独立行动时所能得到的更大经济效益。在生产企业掌握某种产品的制造生产权力,确信以联合经营可以使双方获得比独立经营更多的收益后,对批发商或零售商发放特许证,以此来建立分销系统。例如,可口可乐公司向位于不同地区的罐装

厂发放许可证,并出售糖浆浓缩液,经过碳化处理、装瓶后再出售给零售商,从而建立起通往世界各地的分销系统。采用这种方式建立分销系统,取决于企业是否掌握生产制造权。

③联盟式。联盟式是由某个规模大、实力强的企业出面组织的松散联盟,但不是以产权为连接纽带的分销系统。有的大生产者并不建立推销自己产品的全部商业机构,为实现其营销策略,而在促销、库存、定价、陈列、购销等问题上与零售商协调一致,建立松散的联盟。例如,宝洁公司与沃尔玛公司在长期合作中建立了联盟式营销关系。沃尔玛公司需要宝洁公司的品牌,宝洁公司需要沃尔玛公司的顾客渠道。宝洁实时跟踪其产品在沃尔玛公司的库存,实时制订批量生产计划,实时为沃尔玛公司自动补货。这种联盟式合作大大降低了双方的库存成本。这种联盟式合作虽然不以产权关系为纽带,但必须充分相互信任。

2. 水平渠道系统

水平渠道系统也称横向渠道系统,是由两家或两家以上的企业横向联合,共同开拓新的营销机会的分销渠道系统。单个企业因缺乏资金、专有技术或独立开发市场的能力,独立开拓渠道难度较大,同一层次的渠道组织可能联合行动;单个企业不想独自承担风险,或发现与其他企业联合可以产生更大的协作效益,这时,同一层次的渠道组织也可能联合行动。

利益使不相干的两个企业彼此联合起来,甚至使两个原来的市场竞争对手也会达成短期的或长期的合作协议。如迪士尼公司就与麦当劳公司合作,利用麦当劳在世界各地的餐厅展示迪士尼公司的广告资料。这些公司还可以共同创立一个独立的公司,如可口可乐公司与雀巢公司合作,共同创立一个合资企业来销售可随时饮用的咖啡和茶,可口可乐公司提供分销渠道,雀巢公司提供产品。

3. 集团分销系统

集团分销系统指以企业集团的形式,结合企业组织形式的总体改造来促使企业分销渠道的发展和改革。企业集团中的销售机构和物流机构同时可以为集团内的各生产企业承担产品分销业务,它是一种比较高级的联合形式,能集商流、物流、信息流于一体,分销功能比较齐全,系统控制能力和综合协调能力都比较强,对分销活动能进行比较周密的系统策划,并能建立起高效的运行机制,从而促使分销活动的整体效益有更大的提高。

4. 网络分销系统

在经济全球化发展的进程中,计算机网络和通信技术迅猛发展,商务处理的方式发生了巨大变化。网络营销是网络经济时代的一种崭新的营销理念和营销模式,是指借助于互联网络、电脑通信技术和数字交互式媒体来实现营销目标的一种营销方式。网络营销渠道就是利用互联网将商品和服务从生产者向消费者转移过程的具体通道或路径,分为网络直销和网络间接分销渠道两种类型。

(1)网络直销。网络直销是指生产商通过网络直接销售产品。目前通常做法有两种:一种做法是企业在互联网上建立自己的站点,申请域名,制作主页和销售网页,由网络管理员专员处理有关产品的销售事务;另一种做法是委托信息服务商在其站点发布信息,企业利用有关信息与客户联系,直接销售产品。

(2)网络间接分销渠道。网络间接分销渠道是指把商品由电子中间商销售给消费者或使用者的营销渠道。所谓电子中间商是指基于互联网络提供信息服务中介功能的新型中间商,主要有网络商店、搜索引擎、目录服务商、智能代理等。新媒体是利用数字技术、网络技术、移动技术,通过互联网、无线通信网、卫星以及电脑、手机、数字电视机等终端,向用户提供信息和娱乐服务的传播形态和媒体形态。新媒体在带来大量广告收益的同时,也因其区别于一般网络媒介的特点,为企业的网络营销提供了一种新的渠道。

(三)电商时代的渠道系统——O2O 模式

线上平台的快速发展不断冲击着传统的分销渠道系统,也带来了新的分销渠道模式。O2O(Online to Offline)是指线上促销和线上购买带动线下经营和线下消费。O2O 通过促销、打折、提供信息、服务预订等方式,把线下商店的消息推送给互联网用户,从而将他们转换为自己的线下客户,这特别适合必须到店消费的产品和服务,比如餐饮、健身、电影和演出、美容美发、摄影及百货等。

在营销实践中,O2O 业务模式主要有以下四种。

(1)Online to Offline 模式(线上交易到线下消费体验产品或服务)。

(2)Offline to Online 模式(线下营销到线上完成商品交易)。随着智能手机和二维码技术的日渐普及,很多企业通过在线下做促销,在线上实现交易。

(3)Offline to Online to Offline 模式(线下促销到线上商品交易,再到线下消费体验产品或服务)。运营商使得在任何时间段都可能针对手机客户开展促销,而且很多营销活动在线下触发,在线上完成交易,然后客户在线下消费体验。例如,"预存话费100元送价值60元的金龙鱼油",在情人节"办情侣套餐送电影票",在校园开学季"校园新生开卡送自行车",等等。这种业务模式是在线下触发,然后在线上完成交易,运营商把营销的产品或服务通过线上发给手机客户,手机客户再到线下完成消费体验。

(4)Online to Offline to Online 模式(线上交易或促销,到线下消费体验产品或服务,再到线上交易或促销)。例如,某消费者玩一款网游,该游戏的道具有麦当劳某套餐,然后他在游戏中买了这款麦当劳套餐,该游戏提示他到线下的麦当劳实体店吃完该套餐,然后回到线上继续玩这款网游。该消费者去实体店消费后再进入网游时,线上那个麦当劳道具已经被使用,而且他在网游中的角色的实力大增。

延伸阅读 11-1

在方兴未艾的互联网经济时代,消费者在哪里,哪里就有连接企业与消费者的渠道。企业应致力于畅通消费者购物各环节、缩短消费者从想要到拥有或使用的历程,打造线上和线下有机结合的全渠道。

第二节　中间商

中间商是指在生产者和消费者(用户)之间,专门从事商品流通业务活动,以促成商品交易的经济组织和个人。在现代化大生产和市场经济条件下,商品生产者直接销售给消费者(用户)的情况相对来说比较少。多数情况下,商品从生产者流向消费者(用户)的过程中,必须经过或多或少的中间环节,即要有各种类型的中间商的参与。

一、中间商的功能

中间商在生产者与顾客之间起着桥梁的作用。中间商凭借其业务往来关系、经验、专业化和规模经营,使商品和服务流通顺畅;它在广泛提供产品和进入目标市场方面能够发挥最高效率;它提供给生产企业的利润通常高于生产企业自营商店所能取得的利润,起着调节生产与消费矛盾的重要作用。

中间商在商品流通中,主要有以下三种功能。

(一)集中商品的功能

集中商品的功能,即可根据市场需求预测和国家有关规定,将各生产企业的产品,通过订货、采购大量的商品,并将其集中储存起来。

(二)平衡供求的功能

平衡供求的功能,即可以随时按市场需要,向市场投放企业、零售商和顾客所需要的商品,从品种、数量和时间上以平衡市场供求关系。

(三)扩散商品的功能

扩散的功能可以为企业和零售商提供运输、储存等服务,避免生产企业商品积压和零售商大量储存,有利于节约流动资金,加速资金周转。

中间商的集中、平衡、扩散的功能在组织商品交换的过程中,其作用主要有以下几方面。

第一,简化分配路线,促进商品交换的经济性和方便性,如图 11-3 所示。图 A 是无中间商介入,需交易 9 次;图 B 是有中间商介入,只需交换 6 次。

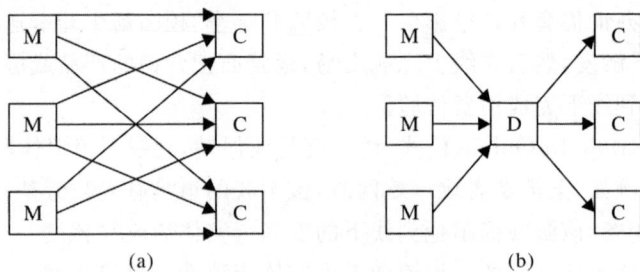

M—生产商; C—顾客; D—中间商

图 11-3　使用中间商的经济效益

第二,中间商一般比生产者更熟悉市场行情和销售业务,是专业化的买卖行家。他们有广泛的销售网络、灵活高效的现代通信技术,因而可以加速商品周转、降低费用。

第三,中间商承担着商品的采购、运输、储存、销售等业务,具有良好的基础设施,在满足消费者需求和平衡市场供求方面,发挥着重要的作用。

第四,中间商可以同时为多家生产企业服务,其经营的规模大、效率高、费用少、成本低,有利于提高流通的效率。

二、中间商的类型

(一)按是否拥有所有权分类

按是否拥有所有权,中间商可分为经销商、代理商和经纪人三种。

(1)经销商。经销商是指从事商品流通服务,并拥有商品所有权的中间商,如商人批发商、零售商等属于这一类。

(2)代理商。代理商是指接受生产者委托,从事商品交易业务,但不具有商品所有权的中间商,其利润主要来自被代理企业给予的佣金,商品的销售风险与利益一般由被代理企业承担。

(3)经纪人。经纪人俗称掮客,既无商品所有权,也不持有和取得现货,其主要职能在于为买卖双方牵线搭桥、协助谈判、促成交易,由委托方付给佣金,不承担产品销售的风险。

(二)按在流通过程中所处的地位和所起作用分类

按在流通过程中所处的地位和所起的作用不同,中间商可分为批发商和零售商两大类。批发商处于商品流通的起点和中间阶段,交易对象是制造商和零售商,一方面它向制造商收购商品,另一方面它又向零售商业批销商品,并且是按批发价格经营大宗商品,金额大,销售频率低。其业务活动结束后,商品仍处于流通领域中,并不直接服务于最终消费者。零售商是直接服务于最终消费者的中间商,处于商品流通的最终阶段。它将从制造商或批发商那里购买的产品转卖给最终消费者,每次销售的金额小,但销售频率高。

三、代理商

代理商是获得企业授权在某一地区进行代理产品购销业务的中间商,可分为以下几种类型。

(1)制造商代理商。制造商代理商可以负责代理销售该制造商的全部产品,也可以只代理其中某一部分产品。双方一般要签订合同,明确双方权限、代理区域、定价政策、佣金比例、订单处理程序、送货服务及其他各种保证。制造商欲扩大市场而本身未建立分销点时,常以此来节省成本。

(2)销售代理商。销售代理商是指在签订合同的基础上,为委托人销售某些特定商品或全部商品的代理商,对价格、条款及其他交易条件可全权处理。它与制造商代理商的不同之处:①每个制造商只能使用一个销售代理商,而且制造商将其全部销售工作委托给某一个销售代理商后,不得再委托其他代理商代销产品,也不得再雇用推销员去推销产品;而每一个制造商可以同时使用几个制造商代理商,还可以设置自己的推销机构。②销售代理商通常替委托人代销全部产品,而且不限定在一定地区代销,它在规定销售价格等销售条件方面有较大权力,即销售代理商实际上是委托人的独家全权销售代理商。

(3)采购代理商。采购代理商不是帮生产厂家销售产品,而是帮其采购所需物资(全部或部分)。他们不是代理批发某一类产品,而是专为一家或几家企业代理采购物品。采购代理商俗称"买手",通常熟悉市场,消息灵通,能向企业提供质量高、价格低的采购品。采购代理商通常要负责代理采购、收货、验货、储运并将货物运交买主等业务。

四、批发商

著名营销学家菲利普·科特勒对批发的定义为:"批发包含一切将货物或服务销售给为了转卖或者商业用途而进行购买的人或组织的活动。"

批发首先是一种购销行为。其一是购进,即直接向生产者或供应商批量购进产品,这种购进的目的是为了转卖而非自己消费;其二是销售,将产品批量转卖给工商企业、事业单位,供其转售(如零售商)、加工再售(如制造商)或转化再售(如事业单位)。批发同时也具有中介功能。它是将生产者的产品(或服务)适时转移到合适的地点,再经其他成员过渡到消费者之间的桥梁。因此,批发又有"流通中介"之称。由于为终端消费者服务的企事业单位一次购买的批量较大,批发中介的购销规模也就较大。批量购销因此成为批发业务的另一个特点。

有一些消费者出于各种利益考虑(如批发价低廉,一次性多买省时间等),也在批发市场购买批量商品。对批发商来说,这种业务并不是真正意义上的批发业务,而是附带的零售行为。

从事批发业务的人或部门(公司、营业部、办事处等)统称为批发商,是在商品流转过程中,不直接服务于最终消费者,只是实现产品在空间上、时间上的转移,达到销售目的的中间商。从总体上讲,批发商主要有以下几种类型。

(一)独立批发商

独立批发商又称商业批发商,是指自己进货,取得产品所有权之后再批发给零售商或用户,并且具有法人资格的独立批发企业。独立批发商是批发商的主要类型,大多数的批发商都属于这种类型。这种批发商又可分为完全服务批发商和有限服务批发商两类。

1. 完全服务批发商

完全服务批发商一般持有存货,有固定的销售人员,能提供收货、送货及协助管理等服务。它又分为以下两类。

(1)批发商人。批发商人是以零售商为服务对象的批发商。根据其经营范围又可分为以下三种。①综合商品批发商:可供应多条产品线的产品,如某些大型贸易(批发)公司;②综合产品线批发商:只经营一两条产品线的产品,但产品的花色品种较全,如服装、鞋类批发商;③专用品批发商:专门经营某条产品线上的专门产品,如化妆品批发商、鲜活水产品批发商等。

(2)产业分销商。产业分销商指专门向生产部门而不是向零售商供应商品(作为生产部门的原材料、半成品或零部件)的批发商。他们提供存货、交货及信贷服务。经营范围宽窄不一,有的可能只供应一种产品(如轴承);有的则可能把企业所需要的物资供应全部承包;有的则集中在某些生产线上,如 MRO 项目(保养、维修与操作供应品)、OEM 项目(原设备制造供应品,如紧固件、小型橡胶部件、轴承、电机等)、设备(例如,手工和动力工具、叉式起重车等)。

2. 有限服务批发商

顾名思义,有限服务批发商的服务项目较少。由于供销双方都有一个尽量降低成本的愿望,故有限服务对于供销双方,特别是小批量、小存货(甚至是零存货)的企业还是受欢迎的。"船小好掉头",有限服务的方式还是较多的,有的批发商也兼营较大量的零售业务。该类批发商还可细分为以下几类。

(1)现购自运批发商。这种批发商不提供送货服务,主要经销要求周转快的产品线。如水产品市场的批发商,大多数都是由客户登门购货,当面支付现金,并自行运回。

(2)卡车批发商。在市场上有一批专门帮客户运货的车辆,车主自己有一批客户后,就可以增加一项业务——销售。有的企业也自备卡车进行送货上门的批发经营。特别像牛奶、面包、冷冻食品等半易腐商品,大多由生产厂商包给卡车批发商,由他们及时、迅速地将商品运到各零售点,当面收回或定期收回现金。

(3)承销批发商。这些批发商向零售商或其他客户征订商品,然后对供货市场进行优选,直接向生产商提货售给零售商(客户)。从收到订单起,承销批发商就拥有对货物的所有权并承担风险,直到将货物交给顾客为止。这种批发商通常经营大宗商品,如煤、木材、钢材和重型设备等。

(4)托售中间商。托售中间商即委托他人销售的批发商。他们在各零售店设立专柜,然后送货上门,自行定价,自行宣传,用合同规定被托售零售店的利益。他们拥有商品所有权,零售店则拥有商品保管与销售权,一般在顾客购买商品后定期向零售店收款。

（5）邮购批发商。邮购批发商利用邮局、航空或其他运输工具进行批发经营。他们将产品目录及订单寄给零售店、制造商甚至大型企事业单位（现大多采用上网办法），收到订单后一面备货,一面向订货方要求预付款及其他条件,然后通过邮购等方式供货。

（6）生产者合作社。这是为了协调生产者,特别是像农产品生产者这种季节性生产者的利益,由这些生产者共同组建形成的批发机构。生产者合作社可以较大规模地将产品投放市场,协同改进产品质量,创建共同品牌,使各方获得较大利益。

（二）自营批发机构

这是指由企业和零售商自设机构经营批发业务,主要类型有企业与零售商的分销部和办事处。分销部有一定的产品储存,其形式如同独立批发商,只不过隶属关系不同;办事处没有存货,是企业驻外的业务代办机构,有些零售商在一些中心市场设立采购办事处,主要办理本企业的采购业务,也兼做批发业务,其功能与经纪人和代理商相似。

此外,还有一些存在于其他特殊经济部门、行业的专业批发商,如为农产品集散服务的农产品收购调运商、为石油集散服务的中转油库、为某些特殊购销方式服务的拍卖公司,等等。

五、零售商

（一）零售与零售商

1.零售

零售是包括所有直接销售商品和服务给最终消费者,以供其用作个人消费或用于非营利用途的各种活动。凡从事这类活动,不论何种机构（生产商、批发商或零售商）,怎样销售（经由个人、邮寄、电话或自动售货机）,在何处销售（在商店、马路上或消费者家中）,都属于零售范围。

相对于批发来讲,零售具有如下特点。

（1）终端服务。零售终端的顾客每次购买数量小,而且要求花色品种齐全、价廉物美,提供购买与消费的方便服务。零售商为此通常要控制批量进货、加快销售过程、提高资金的周转率,这就形成了零售商多品种小批量进货、低库存和重视现场促销的经营特点。

（2）业态多元。为缓解扩大销售与品种不全、购买量小、库存积压之间的矛盾,适应不同消费者群体需要,零售业的经营方式（即零售业态）呈现多元化特点。如商店就有各种各样的类型:百货商店、超级市场、专业商店、连锁商店、折扣商店、便利店和杂货店等。

（3）销售地域范围小。与批发销售不同,零售商的顾客主要是附近的居民和流动人口。因此,零售经营地点的选择（零售选点）就成为决定经营成败的一个关键。这是零售的重要特点。

（4）竞争激烈。与其他行业相比,零售业者之间的竞争显得更为直接、剧烈,手法也更加多样。如为了适应顾客的随意性购买及零售市场竞争,零售商店必须利用销售场所及外部周边环境进行有吸引力的整体商店设置,进行形象宣传;为了吸引并留住顾客,零售店必须考虑有关商店位置、交通设备、营业时间、花色品种、停车场所和广告宣传、促销手段等各种因素,进行策划。

2.零售商

零售商是指以经营零售业务为主要收入来源的商业企业和经营者。有零售行为的单位或个人并不都是零售商。零售商首先是经营者(中间商)的一种类型,该经营者的基本业务范围必须是零售。因此,对一些批零兼营的商业机构来说,只有销售量主要来自零售活动的商业单位,才能被称之为零售商。

零售商的职能很多,主要有:①批量购进,零散销售,解决供求数量矛盾。②了解市场,反馈信息,承担市场调查与求购信息反馈双重功能。③咨询服务,担保信用,解决购物双方信息不对称的矛盾。④采购配货,保障供应,解决生产地分散与消费地集中的矛盾。⑤预测市场,储备货物,解决供求时间不协调的矛盾。⑥运输储存,送货上门,解决生产者与消费者地域空间的矛盾。⑦广设网点,便利购销,解决生产者与消费者数量不对称的矛盾。

(二)零售商的类型

零售商类型繁多,可以按照经营方式、产品线及所有权关系将零售商划分为商店零售商、非商店零售商以及零售商集团三种类型。

1.商店零售商

在现代购物环境下,消费者可在各种不同的商店选购商品。商店类型主要有以下几类。

(1)百货商品,指综合各类商品品种的零售商店。其特点如下:①商品种类齐全;②客流量大;③资金雄厚,人才齐全;④重视商誉和企业形象;⑤注重购物环境和商品陈列。这种经营有两种方式:①连锁经营的方式,一家百货公司开设很多分支商店。独家经营的商店规模较小,连锁经营商店一般规模都比较大。②采取独家经营方式,没有下属分店、连锁商店。它是零售商品垄断组织的主要形式,也是中小商店组织起来和大商店相抗衡的主要形式。典型的大型连锁商店是指由一家大型商店控制的许多家经营相同业务的分店。

(2)超级市场,是以主、副食及家庭日用商品为主要经营范围,实行敞开式售货、顾客自我服务的零售商店。其特点是:①实行自我服务和一次性集中结算的售货方式;②薄利多销,商品周转快;③商品包装规格化,条码化,明码标价,并要注有商品的质量和重量。

(3)便利店,是设在居民区附近的小型商店,主要销售家庭日常用品、食品等周转速度快的便利品。其特点是:一周营业七天,每天营业时间很长,方便消费者随时购买;消费者在这里购买商品主要是为了临时补缺,所以即使价格相对比较高,消费者也愿意支付。

(4)廉价商店(也称折扣商品)。它的突出特点是以比一般商店明显低的价格销售商品,这对那些愿意以低价格购买商品的消费者阶层来说有很大的吸引力。它的经营以毛利低,费用节省,商品周转快而著称,并以此来维持其廉价销售。

(5)特许经营商店。特许经营是一种根据合同进行的商业活动,体现互利合作关系。一般是由特许授予人(简称特许人)按照合同要求、约束条件给予被授予人(简称受许人,亦称加盟者)的一种权利,允许受许人使用特许人已开发出的企业象征(如商标、商号)和经营技术、诀窍及其他工业产权。特许经营分为:①商品商标型特许经营;②经营模式特许经营;③转换特许经营。

(6)专业商店,是指专门经营某一类商品或服务的零售店,其产品组合宽度很小,但是深度很大。按照经营的商品类别和服务的对象,可以把专业商店划分为两类,如鞋店、服装店、书店等就属于按照经营的商品类别分类,而儿童商店、女性用品商店、旅游用品商店等则是属于按照服务对象进行的分类。专业商店产品品种齐全,对顾客需求了解深入,利于顾客充分挑选。

(7)专卖店,是专门经营或授权经营某一主要品牌商品(制造商品牌和中间商品牌)为主的零售商店。

(8)仓储商店,是一种以大批量、低成本、低售价和微利多销的连锁式零售企业。仓储商店主要特点如下:①价格低廉。一般仓储商店的销售价格低于市场价格 20％以上,毛利率为 10％左右。②会员制。仓储商店以会员制为基本的销售和服务方式,即向特定的消费者发放会员卡,持卡人交纳一定的会费,享受信息、商品、价格等方面的优惠。凭借会员制,仓储商店可以稳定客源,为会员提供优质服务。它又是一种价格促销制度,因此国外的许多货仓式商店又叫"价格俱乐部"。

(9)购物中心,是由零售商店及其相应设施组成的商店群体,作为一个整体进行开发和管理,通常包括一个或多个大的核心商店,并有许多小的商店环绕其中,有庞大的停车场设施,顾客购物来去方便。购物中心占地面积大,一般在十几万平方米。其主要特征是容纳了众多各种类型的商店、快餐店、餐饮店、美容、娱乐、健身、休闲等,功能齐全,是一种超巨型的商业零售模式。

2.非商店零售商

非商店零售是指不设店面的零售方式,又称无门市部零售。这类零售商的主要形式有以下几类。

(1)直复零售,是为了在任何地方产生可度量的反应和达成交易而使用一种或多种广告媒体的互相作用的市场营销系统。直复市场营销者利用广告介绍产品,通过邮寄商品目录、电话、电视等方式推销商品。订购的物品一般通过邮寄交货。直复市场营销者在一定广告费用允许的情况下,选择可获得最大订货量的传播媒体,使用这种媒体是为了扩大销售量,而不是像普通广告那样刺激顾客的偏好和树立品牌形象。

(2)直接销售,即面对面销售,是指销售方派出许多销售代表,直接和顾客达成交易的方式。直接销售主要有一对一推销、一对多推销和多层次营销等三种形式。常见的直接销售方式有上门推销、家庭销售会、传销等。直接销售成本高昂,需要支付训练、管理和激励销售人员的费用,销售人员的佣金一般也占到 20％～50％。

(3)购物服务公司,是指专门为某些特定顾客提供服务的零售方式,通常是为学校、医院、工会和政府机关等大型组织的员工提供服务。该组织选择一些零售商与之建立长期服务关系,对组织内部成员凭购物证给予价格优惠。

(4)自动售货,是采用自动机器售货,目前已被广泛用于各种产品的销售,如饮料、香烟、报纸、化妆品、食品、唱片、图书等类型的产品都可以采用自动售货。采用自动售货的产品价格一般高于商店销售价格的 15％～20％,这是由于其营销成本昂贵的原因。此外,自动售货在服务行业也被普遍采用,如自动存取款机、无人售票公交车、投币式自动电唱机、电脑游艺机等。

(5)互联网销售,即利用互联网络开展零售业务。企业可以通过互联网提供网络购物服务,也有一些在线交易公司提供购物服务,顾客可以通过线上查询系统找到需要商品的各种信息,通过了解、比较,选择所购物品。作为一种新型的购物方式,互联网销售正在被大家,尤其是年轻人所接受,其贸易额增幅很大。

3.零售商集团

零售商集团是以多店铺联盟的组织形式来开展零售活动。通过商店之间的联盟,可以避免过度竞争,提高零售的规模经济,节约成本。其具体形式包括连锁商店、销售联合大企业和消费者合作社等。

(1)连锁商店。它是在同一所有者的控制下,统一店名、统一管理的商业集团。少则两三家连锁,多则百家连锁在一起,实行统一经营、集中进货,可获得规模经济效益。连锁店可分为正规连锁、自由连锁、特许连锁和交叉连锁四种。

①正规连锁。它是集中资金、分散经营的多个店铺,在经营管理上实行统一管理、统一商号、统一进货、统一价格、统一核算和统一风格等,经营权在总部(公司),各分店无自主权。

②自由连锁。它是各店铺在保留单个资本所有权基础上实行联合,主要适用于中小企业。总部和各连锁店是一种协商、服务的关系。各基层店是独立法人,有经营自主权,但应向总公司交纳加盟及指导费。

③特许连锁。它是总部和各店铺签订合同,特别授权店铺使用公司的商标、商品、标志、商号和总部所独有的技术。加盟店拥有店铺所有权,按销售额或毛利的一定比例向总部上交报酬。如美国的快餐企业肯德基和麦当劳等,都是典型的特许连锁店。

④交叉连锁。它是指上述几种连锁方式同时并存于某一连锁集团,总部与各分店之间有紧密层(正规连锁)、半紧密层(自由连锁)、松散层(特许连锁)。

(2)消费合作社。它是由消费者入股创办的自助组织,其目的并不以盈利为主,而是为减少中间商环节,保护消费者利益。

(3)特许专卖组织。这是由特许人(生产商、批发商或服务机构)将自己的商品、商誉、商标、品牌、专利等,包括其独特的经营管理方式,通过契约授予零售商被特许人身份的一种契约性联合经营方式。

营销视角 11-1

(4)销售联合大企业。销售联合大企业是自由式的公司,它以集中所有制的形式将几种不同的零售商品类别和形式组合在一起,并将其配销、管理功能综合为一个整体。

第三节　分销渠道的设计

分销渠道设计是指通过对各种备选的渠道类型进行评估,创建全新的营销渠道,或改进现有渠道,从而实现营销目标的活动。正确有效的分销渠道是商品流通渠道畅通的保证,企业必须认真分析各种渠道的特点及影响因素,以便确定企业采取什么样的渠道来销售其产品。

一、影响分销渠道选择的因素

影响分销渠道选择的因素十分复杂,而且随着环境的变化,也在不断变化。归纳起来主要有以下几个。

(一)产品因素

由于产品的自然属性、用途等不同,其采用的分销渠道也不相同。

(1)产品价格。一般来说,单价低的产品宜采用较长和较宽的分销渠道,单价高的产品宜采用短渠道。这是因为,单价低的产品只有实行大批量销售,方能赚取更多利润,而只有实行广泛分销和充分依靠中间商,才能销售更多的产品;单价高的产品往往需要企业提供充分的售后服务,而只有实行直接分销或采用最短的分销渠道,才能够保证服务及时和完善。例如,日用百货品的生产企业经常直接与批发商打交道,由批发商转售给零售商,再经零售商出售给消费者;而高级服装的生产企业,则愿意将产品直接交给大的百货公司或高级服装店出售。

(2)产品的体积和重量。考虑到产品运输和储存的条件及费用,体积过大或过重的商品,宜采用短渠道,目的是减少产品损失,节约储运费用;体积和重量较小的产品,可采用较长渠道。

(3)产品的时尚性。对于流行性和时尚性较强的产品,如时装、饮料等,应采用直接分销或短而窄的渠道;反之,则采用间接渠道。

(4)产品的易毁性和易腐性。在正常情况下,容易腐烂变质的产品,如蔬菜、水果、鲜鱼等,应实行宽而短的分销渠道。因为这些产品要求及时销售,以免使用价值丧失或减少。

(5)产品的生命周期阶段。随着产品生命周期的演进,分销渠道要经历从短到长、从窄到宽的变化过程。处于投入期的产品,其分销渠道是短而窄的;处于成长期和成熟期的产品,消费需求迅速扩大,企业要提高市场占有率,就要选择长而宽的渠道,扩大产品覆盖面。

(6)产品的标准化程度和服务。对于标准化程度高、要求提供较小服务的产品,如大多数消费品及生产资料中的半制成品、零配件等,可选择间接分销渠道;反之,则采用直接分销。

(二)目标市场因素

影响分销渠道选择的目标市场因素主要有以下几点。

(1)潜在顾客数量。潜在顾客的多少决定了市场的大小,市场范围越大,越需要中间商提供服务;而潜在市场仅有少数顾客,则可由生产者自己推销。

(2)商品的数量。品种少产量大,往往由中间商销售;品种多产量大,除中间商外,往往得自己推销一部分。如有的大型商店,购买数量极大,使生产者不必另寻买主。

(3)顾客的购买特点。目标顾客的购买批量大、频率低、形式单一,且购买相对稳定,生产企业可采取直接分销,且选择最短的间接渠道;反之,则适宜采用广泛的分销渠道。

(4)市场的集中与分散程度。如商品的销售市场比较集中的纺织业、服装业,可向这些地区直接供应;对于分散生产、分散消费的商品,通常采用中间商销售。

(5)市场竞争状况。企业应了解目标市场上竞争对手的渠道策略,做到知己知彼,灵活选择分销渠道。

(三)企业自身因素

(1)企业商誉和资金。通常企业的商誉越好,资金越雄厚,就越有条件自主选择各种销售渠道,甚至可以建立自己的销售网络体系,不需要借助中间商的力量;反之,一些知名度较低且资金薄弱的中小企业,则必须依赖中间商提供各种销售服务。

(2)企业的生产规模。生产规模大、实力雄厚的企业,可自由选择分销渠道,更愿意采用直接或短渠道;规模小、实力弱的企业只能通过中间商进行间接分销。

(3)企业经营能力和管理经验。企业经营能力不足,缺乏市场营销经验和推销技巧,则适宜采用经过中间商的间接销售渠道;反之,则采取直接分销渠道。

(4)企业控制渠道的愿望。企业控制分销渠道的愿望各不相同,有的企业希望控制分销渠道,以便有效控制产品价格和进行宣传促销,因而倾向于选择短渠道;而有些企业则无意控制分销渠道,因此采用宽而长的渠道。

(四)外界环境因素

影响分销渠道选择的外界环境因素包括以下两方面。

(1)经济形势。在经济衰退时,市场需求下降,通货紧缩,这时企业应尽量减少不必要的流通环节,采用较短的渠道,以控制最终产品的价格;而经济繁荣时,市场需求旺盛,企业可以选择最合适的渠道来进行销售。

（2）国家的有关法规。政府对各类产品所采取的购销政策对企业选择分销渠道也有重要影响。比如，政府实行计划供应政策的产品，则会形成定点的单一渠道；对某些产品政府实施专卖政策，就会形成纵向的封闭型窄渠道；若政府对某些产品提倡开放政策，就容易形成横向的开放型宽渠道；政府采取统购包销政策的产品，就会形成纵向的宽渠道。

二、分销渠道的选择和设计

（一）选择分销渠道的原则

一般来讲，选择营销渠道应遵循以下原则。

（1）适应性原则，即企业选择分销渠道应具有适应性。在销售区域上考虑不同地区的消费水平、市场特点、人口分布；在时间上考虑产品特性、消费季节性等因素，以适应市场的客观要求。

（2）经济性原则，即企业选择分销渠道应能够最大限度地节约成本，减少开支，以获取更多收益。

（3）控制性原则，即企业应能够对分销渠道进行有效控制，以便建立一套长久和稳定的分销系统，保证市场份额和销售的稳定性。

（二）分销渠道设计的内容

分销渠道的设计是渠道决策的核心。分销渠道的设计主要包括确定渠道类型、渠道长度、渠道宽度、渠道成员的权利和责任等内容。

1.确定渠道的类型

企业在进行分销渠道的设计时，首先要决定采取什么类型的渠道，即要确定采用哪一种或哪几种类型的渠道来分销产品，是直销还是通过中间商销售，是采用直接销售渠道还是采用间接销售渠道等。这需要从销售业绩和经济效果两个方面来考虑。这两个方面并非总是一致的，究竟以何为重，应视企业的营销战略而定，并以此为标准考察和比较渠道。如果企业决定通过中间商分销其产品，就要对所用中间商的类型进行决策：是批发商还是零售商；什么样的批发商和零售商；用不用代理商；具体选择哪些中间商。企业可以采用本行业传统类型的中间商和分销渠道，也可以开辟新渠道，选择新型中间商。

2.确定渠道的长度

在确定了渠道类型后，若是用间接渠道和复合渠道等分销的产品，企业还面临着确定渠道长度的决策问题。技术和服务含量较大的产品，如计算机、汽车等，需要较短的渠道；消费者选择性不强但要求方便购买的产品，如日用小百货，则适宜采用较长的渠道。

3.确定渠道的宽度

确定渠道宽度，即企业确定在每个层次上使用中间商数目的多少，实际上是对宽、窄渠道的选择确定。决定渠道宽度有三个因素：所需的渠道投资水平、目标顾客的购买行为和市场中的商家数目。渠道宽度分为三个级别：独家分销、密集分销和选择性分销。

独家分销适用于生产企业想对分销商实行大量的服务水平和服务售点控制的情况。独家分销的特点是竞争程度低和市场覆盖程度低。一般情况下，只有当厂家想要与渠道伙伴建立更紧密的关系时，才会使用独家分销。它比任何其他形式的分销都需要厂家与分销商之间建立更多的联系与合作。

密集分销是尽可能多地使用中间商销售商品或劳务。当顾客要求在当地大量、方便地购买时，实行密集分销就至关重要。密集分销意味着渠道成员之间的激烈竞争和很高的产品覆盖率，它适用于便利品的分销。

选择性分销是利用一家以上但又不是所有愿意经销的分销商都来经营某一种特定产品，它能够使厂商获得足够多的市场覆盖率，且成本较低。

4.确定渠道成员的权利和责任

为保证分销渠道的畅通，企业必须就价格政策、销售条件、市场区域划分、相互服务等方面明确中间商的权利和责任。价格政策要求企业必须制订出其产品的具体价格和价格折扣条件，如数量折扣、促销折扣、季节折扣等政策，这样可以刺激中间商努力为企业推销产品，扩大产品储备，更好地满足顾客的需求。销售条件要求企业制订出相应的付款条件，如现金折扣、对中间商的保证范围、不合格产品的退换、价格变动风险的分担等方面。这样有利于中间商及早付款，加速企业的资金周转，同时可以引导中间商大量购买。区域销售权利是中间商比较关心的一个问题，尤其是独家分销的中间商。因此，企业必须把各个中间商所授权的销售区域划分清楚，以便于中间商拓展自己的业务，也有利于企业对中间商的业绩进行考核。

企业与中间商的职责问题对分销渠道的正常运转具有重要的影响，同时也对交易条件的制订具有重要影响。企业必须制订相应的职责与服务范围，明确：企业要为中间商提供哪些方面的服务，承担哪些方面的职责；中间商要为企业提供哪些方面的服务，承担哪些方面的职责。一般情况下，企业和中间商相互的职责和服务内容包括供货方式、促销的相互配合、产品的运输和储存、信息的相互沟通等。

5.渠道方案的评估

当企业设计了几种渠道方案时，就要对可选择的渠道方案进行评价，挑选出能满足企业目标的最佳方案。对渠道方案的评估，企业可以从经济性、可控性、分销商实力和分销商能力等方面对渠道方案进行分析选择。

（1）经济性。主要是分析每个渠道的销售额与成本的关系，一方面要考虑采用企业销售人员和利用中间商这两种方式，哪一种所产生的销售额较大；另一方面要评估每个渠道的成本，渠道成本就是企业建立、发展与维持渠道所需要的费用。企业一般选择那些能够承担一部分广告费用和其他销售促进费用的中间商，以减少企业的负担，降低销售费用。

（2）可控性。从长远目标来看，企业对分销渠道的选择不仅要考虑其经济性，还要考虑企业能否对其分销渠道实行有效的控制。一般来讲，企业在其产品的分销渠道中渗透越深，对渠道的控制力越大。属于本企业的渠道和分销人员固然会增大投资，但毕竟最有利于控制。当销售渠道变得越来越长时，企业对价格、销售量、推销方式和零售形式等的控制力就会削弱。在实践中，建立特约经销或特约代理关系的中间商比较容易控制，而对密集性分销渠道，由于涉及企业多，企业的控制能力就比较弱。

（3）分销商实力。企业要选择资金力量比较雄厚、财务状况良好的中间商，而且选择的分销渠道必须适合企业本身的特点及其产品的特点；企业要考虑中间商的销售对象是否与企业所要进入的目标市场一致，即所要选用的中间商的经营范围应该与企业产品的销路基本对口。同时必须考虑中间商的经营能否维持连续性，以便在整个渠道建立对企业品牌的忠诚度。

（4）分销商能力。选择分销商除了上面一些因素外，还要考虑分销商信用和分销能力。信用是指中间商的信用度大小,如履行合同的信用、回款及时性等方面的信用。分销能力是指分销商开拓市场的能力、营销能力、管理能力、提供技术支持等售后服务能力、产品储存和运输能力等。企业一般选择信用好、分销能力强、市场覆盖面大的分销商经销本企业的产品。

第四节 分销渠道的管理

企业在确定了分销渠道方案,选择了渠道成员后,营销渠道就建立起来了,但这并不意味着企业的工作就此结束。营销渠道必须作为企业的一项宝贵资源而加以长期的、有效的管理。

一、分销渠道管理的概念

分销渠道管理是指在企业经营活动中,根据企业的营销战略和策略,通过计划、组织、控制、协调等,有效地调动企业的人、财、物等资源,整合营销渠道中所有参与者的工作,促进营销渠道的整体运作效率和效益提高的一项企业管理活动。这就意味着企业必须对渠道的每个成员的管理工作进行必要的评价和激励。此外,为了提高分销渠道的效率,就必须尽力协调解决渠道中的矛盾冲突,根据新的市场状况和环境变化对渠道进行适当调整。

二、选择渠道成员

选择渠道成员,即在渠道设计完成后,具体选择哪些中间商作为自己的渠道伙伴。对中间商的考察,一般包括以下几个主要方面。

(1)能够供企业选择的类型与数目。这主要指企业选择的中间商是何种类型,即是代理商、批发商,还是零售商;能供企业选择的中间商的数目有多少;有能力且愿与本企业合作的中间商有多少。

(2)市场覆盖面。中间商的市场覆盖面是否与企业的目标市场一致,如某企业现准备在西北地区开辟市场,所选中间商的经营地域就必须包括这一范围。

(3)中间商的专业能力。中间商是否具有经销某种产品必要的专门经验、市场知识、营销技术和专业设施。如经销计算机等高技术产品,要求中间商具备必需的技术人才;一些中间商在销售食品方面极富经验,另一些在经营纺织品方面历史悠久;有些产品需要人员推销,还有些产品需要现场演示。总之,不同中间商以往的经营范围和经营方式不同,能够胜任的职能也不同,制造企业必须根据自己的目标对中间商完成某项产品营销的能力进行全面评价之后才能做出选择。

(4)中间商的信誉。企业所使用的中间商的信誉如何,直接关系到企业产品的销量,那些信誉高的中间商总是有较多的顾客,所以企业应该选择信誉较高的中间商作为自己的具体中间商。

(5)竞争情况。竞争情况主要考察中间商是否经销本企业竞争对手的产品,本企业产品能否与竞争对手的产品相抗衡等。

(6)中间商的目标与要求。有些中间商希望制造商能为产品做大量的广告或开展其他促销活动,扩大市场的潜在需求,使中间商更易于销售;还有些中间商希望供购双方建立长期稳定的业务关系,制造商能为自己提供随时补充货源的服务,并在产品紧销时也保证供货;也有些中间商不希望与某一家企业维持过于密切的关系。生产企业在做出选择前,对这些应有清晰的了解。

三、评估渠道成员

正确评估中间商,有利于生产者及时掌握情况,发现问题,以便更有针对性地对不同类型的中间商开展激励和推动工作,提高渠道的分销效率。通过评估,对完成任务好的中间商可以给予激励,对完成任务不好的中间商进行诊断,找出完成不好的原因,以决定是剔除这些中间商还是帮助这些中间商改进工作。

营销视角 11-2

1.合同约束与销售配额

生产者与中间商签订有关绩效标准与奖惩条件的合同,在合同中应明确经销商的责任,如销售强度、绩效与覆盖率、平均存货水平、送货时间、次品与遗失品的处理方法、对企业促销与训练方案的合作程度、中间商必须提供的顾客服务等。

除了针对中间商绩效责任签订契约外,生产者还应定期发布销售配额,以确定目前的绩效。生产者可以在一定时期内列出各中间商的销售额,并依销售额大小排出先后名次。需要注意的是,在排列名次时,不仅要看各中间商销售水平的绝对值,而且要考虑到它们各自面临的环境变化,考虑生产者的产品大类在各中间商的全部产品组合中的相对重要程度。

2.测量中间商绩效的主要方法

测量中间商的绩效主要有两种方法。

(1)将每个中间商的销售绩效与上期的绩效进行比较,并以整个群体的升降百分比作为评价标准。对低于该群体平均水平的中间商,必须加强评估与激励措施。需要注意的是,如果对后进中间商的环境因素加以调查,可能会发现一些可原谅的因素,如当地经济衰退、某些顾客的失去不可避免、主力推销员的辞职或退休等,其中某些因素可在下一期弥补。这样,生产者就不应因这些因素而对经销商采取任何惩罚措施。

(2)将各中间商的绩效与该地区基于销售潜量分析所设立的配额相比较。即在销售期过后,根据中间商的实际销售额与其潜在销售额的比率,将各中间商按先后名次进行排列。这样,企业的调整与激励措施可以集中用于那些未达既定比率的中间商。

四、激励渠道成员

企业对选择的渠道成员采取一定的激励手段,有利于调动中间商的积极性,以扩大企业商品的销售,提高市场占有率。激励的措施可以是积极鼓励性的,也可以是消极惩罚性的。提价、推迟交货、减少所提供的服务甚至中止合作关系等属于消极惩罚性的激励措施。但大多数情况下,企业都应采取积极鼓励性的激励措施。

企业通常采取的激励措施有:

(1)向中间商提供物美价廉、适销对路的产品。这有利于减少中间商的风险,为其创造一个良好的销售环境。

(2)直接激励。直接激励,是指通过给予渠道成员物质或金钱的奖励来激发其积极性,从而实现公司的销售目标。在营销实践中,厂商多采用返利的形式奖励渠道成员的业绩。

(3)合理分配利润。企业应根据中间商的情况,灵活运用定价策略和技巧,给中间商一定的价格回扣,以保护中间商的合理收益。

（4）生产企业的广告促销活动。广告促销活动一般很受中间商欢迎，费用可由生产企业承担，也可由生产者与中间商合理负担。同时，生产企业也可协助中间商开展其他促销活动，如商品陈列、橱窗布置、培训推销人员等。

（5）资金援助。生产企业为中间商提供资金援助，有利于中间商放手进货，积极推销产品，常采用售后付款和先付部分货款、待货售出后再付全部货款两种方式。

（6）与中间商建立伙伴关系。要保证企业产品在市场长久不衰，在产品质量保证的前提下，必须保证分销渠道的畅通。因此，生产企业应与中间商在互惠互利的基础上，加强合作，密切关系，建立长期稳定的伙伴关系，以扩大产品销售。

五、解决渠道冲突

（一）渠道冲突的概念

渠道冲突是指某渠道成员从事的活动阻碍或者不利于本组织实现自身的目标，进而发生的种种矛盾和纠纷。分销渠道的设计是渠道成员在不同角度、不同利益和不同方法等多因素影响下完成的，因此，渠道冲突是不可避免的。渠道冲突的实质是利益冲突。利益原则是所有商业活动的最高原则。各种各样的渠道冲突最终归结为一点，那就是利益的分配和对利益的追求。

（二）渠道冲突的类型

1.水平渠道冲突

水平渠道冲突指的是同一渠道模式中，同一层次中间商之间的冲突。产生水平渠道冲突的原因大多是生产企业没有对目标市场的中间商数量分管区域做出合理的规划，使中间商为各自的利益互相倾轧。这是因为在生产企业开拓了一定的目标市场后，中间商为了获取更多的利益必然要争取更多的市场份额，于是在目标市场上展开"圈地运动"。例如，某一地区经营A家企业产品的中间商，可能认为同一地区经营A家企业产品的另一家中间商在定价、促销和售后服务等方面过于进取，抢了他们的生意。如果发生了这类矛盾，生产企业应及时采取有效措施，缓和并协调这些矛盾，否则就会影响渠道成员的合作及产品的销售。另外，生产企业应未雨绸缪，采取相应措施防止这些情况的出现。

2.垂直渠道冲突

垂直渠道冲突是指在同一渠道中不同层次企业之间的冲突，这种冲突较之水平渠道冲突要更常见。例如，某些批发商可能会抱怨生产企业在价格方面控制太紧，留给自己的利润空间太小，且提供的服务（如广告、推销等）太少，零售商对批发商或生产企业可能也存在类似的不满。

垂直渠道冲突也称作渠道上下游冲突。一方面，越来越多的分销商从自身利益出发，采取直销与分销相结合的方式销售商品，这就不可避免要同下游经销商争夺客户，大大挫伤了下游渠道的积极性；另一方面，当下游经销商的实力增强以后，不甘心目前所处的地位，希望在渠道系统中有更大的权利，向上游渠道发起了挑战。在某些情况下，生产企业为了推广自己的产品，越过一级经销商直接向二级经销商供货，使上下游渠道间产生矛盾。因此，生产企业必须从全局着手，妥善解决垂直渠道冲突，促进渠道成员间更好地合作。

3.不同渠道间的冲突

随着顾客细分市场和可利用的渠道不断增加，越来越多的企业采用多渠道营销系统即运用渠道组合、整合。不同渠道间的冲突指的是生产企业建立多渠道营销系统后，不同渠道服务于同一目标市场时所产生的冲突。例如，美国的李维斯牌牛仔裤原来通过特约经销店销售，当它决定将西尔斯百货公司和彭尼公司也纳为自己的经销伙伴时，特约经销店表示了强烈的不满。不同渠道间的冲突在某一渠道降低价格(一般发生在大量购买的情况下)，或降低毛利时，表现得尤为强烈。因此，生产企业要重视引导渠道成员之间进行有效的竞争，防止过度竞争，并加以协调。

(三)渠道冲突的根源

1.角色差异

渠道成员对自己角色的定位和对另外成员的责任及期望的理解不一样。例如：二级代理商可能认为一级代理商给予自己赞助是义务、责任，但一级代理商却不这么认为。各自角色不同，利益追求不同，冲突在所难免。

2.观点差异

不同的成员可能会对同样的刺激做出截然不同的反应，对同一市场的看法以及开发、经营市场的理念策略都会出现差异。

3.期望差异

渠道成员对经济形势的预测，对市场发展、客户经营的预期不同，也会导致冲突。例如，生产企业预测近期经济形势比较乐观，希望分销商经营高档商品，但分销商对经济形势的预期并不乐观，拒绝销售高档商品。又如，二级代理商认为一级代理商所定的销量目标过高，导致自己无法获得期望的返利而产生不满；而一级代理商则认为二级代理商对目标的努力程度不够，从而对二级代理商采取惩罚措施等。

4.目标差异

冲突的一个主要原因是渠道成员有不同的目标，经销商的目标是零售商有更多的存货、更多的促销支出、更低的毛利；而零售商的目标是更快的周转、更低的促销支出、更高的毛利，当两者的目标值超出对方可接受范围时，冲突就有可能产生。

5.决策权分歧

渠道成员间可能因一方的价格或库存方面的决策而引起冲突，如二级经销商未能对零售商执行调价补差、零售商有低价倾销行为等。

6.沟通困难

由于迟缓或不精确的信息传递以及信息的不对称等原因，造成理解的失误而导致损失的一方产生不满，从而可能产生冲突。

7.资源稀缺

当一贯的分销支持突然因为资源的短缺而不能充足供应时，渠道成员的一方可能会产生不满，这时解决的方法是取得对方的谅解。

(四)渠道冲突的解决办法

1.目标管理

当企业面临对手竞争时，树立超级目标是团结渠道各成员的根本。超级目标是指渠道成员共同努力，以达到单个所不能实现的目标，其内容包括渠道生存、市场份额、高品质和顾客满意。从根本上讲，超级目标是单个企业不能承担，只能通过合作实现的目标。一般只有当渠道一直受到威胁时,共同实现超级目标才会有助于冲突的解决,才有建立超级目标的必要。

对于垂直性冲突,一种有效的处理方法是在两个或两个以上的渠道层次上实行人员互换。比如,让制造商的一些销售主管去部分经销商处工作一段时间,有些经销商负责人可以在制造商制订有关经销商政策的领域内工作。经过互换人员,可以提供一个设身处地为对方考虑问题的位置,便于在确定共同目标的基础上处理一些垂直性冲突。

2.沟通

通过劝说来解决冲突其实就是在利用领导力。从本质上说,劝说是为存在冲突的渠道成员提供沟通机会,强调通过劝说来影响其行为而非信息共享,也是为了减少有关职能分工引起的冲突。既然大家已通过超级目标结成利益共同体,劝说可帮助成员解决有关各自的领域、功能和对顾客的不同理解的问题。劝说的重要性在于使各成员履行自己曾经做出的关于超级目标的承诺。

3.协商谈判

谈判的目标在于停止成员间的冲突。妥协也许会避免冲突爆发,但不能发现导致冲突的根本原因。只要压力继续存在,终究会导致冲突产生。其实,谈判是渠道成员讨价还价的一个方法。在谈判过程中,每个成员会放弃一些东西,从而避免冲突发生,但利用谈判或劝说,要看成员的沟通能力。事实上,用上述方法解决冲突时,需要每一位成员形成一个独立的战略方法,以确保能解决问题。

4.诉讼

冲突有时要通过政府来解决,诉诸法律也是借助外力来解决问题的方法。采用这种方法也意味着渠道中的领导力不起作用,即通过谈判、劝说等途径已没有效果。

5.退出

解决冲突的最后一种方法就是退出该营销渠道。事实上,退出某一营销渠道是解决冲突的普遍方法。一个企图退出渠道的企业,要么为自己留条后路,要么愿意改变其根本不能实现的业务目标。若一个企业想继续从事原行业,必须有其他可供选择的渠道。对于该企业而言,可供选择的渠道成本至少不应比现在大,或者它愿意花更大的成本避免现有矛盾。当水平性或垂直性冲突处在不可调和的情况下时,退出是一种可取的办法。从现有渠道中退出可能意味着中断与某个或某些渠道成员的合同关系。

六、分销渠道的调整

(一)调整分销渠道的原因

(1)现有分销渠道未达到发展的总体要求。企业发展战略的实现必须借助分销的能力,如果现有分销渠道在设计上有误或是中间商选择不当、管理不足,均会促使企业进行调整。

营销视角 11-3

(2)客观经济条件发生了变化。当初设计的分销渠道虽然在当时的经济条件下是很科学的,但现在各个因素发生了重大变化,从而产生了调整分销渠道的必要。因此,企业要定期地、经常地对影响分销渠道的各种因素进行检测、检查和分析。另外,企业若能准确预测和把握某些影响分销渠道变化的因素,则应提前对分销渠道实施调整。

(3)企业的发展战略发生变化。任何分销渠道的设计均围绕着企业的发展战略,企业的发

展战略发生了变化,自然也会要求企业调整分销渠道。

(二)分销渠道调整的方式

1.对某些分销渠道成员加以调整

分销渠道调整的最低层次是对渠道成员的调整,内容包括三方面:①功能调整,即重新分配分销渠道成员所应执行的功能,使之能最大限度地发挥自身潜力,从而提高整个分销渠道的效率。②素质调整,即通过提高分销渠道成员的素质和能力来提高分销渠道的效率。素质调整可以用培训的方式提高分销渠道成员的素质水平,也可以采用辅助的方式改善分销渠道成员的素质水平。③数量调整,即增减分销渠道成员的数量以提高分销渠道的效率。根据评估结果,企业应中止与部分绩效指标完成情况不好又毫无改善可能性的中间商的合作关系,吸收业绩良好、具有较好发展前景的中间商成为渠道成员。

2.增减分销渠道

增减分销渠道即在原有分销系统中再增加或减少某一分销渠道,而不仅仅是增减某一渠道中的个别中间商,这么做需要对可能带来的直接、间接反应及效益做广泛的分析。企业采用多渠道模式的时候,应充分考虑到各个渠道之间的相互影响,尽量避免渠道之间的冲突。有时撤销一条原有的效率不高的渠道,比开辟一条新的渠道难度更大。

3.对整个分销渠道系统加以调整

由于企业自身条件、市场条件、商品条件的变化,原有分销渠道模式已经制约了企业的发展,这时就有必要对整个分销渠道系统做根本的、实质性的调整。这种调整涉及面广、影响大、执行困难,不仅要突破企业已有渠道本身的惯性,而且由于涉及利益调整,会遭到某些渠道成员的强烈抵制。这是分销渠道调整的最高层次,企业应谨慎行事,筹划周全。如果企业将直接渠道模式改为间接渠道模式,将单渠道模式改为多渠道模式等,那么不仅涉及渠道成员数目增减的策略问题,还关系到企业市场营销组合策略的其他方面。企业一般在两种情况下才会做出对现有渠道模式进行根本调整的决策:一种是由于企业整体战略和策略的调整而引起的渠道模式及结构的不适应;另一种是原有的渠道模式和结构发生了重大的问题,无法继续使用。

本章小结

分销渠道是指产品从生产经营者转移到最终消费者或使用者所经过的途径,它具有九大基本功能:调研、促销、寻求、编配、洽谈、物流、融资、财务、风险。消费品分销渠道有五种模式,生产资料分销渠道有四种模式。传统分销渠道是指由独立的生产者、批发商、零售商和消费者组成的营销渠道。根据是否有中间商的介入,分销渠道可以分为直接渠道和间接渠道;根据中间环节层次的多少,分销渠道可分为长渠道和短渠道;根据同一层次中间商数目的多少,分销渠道可以分为宽渠道和窄渠道;根据企业采用分销渠道的多少,分销渠道可分为单渠道系统和多渠道系统。现代分销渠道类型有垂直渠道系统、水平渠道系统、集团分销系统和网络分销系统。O2O(Online to Offline)模式是指线上促销和线上购买带动线下经营和线下消费。

中间商是指在生产者和消费者(用户)之间,专门从事商品流通业务活动,以促成商品交易的经济组织和个人,它主要有三种功能:集中商品、平衡供求、扩散商品。代理商是获得企业授权在某一地区进行代理产品购销业务的中间商。从事批发业务的人或部门(公司、营业部、办事处等)统称为批发商,是在商品流转过程中,不直接服务于最终消费者,只是实现产品在空间上、时间上的转移,达到销售目的的中间商。零售商是指以经营零售业务为主要收入来源的商业企业和经营者。

影响分销渠道选择的因素有产品因素、目标市场因素、企业自身因素和外界环境因素。分销渠道的设计主要包括确定渠道类型、渠道长度、渠道宽度、渠道成员的权利和责任等内容。

分销渠道管理是促进营销渠道的整体运作效率和效益提高的一项企业管理活动,包括选择渠道成员、评估渠道成员、激励渠道成员、解决渠道冲突和分销渠道的调整。

思考题

1. 何谓分销渠道?它有什么功能?
2. 对比分析生活资料和生产资料的分销渠道模式。
3. 简述分销渠道的类型。
4. 何谓中间商?它有什么功能?
5. 何谓批发商?简述批发商的类型。
6. 何谓零售商?简述它的职能。
7. 简述零售商的类型。
8. 影响分销渠道选择的因素有哪些?
9. 企业如何进行分销渠道的选择?
10. 企业如何选择分销渠道成员?
11. 企业如何激励分销渠道成员?
12. 什么是渠道冲突?分析其产生的原因。
13. 企业如何解决渠道冲突?
14. 简述分销渠道调整的原因和方式。

案例分析

唯品会收购杉杉商业

终于,曾经的电商老三,被称"线上的奥特莱斯"的唯品会开始大举进军线下,唯品会董事长兼 CEO 沈亚买下了浙江老乡郑永刚掌舵的杉杉奥莱。

唯品会宣布,公司通过香港全资子公司 Vipshop International Holdings Limited,与杉杉集团有限公司和宁波星通创富股权投资合伙企业(有限合伙)在上海签署收购协议,以 29 亿元人民币现金收购杉杉商业集团有限公司 100% 股份。唯品会表示,通过本次收购,唯品会布局线下奥莱业务,并积极探索线上线下融合的特卖模式,实现线上线下一体化的全渠道特卖零售布局。

曾经,"一家专门做特卖的网站"这句广告语的流传程度堪比脑白金,不过近两年,唯品会便很少出现在新闻媒体面前,即便曾是国内电商的老三。唯品会的崛起和发展的原因是因为其给服饰品牌搭建了一个库存清理平台,但在 2016 年,国内服装行业的库存问题开始缓解,受此影响,唯品会业绩增速自 2016 年下半年开始逐渐走低,活跃用户数的增长也出现了停滞。意识到特卖模式的瓶颈后,唯品会开始调整自己的定位。2017 年,唯品会撕掉库存特卖标签,转型"全球精选,正品特卖";2018年,社交电商成为风口,唯品会又转型社交电商,在微信里推出"云品仓"分销平台。折腾了一番,唯品会并没有做出亮眼的成果,最终在2018年7月份的年中战略会上,沈亚宣布唯品会要回归特卖战略。

据唯品会2019年第一季度财报,唯品会本季营收213亿,同比增长7.3%;归属股东净利润8.7亿元,同比增长64.7%;唯品会成交总额(Gross Merchandise Volume,GMV)同比增长11%,达到338亿元;活跃用户2970万,较上年同期的2600万增长14%。表面上看,唯品会依然维持着增长态势。但事实上,唯品会已经开始面临增长的天花板。从营收增速情况来看,近年唯品会的营收增速一直处于下滑状态。电商库存市场的规模摆在这儿,唯品会的处境是"不进则退"。布局线下奥莱业务,意味着唯品会不再摇摆,准备从特卖上做突破。

此次唯品会收购的杉杉商业旗下已经开业运营的5家奥特莱斯广场,分别位于宁波、太原、哈尔滨、郑州、南昌,另外还有5家奥特莱斯广场正在规划建设中。据奥特莱斯网数据,2018年,杉杉奥莱有4家进入了国内奥特莱斯销售排名前20。

不过,虽然唯品会被称为"线上的奥特莱斯",能否运营好线下商业地产,实现线上线下一体化仍有待验证。此前虎嗅曾报道过唯品会的线下门店,其占地面积只有750平方米左右,根本无法跟几万平方米的奥莱广场相提并论。对此唯品会回应虎嗅称:"杉杉奥莱的管理团队也是其非常优秀的人力资产,拥有非常丰富的线下运营经验,将会继续正常运行。"

此外,唯品会自建的物流平台——品骏快递值得关注。每个电商平台都会有匹配自身模式的物流,唯品会也是如此。特卖需要物流有非常强的时效性,因此唯品会选择自建品骏物流提升履约服务能力,不过也因此,品骏的仓储利用率受单量影响很大,并且由于过多的逆向物流(唯品会的退货率约30%)导致物流成本居高不下。

唯品会要融合线上线下探索全渠道特卖,必然需要物流的配合,因此品骏物流可能会有新的业务调整。此外,若线下体验能使退货率降低,并带来订单量提升,那唯品会履约成本有望下降。

但是,线下地产跟线上融合成本却非常高,以银泰改造为例,恐怕只有阿里财大气粗才能如此持续投入,另一个"前车之鉴"则是万达,声势浩大的"腾百万"最终不了了之,万达大量出售物业谋求转型,百货业务就让苏宁接了盘。奥莱通常都在城郊地区,其改造成本比百货、购物中心会更大。

对于唯品会而言,拿下杉杉奥莱有助于其线下获客,并为平台上的品牌商提供更多服务方式,但融合必然需要大量的资金。对杉杉来说,虽然从资产的角度来看,杉杉奥莱是能持续增值的,但线上线下融合也是未来必然的趋势,杉杉选择避开未来可能的资金投入和改造风险,将资源投入到了其战略重心锂电池上。

资料来源:范向东.唯品会29亿买下杉杉商业,线下奥莱玩得转?[EB/OL].(2019-07-11)[2020-03-01].https://www.huxiu.com/article/308040.html.

问题讨论:

1.唯品会收购杉杉商业的原因是什么?

2.你如何看待唯品会的全渠道特卖零售布局?

3.影响唯品会营销渠道调整的因素有哪些?

第十二章
促销策略

学习要求

◆ 了解：促销的概念和作用；推式策略和拉式策略。
◆ 掌握：各种促销手段的活动方式。
◆ 熟悉：各种促销方式的特点和作用。

导入案例

电影《速度与激情8》火得不要不要的，虽然香车美女、爆炸飙车让人分分钟肾上腺素飙升，但其中最让我们惊艳的，莫过于巧妙植入其中的中国移动和QQ了。在唐老大夺取核密码箱那段，街道旁硕大的广告牌以及车窗上倒影中，都赫然出现中国移动和QQ的标志。虽然出现的时间很短，但也足以让观众印象深刻。

不得不说，相对于以往中国品牌植入好莱坞的手法，这次的露出之隐蔽，用心之良苦简直让人感动。特别是三年前《变形金刚4》里伊利舒化奶的粗暴乱入简直让人尴尬，配上一句"等我喝完舒化奶再说"的无厘头台词，令人哭笑不得。

其实广告植入自电影诞生时就存在。1896年的春天，电影之父卢米埃尔兄弟还在以各种"微电影"练手时，一个叫亨利·拉万奇的瑞士商人就看到了商机，以承诺帮助他们发行电影为由，要求在短片里植入一块肥皂。于是在《第八营阅兵游行》(*Parade of the 8th Battalion*)中就有了一块闪耀的阳光牌肥皂。

随着时代的发展，商业电影植入广告更加不是什么新鲜事了。毕竟拍电影很"烧钱"，找几个投资商来赞助也无可厚非。然而，有的广告植入不仅粗暴直接，还让人尴尬到出戏，严重影响观影感受。但与之相对的是，有的广告却以更加隐晦舒服的方式花式植入，在不影响剧情的同时，还能成为电影中广告植入的经典。

曾包揽1995年6项奥斯卡奖项、罗伯特·泽米吉斯拍摄的经典电影《阿甘正传》(1994)，不仅拍摄手法足够精湛，而且很多经典场景被写入教科书，它的广告植入也非常巧妙，给人一种"云去天有色，船过水无痕"之感。其中最经典的就是耐克的广告植入，汤姆·汉克斯在剧中一直奔跑的形象简直就是耐克品牌的代言人，而耐克致力于执着、奔跑、坚持的理念和电影核心主题达到一致，所以并不会给人一种看广告片的感觉。

在沃卓斯基姐妹执导的科幻片《黑客帝国》里，诺基亚手机的植入也相当成功。电影中的

250

现实世界其实是一个由代码、程序和智能所控制的多层空间的影子世界,在其中植入一部移动电子产品,搭配起来毫无违和感。特别是打开时的一声,分分钟激起人们的购买欲望。

华语电影中,也不乏殿堂级别的广告植入。1996年陈可辛的《甜蜜蜜》中,张曼玉饰演的李翘与黎明饰演的黎小军第一次相遇在麦当劳店,而麦当劳不仅是两个人的"红娘",还是电影中成功的品牌植入之一。来自北方广东话不好的黎小军第一次走进快餐店,结结巴巴地说出的那句"可口可乐",也成为教科书式的广告植入案例。元宵节李翘和黎小军一起卖邓丽君磁带,由于销量不好,两个人捧着"维他奶",说"以后卖不出去碟了我们就去卖维他奶吧",都让人想默默去买瓶维他奶来喝一喝了。

而与以上不同的是,有一类电影会让人觉得非得植入广告不可,如电影史上"戏中戏结构"最典范的作品《楚门的世界》(1998)。楚门生活在布满摄像头的虚假世界中,剧情本身的荒诞让你觉得,这部电影中广告的存在,不仅不会让人觉得厌恶,反而感觉是电影中不可或缺的存在,更加反衬出虚假世界浓浓的荒诞味儿。与之类似的还有冯小刚2001年的《大腕》,广告不仅仅是广告,反而成为电影不可或缺的一部分。

总而言之,电影中的"植入式广告"早已成了电影的"标配"。虽然有的广告植入只是为了刷存在感,"生搬硬套"地插在电影中,尴尬到让人无法忍受,大大降低了电影的艺术价值。但还是有很多殿堂级别的影视,于润物细无声中将品牌融入剧情,不只存在,还有了生命力,在时光洗练下折射出年代感,成为真正有价值的经典。

资料来源:电影广告这么植入,怎么看都不腻![EB/OL].(2019-04-03)[2020-03-15].https://www.sohu.com/a/137408827_774173.

在企业的市场营销活动中,仅有优质的产品、合理的价格和适当的渠道,并不一定会引起顾客对某一企业的产品及其有关情况的关注。这就需要企业采取各种有效的方法,把企业的有关信息传递给自己的目标市场,以引起顾客的注意,激发他们的需求欲望,吸引他们购买企业的产品。由此,正确制订并合理运用促销策略是企业在市场竞争中取得有利产销条件和较大经济效益的必要保证。

第一节　促销与促销组合

一、促销的概念

促销是促进销售的简称,由英文"promotion"翻译而来,它是指企业利用人员和非人员的方式向目标顾客传播企业和产品的信息,促使顾客对卖方及其产品产生好感和信任度,影响和劝诱顾客购买其产品的一种活动。促销具有以下几层含义。

(1)促销的实质。从核心和实质上来看,促销就是一种信息沟通,通过各种各样的手段和方式,实现企业与中间商、企业与最终用户之间的各种各样的信息沟通,使目标顾客了解企业及其产品,同时企业也能够了解顾客对企业及有关产品的评价。

(2)促销的目的。促销的目的就是通过各种形式的信息沟通来引发、刺激顾客产生购买欲望直至发生购买行为,实现企业产品的销售。

(3)促销的方式。促销的方式主要有人员促销和非人员促销两类。人员促销就是企业派出推销人员,与目标顾客进行面对面的直接沟通,说服顾客购买。非人员促销主要是指借助广告、公关和各种各样的营业推广方式进行信息沟通,达到引发、刺激顾客产生购买欲望直至发生购买行为、实现企业产品销售的目的。一般来说,人员促销针对性较强,但影响面较窄;而非人员促销影响面较宽,针对性较差。企业促销时,只有将两者有机结合并加以运用,方能发挥其理想的促销作用。

二、促销的作用

1. 传递信息,指导消费

一种商品进入市场以后,为了使更多的顾客知道这种商品,就需要生产者或经营者及时提供商品信息,主动介绍商品的性能、特点、用途、价格、使用方法、保管知识及企业可能提供的服务等,以引起社会各方面的关注,从而吸引顾客购买。大量的批发商也需要向零售商和消费者介绍商品,以便促进产品销售的顺利进行。通过促销,刺激顾客对这种新产品需求的产生,指导消费,为新产品打开销路创造条件。因此,促销是争取顾客的重要环节,也是密切生产者与中间商、顾客之间的关系,强化分销渠道中各个环节之间的协作,加速商品流通的重要途径。

2. 突出特点,刺激需求

在市场上同类产品竞争激烈,有时产品相互之间只有细微的差别,顾客往往不易察觉。在这种情况下,企业通过各种促销形式的开展,突出宣传本企业经营的产品不同于竞争对手商品的特点,以及它给顾客带来的特殊利益,显然有助于加深顾客对本企业产品的了解,帮助顾客从犹豫不定的状态中解脱出来,进行正确的购买决策,采取相应的购买行为。

3. 形成偏好,稳定销售

由于市场竞争激烈,企业本身的产品销售可能起伏不定,市场份额也呈现出不稳定状态,有时甚至出现较大幅度的滑坡。通过有效地实施促销活动,企业可以及时得到反馈的市场信息,迅速采取相应的对策,加强促销的目的性,使更多的顾客对企业的产品由熟悉到偏爱,形成对本企业产品的消费动机。

4. 塑造形象,创造价值

促销的高投入,不仅会带来顾客的购买热潮,而且会在更广泛的社会范围内引起一定的反响。公众对促销指向的企业及其产品必然会予以高度关注,为企业未来的发展确立良好氛围,也使企业的无形资产大大增加。

三、促销组合策略

(一)促销组合

促销组合是指企业根据促销的需要,对各种促销方式进行的适当选择和综合运用。在实践中,企业促销的方法主要有人员推销、广告、营业推广和公共关系四种形式。它是企业有目的、有计划地把人员推销、广告、营业推广和公共关系促销形式配合起来,综合运用,形成整体促销策略,体现企业的整体促销决策。

以上几种促销形式,各有其长处和短处,如广告宣传面广、传播迅速,但对促使实际成交效果不太理想;人员推销有利于成交,但费用较大等。因此,企业的营销管理人员应该根据产品特点和促销目标,选择适宜的促销组合形式,制订出相应的促销组合策略。

(二)推式策略和拉式策略

经过促销组合所形成的某种企业可实施的对策叫作促销组合策略,也叫促销策略。也就是说,促销组合策略是促销组合的某种结果或具体表现形式。从促销活动运作的方向来分,企业的促销组合总策略有推式策略和拉式策略两种。

1. 推式策略(从上而下式策略)

推式策略以人员推销为主,辅之以中间商营业推广,兼顾消费者的营业推广。把商品推向市场的促销策略,其目的是说服中间商与消费者购买企业产品,并层层渗透,最后到达消费者手中。推式策略主要适合生产资料的促销,即生产者市场的促销活动。推式策略的主要方法有:

(1)举办产品技术应用讲座与实物展销。结合现场操作表演,使用户对产品的技术性能、用途有所认识,从而刺激顾客的购买欲望。

(2)通过售前、售中、售后服务来促进销售。售前服务主要是企业按用户的要求,按质、按量、按时供应产品;售中服务,主要是为用户传授安装、调试知识;售后服务主要是进行技术访问,征求意见,做好保修、维修和调换等质量跟踪管理工作。

(3)建立健全销售网络,扩大销售。企业可以在外地市场建立销售网络,采用销售、联销、经营等方式,扩大产品流通渠道,广泛宣传各类产品的性能和用途,以提高企业的市场占有率。

(4)携带样品或产品目录走访用户。通过听取顾客意见,密切与顾客的关系,并通过老顾客的宣传,诱导创造新用户。

2. 拉式策略(从下而上式策略)

拉式策略以广告促销为拳头产品,通过创意新、高投入、大规模的广告轰炸,直接诱发消费者的购买欲望,由消费者向零售商、零售商向批发商、批发商向制造商求购,由下至上,层层拉动购买。拉式策略主要是用广告拉动最终用户和激发消费者的购买欲望。拉式策略的主要方法有:

(1)通过广告进行宣传,同时配合向目标市场的中间商发函联系,介绍产品的性能、特点、价格和订购办法,为产品打开销路。

(2)组织产品展销会、订货会,邀请目标市场中间商订货。

(3)通过代销、试销促进销售。采用这种方式主要是为了消除目标市场中间商怕承担经营风险的顾虑,从而提高其经营的积极性。一般在新产品投放市场时,可委托其代销或试销,促进产品尽快打入市场。

(4)创名牌,树信誉。这样可增强消费者和中间商对产品和企业的信任,从而促进销售。

一般情况下,单位价值高、分销环节少的产品,性能复杂、要对使用方法做示范的产品,根据用户特定的要求设计的产品,以及市场比较集中的产品等,以推式策略进行促销;而对于那些市场范围大、分销渠道长的产品,或需要及时将信息传递给广大顾客的产品,则应以拉式策略进行促销。

实践中通常是"推拉"结合,有"推"有"拉"。也就是说,一方面要用广告来拉动最终用户,刺激最终用户产生购买欲望;另一方面要用人员推销的方式向中间商推荐,以使中间商乐于经销或代理自己的商品,形成有效的分销链。当然,在进行促销组合的过程中,还要考虑产品性质、市场性质,并参照促销预算等有关因素进行组合。

(三)选择促销组合策略的影响因素

促销组合作为一个整体营销策略,在每个企业具体选择时一般须考虑以下因素。

1.促销目标

企业通过对目标对象进行报道、诱导和提示,影响顾客的购买行为,这是促销的一般目标或近期目标。企业在某一时期进行某次促销活动,还必须服从企业营销的长期目标和总目标。促销的目标不同,促销组合策略也不同。短期目标较适宜采用广告和营业推广;长期目标则须通过制订一个长远的促销组合方案,通过宣传报道、公共关系,以建立企业良好的社会公众形象。

2.产品性质

不同性质的产品,市场需求特点不同,因此所采用的促销组合策略亦应不同。一般而言,生活资料比生产资料更多地采用广告促销,而生产资料则比生活资料更多地采用人员推销的方式。生活资料消费面广量大,故对其促销以广告宣传为主,营业推广为辅,并结合人员推销与公共关系的组合策略为宜。而生产资料主要用于企业再生产,用户购买行为理智,对其促销则以人员推销为主,营业推广为辅,广告与公共关系相互配合的组合策略为佳。

3.产品生命周期

产品在生命周期的不同阶段,促销的目标不同,也应灵活地选择采取不同的促销组合,制订特殊的促销组合策略。

(1)投入期。多数顾客对新产品不了解,促销的目标是使顾客认知产品,应主要采取广告宣传介绍产品,选择推销人员通过各种方式向特定顾客群详细介绍产品,并可采取展销、试销等方式,刺激顾客购买。

(2)成长期。这个时期是企业的创牌时期,促销的目标是使顾客对本企业及产品产生偏爱。促销手段仍以广告为主,但广告内容应突出宣传商标、品牌及产品特色,同时配合人员推销,尽力扩大销售渠道树立产品形象,以迅速占领市场。

(3)成熟期。这个时期,上市产品增多,竞争加剧,促销的目标是战胜竞争对手,巩固市场地位。一方面,不断增强和提高产品质量;另一方面,要加强促销工作。此时,广告应以提示性为主,多采用人员推销,让推销员多访问顾客,广泛开展公关活动,扩大企业和产品的声誉,以巩固本企业产品的市场占有率。

(4)衰退期。这个时期,促销活动的重点是巩固忠诚的老用户,一般采取提示性广告、营业推广策略和公共关系。

4.市场性质

不同的市场,由于其规模、类型、潜在顾客的数量不同,故应采取不同的促销组合。

(1)市场的地理位置、范围大小。规模大、地域广阔的大市场,多以广告促销为主,并辅助公共关系;规模小的本地市场,则以人员推销为主。

(2)市场类型。消费者市场顾客分散、数量多,应以广告为主,配合营业推广和公共关系宣传;生产者市场用户少、购买批量大、产品技术强,则应以人员推销为主,配合广告、营业推广和公共关系宣传。

(3)市场潜在顾客的数量。潜量大的市场,宜采用广告促销,有利于开发市场需求;反之,宜采用人员推销,有利于接触顾客促成交易。

5.促销费用

企业能用于促销的费用预算,也是决定促销策略的重要依据。各种促销方法所需费用多少不同,为提高促销效益,应力求以促销费用尽可能少、促销效果尽可能好的方式去促销。这就要求企业在制订促销策略时,应根据促销目标,对企业的财力状况、各种促销方式的费用、可能提供的经济效益以及竞争者的促销预算等多方面因素进行全面权衡,选择出适宜的促销方案。

除了考虑上述因素外,促销组合策略的选择和应用,还要考虑目标顾客购买行为和消费习惯、经济状况、分销成本和分销效率、技术条件等因素。

第二节　人员推销

一、人员推销的概念和特点

人员推销是一种传统的促销方式,在现代企业市场营销活动中仍起着十分重要的作用。

(一)人员推销的概念

所谓人员推销,是指企业推销员直接与顾客接触、洽谈、宣传介绍商品和劳务以实现销售目的的活动过程。它是一种古老的、普遍的但又是最基本的销售方式。

人员推销一般有两种形式:一是企业派出专职或兼职推销人员主动与目标顾客直接面谈推销业务,通过面对面的交流,向消费者或顾客介绍产品,传递相关信息;二是由生产制造商设立销售部门,通过销售人员向消费者或顾客推销产品,传递供求信息,达到刺激顾客需求,产生购买欲望,完成销售目标的目的。

(二)人员推销的特点

人员推销作为一种不可取代、应用广泛、历史悠久的销售手段,具有自身的独特性。

1. 针对性强

采取广告等非人员推销手段,面对的是广泛的社会公众,他们可能是也可能不是该产品的顾客,而人员推销通过推销人员与潜在顾客的直接接触,将目标顾客从顾客群中分离出来,能可靠地发掘推销对象,把推销努力集中于目标顾客身上,避免了许多无效劳动。

2. 机动灵活

推销人员和顾客保持直接联系,在促销过程中可以直接展示商品,进行操作表演,帮助安装调试,并根据顾客的欲望、需求、动机和行为,灵活地采取必要的协调措施,对顾客表现出的疑虑和问题,及时讨论和解答。

3. 双向沟通

销售人员在与顾客的直接接触中,一方面能将企业和产品的有关信息及时、准确地传递给顾客;另一方面又可以收集顾客的意见和要求,并迅速反馈给企业,以指导企业经营,使产品更符合消费者的需要。因此,人员推销有利于企业了解市场,提高企业决策水平。

4. 消费指导

人员推销可以给消费者提供现场的消费指导,这是其他所有促销组合要素所没有的特点。人员推销中,销售人员直接面对面地向顾客提供咨询和技术服务,当面向顾客展示产品特点,演示产品使用方法,解答顾客疑问。有的产品需要提供安装或操作使用服务,推销人员可当即解决,这有利于顾客放心大胆地购买。尤其对复杂的产品和流程较多的购买行为中,人员推销最能发挥这一优势。

5.亲和力强

作为人际沟通工具,人员推销通过面对面的人际交往,易于联络与顾客的感情,建立友谊,争取长期买主。推销人员与顾客的直接交往,有利于买卖双方的沟通、信任和理解,促使单纯的买卖关系发展成为友好的合作关系,为长期交易打下坚实的基础。

人员推销的主要缺点:当市场广阔而又分散时,推销成本较高,推销人员的管理也较困难。

二、人员推销的功能

在市场营销活动中,推销人员的具体活动多种多样,但基本任务是一致的。传统的推销是完成销售指标或利润指标,而在现代营销中,推销人员既是企业的推销员,又是市场信息情报员,既是产品和劳务的宣传,又是消费者的"顾问"和服务员。因此,人员推销在促销中具有如下功能。

1.开发市场

人员推销不仅要提供产品,满足顾客现实的要求,更重要的是在市场中寻找机会,挖掘和发现潜在需求,创造新需求,寻找新顾客,开拓新市场。

2.传递信息

通过与现实顾客和潜在顾客的交往,将有关产品的特点、性能、价格等信息传递给顾客,为顾客提供资料,引起顾客的购买欲望,从而促进产品销售。同时,推销员还肩负着搜集和反馈市场信息的任务,应及时了解顾客需求、需求特点和变化趋势,了解竞争对手的经营情况,了解顾客购买后的感觉、意见和看法等,为企业制订有关政策、策略提供依据。

3.销售产品

推销人员通过与消费者的直接接触,运用销售技巧,可以有效地分析顾客的需求及其所期望的最大利益,根据不同情况向他们提供各种奖励、折扣、优惠和服务等,从物质上和精神上满足对方需求,引导其实现购买。

4.提供服务

销售产品不是人员推销的终点。人员推销过程中,不仅要把产品销售给顾客,而且在销售产品的同时,为顾客提供咨询、技术、信息、维修等多种售前、售中、售后服务,帮助顾客解决困难,满足顾客需求。推销中的良好服务能够增强顾客对企业及其产品的好感和信赖。

三、人员推销的过程

人员推销虽然由于企业性质与具体要求各不相同,但就其基本过程来说,可谓大同小异。一般来说,人员推销的过程包括以下几个阶段。

1.寻找顾客

推销工作的第一步是寻找产品的潜在购买者,这是最基础和最关键的一步。作为潜在购买者,应该对企业产品有需要,有购买能力和购买决策权,并且推销人员有接近其的可能性。潜在顾客可以通过推销人员个人观察、访问、市场调查、查阅相关信息资料等方法直接寻找,也可以通过广告开发、他人介绍、客户介绍、会议查找或推销员之间的协作等方法间接查找。由于产品和推销环境不同,推销人员寻找顾客的方式不尽一致。寻找到潜在的顾客后,还需要对他们的需求情况、支付能力等方面进行仔细评估,可以优先把时间和精力放在那些最有潜力的顾客身上,从而减少不必要的支出,提高推销效益。

2.推销准备

潜在的顾客目标被确定后,推销人员就要着手与顾客接触进行推销。在正式约见顾客之前,推销人员必须做好推销准备工作,这有助于推销人员制订面谈计划并开展积极主动的推销活动。这一阶段的工作包括以下几方面:①充分掌握信息,包括潜在顾客的基本情况及可能提出的异议、推销产品的情况以及竞争对手产品的相关信息。②拟订推销计划,包括确定向顾客介绍可以满足顾客需求的产品及其性能,拜访顾客的步骤和议题,准备洽谈的内容、发言的提纲和有关样品等。

3.接近潜在顾客

接近潜在顾客时,首先要给对方一个良好的第一印象,因为第一印象往往会成为持续长久的印象。因此推销人员与潜在顾客的第一次接触往往是能否成功推销产品的关键。至于具体的途径,最好的方法就是立足于对潜在顾客的了解,对他们所需及产品如何才能适应他们所需的了解上。凡是能了解每个顾客特殊情况的推销人员,大都能留下良好的第一印象,并大都能达成交易。

4.推销介绍

推销介绍是推销人员向顾客传递信息并运用各种技巧和方法说服顾客购买产品的过程,是整个推销活动的关键环节。推销人员要通过提示、演示说明来激发顾客的购买欲望。提示说明就是利用语言艺术等来传递推销信息;演示说明则是通过展示或操作产品,出示文字和图片,播放声音和图像来传递推销信息。在推销过程中,推销人员要多通过换位思考,站在顾客的角度和立场上考虑说明问题。

5.处理异议

潜在顾客任何时候都可能提出异议或问题,这就给推销人员提供一个机会去消除可能影响销售的那些反对意见,并进一步指出产品的其他特点,或提示公司可提供的特别服务。推销人员只有处理好顾客异议,认真分析异议的类型及产生的根源,然后才能有针对性地进行处理。常见的异议有产品异议、价格异议、信用异议、服务异议、购买时间和购买方式异议等。处理异议的方法有直接否定法、转化处理法、询问处理法及预防处理法等。推销人员要采取恰当的方法处理顾客异议,才能克服成交障碍。

6.达成交易

达成交易是顾客做出购买决定和行动的过程,在推销过程的各个阶段都可能存在达到交易的机会。因此,推销人员要善于捕捉顾客发出的成交信息,包括或明或暗的语言信息和非语言信息。推销人员依据成交信号当机立断,抓住时机,促使顾客立即购买,成交越早推销效率越好。推销人员同时还应提供可能做到的销售服务和商品使用保证条件,以减轻顾客的疑虑,增强其购买决心。

7.后续工作

达成交易并不是整个推销活动的结束,推销人员还应立即着手履行交易协定,如收取货款、及时交货、安装、维修、退换货等;还要正确处理顾客的购后不满,以消除消费者的后顾之忧,树立信誉。另外,推销人员还应在商品售出后保持同顾客的联系,定期与顾客接触,这样能加深顾客对企业和产品的信赖,促成重复购买。这些后续工作是人员推销的最后一个环节,也是新一轮工作的起点,推销人员应认真总结推销的经验教训,以便为开展新的推销工作提供指导。

四、推销人员的素质

人员推销能否取得良好的效果,关键在于推销人员的素质。因为推销人员不仅是企业的代表,也是购买者的顾问,他肩负着企业和购买者之间沟通的任务,使供需双方能够建立起相互信任、相互支持的良好关系。推销人员应具备以下几个方面的素质:

(1)成熟的心理素质。出色的推销人员应具有强烈的事业心、进取心、责任感和广泛的兴趣,以及积极、乐观、稳定的情绪,坚定的意志,不屈不挠的毅力,强烈的服务、竞争、信息、时间和创新意识,对职业、对产品、对企业、对自己均有充分信心,能自重、自省、自警、自律;对现实世界及他人的认识是客观的、如实的,很少受主观偏见的影响;对事实持现实的态度,能承受各种挫折,对人不过分苛刻。

(2)丰富的业务知识。一是企业知识:本企业的历史,在同行业中的地位,企业销售策略、定价策略,产品种类及服务项目,交货方式和付款条件等;二是产品知识:了解产品的性能、用途、用法、原理、维修及管理程序,竞争对手的产品情况;三是客户知识:了解何人是采购的决策者,购买者的购买动机、购买习惯、购买条件、购买方式、可能的购买时机等有关的情况;四是市场营销知识:有关现实购买者的情况、购买量、潜在客户、潜在销售量及市场竞争情况。

(3)良好的职业道德。推销人员单独活动较多,因此要有较强的自我约束能力,不利用职业之便欺骗顾客,不侵吞企业利益;知法、懂法、守法,在国家法律范围内,从事推销活动。

(4)强烈的服务意识。现代市场推销是一种服务行为,推销人员必须有坚定的信心,以充沛的精力经常了解客户的需求信息,想顾客之所想,急顾客之所急,时刻为顾客着想,既使客户得到切实的利益,也使企业得到销售机会。

(5)出色的推销能力。善于选择适当的洽谈时机,掌握良好的成交机会,并善于把握易被他人忽视或不易发现的推销机会。具有说服顾客的能力和必要的推销技巧是必不可少的。如选定适当的推销对象、推销时间,对产品的性质不宜夸张,为顾客着想,向有购买欲或影响力的顾客进行推销,避免争论,对不同顾客采用不同的表达方式等。

(6)良好的个性。推销人员要待人热情、口才流利、举止适度、文明礼貌、思维敏捷、谈吐具有说服力和感染力。同时,推销员还要有健康的身体,以适应艰苦的推销工作。

总之,要求推销人员做到仪表端庄、举止适度、谦恭有礼、平易近人、态度从容、口才流利、谈吐文雅且不失幽默感。

五、人员推销策略

推销人员能力的高低,除了推销人员自身素质差异外,能否掌握和成功地运用推销策略,也是十分重要的因素。

1.试探性策略

试探性策略又称为"刺激-反应"策略,是推销人员在对潜在顾客了解不够充分的情况下,充分利用双方沟通的有利条件,通过与顾客的"渗透性"交谈,对顾客进行试探,观察其反应,然后根据其反应进行宣传说服,以期敦促顾客购买行为的实现。

2.针对性策略

针对性策略又称为"配方-成交"策略,是在推销人员已基本掌握了潜在顾客的需求状况、购买意图的情况下,针对这些要求进行有目的的宣传介绍,投其所好,以求引起对方共鸣,促成交易。

3.诱导性策略

诱导性策略又称为"诱发-满足"策略,是在顾客尚未认识到对该产品需求的情况下,通过推销人员的诱导,使其产生相应需求,然后再推销能满足这种需求的产品。此种策略使用的关键在于推销人员须具备较高的推销艺术,善于捕捉洽谈时机,善于因势利导,诱发兴趣,促使购买行为实施。

六、推销人员的管理

企业的人员推销活动需要一支组织合理、素质较高的推销人员队伍来完成。由于推销工作富有创造性和挑战性,不是任何人都能成为一名称职的推销员,因而企业必须重视推销人员队伍的建设。

延伸阅读 12-1

(一)推销人员的选聘

(1)制定选聘标准和制度。招聘推销人员的首项工作是要确定招聘标准。企业可根据本行业产品、市场的特点以及具体工作的性质,制定出具体的选拔、选聘制度。选聘对象可以是企业内部职工,也可以是来自社会中的推销人员。从内部职工中选拔推销人员,由于他们相对比较了解企业情况和产品情况,可以节省培训时间;从企业外部选拔推销人员,挑选范围大,有利于加强竞争意识,增强销售队伍的活力。招聘标准确定后就可以着手进行招聘。企业可通过各种不同的方式来寻求应聘者,如刊登广告、现有推销人员推荐、利用职业介绍机构、网络招聘或从上门求职者中挑选。

(2)选聘程序。选聘程序通常由应聘人员先填写应聘表,内容包括姓名、年龄、性别、健康状况、文化程度、工作经历、通信地址等基本项目,以此判定应聘者是否符合应聘的基本条件。对于符合条件的应聘者进行必要的核实之后,可以和应聘者进行面谈或进行一次测验,以了解其素质,从中选拔较为合适的人才。在此基础上,对于预选出来的对象,还可进行正式的面试和笔试,以比较准确地了解应聘者的语言表达能力、知识面的广度与深度等。有些企业在聘用推销人员时,还要辅以心理测试,其内容包括能力测试、个性与态度测试等。最后综合各方面测试结果得出结论,决定是否录用。

(二)推销人员的培训

一方面,在新推销人员上岗担任实际推销工作前,要进行系统的培训,使其具备本企业产品销售的基本知识和技能,增强责任感,从而能够尽快熟悉和掌握推销工作,改善与顾客的关系,降低销售成本。另一方面,对企业原有的推销人员也应定期加以培训,使其能够适应新形势的需要和不断提高业务素质。对于销售人员的培训,企业应当有明确的培训目标和周密的综合培训计划,合理安排好训练内容和训练要达到的程度,应采用何种教学方法和如何评价训练计划的效果等。培训内容主要包括以下几个方面。

(1)企业情况介绍。如企业的发展历史、战略目标、经营方针和各项策略、组织机构和人事制度、财务状况、利润目标、主要产品的销售情况等,使销售人员了解企业面貌,更好地为企业服务。

(2)产品情况介绍。了解所推销产品的生产过程、技术性能及其主要特点、使用方法等。

(3)竞争者的情况。掌握竞争者的基本情况,包括产品定位、差异点、营销策略等。

(4)目标市场与顾客的特点。要向销售人员介绍客户的地区分布和经济收入情况及市场竞争情况,了解各种类型的客户及其需要、购买动机与购买习惯等情况。

(5)推销技巧知识培训。推销的基本原理、方法和技巧,企业的推销哲学、学习有关的礼节和礼仪等也是必不可少的培训内容,使推销人员学会如何合理地分配时间、收集市场信息、运用语言艺术等人际交往技巧与顾客交流,从而科学有效地顺利开展推销工作。

培训的方法主要有专题讲课、示范教学、岗位实践及个别指导等。在整个培训过程中,要特别强调理论与实践相结合,可以组织优秀的推销员介绍经验,进行现场指导实习,以提高培训的效果。

(三)推销人员的绩效评估

推销人员的绩效评估工作是人员推销管理工作的重要环节,是企业对推销人员工作业绩考核与评估的反馈过程。评估结果可以作为推销人员报酬的计算依据和激励决策的参考。具体评估工作包括以下内容。

(1)收集评估资料。为了合理评估推销人员的业绩,企业应掌握的评估资料有推销人员的销售工作报告、企业销售记录、顾客及社会公众的评价、企业内部员工的意见等。

(2)建立绩效评价标准。常见的推销人员的评价标准有完成的销售额、毛利、销售访问次数、访问成功率、每次访问成本、平均客户数、新客户数、丧失客户数、销售总费用及费用率等。

(3)选用评估方法。为了正确评价推销人员的工作,可采取多种方法,从不同角度进行评价。常用的评价方法主要有以下几种:一是横向比较,就是对不同的推销员在同一时期完成各种销售指标的情况进行比较,采用这种方法必须注意推销员的推销环境和推销条件应该具有可比性。二是纵向比较,就是对推销人员目前的绩效与过去的绩效进行对比,它能反映推销员工作的改进情况。三是素质评价,就是评价推销员对企业、产品、顾客、竞争者本身职责的了解程度,也包括对推销人员的工作态度、品行、言谈举止、进取精神、修养等方面进行评价。

(四)推销人员的报酬

制订合理的报酬方法,是为了调动推销人员的积极性,只有这样才能吸引和留住优秀的推销人员,减少推销人员的流动性,并控制推销人员从事非推销性工作。一般来说,推销人员的报酬形式有如下几种。

(1)薪金制,即固定工资。其优点是便于企业管理,使推销员得到稳定的安全感,企业容易根据需要调整推销员的工作。其缺点是不能充分体现推销员的业绩,激励作用较差,从而导致效率低下,不易留住优秀人才。

(2)佣金制,即推销员按销售额或利润额提取一定百分比的报酬。佣金制有利于调动推销人员的积极性,鼓励其努力工作,形成竞争机制。但企业较难对推销人员进行管理与控制,也会造成推销员只顾追求高销售额而忽视企业长远利益等不利于企业发展的短期行为。小企业和新建企业常采用佣金制。

(3)混合制,此形式是将薪金制和佣金制结合起来,即推销人员报酬分两部分:一部分是相对固定的薪金,包括基本工资、福利补贴等;另一部分是佣金,它与推销员的销售业绩挂钩。这种方式能够保留上述两种方式的优点,又尽可能避免两者的缺点。至于薪金和佣金各占多大比例,则依具体情况而定。

(五)推销人员的激励

激励是一种精神力量,对人们起激发和推动作用,并指导和引导行为指向目标,它是企业对推销人员进行管理的有效手段。对推销人员的激励包括物质激励和精神激励两个方面。

（1）物质激励。物质激励的形式有加薪、奖金、添置更好的办公设备、享受带薪假期、公费外出旅行等。

（2）精神激励。为了更好地激励推销人员，企业应注重精神激励。首先，必须制订科学合理的销售定额，定额不能太高也不能太低，要让推销人员也参与制订并积极地去完成定额；其次，要创造一个重视推销工作和推销人员的组织氛围，重视推销人员的意见和建议。此外，还可通过开展销售竞赛，授予荣誉称号，提供更多的晋升机会等方式激励推销人员。

第三节　广告

一、广告概述

（一）广告的概念

广告具有悠久的历史，自从人类社会出现商品交换和市场以来，就产生了广告。广告有广义和狭义之分。广义的广告包括营利性广告（商业广告）和非营利性广告；狭义的广告专指商业广告，就是广告主以付费的方式有计划地通过各种媒体向选定的目标市场受众传递特定的商品、服务或观念的信息，以期产生影响大众行动的信息传播活动。

广告一般由以下五个要素构成。

（1）广告主，即发布广告的单位或个人。任何广告都必须有明确的广告主，这不仅是因为广告主是付费主体，而且广告主还要承担广告信息的责任。

（2）广告信息，即广告的具体内容。广告信息可以是产品、服务、事件、观念、活动、倡议、主张等。任何一则广告都必须向目标受众传达准确的信息，否则就会造成浪费。

（3）广告媒体，即传播广告信息的载体。广告作为一种信息，自己不会流动，而是必须借助于一定的媒介物。凡是能够在广告主与广告受众之间起媒介作用的物体都属于广告媒体。随着经济发展和技术进步，广告媒体越来越多。

（4）广告受众，即接受广告信息的人，又叫广告对象。广告受众不同，广告媒体选择、诉求方式、广告时间和空间等就应有所区别。

（5）广告费用，即广告主开展广告活动必须支付的各种费用，包括广告调研费、设计制作费、广告媒体费、广告机构办公费及工作人员工资等。

（二）广告的分类

根据不同的划分方式，广告有不同的种类。

1. 根据广告的传播媒介分类

（1）印刷类广告，主要包括印刷品广告和印刷绘制广告。印刷品广告有报纸广告、杂志广告、图书广告、招贴广告、传单广告、产品目录、组织介绍等，印刷绘制广告有墙壁广告、路牌广告、工具广告、包装广告、挂历广告等。

（2）电子类广告，主要有广播广告、电视广告、电影广告、电脑网络广告、电子显示屏幕广告、霓虹灯广告等。

（3）实体广告，主要包括实物广告、橱窗广告、赠品广告等。

2.根据广告进行的地点分类

(1)销售现场广告,指设置在销售场所内外的广告,主要包括橱窗广告、货架陈列广告、室内外彩旗广告、卡通式广告、巨型商品广告等。

(2)非销售现场广告,指存在于销售现场之外的一切广告形式。

3.根据广告的内容分类

(1)商业广告,广告中最常见的形式,是广告学理论研究的重点对象。商业广告以推销商品为目的,是向消费者提供商品信息为主的广告。

(2)文化广告,以传播科学、文化、教育、体育、新闻出版等为内容的广告。

(3)社会广告,指提供社会服务的广告。例如,社会福利、医疗保健、社会保险以及征婚、寻人、挂失、招聘工作、住房调换等。

(4)政府公告,指政府部门发布的公告,也具有广告的作用。例如,公安、交通、法院、财政、税务、工商、卫生等部门发布的公告性信息。

4.根据广告目的分类

(1)产品广告,指以打开销路、提高市场占有率为目的,向消费者介绍产品的特性,直接推销产品的广告。

(2)公共关系广告,指以树立组织良好社会形象为目的,使社会公众对组织增加信心,树立组织卓著声誉的广告。

5.根据广告的表现形式分类

(1)图片广告,主要包括摄影广告和信息广告,表现为写实和创作的形式。

(2)文字广告,指以文字创意来表现广告诉诸内容的形式。文字广告能够给人提供联想的余地。

(3)表演广告,指利用各种表演艺术形式,通过表演人的艺术化渲染达到广告目的的广告形式。

(4)说词广告,指利用语言艺术和技巧影响社会公众的广告形式。大多数广告形式都不可能不采用游说性的语言,其重点宣传企业或产品中某一个方面,甚至某一点的特性,可在特定范围内利用夸张手法进行广告渲染。

(5)综合性广告,就是把几种广告表现形式结合在一起,以弥补单一艺术形式不足的广告。

二、广告的作用

广告对企业具有以下几个方面的作用。

1.传递信息,刺激需求

企业通过实事求是的广告宣传,能增进消费者对有关产品的优点、用途及使用方法等多种信息的了解,协助消费者通过所接受的信息,选择适合自己需要的产品并产生购买欲望,采取购买行为。同时,伴随着经济的发展、社会物质和文化需要水平的不断提高而不断涌现的商品新信息的传播,对培养新的消费需求和消费方式产生一定的积极作用,在指导消费方面具有重要意义。

延伸阅读 12-2

2.增强好感,树立形象

当市场上竞争激烈,商品种类繁多,消费者难以做出选择时,企业和产品的知名度与形象就成为消费者购买时的重要参考依据。企业要加强顾客对产品的记忆与好感,巩固和提高市

场占有率,就要在保证产品质量的前提下,充分发挥广告的促销力量,在广告宣传上夺取先机,赢得消费者的好感。同时,广告是树立企业与品牌形象的重要途径。企业品牌和产品品牌是消费者购买产品时进行选择的重要依据,企业和品牌形象的好坏,直接关系着企业产品的销售,对企业市场竞争地位产生着重要影响。通过精心设计的广告,宣传企业的产品、企业的价值观与企业文化,能使企业形象深入消费者心中,有利于提高企业及企业产品的社会知名度,保持企业在市场竞争中的优势地位。

3.引导消费,方便购买

消费者内心深处往往存在着未被满足的欲望和还未转换成现实的需求,企业通过广告,可以影响这种潜在的需求和未被满足的欲望,促使其变为现实的需求。此外,广告还是消费者购买决策的好参谋。消费者通过企业发布的广告,能及时了解商品的特点、质量、价格、购买地点、售后服务及发展动态等情况,从而进行正确的判断和选择,最终购买到满意的产品。

4.扩大销售,加速流通

广告是进行市场渗透的有力武器。企业要发展壮大,就需要努力扩大市场,拓展产品销路。由于广告能广泛、经常地接近消费者,因而能在扩大销售方面起到开路先锋的作用。广告是沟通产销联系的纽带,由广告促进需求的扩大,由需求带动生产的发展。

5.美化生活,陶冶情操

现代广告的发展趋势,就是在注重商业功能的同时,越来越注意把文化艺术及文明的、健康的、科学的生活方式展现给消费者,使人们从中得到艺术的享受,陶冶情操。而大量的有艺术创造性的广告更是带给人们视觉上的享受,丰富和美化人们的生活,点缀人们的生活空间。

三、广告决策

广告决策是企业在总体营销战略的指导下,对企业的广告活动进行一系列的规划与控制。在确定企业目标市场和明确购买者动机的前提下,广告决策制订过程包括明确广告目标、广告预算、广告设计、广告媒体的选择和广告效果评价五个方面。

(一)明确广告目标

广告的最终目标无疑是增加产品销售和企业利润,但它们不能被笼统地确定为企业每一具体广告计划的目标。不同的企业,在不同的阶段,其具体的广告目标可能不同,这取决于企业整体的营销组合战略以及企业面对的客观市场情况。归纳起来,可供企业选择的广告目标有如下几类。

(1)以提高产品知名度为目标。向目标市场介绍企业产品,唤起初步需求,以提高产品知名度为目标的广告,称为通知性广告。通知性广告主要用于一种产品的开拓阶段,其目的在于激发产品的初步需求。

(2)以建立需求偏好为目标。这种广告目标旨在建立选择性需求,致使目标购买者从选择竞争对手的品牌转向选择本企业的品牌。以此为目标的广告叫作诱导性广告或竞争性广告。

(3)以提示、提醒为目标。这种广告的目的是保持消费者、用户和社会公众对产品的记忆。以此为目标的广告叫作提示性广告,其在产品生命周期的成熟期十分重要。与此相关的一种广告形式是强化广告,目的在于使产品现有的消费者或用户相信他们所做出的选择是正确的。

广告目标是企业目标的一部分,企业在确定广告目标时,要与企业目标相吻合。为达到这一目的,客观上要求企业从整体营销观念出发,寻求与企业营销组合战略有效结合的企业广告目标。

(二)广告预算

企业在确定广告目标之后,下一步就要确定广告预算,即确定广告活动中应花费多少资金。一般来讲,企业编制广告预算有以下几种方法。

1.销售百分比法

销售百分比法即按照企业产品销售总额的百分比来确定广告预算。它是根据企业本年度的销售总额或下年度销售总额预测值,再乘上一个广告费用百分比,就可得到下一年度的广告预算费用。其优点是计算简单方便,缺点是适应性差。

2.目标任务法

这种方法的程序是:根据广告目标,确定为实现目标所必须完成的工作任务,估算完成这种工作任务所需的各种费用。这些费用的总和就是广告预算。这种预算方法比较科学,被许多企业所采用。

3.竞争对峙法

竞争对峙法即与竞争对手保持相当数量的广告预算。在既要保住市场地位,又要避免广告战时,企业的广告费可参照竞争对手的费用支出来确定。这种方法适用于资金雄厚的大企业。采用这种方法计算广告预算的公式如下:

广告预算＝竞争对手广告费总额/(竞争对手市场占有率×本企业预计市场占有率)

4.量力支出法

这是根据企业的财力状况,即以能拿出多少费用做广告来确定广告预算。这种方法简单方便,但是当预算不确定,缺乏长远发展计划,有时在竞争激烈或新产品开发市场时,企业会由于费用不足而错失良机,因此,这种方法一般适用于资金有限的中小企业。

(三)广告设计

广告作品一般由主题、创意、语言文字、形象、衬托等五个要素组成。广告设计就是这五要素的创作及有机组合,使之成为一则完整的广告作品。上述五要素可分为广告文字与广告画面。广告文字是广告内容的文字说明,由标题、短文及其他说明组成。广告的内容包括:①本企业的主要特点;②本企业产品的主要特点;③本企业产品商标;④销售价格;⑤为消费者提供的服务。广告画面是广告的实物形式或图片。

1.广告设计的原则

(1)真实性。广告的生命在于真实。虚伪、欺骗性的广告,必然会丧失企业的信誉。广告的真实性体现在两方面。一方面,广告的内容要真实,包括:广告的语言文字要真实,不宜使用含混、模棱两可的言辞;画面也要真实,并且和语言文字统一起来;艺术手法修饰要得当,以免使广告内容与实际情况不相符合。另一方面,广告主与广告商品也必须是真实的,如果广告主根本不生产或经营广告中宣传的商品,甚至连广告主也是虚构的单位,那么,广告肯定是虚构的、不真实的。企业必须依据真实性原则设计广告,这也是一种商业道德和社会责任。

(2)社会性。广告是一种信息传递形式。广告在传播经济信息的同时,也传播了一定的思想意识,必然会潜移默化地影响社会文化、社会风气。从一定意义上说,广告不仅是一种促销形式,而且是一种具有鲜明思想性的社会意识形态。广告的社会性体现在广告必须符合社会文化、思想道德的客观要求。具体来说,广告要遵循党和国家的有关方针、政策,不违背国家的法律、法令和制度,有利于倡导社会主义精神文明,有利于培养人民的高尚情操,严禁出现带有中国国旗、国徽、国歌标志、国歌音响的广告内容和形式,杜绝损害我国民族尊严的,甚至有反动、淫秽、迷信、荒诞内容的广告等。

(3)针对性。广告的内容和形式要富有针对性,即对不同的商品、不同的目标市场要有不同的内容,采取不同的表现手法。由于各个消费者群体都有自己的喜好、厌恶和风俗习惯,为适应不同消费者群体的不同特点和要求,广告要根据不同的广告对象来决定广告的内容,采用与之相适应的形式。

(4)感召性。广告是否具有感召力,最关键的因素是诉求主题。广告的重要原则之一,就是广告的诉求点必须与产品的优势点,与目标顾客购买产品的关注点一致。不难想象,产品有很多属性,有的是实体方面的(如性能、形状、成分、构造等),也有的是精神感受方面的(如豪华、朴素、时髦、典雅等),但目标顾客对产品各种属性的重视程度却是不尽一致的。这就要求企业在从事广告宣传时,应突出宣传目标顾客最重视的产品属性或购买该种产品的主要关注点,否则,就难以激发顾客的购买欲望。

(5)简明性。广告不是产品说明书,它受播放时间和刊登篇幅的限制,不允许有太长的解说。这就要求广告的文字、图画以及其他部分,都必须统一在特定的主题下,用最通俗和最鲜明的方式协调和谐地表达出来,力求文字简洁,语言精练,词语易记,图画清晰易懂,使消费者一听就懂、一目了然,并能在看后留下深刻的印象。

(6)艺术性。广告是一门科学,也是一门艺术。广告把真实性、思想性、针对性寓于艺术性之中。利用科学技术,吸收文学、戏剧、音乐、美术等各学科的艺术特点,把真实的、富有思想性、针对性的广告内容通过完善的艺术形式表现出来。只有这样,才能使广告像优美的诗歌,像美丽的图画,成为精美的艺术作品,给人以很高的艺术享受,使人受到感染,增强广告的效果。这就要求广告设计要构思新颖,语言生动、有趣、诙谐,图案美观大方,色彩鲜艳和谐,广告形式要不断创新。

2.广告设计的形式

广告设计的形式多种多样,而且随着社会发展、人们观念变革及现代科学技术的发展,新的广告设计形式还将出现。常用的形式有:

(1)生活片段,即选取人们日常生活的某一片段,以显示消费者正在使用广告中的商品。

(2)幻想,即针对商品的特点和用途,设计一种有利于广告宣传的幻想境界。

(3)生活方式,即在广告中显示产品如何适应人们的生活方式,如快餐食品适应人们生活节奏加快的需求等。

(4)情趣和想象,即借助产品广告唤起人们产生一种美好、平静的情趣和想象。

(5)音乐观,即把企业或产品形象深化于优美的音乐之中。

(6)人格化,即用文字或图像把产品人格化,使消费者更加偏爱或崇敬。

(7)技术特色,即显示企业在生产过程中的选料、使用的设备、检测手段等方面的优点。

(8)科学性,即通过各种实验、应用单位的使用数据,消费者感到这种产品完全合乎科学的要求和标准。

(9)证明曾受奖励,即利用各级主管部门、行业协会、国际组织的表扬和奖励,以证明产品的性能及质量。

(10)消费者的意见,即利用消费者使用后的表扬信和供货订单,以增强消费者对该产品的信任感。

(四)广告媒体的选择

1.广告媒体的种类及其特性

广告媒体的种类很多,不同类型的媒体有不同的特性。目前比较常用的广告媒体有以下几种。

(1)报纸。报纸这种广告媒体,其优越性表现在以下几方面:传播迅速,可及时地传播有关的经济信息;影响广泛,报纸是传播新闻的重要工具,与人民群众有密切联系,发行量大;信赖性强,借助报纸的威信,提高广告的可信度;简便灵活,制作方便,费用较低;便于剪贴存查。报纸媒体的不足是:因报纸登载内容庞杂,易分散受众对广告的注意力;印刷不精美,吸引力低;广告时效短,重复性差,只能维持当期的效果。

(2)杂志。杂志以登载各种专门知识为主,是宣传各类专门产品较好的广告媒体。它作为广告媒体,优点有:杂志有较长的保存期,读者可以反复看到杂志上的广告;广告宣传对象明确,针对性强,有的放矢;由于杂志读者一般有较高的文化水平和生活水平,比较容易接受新事物,故有利于刊登开拓性广告;杂志发行面广,可以扩大广告的宣传区域;印刷精美,能较好地反映产品的外观形象,易引起读者的注意。其缺点表现在:发行周期长,灵活性较差,传播不及时;读者较少,传播不广泛。

(3)广播。广播的优点是:制作简单,费用较低;传播迅速、及时;听众广泛,不论男女老幼、是否识字,均能受其影响;具有较高的灵活性。使用广播做广告的缺点在于:时间短促,转瞬即逝,不便记忆;有声无形,印象不深;不便存查。

(4)电视。电视作为广告媒体虽然在20世纪后期才出现,但因其有图文并茂之优势,发展很快,现已成为最重要的广告媒体。具体说来,电视广告媒体的优点有:宣传手法灵活多样,艺术性强;电视已成为人们文化生活的重要组成部分,收视率较高,使电视广告的宣传范围广,影响面大;电视有形、有色,听视结合,使广告形象、生动、逼真、感染力强。电视作为广告媒体的缺点是:时间性强,不易存查;制作复杂,费用较高;播放节目繁多,易分散对广告的注意力。

(5)互联网。互联网具有速度快、容量大、范围广、可检索、可复制,以及交互性、导航性、丰富性等优点,发展极为迅速。互联网已被称为"第五大媒体"。

(6)其他广告媒体。其他广告媒体包括橱窗、车船主体、霓虹灯、激光屏、建筑物等。

2.选择广告媒体应考虑的因素

企业在选择广告媒体时,应考虑以下因素。

(1)消费者接触媒体的习惯。一般认为,能使广告信息传到目标市场的媒体是最有效的媒体。例如,对女性用品进行广告宣传,选用电视或女性喜欢阅读的杂志,其效果较好,也可以在女性用品商店布置橱窗或展销;对儿童用品的广告宣传,宜选用电视、互联网作为其媒体。

(2)产品的性质。不同性质的产品,有不同的使用价值、使用范围和宣传要求。广告媒体只有适应产品的性质,才能取得较好的广告效果。生产资料和生活资料、高技术产品和一般生活用品、价值较低的产品和高档产品、一次性用品和耐用品等应采用不同的广告媒体。通常,对高技术产品进行广告宣传,面向专业人员,多选用专业性杂志;而对一般生活用品,则适合选用能直接传播到大众的广告媒体,如广播、电视等。

(3)媒体的传播范围。适合全国各地使用的产品,应以全国性报纸、杂志、广播、电视、互联网等作为广告媒体；属于地方性销售的产品，可通过地方性报刊、广播、电视、霓虹灯等传播信息。

（4）媒体的影响力。广告媒体的影响力是以报刊的发行量和电视、广播的视听率、网络点击率和转发量高低为标志的。选择广告媒体时，应把目标市场与媒体影响程度结合起来。能影响到目标市场的每一个角落的媒体是最佳选择。这样，既能使广告信息传递效果最佳，又不会造成不必要的浪费。

（5）媒体的费用。各广告媒体的收费标准不同，即便是同一种媒体，也因传播范围和影响力不同而有价格差别。考虑媒体费用时，应该注意其相对费用，即考虑广告促销效果。

总之，要根据广告目标的要求，结合各广告媒体的优缺点，综合考虑上述各影响因素，尽可能选择使用效果好、费用低的广告媒体。

（五）广告效果评价

广告效果评价是运用科学的方法来鉴定广告的效益。广告效果主要包括三个方面，即传播效果、促销效果和形象效果。传播效果是广告被认知和被接受的情况，如广告的覆盖面、接触率、注意度、记忆度和理解度等，这是广告效果的第一层次。促销效果是广告所引起的产品销售情况，这既是广告最为明显的实际效果，也是广告效果的第二层次。形象效果是广告所引起的广告受众的心理反应，使消费者对企业好感的增强，建立起品牌忠实度，这是广告的第三层次效果，也是最高的效果层次。

营销视角 12-1

1.广告传播效果评价

衡量广告的传播效果主要是利用以下指标：

（1）接收率。接收率指接收某种媒体广告信息的人数占该媒体受众总人数的比率。

（2）认知率。认知率是指接收广告信息的人数中，真正理解广告内容的人数所占的比率，这一指标真正反映了广告传播效果的深度。

2.广告促销效果评价

广告的促销效果比传播效果更难测量。因为，除了广告因素外，销售还受到许多其他因素的影响，如产品特色、价格等。这些因素越少，或者越是能被控制，广告对于销售的影响也就越容易测量。所以，采用邮寄广告方式时，广告销售效果最容易测量，而品牌广告或企业形象广告的销售效果最难测量。人们一般利用以下办法来衡量广告的促销效果。

（1）广告增销率。广告增销率是一定时期内广告费的增长幅度与相应期间销售额的增长幅度的比例。

（2）广告费增销率。广告费增销率指一定时期内企业广告费的支出占该企业同期销售额的比例。

3.广告形象效果评价

广告形象效果评价是对广告所引起的企业或产品知名度和美誉度的变化情况所进行的检测和评价。广告效果并不仅仅反映在对产品销售的促进方面，因为尽管有些消费者接触了广告后并不会马上产生对产品的购买欲望，但毕竟会给他们留下一定的印象，这种印象可能导致将来产生购买欲望。

企业形象一般用知名度和美誉度两项指标来衡量，即通过广告前后对固定对象的调查，了解企业形象的变化。

四、广告策略

广告策略是企业在广告活动中为取得更显著的经济效果而采取的行动方案和对策。常用的广告策略有以下几种。

(1)集中广告宣传策略。企业将广告费用集中在某一市场,利用广告媒介造成广告宣传声势,做到家喻户晓,尽人皆知,以提高广告效果。这种广告策略一般用于新开辟的市场或首次投入市场的产品。

(2)连续不断的广告策略。企业在某一目标市场利用一两种广告媒体经常不断地宣传自己的产品,强化自己产品在人们心目中的形象。这种策略一般用于处于成熟期的产品和市场竞争激烈的情况。

(3)阶段性广告策略。企业根据情况分阶段地更换广告内容来不断开拓新市场。采用这种广告策略的一般做法是,根据产品寿命周期的不同阶段选择不同的广告媒介和不同的广告内容,对产品进行有侧重的宣传。

以上三种广告策略,企业可根据市场情况和企业经营战略合理进行选择,从而达到开拓市场、促进销售、树立企业信誉等目的。

第四节　　营业推广

一、营业推广的概念与作用

(一)营业推广的概念

营业推广又叫销售促进,它是指能够刺激顾客做出强烈反应、促进短期购买行为的促销方式,是一种强刺激、短时间的促销手段。它具有针对性强、非连续性、短期效益明显和灵活多样的特点。

因为营业推广刺激需求的效果明显,所以常被用作新产品进入市场的重要手段,利于产品迅速占领市场。另外,产品进入成熟期后,营业推广又可促使消费者转换品牌,成为与竞争者争夺顾客的重要手段。

营业推广一般很少单独使用,常常是作为广告或人员推销的一种辅助手段。当它单独使用时,人们可能会认为这是在推销过剩的物资或商品,常常会有害于企业的形象和降低商品档次。营业推广也不宜持续太长的时间,否则也会使消费者产生误解。另外,过度使用营业推广,还可能导致企业之间的恶性竞争。因此,运用营业推广要注意把握一个度的问题。

(二)营业推广的作用

营业推广的作用主要有以下几方面。

(1)有利于吸引新顾客和新用户。因为营业推广对消费者的刺激比较强烈,特别是在推出新产品或吸引新顾客方面,较易吸引顾客的注意力,使他们因追求某些利益方面的优惠而购买和使用本企业的产品。

(2)有利于回报忠诚于本企业品牌产品的顾客。营业推广的很多手段如销售奖励、赠券等体现的利益让渡,受惠者大多是经常使用本企业产品的顾客,这就可能使他们乐于继续购买和使用原有品牌产品,从而稳定企业的市场份额。

（3）有利于企业与中间商之间建立稳固的业务关系。为了激发中间商拓展市场的积极性,企业常采用价格折扣、经销津贴、协助营销等营业推广形式,来巩固双方友好的贸易合作关系。

（4）有利于企业制订有效的营销计划,实现营销目标。营业推广不仅是一种促销方式,也是一种有效的营销策略。它和广告等其他促销手段同时使用,可强化促销效果。根据营业推广所获得的信息,还能有针对性地制订营销计划,把短期目标和长远计划综合考虑,有效协调企业各方面的关系,从而不断开拓市场,实现营销目标。

二、营业推广的对象

根据市场特点和企业销售目标的不同,营业推广的对象有以下三类。

（一）对消费者的营业推广

对消费者的营业推广主要是鼓励现有顾客重复购买,吸引新顾客使用,培植顾客的品牌偏好,改变顾客的购买习惯,争取其他品牌的使用者等。

（二）对中间商进行营业推广

对中间商进行营业推广是为了鼓励中间商大量购买本企业产品,积极参与促销活动,销售企业产品,打击竞争品牌,增强中间商的品牌忠诚度,开辟新的销售渠道等。

（三）对推销人员的营业推广

对推销人员进行营业推广是为了刺激他们去寻找更多的潜在顾客,积极开拓新市场,扩大产品销售量。

三、营业推广的方式

（一）针对消费者的营业推广

（1）赠送样品:向消费者赠送样品或试用品,供其免费试用。这种形式可以鼓励消费者认购,也可以获取消费者对产品的反应。样品赠送可以有选择地赠送,也可在商店或闹市地区散发,或在其他产品中附送,也可以公开广告赠送,或入户派送。这是介绍、推销新产品的一种方式,也是介绍新产品最有效的方法,缺点是费用高,高价值产品不宜采用。

（2）赠品:是指以免费产品为诱因,以此来缩短或拉近与消费者的距离,从而促使消费者采取购买行为。根据是否以购买为条件,赠品可以分为无偿赠品和有条件赠品。前者是可以无条件获得的,如有些商店在开业时对光顾的每一位顾客都赠送一份礼品;后者需要消费者购买一定量的产品才可获得赠品,这种方式是最为常见的。

（3）折价券:在购买某种商品时,持券可以免付一定金额的费用。折价券适用的场合很多,可以用来扭转产品或服务销售下滑的局面,也可以在新产品上市时用以吸引消费者的购买兴趣。按照发行的主体不同,折价券可以分为厂商折价券和零售型折价券。

（4）减价优惠:是指在特定的时间和特定的范围内调低产品的销售价格。此种方式因最能与竞争者进行价格竞争而深受消费者的青睐。

（5）退款优惠:是指在消费者提供了产品的购买证明后就可以退还其购买产品的全部或部分款项的促销方式。这种方式可以维护消费者的消费忠诚,收集消费者的有关资料,对于较高价位的产品具有较好的促销效果。

(6)包装促销:以较优惠的价格提供组合包装和搭配包装的产品。

(7)趣味类促销:是指利用人们的好胜、侥幸和追求刺激等心理,举办竞赛、抽奖、游戏等富有趣味性的促销活动,吸引消费者的参与兴趣,推动销售。

(8)示范演示:是指在销售场所对特定产品的使用方法进行演示,以吸引消费者的注意。企业派促销员在销售现场演示本企业的产品,向消费者介绍产品的特点、用途和使用方法等,其目的是消除消费者的使用顾虑或树立产品独特的性能。

(9)以旧换新:是指消费者凭使用过的产品,或者使用过的特定产品的证明,在购买特定产品时,可以享受一定低价优惠的促销活动,这类方式一般由生产企业使用。

(10)展销:通过展销会的形式,使消费者了解商品,增加销售机会。常见的展销形式有:为适应消费者季节购买的特点而举办的"季节性商品展销";以名优产品为龙头的"名优产品展销";为新产品打开销路的"新产品展销"等。

(11)服务促销:通过周到的服务使顾客得到实惠,在相互信任的基础上长期开展交易。服务促销的形式多种多样,有售前、售中、售后服务,培训、维修、保险、咨询、订货和邮寄服务等。

(12)消费信贷:通过赊销等方式向消费者推销产品,消费者不用立即支付现金即可得到商品。消费信贷的形式有分期付款、信用卡等。

(二)针对中间商的营业推广

(1)批发回扣:企业为争取批发商或零售商多购进自己的产品,在某一时期内给经销本企业产品的批发商或零售商加大回扣比例。

(2)推广津贴:为促进中间商增购本企业产品,鼓励其对购进产品开展促销活动,生产企业给予中间商一定的津贴,主要包括新产品的津贴、清货津贴、降价津贴等。

(3)陈列补贴:随着终端竞争的激烈,生产企业为了给产品在终端获得一个较好的销售位置,往往给予中间商一定的陈列补贴,希望经销商维护产品在终端竞争中的位置优势。

(4)宣传补贴:有的生产企业需要借助经销商进行一定的广告宣传,为了促进经销商进行宣传的积极性,经销商可以凭借进行宣传的有关单据获得企业一定数额的补贴。

(5)销售竞赛:根据各个中间商销售本企业产品的业绩,分别给优胜者以不同的奖励,如现金奖、实物奖、免费旅游、度假奖等,以起到激励的作用。

(6)扶持零售商:生产商对零售商专柜的装潢予以资助,提供 POP 广告,以强化零售网络,促使销售额增加;可派遣厂方信息员或代培销售人员,生产商这样做的目的是提高中间商推销本企业产品的积极性和提升零售商的能力。

(7)展览会:是指企业利用有关机构组织的展览和会议,进行产品和企业的演示,通过这种形式,可以让经销商获知本行业的市场发展和行业发展情况,有利于增加其业务能力和市场信息。

(三)针对推销人员的营业推广

(1)红利提成:其做法主要有两种。一是推销人员的固定工资不变,在一定的时间内,从企业的销售利润中提取一定比例的金额,作为奖励发给推销人员;二是推销人员没有固定工资,每达成一笔交易,推销人员按销售利润的多少提取一定比例的金额,其提成比例呈同步增减状态,即销售利润越大,提取比例越高。

(2)推销竞争:其内容包括推销数额、推销费用、市场渗透和推销服务等。企业明确规定奖励的级别、比例与奖金的数额,对成绩优异、贡献突出者给予现金、免费旅游、晋升以及精神奖励等。

(3)培训进修:是为了提高销售人员的业绩,对其进行业务技能和技巧方面的培训。

(4)会议交流:是定期或不定期召集销售人员对工作经验和工作方法及工作中的得失开展交流,促进销售人员的共同提高。

四、营业推广策划

营业推广策划是根据企业营销目标,在充分调研市场的基础上,确定企业在某一阶段或某一产品的营业推广目标,针对不同的促销对象,在适当的时机,选择富有创造性、激励性的营业推广方式,制订有效的营业推广促销行动方案。营业推广策划主要包括以下几个方面的内容。

营销视角 12-2

(一)确定营业推广的对象和目标

企业应根据目标市场的特点和总体营销策略来确定推广目标。首先要确定以谁为推广对象,一般来说应是企业潜在的顾客,可以是消费者、中间商或推销人员,但不能是与企业利益相关的人员。如允许本企业的职工或家属参加有奖销售,这样会失去公正性,给人一种弄虚作假的感觉,反而起不到促销的作用。针对每一种营业推广的对象,企业都必须有明确的预定目标,并且要求取得长期目标与短期目标的最佳效果。

(二)选择营业推广的形式

企业要选择有效的营业推广方式来实现推广目标。可供选择的营业推广方式有很多种,但是每一种方式都有其适应性,对推广对象的影响程度不同,营业推广的费用大小也不同。比如配合新产品上市的广告,用折价券或廉价包装就不如用赠送样品或现场表演方式有效。企业必须选择既能节约推广费用,又能收到预期效果的营业推广方式。同时,还必须注意确定推广的规模,规模过小,不利于促销效果的实现;规模过大,又可能会提高营销的成本。

(三)确定营业推广的途径

企业要确定通过什么样的具体途径把企业营业推广信息向目标对象传送。如实行折价优惠,可以在包装内分发,也可以邮寄,或者通过广告传递信息等多种途径来实现。不同的途径有不同的推广效果,推广范围与成本也不同。

(四)确定推广时间

首先,企业要选择推广时机。合适的推广时机能起到事半功倍的效果。通常要考虑产品的寿命周期、竞争状况等因素,同时也要考虑不同的促销工具、企业各部门间的协调情况等。其次,企业要确定推广的持续时间。营业推广的时间过短,可能其影响力还不足以波及大多数可能的潜在购买者;而推广的时间过长,又会使人产生一些疑问,激发不起购买积极性。

(五)确定营业推广的预算

这是制订营业推广计划应考虑的重要因素,确定营业推广预算的方法有以下三种。

(1)类比法,即参照上期费用来确定本期费用。这种方法简单易行,但必须注意不同时期营业推广对象、目标、方式等因素变化对发生费用的影响。

(2)比例法,即在一定时期内按总促销费用的一定比例来确定营业推广的费用,再将其分配到各个推广项目上。

(3)总和法,即先确定各营业推广项目的总费用,包括管理费用(如印刷费、邮费及宣传费用等)和刺激费用(如赠奖费用、折扣费用等),然后汇总得出营业推广的总预算。

(六)营业推广效果的评价

评价推广效果是营业推广管理的重要内容。常用的营业推广评价方法有以下两种。

(1)阶段比较法,即把推广前、中、后的销售额和市场占有率进行比较,从中分析营业推广产生的效果,这种方法较为普遍。

(2)跟踪调查法,即在推广结束后,了解多少参与者能知道此次营业推广,其看法如何,有多少参与者受益,以及对今后购买的影响程度等。

准确的评价有助于企业总结经验教训,为今后的营业推广决策提供依据。

第五节　公共关系

一、公共关系的概念

公共关系是指一个组织为改善与社会公众的关系状况,增进公众对组织的认识、理解与支持,树立良好的组织形象而进行的一系列活动。企业公共关系作为一种特殊的促销形式,包含更为具体的内容。

(1)企业公共关系是指企业与其相关的社会公众的相互关系。企业不是孤立的社会组织,而是相互联系的“社会大家庭”中的一部分,每时每刻都与其相关的社会公众发生着频繁广泛的经济联系和社会联系。所谓企业公关,就是要同社会公众建立良好的关系。

(2)企业形象是企业公共关系的核心。在激烈的市场竞争中,一旦企业建立了良好的形象,就拥有不凡的商誉,供应商愿意提供货源,中间商和消费者愿意购买产品,信贷机构愿意提供贷款,企业也容易寻找合作伙伴、开拓市场,从而在竞争中占据有利地位;反之则可能被市场淘汰。

(3)企业公共关系的最终目的是促进商品销售,提高市场竞争力。企业作为社会经济生活基本的经济组织形式,营利性是它的基本原则。通过企业公共关系达成促销的目的,首先经历了一个树立企业形象的环节,经由良好的企业形象,企业首先推销了自己,从而促进自身产品的销售。

二、公共关系的作用

作为促销的主要手段之一,公共关系的短期促销效果往往并不十分显著,但它仍然具有其他促销手段无法替代的作用。

1.收集信息,提供决策支持

企业要生存和发展,必须随时关注宏观环境和微观环境的变化。公关人员通过各种信息传播媒介了解公众对企业的态度,搜集有关信息,发现问题并及时向企业反馈,从而为企业制订和调整营销计划提供依据。

2.对外宣传,塑造良好形象

作为企业的宣传手段,公共关系通过将有关信息向公众传递,可以加深公众对企业的理解和认识,为企业树立良好形象赢得舆论支持。

3.协调关系,加强情感交流

沟通交流是理解与信赖的基础。由于公共关系强调与公众的平等对话,给予公众充分的尊重,使得公众可以与企业进行深入的信息与情感交流,企业也可以获得公众的深度支持。

4.服务社会,追求社会效益

尽管公共关系的最终目标仍然是促进产品销售,但其功利性的目的往往并不明显。相反,公共关系活动更多的是通过服务于社会,造福于公众,而展现出自身的意义与价值,即带来社会效益,又使其无形资产实现增值。

三、公共关系的原则

在市场营销活动中运用公共关系的主要目的是使企业与社会公众建立、维持和发展良好的互利关系,树立起企业良好的信誉和形象,为企业的市场营销活动创造一个和谐的环境,为企业整体市场营销战略的实施开辟道路。因此,企业在市场营销中开展公共关系活动时应遵循如下原则。

1.平等相待,互惠互利

在市场营销活动中,企业在处理与社会公众的关系时,必须以公众利益为重,重视社会效益,把利己和利他有机地结合起来,平等互利,使双方都有利可图。坚决维护消费者利益,防止各种公害。如果企业只顾自身利益而不顾一切社会影响,甚至损害他人和社会利益,不仅不能建立良好的社会关系,而且很有可能违法乱纪,造成更恶劣的严重后果。

2.重视感情,真诚合作

公共关系要通过人际交往来实现,因此在公共关系活动中,应表现出人与人之间的真诚合作。密切企业与社会公众的情感,企业在市场交往中,只有与顾客和社会公众组织相互配合、真诚相待,才能取得他们的理解与支持。如果不遵守合同,不守信用,甚至弄虚作假,欺骗顾客和社会公众,那么企业就很难取得社会公众的理解与合作。

3.珍视信誉,塑造形象

如果企业在市场上树立了良好的信誉和形象,其产品就会得到消费者的信赖和肯定,社会公众也会对企业产生信任感,这样就会增强企业在市场上的竞争能力。市场营销中的公共关系实质上是通过信息传播加强与公众的沟通与了解,以提高产品质量和服务质量,以重合同、守信誉为基础开展的塑造企业良好形象的宣传活动和社会活动。企业只有通过一系列有计划的公共关系活动,与社会公众保持和谐的人际关系,追求最佳的社会舆论环境,才能赢得社会各界对企业的了解、信任、好感和合作。

4.信息交流,双向沟通

公共关系要运用许多方法、技术在企业与公众之间进行信息交流,这种信息交流是在企业和公众之间进行的双向沟通。一方面,企业应从市场上获取各种公众对企业的评价信息,以改进工作并和公众利益保持一致;另一方面,要对外传播信息,使公众了解、认识企业。因此,在市场营销中运用公共关系,既必须有信息的传播,又必须有信息的收集与反馈,而后者是改善企业工作环境、建立良好公共关系的基础,在一定程度上比信息的传播更重要。

5.科学真实,及时准确

在企业的市场营销活动中,必须运用适当的信息传播工具和科学的方法,实事求是,客观公正并及时收集和发布信息,才能逐步建立良好的公共关系。只有做到科学合理、准确及时、真实可信,才能取得社会公众的理解和信赖。否则,内容空泛、虚假,报喜不报忧,文过饰非,以偏概全,就不可能客观地进行信息交流,这样就会失去公众信任。

6.网络关系,系统平衡

在企业的市场营销活动中,形成了复杂的社会经济关系网络。其中,有企业的横向关系,如与供应商、经销商的关系,与用户或消费者的关系;也有企业的纵向关系,如与政府的关系,与财政、税收、银行的关系,与投资者的关系,与有关主管部门的关系等。这些错综复杂的关系反过来影响和制约着企业的市场营销活动,形成企业赖以生存和发展的社会经济关系的环境体系网络。企业在营销活动中,应根据我国市场经济体制的要求,既要注意发展横向的公共关系,更要注意纵向关系的疏通与协调,保持市场营销中网络体系的系统性和平衡性,从而使企业在市场营销活动中兼顾各种公共关系,保持和谐融洽的关系。

四、公共关系活动方式

一个企业的公共关系活动不仅和企业的规模、活动的范围、产品类别、市场性质等密切相关,同时也与现代传播手段和信息沟通方式紧密相关。概括起来,企业的公共关系活动主要有以下几种。

(一)新闻宣传

企业可通过新闻报道、人物专访、记事特写等形式,利用各种新闻媒介对企业进行宣传,以吸引新闻界和公众的注意,从而扩大企业及其产品的影响和知名度。新闻宣传要具有客观性,所宣传的事实必须具有新闻价值,即应具有时效性、接近性、重要性和情感性等特点。新闻宣传公关,可通过新闻发布会、记者招待会等形式,将企业的新产品、新措施、新闻事件介绍给新闻界;也可有意创造一些媒介的注意,如利用一些新闻人物的参与,创造一些引人注目的活动形式,在公众关心的问题上表态亮相等。

(二)公共关系广告

公共关系广告是指企业为了提高知名度、树立良好的企业形象和求得社会公众对企业的支持和帮助而进行的广告宣传,它同直接以促销为目的的广告有着本质区别。公共关系广告同一般广告之间的主要区别在于,其以宣传企业的整体形象为内容,而不仅仅是宣传企业的产品和劳务;其以提高企业的知名度和美誉度为目的,而不仅仅是为了扩大销售。公共关系广告一般又可分为以直接宣传企业形象为主的声誉广告,以响应某些重大的社会活动或政府的某些号召为主的响应广告,以及通过广告向社会倡导某项活动或以提倡某种观念为主的倡议广告。

营销视角 12-3

(三)策划特殊事件

企业可以通过安排一些特殊的事件来吸引公众对自己和自己产品的注意。例如,召开研讨会或展览会、举行某种庆典活动、郊游、有奖竞赛等,通过这些事件,可以扩大企业影响力、提高企业知名度,既吸引了社会注意力,又借此联络了包括供货商、中间商、政府部门等更加广泛的社会关系。

(四)赞助或开展公益活动

各种公益活动,如运动会、文化比赛、基金会、捐助等,往往万人瞩目,被各种新闻媒介广泛报道。企业通过参与这些活动能够向公众表明自己的社会责任感,赢得公众的好感和信任,从而极大地树立企业形象。

(五)企业自我宣传

企业还可以利用各种能自我控制的方式进行企业的形象宣传。如在公开的场合进行演讲;派出公共关系人员对目标市场及各有关方面的公众进行游说;印刷和散发各种宣传资料,如企业介绍、商品目录、纪念册等,有条件的企业还可创办和发行一些企业刊物,持续不断地对企业形象进行宣传,以逐步扩大企业的影响。

(六)社会交往

企业应通过同社会各方面的广泛交往来扩大企业的影响,改善企业的经营环境。企业的社会交往活动不应当是纯业务性的,而应当突出情感性,以联络感情、增进友谊为目的。如对各有关方面的礼节性、策略性访问;逢年过节发礼仪电函、送节日贺卡;进行经常性的情况通报和资料交换;举办联谊性的舞会、酒会、聚餐会、招待会等;甚至可以组建或参与一些社团组织,如俱乐部、研究团体等,同社会各有关方面发展长期和稳定的关系。

(七)导入企业形象识别系统

导入企业形象识别系统(corporate identity system,CIS),就是综合运用现代设计和企业管理的理论和方法,将企业的经营理念、行为方式及其个性特征等信息加以系统化、规范化和视觉化,以塑造具体的可感受的企业形象,公众能迅速辨认,并能通过媒体持久地传播出去。在现代社会中,只有创造一种统一的视觉形象,才能迅速有效地赢得社会的注意。

五、危机公关的处理

营销危机是指企业营销活动中的突发性、偶然性事件,它对企业具有极强的杀伤力和破坏力。任何企业的经营和发展都不可能是一帆风顺的,企业所处环境的变化、自身决策的失误,以及偶然、突发事件都可能导致营销危机的发生。这种危机可能会严重地影响企业的经营活动,甚至威胁企业的生存,但如果企业采取的应对危机措施得当,也可能化解危机,甚至变不利为有利。危机公关就是企业为了避免或减轻危机所带来的严重损害和威胁,从而有组织、有计划地制订和实施一系列管理措施和应对策略,包括危机的规避、控制、解决以及危机解决后的复兴等不断学习和适应的动态过程。

(一)危机公关的特点

与其他类型公关相比,危机公关具有以下特点。

(1)意外性。危机爆发的时间、规模、具体态势和影响深度,都是始料未及的。

(2)聚焦性。好事不出门,坏事传千里。危机事件本身具有极强的聚焦性,尤其进入信息时代后,危机的信息传播比危机本身发展要快得多。

(3)破坏性。这是由危机"意外性"的特点决定的。不论什么性质和规模的危机,都必然不同程度地造成混乱和恐慌,给企业造成破坏,而且由于决策的时间以及信息有限,往往会导致决策失误,从而带来无可估量的损失。

（4）紧迫性。对企业来说，危机一旦爆发，其破坏性的能量就会被迅速释放，并呈快速蔓延之势，如果不能及时控制，危机就会急剧恶化，使企业遭受更大损失。

（二）危机公关的原则

危机公关要把握以下原则。

（1）承担责任原则。危机发生后，公众会关心两方面的问题：一是利益问题，二是感情问题。利益是公众关注的焦点，即使受害者在事故发生中有一定责任，企业也不应首先追究其责任，否则会各执己见，加深矛盾，引起公众反感，不利于问题的解决。另外，从情感上，公众很在意企业是否关心自己的感受。因此，企业应站在受害者的立场上表示同情和安慰，并通过新闻媒介向公众致歉，解决深层次的心理、情感关系问题，从而赢得公众的理解和信任。实际上，公众对企业的反应都有心理预期，即企业应该怎样处理，公众才会感到满意。因此企业绝对不能选择对抗，态度至关重要。

（2）真诚沟通原则。危机发生后，企业千万不能有侥幸心理，企图蒙混过关，而应尽快与公众沟通，说明事实真相，促使双方互相理解，消除疑虑与不安。真诚沟通是处理危机的基本原则之一，这里的真诚指"三诚"，即诚意、诚恳、诚实。

①诚意。在事件发生后的第一时间，企业高层应向公众说明情况，并致以歉意，从而体现企业勇于承担责任、对消费者负责的企业文化，赢得消费者的同情和理解。

②诚恳。企业应一切以消费者的利益为重，不回避问题和错误，重拾消费者的信任和尊重。

③诚实。诚实是危机处理最关键也是最有效的解决办法。

（3）速度第一原则。危机发生后，能否首先控制住事态，使其不扩大、不升级、不蔓延，是处理危机的关键。在危机出现的最初12～24小时内，消息会像病毒一样，以裂变方式高速传播。而这时候，可靠的消息往往不多，社会上充斥着各种谣言和猜测。如果企业不及时与公众进行正面沟通，事态很可能会失去控制。因此，企业必须当机立断，快速反应，果决行动，与媒体和公众进行沟通，从而迅速控制事态。

危机公关实践中，媒体、公众及政府都会密切注视危机发生后企业发出的第一份声明。对于企业在危机处理方面的立场和做法，舆论赞成与否的报道往往都会立刻见于传媒。因此，企业必须本着真诚沟通、承担责任的原则，做好危机处理的第一步。

（4）系统运行原则。企业在进行危机管理时，必须系统运作，绝不可顾此失彼。只有这样才能有效地解决问题，化害为利。

本章小结

促销是指企业利用人员和非人员的方式向目标顾客传播企业和产品的信息，促使顾客对卖方及其产品产生好感和信任度，影响和劝诱顾客购买其产品的一种活动。企业促销的方法主要有人员推销、广告、营业推广和公共关系四种形式。促销组合总策略有推式策略和拉式策略两种。选择促销组合策略一般须考虑以下因素：促销目标、产品性质、产品生命周期、市场性质、促销费用。

人员推销，是指企业推销员直接与顾客接触、洽谈、宣传介绍商品和劳务以实现销售目的的活动过程，具有开发市场、传递信息、销售产品、提供服务的功能。人员推销策略包括试探性策略、针对性策略、诱导性策略。

广告是广告主以付费的方式有计划地通过各种媒体向选定的目标市场受众传递特定的商品、服务或观念的信息,以期产生影响大众行动的信息传播活动。广告决策制订过程包括广告目标确定、广告预算、广告设计、广告媒体和评价广告效果五项。广告策略有集中广告宣传策略、连续不断的广告策略和阶段性广告策略。

营业推广是指能够刺激顾客做出强烈反应、促进短期购买行为的促销方式,是一种强刺激、短时间的促销手段。营业推广的对象包括消费者、中间商和推销人员。营业推广策划主要包括确定营业推广的对象和目标,选择营业推广的形式,确定营业推广的途径,确定推广时间,确定营业推广的预算,以及营业推广效果的评价。

公共关系是指一个组织为改善与社会公众的关系状况,增进公众对组织的认识、理解与支持,树立良好的组织形象而进行的一系列活动。企业的公共关系活动主要有新闻宣传、公关广告、策划特殊事件、赞助或开展公益活动、企业自我宣传、导入企业形象识别系统以及开展营销危机公关等。

思考题

1. 企业促销的作用是什么?

2. 对比分析推式策略和拉式策略。

3. 选择促销组合策略的影响因素有哪些?

4. 人员推销的特点和功能是什么?

5. 推销人员应具备哪些素质?

6. 人员推销有哪几种主要策略?

7. 什么是广告?它有什么作用?

8. 广告设计的原则是什么?它有哪些形式?

9. 如何选择广告媒体?

10. 简述广告策略。

11. 什么叫营业推广?它有什么作用?

12. 如何进行营业推广策划?

13. 什么叫公共关系?它有什么作用?

14. 开展公共关系活动的原则是什么?它有哪些方式?

15. 什么是营销危机?危机公关的原则有哪些?

案例分析

董明珠代言格力

2014年,董明珠携手万达集团董事长王健林共同出镜格力空调的广告片。对此,董明珠称:"请一个明星一年一两千万,自己做,分文不取,最起码为格力省下两千万,把这两千万让利给消费者,或者投入研发更好。"她还表示,"包括和王健林的广告,王健林也是免费的。理由也很简单,他比较信任我和格力,信任我们产品质量。我问他要不要广告费,他没要"。

董明珠表示,"有些企业追究明星,说明星代言把企业代死了。但企业的生死不是看明星代言与否,应该看企业自身的实力"。董明珠自称,代言是代表着她对消费者的承诺,"有些消费者看了明星的代言,出于对明星的信任购买了产品,结果货不对版。我是企业负责人,我应该出面向消费者承诺"。

董明珠代言格力品牌的形象令人印象深刻,比如代言的格力空调、格力电饭煲等,还有格力手机的开机画面也是董明珠的个人照片。为此,董明珠引来了不少争议,但面对指责,她表示"毫无压力"。"只要我认为我做的是对的,为什么要有压力?大千世界,你不能强求每个人都认同你的观点。你觉得是对的,别人站在他的立场上觉得你不对。没关系,用时间来考验。我只关心我的空调是不是世界上最好的。"

2019年12月8日,在第十八届中国企业领袖年会上,董明珠再次强势打了一波广告:"不是用格力空调的,回家赶快换掉!"董明珠表示,"很多人说我是网红,很多企业家也想当网红,甚至花钱去包装自己,我一分钱不花是因为后面9万员工在支撑着,他们用技术、用质量、用我们的诚信来打动这个市场"。董明珠直言,"你们回家后发现空调如果不是格力空调,赶快换掉"。

针对自己去做广告,董明珠曾回应说:"很多人都说董明珠的广告自己代言,能不能低调点。我在想演员做广告花几千万未必是一个承诺,而我给消费者的是承诺,我可以做世界上最好的产品。"

资料来源:董明珠强势新广告:不是用格力空调的,回家赶快换掉[EB/OL].(2019-12-08)[2020-03-15].http://www.sohu.com/a/359087416_163726.

问题讨论:

1. 董明珠代言会对格力电器产生哪些促销作用?
2. 你如何看待企业家对品牌促销效果的影响?
3. 你认为名人广告在哪些方面需要加以改进?

第十三章
市场营销管理

学习要求

◆ 了解：市场营销计划的内容；市场营销组织的演变；市场营销控制的内容。

◆ 掌握：市场营销计划制订的原则；市场营销组织机构设置的原则；市场营销年度计划控制、盈利能力控制、营销效率控制。

◆ 熟悉：市场营销计划的实施；市场营销部门的组织形式；市场营销审计的内容。

导入案例

"国内首家 A＋H 股女装公司""中国版 ZARA"，上海拉夏贝尔服饰股份有限公司（以下简称拉夏贝尔）曾经风光无限。但 2019 年以来，拉夏贝尔却因大量关店、出租总部大楼、子品牌申请破产清算等种种风波再度引起投资者热议。

公开资料显示，拉夏贝尔成立于 1998 年，2014 年 10 月赴港上市后，又于 2017 年 9 月顺利登陆上交所，成为国内首家"A＋H"两地上市的服装品牌。此时的拉夏贝尔雄心壮志，并在招股书中表明，"计划在三年内新建 3000 个零售网点"。据招股书和定期财报数据显示，拉夏贝尔的零售网点数量在 2014 年初为 6887 家。在"多品牌、直营为主"的业务发展策略的指导下，公司的零售网点数量快速增长。截至 2017 年底，拉夏贝尔的经营品柜数量已经攀升至9448 个，离"万店户"仅一步之遥。然而，直营渠道迅速扩张的战略也带来了企业成本上涨、盈利不及预期等挑战。此后短短一年时间，拉夏贝尔开始了战略性"收缩"。据 2018 年年报显示，其线下零售网点数量并未如计划中的增长，反而缩减至 9269 家。自此，拉夏贝尔的网点数量随着公司战略的调整，开始减少。2019 年中报数据显示，拉夏贝尔上半年的线下零售网点数量为 6799 家，较之上一年年底减少了 2470 家。这一数字不仅比 2014 年初的规模还小，距离"新建 3000 个零售网点"的雄心壮志也越来越远了。

对此，拉夏贝尔表示："公司是主动实施了战略性收缩策略，对终端渠道的门店进行了全面梳理评估，关闭和调整部分亏损及低效门店和品牌，计划保留境内 6000 个以内的经营网点。希望通过持续优化线下直营渠道，减少资源的无效投入，进一步提升自身运营效率，以提高公司的营利能力。"

梳理此前的业绩报告可以看到，自 2014 年在港交所上市以来至 2017 年，拉夏贝尔业绩表现尚好，并基本保持稳定增长；但从 2018 年起，公司的业绩情况就开始走下坡路了。除营收、净利双双下滑外，拉夏贝尔的库存余额也饱受质疑。定期报告数据显示，公司的存货由 2014年底的 13.27 亿元激增至 2017 年的 23.45 亿元。此后这一数字持续在 20 亿元以上居高不下，2019 年前三季度的存货为 21.99 亿元。针对公司库存余额较高的情况，拉夏贝尔对此的解释是："由于公司主要采用直营式的销售模式，需保持款色、尺寸充足的库存商品，以满足门店陈列及消费者挑选的需求。因此，相对于采用以加盟模式为主的女装企业而言，公司需要并具有相对较高水平的存货规模。"

因业绩变脸，拉夏贝尔 A 股股票在二级市场的表现不尽人意。Wind 数据显示，其股价在 2017 年 10 月 16 日达到最高 28.03 元/股（前复权），总市值达 118.97 亿元；此后股价便一路震荡下跌，截至 2019 年 11 月 13 日收盘，该股报 4.15 元/股（前复权），跌幅达 84.65%，总市值仅为 16.50 亿元。也就是说，短短两年时间，拉夏贝尔的市值已蒸发超过百亿元。雪上加霜的是，此前门店爆发式的增长也让拉夏贝尔负债压力倍增。Wind 数据显示，拉夏贝尔的流动负债由 2014 年底的 25.73 亿元上升至 2018 年底的 47.20 亿元，2019 年前三季度这一数字高达 53.19 亿元。

面对业绩亏损和债务压力，拉夏贝尔开始"断臂求生"。2019 年 5 月 8 日，拉夏贝尔发布公告称，公司拟出售控股子公司杭州黯涉电子商务有限公司 54.05% 股权。10 月 17 日，拉夏贝尔再次发布公告称，公司控股子公司杰克沃克（上海）服饰有限公司持续亏损，无法继续经营，拟向人民法院申请破产清算。对于公司陆续放弃子品牌的行为，拉夏贝尔表示："公司目前正在按计划加快长期资产的盘活变现，加大投资项目的清理整顿力度。未来将聚焦核心品牌竞争力提升，坚持多品牌差异化发展战略，重点发展女装品牌。"

关闭低效门店和网点、出售子品牌、清算亏损的子公司，甚至出租位于上海市闵行区的集团总部办公大楼，都可以看到拉夏贝尔全力自救的决心，但若要顺利实现公司的扭亏为盈，对正处于转型调整阶段的拉夏贝尔还有一段艰苦的路要走。

资料来源：两年市值蒸发百亿，拉夏贝尔能否顺利扭亏为盈？[EB/OL].（2019 - 11 - 18）[2020 - 03 - 01]. http://money.163.com/19/1118/08/EU8I060B00258105.html.

市场营销活动能否取得成功在很大程度上取决于市场营销管理工作开展的情况。市场营销管理是企业为了促进与目标顾客交换而进行的对市场营销活动的计划、组织与控制的过程。既定的营销战略与策略目标能否实现，取决于能否制订和实施有效的市场营销计划、企业的营销组织机构的设置是否合理，以及能否对营销活动进行动态监控。本章将围绕上述决定市场营销管理绩效的问题展开分析。

第一节　市场营销计划

市场营销计划是企业开展营销活动的行动纲领，没有合理的市场营销计划，企业就无法对未来的变化做出合理的预测。市场营销计划制订、实施、管理和控制是实现企业良好经济效益的前提条件，也是指导和协调市场营销活动的主要工具。所以说，制订和执行市场营销计划，是市场营销管理的基本任务，也是营销经理必须具备的基本技能。

一、市场营销计划的含义与分类

（一）市场营销计划的含义

市场营销计划是企业市场营销活动方案的具体描述，它规定了企业各种经营活动的任务策略、具体目标、实施措施及实施营销计划所需的资源、各职能部门和有关人员的职责,指明了企业经营活动预期的经济效果。具体地说,市场营销计划就是明确企业的营销目标,怎样实现营销目标,何时、何地由谁来实现营销目标的一系列决策过程。

(二)市场营销计划的分类

市场营销计划有各种不同的类型。对于不同的企业或同一企业不同的部门,营销计划的类型大不相同。

1.按时间跨度的长短

(1)长期营销计划:期限一般为 3～5 年,主要是确定未来发展方向和奋斗目标的纲领性计划。

(2)中期营销计划:期限一般为 1～3 年。

(3)短期营销计划:大多数营销计划都是短期的,期限通常为 1 年,也称为年度营销计划。

2.按营销计划涉及的范围

(1)总体营销计划:其侧重点放在企业营销活动的全面、综合性计划上。

(2)专项营销计划:主要是针对某一产品或特殊问题而制订的计划,如品牌计划、渠道计划、促销计划、定价计划等。

3.按营销计划的程度

(1)战略性计划:主要是针对企业未来市场占有的地位及采取的措施所做的营销计划。

(2)策略计划:主要是对营销活动某一方面、某一点而做的具体的策划。

(3)作业计划:主要是针对各项营销活动的具体执行情况而做的计划,如一项渠道设计活动,需要对渠道选择、管理、控制、费用预算等做出具体的策划。

4.按营销计划的组织层次

(1)企业整体计划:包括企业所有的业务计划,规定企业的使命、发展战略、业务决策、投资决策和当前的目标。

(2)事业部计划:主要包括事业部的发展及盈利目标,规定事业部的营销及相应的财务、生产及人事计划。

(3)产品线计划:一般由产品线经理对产品线的目标、战略及战术做出具体规定。

(4)产品项目计划:一般由产品经理制订。产品经理对一个特殊产品或产品项目的目标、战略及战术做出具体规定。

(5)品牌计划:由品牌经理制订,规定产品系列中一个品牌的目标、战略和策略。

二、市场营销计划制订的原则

(一)营销计划必须充分体现企业的发展战略

市场营销计划是落实战略思想的具体化、程序化和科学化的运行方案。制订市场营销计划,不论是长期的,还是中短期的,都必须紧紧围绕企业发展战略。为此企业必须把握以下两点:

(1)制订市场营销计划必须始终与企业的发展战略方向保持一致。

(2)制订市场营销计划,应把战略目标具体落实到短期、中期和长期计划中,并通过量化的指标和实现方法、实施程序来体现。

(二)制订市场营销计划应遵循市场规律,循序渐进

在制订市场营销计划时,首先应对面临的市场进行认真的调研,即"市场审计",这是制订计划过程的第一阶段,是基础的或准备的阶段。在进入第二阶段即制订计划后,还需要循序渐进地做好如下工作。

(1)充分了解并掌握企业自身的实际情况。这是制订计划的另一个重要依据。计划的任务就是要对企业内部资源做充分考虑,使之更适合外部变化的环境。

(2)群策群力、多方聚焦。企业营销计划作为企业未来一个时期的工作指南,涉及企业的各个部门,而且一旦确定并颁布,就要求整个企业的各个部门齐心协力去实施完成。因而,计划的制订就不应只是计划部门一家的事情,应当广泛听取各部门的意见,吸收采纳其合理和正确的意见和建议。

(3)由远及近,先长后短。在制订市场营销计划时不能将长期、中期和短期计划相混淆,也不能把它们完全割裂开来,更不能将它们的次序颠倒。一般而言,计划时间越短,越应具体。在制订的次序上,应首先着眼于长期计划,其次为中期计划,最后才是短期计划。

(三)制订市场营销计划应抓住关键,明确表述

市场营销计划并非工作流程或企业备忘录,它不可能也不应该太详细,而应该抓住企业营销中的关键问题予以列述。如企业产品如何定位,定位的品种、产量、质量指标,销售量、利润完成额,市场占有率,以及新产品开发、销售促进、市场拓展等关键或重大事项应作为计划的主要内容,其他一般性管理和日常事务性问题不必列入计划,以免主次难辨,轻重不分。同时,在计划中,对诸项重大问题应当进行具体而明确的规定或要求,避免用模糊的语言进行表述。为此,目标任务应采用定量化的标准予以界定和表述,对不能或不宜量化的目标任务,也应用文字简明而准确地予以表达,避免使执行者产生误解,或出现解释分歧,给今后对计划的履行、衡量和检查带来困难。

(四)制订企业营销计划应切实可行,并根据环境的变化而及时调整

没有可行性的营销计划是注定要失败的。要使营销计划具有较高的可行性,在计划制订中就应特别注意遵循市场规律,实事求是,把计划建立在科学、合理的预测基础上。为此企业必须置身于营销环境之中,充分分析机会和竞争优势,而不是只依靠自己的主观愿望行事。营销计划一旦制订并实行,一般应相对稳定,不能朝令夕改。但是市场是不断变化的,故企业的战略要随着市场环境的变化而变化。在计划实施过程中,当企业外部环境发生未预期的变化时,应对计划做出相应调整,这也是保证计划能够切实可行的重要保证。当然,应该注意的是,调整和修改计划不能过多,或太随意,或太草率。

三、市场营销计划的内容

市场营销计划是指导、协调组织市场营销活动的主要依据。所以,在考察企业内外环境的基础上制订一份适合本部门的营销计划是开展市场营销活动的前提。一份完整的市场营销计划主要包括以下几个方面。

(一)计划概要

计划概要是市场营销计划的开端部分,是整个市场营销计划的精神所在。一般来讲,在市场营销计划书的开篇,便应对本计划的主要目标及执行方法和措施做以扼要的概述,以便让高

层主管很快掌握计划的核心内容。为了便于审核者对营销计划所需材料进行评估,通常在计划概要部分之后列出计划内容目录。

(二)背景及现状

这一部分提供与市场、产品、竞争、分销以及现实环境有关的背景资料。

1. 宏观环境

这一部分阐述可能影响组织营销的宏观环境(政治、经济、社会文化和科技),以及它们的现状与未来的发展趋势,尤其是对关键因素要有清楚的了解和把握。

2. 市场形势

这一部分描述市场的基本情况,包括市场现有规模与增长速度;分析过去几年的总量、总额,以及不同地区或细分市场的销售状况;提供消费者或用户目前的需求现状、消费观念和购买行为分析以及未来的发展趋势。

3. 竞争形势

这一部分主要是针对竞争对手调查的有关结果。其中,包括竞争对手的规模、目标、目前的市场占有率、增长率、主要的竞争战略和策略以及他们在营销组合的各个方面的运作现状和最新动向。

4. 产品情况

这一部分主要包括过去及现在企业产品的销售、宣传、价格、利润方面的情况。如果企业同时营销多个产品或品牌,还要对每个产品或品牌的现状和发展趋势做出比较分析,以便展开更有针对性和策略性的营销计划。

5. 分销情况

这一部分主要包括各条分销渠道的销售情况、各条分销渠道的相对重要性及其变化趋势,并预测分销渠道的发展趋势,同时还要说明各个经销商的有关情况及其有关激励政策和交易条件等。

(三)SWOT 分析

这一部分主要是通过分析企业现状,找出企业目前的主要机会与威胁、优势与弱点,以及必须注意的主要问题。

(1)通过对企业所面对的机会和威胁的分析,找出目前或未来能够左右企业发展的主要因素,并对这些因素按轻重缓急分析优先顺序,以便企业能将有限的资源放在那些更重要、更紧迫的事情上。

(2)通过优势与弱点的分析,要说明企业内部资源与能力的主要特征。对企业优、劣势的分析是企业配置资源应对挑战的前提。所谓的优势就是企业用于开发机会、对付威胁所具备的内部因素,弱点是企业必须改进、完善的内部条件等。

(3)通过以上问题的分析,要将企业的资源与能力的优劣势与企业所面对的机会与威胁进行匹配,用来确定计划中必须强调和突出的主要方面,帮助企业形成有关市场营销的目标、战略和策略等。

(四)营销目标

在明确了企业所面临的优势、劣势、机会、威胁之后,接下来的任务是设定营销目标。营销目标的确定,是企业营销计划的核心内容,必须经过严格的论证才能实现。一般包括财务目标和营销目标,这些目标要用具体的量化指标来表示,同时要注意目标的合理性、实用性、创新性。财务目标侧重投资回报、利润、资金流和股东权益;营销目标主要由销售收入、销售增长率、市场份额、品牌美誉度和知名度、分销范围等构成。

(五)营销战略

营销战略是企业用以达到营销目标的基本方法,是研究企业为谁提供何种价值的问题,包括目标市场战略、市场营销组合策略、市场营销预算等。

(1)目标市场战略:阐明企业如何进行市场细分、选定目标市场、确定市场定位,进而完成STP战略的制定。

(2)市场营销组合策略:对选定的细分市场,分别制定产品、价格、流通渠道和促销等因素在内的一体化战略。

(3)市场营销预算:计划书中应明确执行营销战略所需的费用、用途和理由。通常情况下,销售额越大,企业所要承当的营销费用越大;反之,越小,两者成正比。

(六)行动方案

行动方案要确定要完成什么任务、什么时候完成、谁来做、成本是多少,即如何执行营销计划。营销计划所涉及每个具体的行动环节、具体的战术要用图表形式描述出来,标明日期、活动的费用和责任人,从而使整个战术行动方案在执行过程中一目了然,便于执行和控制。

营销视角 13-1

(七)预算方案

尽管企业在营销战略及战术的描述中对所需的资源已经进行了说明,但是还应制订该方案实施的预算,这样才能保证计划实施的完整性。预算包括成本预算,如销售的成本、广告费用、市场调研费等,还包括产品预期经济效益的预测。这种预算实际上就是一份预计损益表。收入方将列入预计销售量和平均价格,支出方则列出生产成本、储运费用及其他市场营销费用,收入与支出的差额便是预期利润。

(八)控制

控制是计划的最后一部分,主要说明如何对计划的执行过程、进度进行管理。常用的做法是将目标按月份或季度以及组织或人分解开,并在执行过程中进行监督和控制,掌握各个环节的完成情况,分析未完成任务的原因,以便修正计划的执行行为。

需要强调的是,根据计划的弹性原则,市场营销计划的控制部分还要有应对意外事件的应急计划,以增强企业或组织应对突发事件的能力。

四、市场营销计划的实施

实施市场营销计划,是指将营销计划转变为具体的营销活动的过程。即把企业的经济资源有效地投入到企业营销活动中,完成计划规定的任务,实现既定目标的过程。

延伸阅读 13-1

(一)市场营销计划实施的步骤

市场营销计划的实施过程包括以下主要步骤。

(1)制订行动方案。为了有效地实施市场营销战略,必须制订详细的行动方案。这个方案应该明确市场营销战略实施的关键决策和任务,并将执行这些决策和任务的责任落实到个人或小组。另外,还应包含具体的时间表,定出行动的确切时间。

(2)建立组织结构。企业的正式组织在市场营销执行过程中起着决定性作用。组织结构必须同企业战略相一致,同企业本身的特点和环境相适应,通过明确的分工和有效的协调,实现内部各项决策和行动。

(3)设计决策和报酬制度。决策和报酬制度直接关系战略实施的成败。

(4)开发人力资源。市场营销战略最终是由企业内部的工作人员来执行的,通过人力资源的选拔、培训、考核和激励等方面提高市场营销计划实施的效益。

(5)建设企业文化。企业文化是一个企业内部全体人员共同持有和遵循的价值标准、基本信念和行为准则,包括企业环境、价值观念、模范人物、习俗与仪式、文化网络五个要素。良好的企业文化能够把全体员工团结在一起,为企业战略的执行奠定坚实的基础。

(6)确定管理风格。企业管理风格与企业文化直接关联,不同的战略要求不同的管理风格,这主要取决于企业的战略任务、组织结构、人员和环境。

为了有效地实施市场营销战略,企业的行动方案、组织结构、决策和报酬制度、人力资源、企业文化和管理风格这六大要素必须协调一致、相互配合,才能使营销战略得以成功地执行。

(二)市场营销计划实施中的问题

企业在实施市场营销战略和市场营销计划过程中出现问题的原因主要有以下几个方面。

(1)计划脱离实际。企业的市场营销战略和市场营销计划通常是由上层的专业计划人员制订的,而执行则要依靠市场营销管理人员。一方面,专业计划人员往往只考虑总体战略而忽视执行中的细节,使计划过于笼统和形式化;另一方面,专业计划人员往往不了解计划执行过程中的具体问题,所定计划脱离实际。而专业计划人员和市场营销管理人员缺乏有效的沟通和协调,进一步加大了计划执行过程的困难,导致二者相互对立和不信任。因此,正确的做法应该是让计划人员协助市场营销人员制订计划,因为市场营销人员比计划人员更了解实际,只有他们参与企业的计划管理过程才更有利于市场营销目标的实现。

(2)长期目标和短期目标相矛盾。市场营销战略通常着眼于企业的长期目标,涉及今后3~5年的经营活动。但对具体执行这些战略的市场营销人员,通常是根据他们的短期工作绩效,如销售量、市场占有率或利润率等指标来进行评估和奖励的。因此,市场营销人员常选择短期行为。许多企业都在采取适当措施,克服这种长期目标和短期目标之间的矛盾,设法求得两者的协调。

(3)因循守旧的惰性。企业当前的经营活动往往是为了实现既定的战略目标,新的战略如果不符合企业的传统和习惯就会遭到抵制。新旧战略的差异越大,执行新战略可能遇到的阻力也就越大,要想执行与旧战略截然不同的新战略,常常需要改变企业传统的组织结构和供销关系。

(4)缺乏明确具体的执行方案。有些计划之所以失败,是因为计划人员没有制订明确具体、能够使企业内部各有关部门协调一致的执行方案。

第二节　市场营销组织

设计高效率的市场营销组织,是企业营销活动有效运行的保证和基础,它是整个营销活动的协调中心和指挥部,对企业营销的成败起重要作用。

一、市场营销组织的含义

市场营销组织是企业营销决策的执行机构。它是企业为了实现营销目标,对内部涉及市场营销活动的各个职能部门进行平衡协调的有机结合体。它是以市场营销观念为指导,以消费者的需求为中心而建立的组织。具体来讲,企业的市场营销组织,就是企业为了适应营销环境的不断变化,有效地实现市场营销的战略目标,通过开展市场营销活动,对完成企业市场营销目标有关的业务进行合理分工、配备人员、协调管理、明确权责,形成企业整体营销功能的有机体系。

二、市场营销组织机构设置的原则

(一)与环境相适应的原则

营销活动是一个动态的变化过程,企业的组织结构应随着环境的变化,及时地做出调整,使营销组织具有一定的收缩能力和扩张能力,以提高营销效率。只有和环境相适应,才能提高企业市场适应能力和应变能力,提高竞争能力。

(二)目标原则

战略目标是企业营销活动的出发点,市场营销组织机构的设计和建立,要有利于企业战略目标的实现。坚持目标原则,一方面,要做到营销组织机构与目标的一致,即企业市场营销组织机构的设置和规模,要与所承担的任务与规定达到的目标一致;另一方面,要使营销组织的目标与企业总目标以及各职能部门目标相互平衡衔接,并协调一致,促使组织机构设置的合理性。

(三)责、权、利相统一的原则

责、权、利相统一的原则,是任何组织正常运行的前提条件和必备条件。市场营销组织机构的设计和建立,要坚持这一原则,实现三者的有机结合,使其既有压力,又有动力,促使其积极主动完成营销任务。

(四)整体协调原则

企业的市场营销组织机构,是由若干部门和环节组成的统一的有机整体,必须坚持局部服从整体,实行统一领导的原则,要处理协调好局部利益与整体利益、短期效益与长期目标、权力集中与分散的关系。

(五)精简原则

精简原则即在满足企业基本营销任务的前提下,优化、整合企业营销队伍,把企业的人员减少到最低限度,使企业的规模与企业营销的任务大小相适应。实践证明,在机构设置过程中,能否把握市场营销的工作性质和职能范围,是企业真正做到精简的重要前提。

(六)效率原则

企业营销组织机构的建立,要求达到运转灵活,高效率。这就要求做到组织机构设置合理,作业流程和管理程序科学化和制度化,做到效率与效益的统一。

(七)合理用人原则

人、机构、程序是构成组织的三大要素。组织的有效运行,关键取决于组织内部的人际关系和人员的素质。这就要求人的选择，要高标准、严要求，为个人安排最佳位置，以协调组织内部的人事关系，发挥每个人的创造性和积极性，保证组织的高效运转。

三、市场营销组织的演变

市场营销组织的发展不是一成不变的。随着企业经营哲学、市场营销活动规模大小的发展变化，其结构经历了由简单到复杂的一个演变过程，大体上经历了五个阶段。

（一）单纯的销售部门

单纯的销售部门是指销售部门仅仅负责产品的销售工作，通常由销售主管本人或雇用的一两个推销人员从事单纯的产品推销工作而形成的一种组织机构，如图 13－1 所示。20 世纪 30 年代以前，生产观念占主导地位，西方企业并不重视市场营销，销售部门的职能仅仅是推销生产部门生产出来的产品，生产什么、销售什么；产品生产、库存管理等完全由生产部门决定，销售部门对产品的种类、规格、数量等问题，几乎没有任何发言权。而市场调研、广告和促销等其他营销职能往往聘用外部力量完成。

（二）兼有营销职能的销售部门

20 世纪 30 年代以后，竞争日趋激烈，大多数企业开始以推销观念为指导思想，需要经常性的市场营销调研、广告和其他促销活动。这些工作逐渐演变成为销售部门的专门职能，很多企业开始设立独立的市场营销主管职位，全面负责这类工作。如图 13－2 所示。

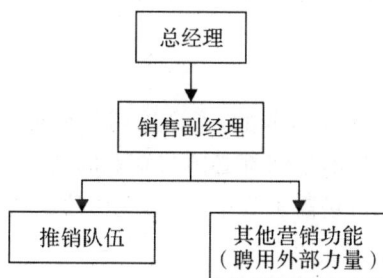

图 13－1　单纯的销售部门　　　　图 13－2　兼有营销职能的销售部门

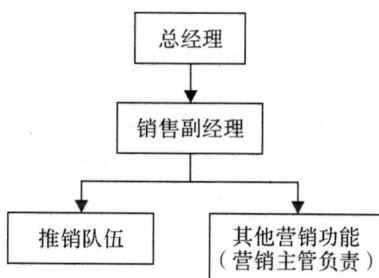

（三）独立的市场营销部门

随着业务范围和市场竞争进一步扩大，诸如市场营销调研、新产品开发、促销和顾客服务等市场营销功能的重要性日益增强，市场营销成为一个相对独立的职能。作为市场营销副总经理，同销售副总经理一样，直接由总经理领导。在这一时期，市场营销的主要职能独立于市场营销的其他职能之外，销售和市场营销成为平行的职能，如图 13－3 所示。在具体工作上，两个职能及其部门之间需要密切配合。

（四）现代市场营销部门

现代的市场营销部门是指市场营销部门全面负责产品推销和其他市场营销职能。虽然企业的整体战略目标是一致的，但在实际的工作中，销售部门和营销部门经常存在互相竞争和不信任的问题，双方都希望自己在企业中占有重要位置。销售部门经理着重追求销售最大化；营销部门经理则着重于企业长远利益，擅长把握市场的总体变化。为解决两者之间的矛盾，最终导致推销、营销合并为一个职能部门,由营销副总经理直接领导,兼顾两个部门的所有事务,最终形成了现代营销部门。如图 13-4 所示。

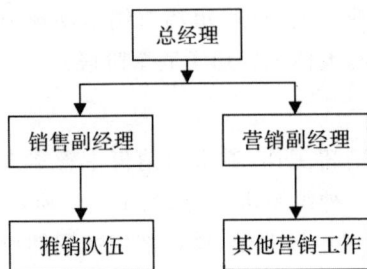

图 13-3　独立的市场销售部门　　　　图 13-4　现代市场营销部门

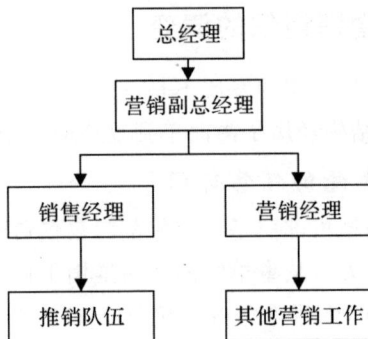

(五)现代市场营销企业

现代市场营销企业是一种全员营销型组织。企业所有管理人员,乃至每位员工在这个组织框架内都具备“市场导向”。通过信息共享,企业所有部门和每位员工的工作都围绕“为顾客服务”展开。只有市场营销不仅是一个部门的名称,而且是一个企业的经营哲学时,企业才完成了真正意义上的市场营销管理革命,成为一个“以顾客为中心”的现代市场营销企业。

四、市场营销部门的组织形式

市场营销组织不管如何演化,它始终是为企业营销活动服务的,无论采用何种形式,都必然要受到宏观和微观环境因素的影响,因此制订何种类型的组织都必须与企业的营销活动、地理区域、产品和顾客市场相适应,才能从根本上体现“以市场需求为中心”的现代营销观念。现代市场营销部门的组织形式主要有以下几种。

(一)职能型组织

职能型组织结构是最常见的市场营销组织形式,是指在企业营销部门内部设立不同的职能部门,如市场部、广告部、销售部等,不同的职能部门担负不同的工作,企业营销副总经理负责协调各专门机构的工作(如图 13-5 所示)。当企业只有一种或很少几种产品,或者企业产品的市场营销方式大体相同时,按照市场营销职能设置组织结构比较有效。但是,随着产品品种的增多和市场的扩大,这种组织形式就暴露出发展不平衡和难以协调的问题。首先,容易造成管理混乱,不利于明确划分职责与职权;其次,各个职能部门为了获取更多的预算和较其他部门更高的地位而竞争,不能很好地配合,横向联系差。

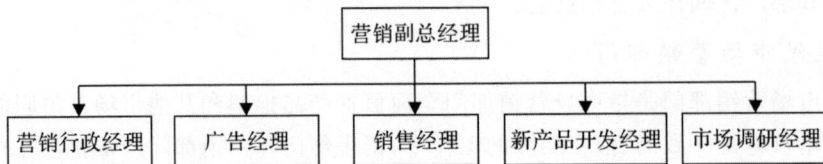

图 13-5　职能型组织

（二）地域型组织

如果一个企业的市场营销活动面向全国,那么它会按照地理区域设置其市场营销机构,如图 13-6 所示。该机构设置包括一名负责全国销售业务的销售经理,若干名区域销售经理。地域型组织结构对那些有成熟的标准化产品、产品的销售渠道有限,而地域之间差异较大的企业比较适用。该组织结构的优点是地域有权控制企业在本地域有关产品和服务的全部营销活动,每一个地域是一个独立的利润中心,有利于调动各地区的积极性;有利于培养全面的管理者。其不足之处是各地域管理机构为获得必要的产品和管理职能,就各自设立营销、生产、财务等职能管理部门,导致机构重叠、资源浪费、效率低下;也容易导致各自为政,增加了最高主管对地方控制的难度,对管理者的能力也提出了较高的要求。为了使整个市场营销活动更为有效,地域型组织通常都是与其他组织结合起来使用。

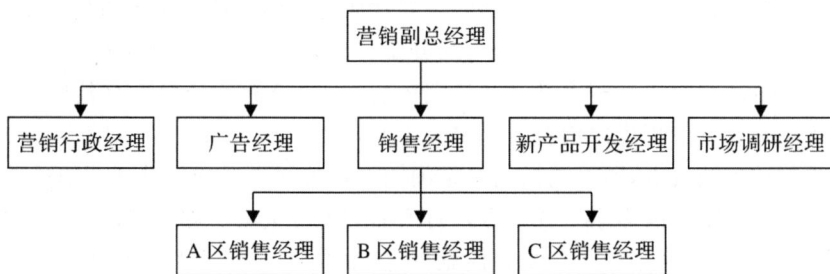

图 13-6 地域型组织

（三）产品型组织

产品型组织是指在企业内部建立产品经理组织制度,以协调职能型组织中的部门冲突。其基本做法是,由一名产品市场营销经理负责,下设几个产品大类经理,产品大类经理之下再设几个产品经理分别负责各具体的产品。在企业所生产的各种产品差异很大、产品品种太多,以致在按职能设置的市场营销组织无法处理的情况下,建立产品经理组织是适宜的。

产品市场营销经理的职责是制订产品开发计划,并付诸实施,监测其结果和采取改进措施。具体可分为以下六个方面:①发展产品的长期经营和竞争战略。②编制年度市场营销计划和进行销售预测。③与广告代理商和经销经理一起研究广告的文稿设计、节目方案和宣传活动。④激励推销人员和经销商经营该产品的兴趣。⑤搜集产品、市场情报,进行统计分析。⑥倡导新产品开发。

产品型组织(见图 13-7)结构的优点在于:产品市场营销经理能够有效协调各种市场营销职能;能及时对其所管产品在市场上出现的问题做出反应;那些较小品牌的产品也不会被忽略;由于产品经理负责领导一个独立的部门,相当于一个完整的企业,有利于接受各种考验,培养全面的管理人才;具有高度的产品前瞻性,消费者对产品的意见和建议能及时反映给各产品经理,从而对产品做出适当改进,以适应市场需要。这种组织结构的不足之处是:各产品经理考虑问题往往从本部门出发,他们之间独立的经济关系会引起激烈的竞争,甚至发生内耗;多头领导,责权划分不清;部门分散,一些资源不能充分共享,造成人员和设备浪费。

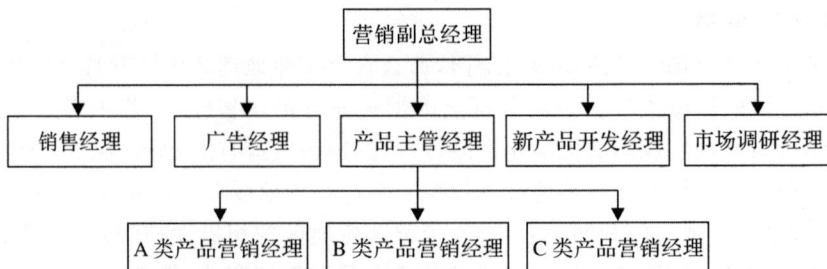

图 13-7　产品型组织

(四)市场型组织

市场型组织结构是企业以消费者需求的差异性而建立的营销组织。市场型组织和产品型组织相似,由企业营销副总经理管辖若干个细分市场经理,统一领导、协调各部门的活动。市场经理负责制订本区域内年度销售计划和长期销售计划,分析市场趋势及其所需产品。这种组织结构的优点是真正体现了以消费者需求为中心,能够让营销人员了解不同顾客的需求及变化。由于更能贴近消费者,所有的活动也是围绕消费者而开展的一系列营销活动,所以产品更能充分满足不同消费者的需求。其缺点是对产品和地区关心不够,导致产品结构单一,销量不稳定,还会引起不同市场销售人员的恶性竞争,滋生本位主义,不利于企业的整体协调,增加营销成本;这种组织机构主要适用于产品线单一,分销渠道多的企业。如图 13-8 所示。

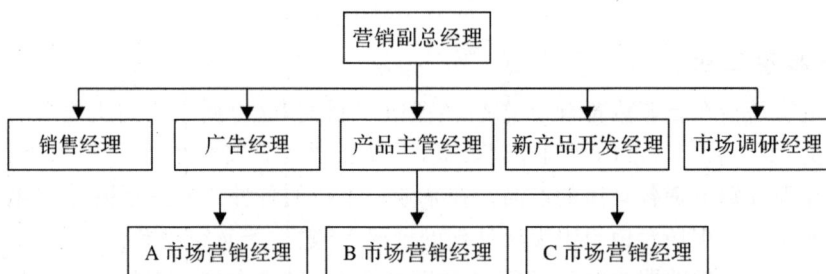

图 13-8　市场型组织

(五)产品与市场管理型组织

对于一个生产多种产品以及服务多个市场的综合性企业而言,以上提到的产品管理和市场管理组织都存在着各自的不足。如果采用产品管理组织制度,那就需要产品经理熟悉分散的不同的市场;如果采用市场管理组织制度,则需要市场经理熟悉种类繁多的不同产品。所以一些企业同时设置产品经理和市场经理,充分发挥两种组织形式的优势,形成一种矩阵式结构。如图 13-9 所示。

图 13-9　产品与市场管理型组织

(六)网络式组织

网络式组织是一种跨企业的组织形式。当一家企业为了寻求弹性和专业性,往往会采取战略联盟的方式来组合数家相关企业,形成所谓的网络式组织。网络式组织就是在特定事物的职能或工作上实行了专门化的企业战略联盟,以一个企业为中心结合在一起而形成一定网络的一种组织。它可用图 13 - 10 来表示。

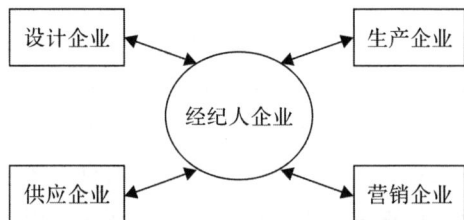

图 13 - 10　网络式组织

网络式组织的特征是:①不同的网络成员完成生产和供销工作的不同职能。②经纪人企业的存在。由设置、召集成员组织的经纪人管理网络,这是网络式组织的核心。③市场机制。网络式组织不是通过系统的计划进行控制,而是通过签订契约的市场机制进行控制。

第三节　市场营销控制

在市场营销计划的执行过程中,并不是所有事情都会如计划所预期的一样发生,难免会出现各种各样的意外事件,所以营销管理人员必须不断地进行营销控制。市场营销控制就是确保企业的市场营销活动按照市场营销计划完成,并矫正任何重大偏离的一种监视与修正过程。有效的市场营销控制是市场营销活动顺利执行以实现营销目标的保证。市场营销控制的方式有四种主要类型,即年度计划控制、盈利能力控制、效率控制和战略控制。

营销视角 13 - 2

一、年度计划控制

任何企业都要制订年度计划,可是,年度市场营销计划的执行能否取得预想效果、能否按时完成,还需要看控制工作效率如何。年度控制是指企业在本年度内,针对销售额、市场占有率和营销费用进行实际效果与计划之间的检查,以便及时采取改进措施,保证营销计划目标的实现。年度计划控制的中心是目标管理,包括四个步骤:①制定标准,即确定本年度各个季度(或月)的目标,如销售目标、利润目标等;②绩效衡量,即将实际成果与预期成果相比较,随时跟踪、监督营销计划的实施情况;③因果分析,即研究发生偏差的原因;④改进措施,改进实施方式及采取最佳的改进策略,以缩小计划与实际的差距,努力使成果与计划相一致。年度计划控制可以通过以下几个方面检查执行情况。

(一)销售分析

销售分析就是衡量并评估实际销售额与计划销售目标之间的差距。具体有以下两种方法。

1.销售变异分析

销售变异分析就是评估造成差异的因素,即销售绩效的差异有多少是由价格因素引起的,又有多少是由于销售量的变化引起的。这样,就可以衡量出不同因素对销售绩效差异的相对影响程度。

2.市场占有率分析

市场占有率分析,也称市场份额分析,主要是揭示企业同竞争者之间的相对关系,检查企业在市场中的地位变化,从而找出原因,采取相应措施,继续保持企业在市场竞争中的有利地位或扭转企业竞争地位下降的不利局面。如果市场占有率升高,表明它比其他竞争者更好;反之,相对于竞争者,其绩效较差。衡量市场占有率的方法一般有以下几种。

(1)整体市场占有率:以企业销售额占全行业销售额的百分比来计算。一般有两项决策方法:一是销售量,二是销售额。销售量表示市场份额的任何变化都反映了竞争企业之间产品销售量方面的变化,而以销售额表示的市场份额的变动则反映销售量和价格的综合变动。采取这一方法应注意行业范围的确定。

(2)可占领市场份额:用企业的销售额占企业所服务市场的百分比表示。所谓可占领市场,一是企业产品最适合的市场;二是企业营销努力所及的市场。企业可能有近100%的可占领市场份额,却只有相对较小百分比的整体市场占有率。

(3)相对于三个最大竞争者的相对市场占有率:以企业销售额对最大的三个竞争者的销售总额的百分比来表示。如某企业有40%的市场占有率,其最大的三个竞争者的市场占有率分别为30%、10%、10%,则该企业的相对市场占有率是40%÷50%=80%。一般情况下,相对市场占有率高于33%的企业被认为实力较强的企业。

(4)相对于市场领导者的相对市场占有率:以企业销售额相对市场领导者的销售额的百分比来表示。相对市场占有率超过100%,表明该企业是市场领导者;相对市场占有率等于100%,表明该企业与市场竞争者都是市场领导者;相对市场占有率增加,则表明该企业正接近市场领导者。

(二)市场营销费用率分析

企业的营销管理人员不仅要分析"产出"的变化,还要分析"营销投入"的变化,即对市场营销费用率进行分析。要了解在达到营销目标的前提下,市场营销费用的支出是否合理。市场营销费用的分析可以使用绝对额与相对比率两种方法。相对比率方法相对具有更强的合理性,经常采用的基准是销售额。以下是几种常见的比值:①市场营销费用占销售额的比率;②推广费用占销售额的比率;③人员销售的成本占销售额的比率;④市场营销研究占销售额的比率;⑤新产品研发支出占销售额的比率;⑥市场营销行政管理费用占销售额的比率。

另外,也可使用详细费用针对某类费用的比率来比较,如:①广告占推广费用的比率;②促销占推广费用的比率;③人员销售的成本占推广费用的比率;④公关支出占推广费用的比率等。

市场营销费用和销售额之比应放在一个整体财务框架中进行分析且不发生超支现象。因此,需要对各项市场营销费用率和各时期的波动用控制图进行跟踪,并加以分析,找出偏差的原因,使之控制在一定限度之内。简言之,如果费用变化幅度很大,则必须采取有效措施;如变化不大,在安全范围之内,可以不采取任何措施。

二、盈利能力控制

取得利润是每一个企业最重要的目标之一，正因为如此，企业盈利能力历来为市场营销人员所重视，因而盈利能力控制在市场营销管理中占有十分重要的位置。企业盈利能力控制主要通过以下指标进行分析和控制。

（一）销售利润率

销售利润率是指利润与销售额之间的比率，表示每销售 100 元使企业获得的利润，它是评估企业获利能力的主要指标之一。其计算公式为：

$$销售利润率＝（本期利润÷销售额）×100\%$$

（二）资产收益率

资产收益率是指企业所创造的总利润与企业全部资产的比率，其计算公式为：

$$资产收益率＝（本期总利润÷资产平均总额）×100\%$$

（三）净资产收益率

净资产收益率是指税后利润与净资产所得的比率。净资产是指总资产减去负债总额后的净值。其计算公式为：

$$净资产收益率＝（税后利润÷净资产平均余额）×100\%$$

（四）资产管理效率

资产管理效率可通过资产周转率指标进行分析。资产周转率是指一个企业以产品销售收入净额除以资产平均总额而得出的比率，其计算公式如下：

$$资产周转率＝产品销售收入净额÷资产平均占用额$$

资金周转率可以衡量企业全部投资的利润效率，资产周转率高说明投资的利用效率高。

（五）存货周转率

存货周转率是指产品销售成本与产品存货平均余额之比，其计算公式如下：

$$存货周转率＝产品销售成本÷产品存货平均余额$$

存货周转率是说明某一时期内存货周转的次数，从而考核存货的流动性。存货平均余额一般取年初和年末余额的平均数。一般来说，存货周转率次数越高越好，说明存货水准较低，周转快，资金使用效率较高。

三、营销效率控制

营销效率控制的目的是提高销售人员推销、广告、营业推广和分销等市场营销活动的效率。市场营销经理必须重视若干关键比率，这些比率表明上述市场营销职能执行的可靠性，显示出应该如何采取措施以改进执行情况。

（一）销售人员效率控制

企业各地的销售经理要记录本地区内销售人员效率的几个主要指标，包括：①每个销售人员的销售访问次数；②每次会晤的平均访问时间；③每次销售访问的平均收益；④每次销售访问的平均成本；⑤每百次销售访问而订购的百分比；⑥每期间的新顾客数；⑦每期间流失的顾客数；⑧销售成本对总销售额的百分比。

通过对以上指标的分析,可发现一些非常重要的问题。例如,销售代表每天的访问次数是否太少;每次访问所花时间是否太多;在每百次访问中是否签订了足够的订单;是否增加了足够的新顾客,并且保留住了原有的顾客。

(二)广告效率控制

企业市场营销人员应做好广告效率分析,如可做以下统计工作:①各种媒体类型、媒体工具接触每千名购买者所花费的广告成本;②顾客对每一媒体工具注意、联想和阅读的百分比;③顾客对广告内容和效果的意见;④广告前后顾客对产品态度的比较;⑤受广告刺激而引起的询问次数。企业市场营销管理人员可采取若干步骤来改进广告效率,包括进行更加有效的产品定位、确定广告目标、选择广告媒体、进行广告后效果测定等。

(三)营业推广效率控制

对每次营业推广活动,企业市场营销管理人员应该对营业推广成本及销售的影响做好记录,如做好下列统计:①按营业推广价格出售的产品占总销量的百分比;②营业推广印发优惠券的回收率;③每次营业推广活动的成本;④营业推广引起的顾客咨询增加次数及销售量增加的百分比;⑤营业推广对整个市场营销活动的影响等。

(四)分销效率控制

分销效率控制是指对企业存货水准、仓库位置及运输方式进行分析和改进,以达到最佳配置并寻找最佳运输方式和途径。例如,分销网点的市场覆盖面,销售渠道中的各级各类成员,分销系统的结构、布局以及改进方案,存货控制、仓库位置和运输方式的效果等。

四、战略控制

战略控制是总体目标的控制,是市场营销中高层次的控制。战略控制是企业营销管理者采取一系列活动定期对企业营销环境、经营战略、目标、计划、组织和整体效果进行全面、系统审查和评价的过程。其目的在于确保企业的目标、政策、战略和措施与市场营销环境相适应。但是市场营销环境总是瞬息万变的,企业的战略和计划往往不能赶上形势的变化,所以企业在进行战略控制时,可以运用市场营销审计这一工具,定期评估营销战略及其实施情况。

市场营销审计,是对一个企业市场营销环境、目标、战略、组织、方法、程序和业务等做综合的、系统的、独立的和定期性的核查,以便确定困难所在和各项机会,并提出行动的建议,改进市场营销管理效果;实际上,就是在一定时期对企业的全部市场营销业务进行总的效果评价。其主要特点,不是局限于评价某一具体问题,而是全部活动系统的评价。市场营销审计主要包括市场营销环境审计、市场营销战略审计、市场营销组织审计、市场营销系统审计、市场营销盈利能力审计和市场营销职能审计等几方面内容。

(1)市场营销环境审计。它主要是对经济、技术、政治、社会文化等宏观环境的审查,以及对直接影响企业营销的因素,如市场、顾客、竞争者、经销商等的检查分析。

(2)市场营销战略审计。它主要考察企业营销目标、市场、竞争者、资源等指标。评价企业是否能按照市场导向确定自己的任务、目标并设计企业形象;是否能选择与企业任务、目标相一致的竞争地位;是否能制订与产品生命周期、竞争者战略相适应的市场营销战略;是否能进行科学的市场细分并选择最佳的目标市场;是否能恰当地分配市场营销资源并确定合适的市场营销组合;在市场定位、品牌形象、公共关系等方面的战略及策略是否卓有成效,所有这些都需要经过市场营销战略及策略审计的检验。

（3）市场营销组织审计。它主要是检查企业营销组织对环境变化的适应能力和执行企业组织战略的能力，包括：企业是否有坚强有力的市场营销主管领导及其明确的职责与权力；是否能按产品、用户、地区等有效地组织各项市场营销活动；是否有一支训练有素的营销及销售队伍，对营销及销售人员是否有健全的激励、监督机制和评价体系；市场营销部门与采购部门、制造部门、研究开发部门、财务部门及其他部门的沟通情况以及是否有密切的合作关系等。

（4）市场营销系统审计。企业市场营销系统包括市场营销信息系统、市场营销计划系统、市场营销控制系统和新产品开发系统。对市场营销信息系统的审计，主要是审计企业是否有足够的有关市场发展变化的信息来源，是否有畅通的信息渠道，是否进行了充分的市场营销研究，是否恰当地运用市场营销信息进行科学的市场预测等。对市场营销计划系统的审计，主要是审计企业是否有周密的市场营销计划，计划的可行性、有效性以及执行情况如何；是否进行了销售潜量和市场潜量的科学预测；是否有长期的市场占有率增长计划；是否有适当的销售定额及其完成情况如何等。对市场营销控制系统的审计，主要是审计企业对年度计划目标、盈利能力、市场营销成本等是否有准确的考核和有效的控制。对新产品开发系统的审计，主要是审计企业开发新产品的系统是否健全；是否组织了新产品创意的收集与筛选；新产品开发的成功率如何；新产品开发的程序是否健全，包括开发前充分的调查研究、开发过程中的测试以及投放市场的准备及效果等。

（5）市场营销盈利能力审计。市场营销盈利能力审计，是在企业盈利能力分析和成本效益分析的基础上，审核企业的不同产品、不同市场、不同地区以及不同分销渠道的盈利能力；审核进入或退出、扩大或缩小某一具体业务对盈利能力的影响；审核市场营销费用支出情况及其效益；进行市场营销费用-销售分析，包括销售队伍与销售额之比、广告费用与销售额之比、促销费用与销售额之比、市场营销研究费用与销售额之比、销售管理费用与销售额之比；进行资本净值报酬率分析和资产报酬率分析等。

（6）市场营销职能审计。市场营销职能审计，是对企业的市场营销组合因素（即产品、价格、渠道、促销）效率的审计。它主要是审计企业的产品质量、特色、式样、品牌的顾客欢迎程度，企业定价目标和战略的有效性，市场覆盖率，企业分销商、经销商、代理商、供应商等渠道成员的效率，广告预算、媒体选择及广告效果，销售队伍的规模、素质以及能动性等。

本章小结

市场营销计划是企业开展营销活动的行动纲领。市场营销计划制订必须充分体现企业的发展战略；应遵循市场规律，循序渐进；应抓住关键，明确表述；应切实可行，并根据环境的变化而及时调整。一份完整的市场营销计划主要包括计划概要、背景及现状、SWOT分析、营销目标、营销战略、行动方案、预算方案、控制等内容。市场营销计划的实施包括制订行动方案、建立组织机构、形成规章制度和加强企业文化的建设与培育等内容。

市场营销组织是企业为了实现营销目标，对内部涉及市场营销活动的各个职能部门进行平衡协调的有机结合体。市场营销组织机构的设置应遵循与环境相适应的原则，目标原则，责、权、利相统一的原则，整体协调原则，精简原则，效率原则以及合理用人原则。市场营销组织的发展大体上经历了单纯的销售部门、兼有营销职能的销售部门、独立的市场营销部门、现代市场营销部门、现代市场营销企业五个阶段。现代市场营销部门的组织形式主要有职能型组织、地域型组织、产品型组织、市场型组织、产品与市场管理型组织、网络式组织。

市场营销控制就是确保企业的市场营销活动按照市场营销计划完成,并矫正任何重大偏离的一种监视与修正过程。控制的方式有四种主要类型,即年度计划控制、盈利能力控制、效率控制和战略控制。年度计划控制通过销售分析和市场营销费用率分析进行。盈利能力控制通过销售利润率、资产收益率、净资产收益率、资产管理效率、存货周转率进行分析控制。效率控制包括销售人员效率控制、广告效率控制、促销效率控制、分销效率控制。战略控制是企业营销管理者采取一系列活动定期对企业营销环境、经营战略、目标、计划、组织和整体效果进行全面、系统审查和评价的过程。市场营销审计主要包括市场营销环境审计、市场营销战略审计、市场营销组织审计、市场营销系统审计、市场营销盈利能力审计和市场营销职能审计等几方面内容。

思考题

1. 制订市场营销计划应坚持哪些原则?
2. 简述市场营销计划的内容。
3. 设置市场营销组织机构应坚持哪些原则?
4. 简述市场营销组织的演变。
5. 简述现代市场营销部门的组织形式。
6. 简述市场营销控制的方式。

案例分析

美团 App 换帅:原好乐买 CEO 李树斌空降出任副总裁

2019 年 12 月 23 日,美团点评小范围宣布了一起人事变动:美团 App 部门原负责人李明调离原岗位,接替他的是空降而来的李树斌。李树斌出任美团点评副总裁,向美团点评高级副总裁、用户平台负责人王慧文汇报。李树斌曾是知名垂直鞋类电商公司好乐买创始人兼 CEO。

据了解,美团 App 部门的职能是美团 App 的研发、产品、运营,其负责人是美团点评用户增长的关键人物。这次调整非常迅速,美团点评表示"原美团 App 部负责人李明作为产品委员会执行主席,将聚焦产品委员会的建设工作。李明向产品委员会主席王慧文汇报不变"。

2018 年 10 月,美团点评开启一轮公司层面组织架构大调整,四大事业群演变为两大平台(用户平台、LBS 平台)、两大事业群(到店、到家)、两大独立事业部(快驴、小象),美团高级副总裁王慧文接管用户平台和 LBS 平台,用户平台的主要目标就是通过市场、运营等手段,为 App 拉新促活,提升日活跃用户数量(daily active user,DAU)。

这次人事变动是王慧文接管用户平台后做出的第二次重要调整。2019 年 2 月,美团点评将点评平台更名为点评 App 部,并整合若干业务,任命黄海为负责人。由此,用户平台部正式下辖三个部门:美团 App 部、点评 App 部和服务体验部门,时任美团 App 负责人李明、点评 App 负责人黄海均向高级副总裁王慧文汇报。

随着餐饮外卖行业进入下半场,"80% 的目标人口已经使用过外卖服务"(美团高级副总裁王慧文在一次公开场合演讲中称），处于行业领先地位的美团点评也面对增长压力，同时阿里本地生活的竞争也令美团点评无法懈怠。

在王慧文主导下，美团点评2019年以来已经实行一系列促进用户增长的动作。1月，摩拜单车更名为"美团打车"，同时将单车入口接入美团App；6月，美团品牌全线"刷黄"，从线上的 Web 端和 App 端，到线下的单车、POS 机、收款码、充电宝首款盒统一使用黄色 Logo；10月，"榛果民宿"更名为"美团民宿"。此外，美团 App 还效仿支付宝促活手段，增加天气等工具入口，并在局部城市内提供公交乘车码等服务。

这些都说明，美团渴望聚拢所有流量，并挖掘一切场景匹配的新流量，把美团 App 打造成一个超级 App。

巨头阿里、腾讯的业务基石无不是一款超级 App。不止一位美团点评前高层人士曾指出，美团点评内部认定的美团 App"安全区间"是1亿 DAU。据了解，2019年美团 App 实现了比2018年更快的增速，但目前距离上述目标尚有一定差距。

相比之下，拼多多日活跃用户数量早在2019年"6·18"期间就突破了1亿，且仍在快速增长中。"11月 DAU 超过1.7亿，MAU 超过了4.2亿。"一位熟悉拼多多的人士称。虽然两家公司正面竞争有限，但在成为中国互联网公司新第三极的路上，拼多多恐怕是美团点评最强劲的敌人。

资料来源：美团 App 换帅：原好乐买 CEO 李树斌空降出任副总裁[EB/OL].(2019-12-24)[2020-03-05]. http://finance.sina.com.cn/stock/relnews/hk/2019-12-24/doc-iihnzhfz8072247.shtml.

问题讨论：

1. 美团为了实现其市场营销目标对组织结构进行了哪些调整？

2. 如何看待美团的市场营销管理活动？

3. 假如你是美团点评的高管，面对强有力的竞争对手，你将如何在市场营销计划、组织和控制等方面不断创新？

第十四章
市场营销领域的创新实践

◆ 了解：服务营销、绿色营销、低碳营销、网络营销、大数据营销、文化营销、体验营销的基本含义。

◆ 掌握：服务市场营销组合策略；实施绿色营销的意义；低碳营销的特征；网络营销的内容；大数据在营销中的应用；文化营销的内容；体验营销的基本模式。

◆ 熟悉：服务营销的特点；绿色营销的实施；低碳营销组合策略；网络营销的常用工具；大数据营销的程序；体验营销策略。

📀 导入案例

伊利工业旅游

"牛奶的历史""牛奶里的营养""一盒牛奶的科技含量"……千万消费者通过伊利工业旅游之旅，体验了"一滴牛奶的旅程"，了解了中国乳业的发展。

2019年10月21日，在河北唐山召开的第三届中国工业旅游产业发展联合体全体会议上，伊利凭借在工业旅游上的不断创新和探索，荣获网友喜爱的"十大工业旅游企业"奖项，并分享了成功经验。

作为健康食品行业龙头企业，伊利集团在"让世界共享健康"梦想的指引下，汇聚各方力量，推动打造"全球健康生态圈"，构建一个安全、可靠、透明的乳业生态系统。伊利工业旅游依托于深厚的乳文化资源、先进的乳制品加工生产智慧化车间及优质黄金奶源带，打造多样化工业旅游项目，开发了参观考察、商务交流、学子实践、健康体验、文化品鉴、休闲观光等各具特色的旅游产品，成为工业旅游的创新典范。

据了解，伊利工业旅游不仅为游客提供齐备的旅游设施和完善的服务，还带给游客沉浸式的体验。在生产工厂，游客可通过特设的参观通道，全面了解产品的每一个生产环节和生产工艺，零距离的感受品质透明化；在奶源基地，游客可与小牛进行亲密接触，了解不同奶牛品种，如荷斯坦、西门塔尔、娟珊等；在草原乳文化博物馆，游客可系统了解北方游牧民族数百年的乳业文明史，品尝伊利纯牛奶、金典有机奶、安慕希酸奶、舒化无乳糖牛奶等各类高品质产品。在服务方面，伊利工业旅游引领行业创新发展，第一家引入智能服务终端，实现了景区自动触发中、英、蒙三语语音导览，VR现场体感体验，360度全景在线参观，"摇一摇"生产互动和签到拍照等便捷化的科技互动体验，让游客在游玩中了解企业的生产流程、先进工艺和企业文化。

截至目前,伊利工业旅游在全国形成 3 家 AAAA、7 家 AAA、11 家 AA 旅游景区的布局体系。自开展工业旅游以来,伊利在全国开放工业旅游工厂多达 34 个,累计接待游客总量突破 1200 万人次。依托工业旅游的全面开展,伊利让消费者了解伊利绿色、健康产品的生产过程,更展示了中国乳业的良好形象。

工业旅游是伊利打造"透明品质"的重要窗口,也是伊利与消费者进行对话的一种重要途径,未来,伊利工业旅游将利用企业优势,优化产业资源,推进打造"全球健康生态圈",不断提升中国乳业的消费信心,推动中国乳业高质量发展。

资料来源:伊利集团荣获"十大工业旅游企业"奖项[EB/OL].(2019 - 10 - 25)[2020 - 04 - 15].http://www.sohu.com/a/349641875_120066313.

当今世界经济正以势不可挡的趋势朝着全球市场一体化、企业生存数字化、商业竞争国际化的方向发展,由信息技术革命带动的、以高新科技产业为龙头的新经济迅速发展。处在这样一个高度竞争、瞬息万变的宏观环境之中,企业面临营销观念创新的挑战、市场创新的挑战、产品创新的挑战和营销方法创新的挑战。新经济的发展为企业的市场营销带来了新的变革和机遇,新领域与新形式不断涌现。

第一节　服务营销

当今世界经济发展的一大趋势就是服务业的迅速崛起,服务业已经成为国家经济发展的主体、就业的主体、企业新的利润增长点和市场竞争优势的来源,有着广阔的市场前景。服务营销学于 20 世纪 60 年代兴起于西方,研究服务营销对于提高服务效率,改善服务质量,不断完善服务水平,更好地满足消费者的需求,有着极其重要的意义。

一、服务的概念及其特征

服务是具有无形特征却可给人带来某种利益或满足感的可供有偿转让的一种或一系列活动。服务具有以下基本特征。

(1)无形性。服务和产品本质是不同的,服务不是实物产品,服务的很多元素看不见、摸不着,虽然有些服务项目包括一些物质产品(如售后维修零部件供应),但服务的中心还是向顾客提供有价值的活动,并非转移某种产品的所有权。

(2)品质差异性。服务品质差异性是指服务的构成成分及其质量水平经常变化,难以统一认定的特性。服务的主体和对象均是人,人是服务的中心,而人又具有个性,人涉及服务方和接受服务的顾客两个方面。服务品质的差异性既由服务人员素质的差异所决定,也受顾客本身的个性特色的影响。不同素质的服务人员会产生不同的服务质量效果;同样,同一服务人员为不同素质的顾客服务,也会产生不同的服务质量效果。

(3)不可分离性。有形产品的生产过程和消费过程是可以分开的,而服务的生产和消费是分不开的,也就是说服务人员向顾客提供服务时,也正是顾客消费服务的时刻,二者在时间上不可分离。服务的这一特性表明,顾客只有而且必须加入到服务的生产过程才能最终消费到服务。例如,只有顾客在场时,理发师才能完成理发的服务过程。

(4)不可贮存性。服务是一种在特定时间的需要,服务的生产和消费是同步进行的。企业可以把生产的有形产品贮存起来,过后再卖,但是服务是不可以贮存的。

二、服务营销的特点

服务营销是指企业通过创造,同服务对象交换有价值的服务产品(有形的和无形的物品),以满足顾客的需求和欲望及企业的目标和需要的一种社会管理过程。作为一种通过关注顾客,进而提供服务,最终实现有利交换的营销手段,服务营销具有以下特点。

1.供求分散性

在服务营销活动中,服务产品的供求具有分散性。不仅供方覆盖了第三产业的各个部门和行业,企业提供的服务广泛分散,而且需方更是涉及各类企业、社会团体和千家万户不同类型的消费者。由于服务企业一般占地小、资金少、经营灵活,往往分散在社会的各个角落,即使是大型的机械服务公司,也只能在有机械损坏或发生故障的地方提供服务。服务供求的分散性,要求服务网点要广泛而分散,尽可能地接近消费者。

2.营销方式单一性

有形产品的营销方式有经销、代理和直销多种营销方式。有形产品在市场可以多次转手,经批发、零售多个环节才使产品到达消费者手中。服务营销由于生产与消费的统一性,决定其只能采取直销方式,中间商的介入是不可能的,储存待售也不可能。服务营销方式的单一性、直接性,在一定程度上限制了服务市场规模的扩大,也限制了服务业在许多市场只能出售自己的服务产品,这给服务产品的推销带来了困难。

3.营销对象复杂多变

服务市场的购买者是多元的、广泛的、复杂的。服务购买者的购买动机和目的各异,某一服务产品的购买者可能牵涉社会各界不同类型的家庭和不同身份的个人,即使购买同一服务产品,有的用于生活消费,有的却用于生产消费。

4.服务消费者需求弹性大

根据马斯洛需求层次原理,人们的基本物质需求是一种原发性需求,人们对这类需求易产生共性,而人们对精神文化消费的需求属继发性需求,需求者会因各自所处的社会环境和各自具备的条件不同而形成较大的需求弹性。同时对服务的需求与对有形产品的需求在一定组织及总金额支出中相互牵制,也是形成需求弹性大的原因之一。同时,服务需求受外界条件影响大,如季节的变化、气候的变化、科技发展的日新月异等对信息服务、环保服务、旅游服务、航运服务的需求造成重大影响。需求的弹性是服务业经营者最棘手的问题。

5.对服务人员的技术、技能、技艺要求较高

服务者的技术、技能、技艺直接关系着服务的质量。消费者对各种服务产品的质量要求也就是对服务人员的技术、技能、技艺的要求。服务者的服务质量不可能有唯一的、统一的衡量标准,只能是以相对的标准或凭购买者的感觉体会。

三、服务市场营销组合

服务市场营销组合是指服务企业对可控的各种市场营销组合手段的综合运用,就是服务企业运用系统的方法,根据企业的外部环境,把服务市场营销的各种可控因素进行最佳的组合,协调利用,以实现服务企业的营销目标。服务企业营销组合定为七个要素,即产品(product)、定价(price)、地点或渠道(place)、促销(promotion)、人员(people)、有形展示(physical evidence)、过程(process),简称7Ps。在制定营销战略时,服务营销人员需要考虑这些组合要素之间的关系。

1.产品

服务产品是一种特殊产品,是企业提供给服务对象用于满足其需求和欲望的各种事物。服务产品包括核心服务、便利服务和辅助服务三个层次。核心服务是企业提供给顾客的最基本效用,如银行的储蓄业务。便利服务是配合核心服务而提供的便利,如到医院就诊而产生的预约、挂号、收费、办理出院手续等服务。辅助服务用以增加服务的价值或区别于竞争者的服务。三者之间相辅相成,是服务产品的重要组成部分。

2.定价

价格方面要考虑的因素包括价格水平、折扣、折让和佣金、付款方式和信用。在区别一种服务和另一种服务时,价格是一种识别方式,顾客可从一种服务的价格感受到其价值的高低。价格和质量之间的相互关系,也是服务定价的重要考虑因素。

3.分销

由于服务产品的生产和消费过程是不可分离的,因此分销涉及服务提供的地点和渠道的选择,以及如何将服务提供给顾客。对于服务来说,地点的重要性取决于服务双方相互作用的类型和程度,即是顾客来找服务提供者还是提供者来找顾客。同时直销作为服务分销的主要形式,也是非常重要的。特别是一些特殊商品如药品,直销更是其首选之一,这种分销渠道的模式更能直接让受众者感受到更好的服务。

4.促销

促销包括广告、人员推销、销售促进或其他宣传方式的各种市场沟通方式,以及一些间接的沟通方式,如公关等。

5.人员

在服务企业担任生产或操作性角色的人,在顾客看来其实就是服务产品的一部分,其贡献也和其他销售人员相同。大多数服务企业的特点是操作人员可能担任服务表现和服务销售的双重工作。因此,市场营销管理必须和作业管理者协调合作。企业工作人员的任务极为重要,尤其是那些经常"高度接触"的服务业务的企业。所以,市场营销管理者还必须重视雇佣人员的筛选、训练、激励和控制。

6.有形展示

有形展示会影响消费者和客户对一家服务企业的评价。有形展示包括的要素有实体环境(装潢、颜色、陈设、声音)以及服务提供时所需要的装备实物(如汽车租赁公司所需要的汽车),还有其他的实体性线索,如航空公司所使用的标志或干洗店为洗好的衣物提供的"包装"。

7.过程

人的行为在服务企业很重要,而过程(即服务的递送过程)也同样重要。表情愉悦、专注和关切的工作人员,可以减轻顾客必须排队等待服务的不耐烦的情绪,或者平息顾客在技术上出问题时的怨言或不满。整个体系的运作政策和程序方法的采用、服务供应中的机械化程度、员工裁断权的适用范围、顾客参与服务操作过程的程度、咨询与服务的流动、定约与等待制度等,都是市场营销管理者要特别注意的事情。

营销视角 14-1

第二节　绿色营销

保护生态环境、促进经济与生态的协调发展,既是企业自身生存和发展的需要,又是企业不可推卸的社会责任。20世纪90年代以后,由于人类消费观念的转变,能源紧缺问题、环保运动的兴起进一步推动了"绿色文化"的传播。人们开始青睐绿色商品、绿色消费,绿色营销作为一种新型的经营战略也越来越受到企业的重视。绿色观念的传播既给企业发展带来了机遇,又带来了挑战。因此,如何适应这种营销环境、接受绿色营销观念已经成为企业满足人们的绿色需求,实现可持续发展战略的必然要求。

一、绿色营销的概念

绿色营销是指企业在经营过程中,注意保护地球环境、节约资源与实行可持续发展战略,促进经济与生态的协调发展,为实现企业自身利益、消费者利益及生态环境利益的统一,而对产品、定价、分销、促销进行策划与实施的过程。绿色营销中绿色的含义是多重的,而不是单一的。它既指一种产品,也指一种行业,还可指一种经营哲学和行为规范。

绿色营销与传统营销相比,具有以下特征。

(1)绿色消费是开展绿色营销的前提。消费需求由低层次向高层次发展,是不可逆转的客观规律,绿色消费是较高层次的消费观念。人们的温饱等生理需要基本满足后,便会产生提高生活综合质量的要求,产生对清洁环境与绿色产品的需要。

(2)绿色观念是绿色营销的指导思想。绿色营销以满足需求为中心,为消费者提供能有效防止资源浪费、环境污染及损害健康的产品。绿色营销所追求的是人类的长远利益与可持续发展,重视协调企业经营与自然环境的关系,力求实现人类行为与自然环境的融合发展。

(3)绿色体制是绿色营销的法制保障。绿色营销是着眼于社会层面的新观念,所要实现的是人类社会的协调持续发展。在竞争性的市场上,必须要有完善的政治与经济管理体制,制定并实施环境保护与绿色营销的方针、政策,制约各方面的短期行为,才能维护全社会的长远利益。

(4)绿色科技是绿色营销的物质保证。技术进步是产业变革和进化的决定因素,新兴产业的形成必然要求技术进步;但技术进步如背离绿色观念,其结果有可能会加快环境污染的进程。只有以绿色科技促进绿色产业的发展,促进节约能源和资源可再生、无公害的绿色产品的开发,才是绿色营销的物质保证。

二、实施绿色营销的意义

(一)能够实现社会经济的可持续发展

企业开展绿色营销,不仅符合社会经济发展的趋势,也是企业自身发展的需要。绿色营销观念要求企业要有全局和长远的发展意识,将可持续性目标作为企业的基本目标,通过绿色营销活动,协调企业利益、保护环境与社会发展的关系,使自身的营销活动有利于环境的良性发展。

营销视角 14-2

（二）有助于企业树立良好的形象

随着生活水平的提高，人们对于绿色产品的绿色需求，为企业在产品生产、加工、贮存、运输以及市场营销组合策略的运用等方面提出了新的要求。特别是在市场竞争日益激烈的今天，环境保护越来越重要，企业要想在众多的竞争对手当中立于不败之地，只有不断地树立新的绿色营销理念，通过绿色营销把企业自身利益目标融入消费者和社会的利益中，满足其绿色需求，从而提升企业的整体形象，在市场竞争中掌握主导权。

（三）有助于企业提高效益

绿色营销充分考虑产品的经济效益与社会公众的长远利益，要求企业将整体的战略目标与社会发展、环境保护、资源利用相适应。随着消费者绿色意识的增强，购买绿色产品已经成为一种主流趋势，人们逐渐认识到购买产品不仅要使用，还要享受产品所带来的快乐，过度的消耗和浪费资源必然会给整个社会带来危害。因此，绿色产品市场的发展潜力是巨大的。对于企业来讲，如果及时地开展、实施绿色营销活动，有利于企业占领市场、扩大市场占有率，同时也给企业带来了可观的收益。此外，绿色企业还能获得各种优惠政策，得到政府的扶持，同时许多消费者改变原有的消费观念，自愿拒绝非绿色产品，购买价位相对较高的绿色产品，这对于企业来说，通过开展绿色营销导致经济效益的增加是必然的。

（四）可塑造绿色文明，促进企业塑造绿色文化

传统的营销观念以获利为目标，不断地索取和利用资源。绿色营销观念主张从消费者、企业、自然环境的长远利益出发，兼顾三者利益。这种营销观念必然可以推动新型的绿色文明的发展，这种营销策略既保证了现代人的需求，又为后代提供充足的环境需求。企业通过实施绿色营销可以使员工树立绿色营销观念，在产品的整个生产、销售、消费一体化过程中实施绿色化行为，既保证了员工的身心健康，更有利于培育企业的绿色文化。

三、绿色营销的实施

在绿色理论和绿色意识的指引下，消费者逐渐认识到其生活的质量和生活方式正在受环境恶化的严重影响。因此，人们日益强烈的绿色消费欲望不仅对现代企业生产，同样也对现代企业营销提出了挑战，实施绿色营销既符合国际形势发展的要求，又是企业自身可持续发展的需要。具体实施过程如下。

（一）树立绿色营销观念

绿色营销观念认为，企业在营销活动中，要顺应时代可持续发展战略的要求，注重地球生态环境保护，促进经济与生态环境协调发展，以实现企业利益、消费者利益、社会利益及生态环境利益的协调统一。绿色营销观念要求企业营销决策的制订必须首先建立在有利于节约能源、资源和保护自然环境的基础上，促使企业市场营销的立足点发生新的转变；绿色营销观念要求企业着眼于绿色需求的研究，不仅要考虑现实绿色需求，更要放眼于潜在的绿色需求；绿色营销观念是企业实现长远经营目标的保证，是竞争制胜的法宝。

（二）制定绿色营销战略

实施绿色营销战略是与企业的长期发展规划和战略分不开的。企业对于绿色营销的实施和开展必须要有充足的准备，因此企业要有一个明确的绿色发展计划及必要的资源投入，其中

应该详细表述产品绿色发展周期、绿色品牌实施计划、绿色产品研发计划、绿色营销推广计划、绿色营销服务通道计划、绿色营销管理方案等绿色计划；同时要对企业的人力资源、资金和价值的管理进行系统的计划，确保营销过程中各种资源有效整合，推动整个绿色营销进程的实施，为最终实现各种利益体的共赢打下坚实基础。

(三)制订绿色营销组合策略

1.产品策略

成功的产品具有品牌效应，并能够给企业带来巨大的收益，产品策略是市场营销组合的首要策略。企业实施绿色营销必须以绿色产品为载体，绿色产品的开发是绿色营销的支撑点。所谓绿色产品是指产品本身及其在生产过程中，具备节能、节水、低污染、低毒、可再生、可回收等特性的一类产品，是绿色科技应用的最终体现。绿色产品的设计、研发、生产是一个相互协调配合的过程，产品设计时，要综合考虑以下几种因素：其一是产品本身具有环保性，应有利于消费者的健康，符合有关环保和安全卫生的标准；其二是该产品的制造与使用过程不会污染环境；其三是产品包装应绿色化，要有绿色环境保护标志；其四是产品具有回收再利用的功能；其五是产品的品质要高于同类其他产品。因此企业在设计、开发绿色产品时，要将绿色营销理念融入产品的设计当中，从技术创新、产品设计、产品生产、产品包装、产品储存、产品运输等环节进行全过程管理。

2.价格策略

绿色产品具有较高附加值，拥有优良的品质，在健康、安全、环保等诸多方面都具有普通产品无法比拟的优势。尤其产品在设计的过程中，增加了环境保护成本，因此绿色产品从价格上来看，属于高档产品，这就使得绿色产品在定价上要比普通产品高20％以上。从绿色产品的价格定位上，应该着眼于消费水平较高的目标市场中的消费群体，这样才能

延伸阅读 14-1

满足消费者的求新、求异、崇尚自然的心理。在发达国家，消费者能够接受较高的绿色产品价格。在我国，由于消费者的绿色意识较弱，绿色产品价格上扬幅度不宜过大，在大中城市的市场价格可略高此。随着科学技术的发展和各种环保措施的完善，绿色产品的制造成本会逐步下降，并趋于稳定。企业制订绿色产品价格，一方面要考虑价格的构成要素（如生产成本、期间费用、税金等）；另一方面考虑消费者的购买能力，随着人们环保意识的增强和消费者经济收入的增加，消费者对商品可接受的价格观念会逐步与消费观念相协调。

3.渠道策略

绿色渠道是绿色产品从生产者向消费者转移过程中，所有取得其所有权的组织或个人，主要包括绿色产品的生产商、经销商、代理商等。由于它涉及绿色产品有效的铺货，这种流通过程的稳定性将树立企业的绿色营销形象，所以企业要做好绿色营销，必须要建立良好、稳定的绿色营销渠道。具体体现在：其一，准确定位绿色产品的营销渠道。企业在进行绿色营销过程中，由于不同产品所面对的市场状况是不同的，消费者对产品需求不可能完全排斥非绿色产品，企业要根据竞争对手现有产品渠道情况以及其他产品的市场供需状态，从绿色交通工具的选择，到绿色仓库的建立，再到绿色装卸、运输、贮存、管理办法的制订与实施，尽可能建立短渠道、宽渠道，减少渠道资源消耗，降低渠道费用，使绿色产品顺利到达消费者手中。其二，选择中间商。应启发和引导中间商的绿色意识，建立与中间商恰当的利益关系，不断发现和选择热心的营销伙伴，逐步建立稳定的绿色营销网络。其三，建设专用的绿色营销渠道。企业可以开

设一些绿色专营店,在栽培、生产、储存、运输的制订与实施等方面,实行统一绿色渠道模式。

4.促销策略

促销就是围绕绿色产品而开展的各项促销活动的总称。其核心是通过企业相关活动,刺激消费者,引起消费者需求,最终导致购买的产生。绿色促销的目的在于通过商品相关信息的传递,谋求消费者绿色需求与绿色产品的协调并借以在消费者心目中建立零售企业及其商品的绿色形象,丰富企业绿色营销内涵、促进绿色产品推广和消费、巩固企业绿色产品市场地位,以期实现企业盈利的目的。绿色促销的主要手段有以下几种。

(1)绿色广告。绿色广告指企业通过大众传播媒体(广播、电视、报纸、杂志),向消费者传递绿色信息,营造市场营销的绿色氛围,激发消费者的购买欲望。同时在广告活动的各个步骤面对不同的消费者制订不同的广告策略,并且注意绿色理念的贯彻和实施。由于绿色产品是一种高科技产品,所以在宣传时,一定要注意广告宣传的产品品质的合格性、媒体选择的合法性、广告策略选择的实用性。

(2)绿色推广。通过营销人员的绿色推销和营业推广,从销售现场到推销实地,直接向消费者宣传、推广产品的绿色信息,讲解、示范产品的绿色功能,回答消费者的绿色咨询,宣讲绿色营销的各种环境现状和发展趋势,激励消费者的消费欲望。同时,针对促销对象的不同,选择不同的营业推广策略,如针对消费者可以采取免费试用、馈赠、发放优惠券等方式;针对中间商可以采取交易折扣、销售竞赛等方式,从而引起消费者的购买兴趣,促成购买行为的发生。

(3)绿色公关。绿色公关是企业建立绿色形象的重要途径。企业的公关人员通过参与一系列公关活动,诸如发表文章、演讲、影视资料播放、社交联谊、环保公益活动的参与和赞助等,广泛与社会公众进行接触,增强公众的绿色意识,树立企业的绿色形象,为绿色营销建立广泛的社会基础,促进绿色产业的发展。

总之,随着社会的不断发展与进步,企业要灵活运用绿色营销组合策略,使绿色产品与绿色包装、绿色价格、绿色渠道、绿色促销融合在一起,融为一体。只有这样,才能确保为企业带来广阔的市场前景,给消费者的日常生活注入新的生活标准。

第三节 低碳营销

随着全球人口数量的上升和经济规模的不断增长,化石能源等常规能源的使用造成的环境问题及后果不断地为人们所认识。温室气体排放带来全球气候变暖,地球臭氧层正遭受前所未有的危机,自然生态系统正在遭受不可逆转的破坏,世界气候面临越来越严重的问题,全球灾难性气候频繁出现。在此背景下,以低能耗、低污染为基础的"低碳经济"已成为全球热点。所谓"低碳",核心是降低温室气体(二氧化碳为主)的排放,最早由英国政府在2003年的英国能源白皮书《我们能源的未来:创建低碳经济》中提出。低碳营销正是在环境保护形势日益严峻的状况和低碳经济逐渐形成的驱动下产生的。低碳经济时代,企业主动实施低碳营销是企业在营销实践中主动承担社会责任的积极反映,也是企业可以保持长久竞争优势的一个重要筹码。

一、低碳营销的内涵和特征

低碳营销是指企业主要通过导入低碳理念,从产品设计、生产加工、运营、包装和售后等多个环节向低碳管理倾斜,在营销的各个环节倡导和推行低碳理念,主动引导客户的低碳需求的一种营销模式。在低碳经济蓬勃发展的背景下,实施低碳营销模式可以帮助企业树立良好的环保形象,赢得低碳消费者青睐,最终赢得独特的市场竞争力。低碳营销注重从根本上改善生态环境,节约资源和能源,提高资源的利用效率,有利于促进企业主动转变经济发展方式,改变粗放型能源使用模式和管理模式,符合企业和社会的中长期利益需要。

总体上来说,低碳营销具有以下四个典型特征。

1.建立在低碳经济模式的基础之上

低碳经济模式是一种从生产、流通到消费和废物回收一系列社会活动中实现低碳化发展的经济模式。低碳经济模式在可持续发展理念指导下,通过理念创新、技术创新、制度创新、产业结构创新、经营创新、新能源开发利用等多种手段,提高能源生产和使用的效率以及增加低碳或非碳燃料的生产和利用的比例,尽可能地减少对于煤炭、石油等高碳能源的消耗,同时积极探索碳封存技术的研发和利用途径,从而实现减缓大气中二氧化碳浓度增长的目标,最终达到经济社会发展与生态环境保护双赢局面的一种经济发展模式。低碳经济模式是企业实行低碳营销的基础,低碳经济模式如果没有社会化,就很难实现低碳营销的市场效果。

2.体现企业社会责任价值

企业发展低碳经济模式无疑是在积极承担环境保护责任,完成国家节能降耗指标的要求。现代营销体系中越来越多的企业将社会责任放在重要的地位,而低碳营销体现出的是企业的社会责任感。一般认为,优秀的企业往往承担较多的社会责任,一个承担高社会责任的企业更有可能是一个优秀的企业。

3.提升企业品牌竞争力

随着经济的发展,人们对生活质量要求也越来越高,企业要想在竞争中取胜,赢得消费者的青睐,除了产品本身价值外,绿色环保也越来越受到消费者的重视。企业若能转变经营观念,开展以低碳生产、低碳消费为中心的低碳营销战略,为消费者提供低碳产品,将有利于企业树立良好的环保形象,进而赢得消费者认同,扩大市场占有率,为其在市场上赢得独特的竞争力。

4.以企业中长期利益为目标

由于企业的低碳营销须从根本上注重生态环境,节约资源和能源,提高资源的利用效率,企业必然会主动选择转变经济发展方式,改变粗放型能源使用模式和粗放型管理模式等。长期的低碳营销导向,既能给社会各方利益相关者减少不必要浪费,增加消费者满足感,更能给企业带来可观的经济和社会效益。

二、低碳营销组合策略

低碳经济可以给企业带来巨大的商机,企业应该制定相应的低碳营销战略系统,从营销理念、管理机制到品牌塑造等方面,对低碳营销进行具有前瞻性的战略规划,以适应行业的快速发展。首先,企业应聚焦于降低碳排放,将改善环境和可持续发展作为其日常经营活动的指导原

延伸阅读 14-2

则,并将低碳融入企业文化理念,在企业的所有部门下树立和贯彻低碳理念。其次,企业应建立以低碳为基础的组织形式,并建立一个全面的低碳管理机制,将低碳渗透到生产与经营的全过程,涉及所有部门乃至企业的每一个员工,使低碳管理变得系统、规范、全面和可控。最后,

企业应塑造低碳企业形象,提升企业的整体价值,提高企业对消费者的吸引力和影响力。

(一)低碳营销的产品策略

(1)加大低碳产品的研发与设计,确保符合低碳需求。在产品设计上,以满足低碳消费需求为目标市场,企业应该综合考虑各种因素,如材料选择、制造工艺、功能和产品的外观特征,将其融入产品研发的全过程之中。其中,最重要的是低碳产品的功能需求。

(2)产品研发与品牌要保持一致性。品牌是企业塑造自己的形象、提高知名度和美誉度的基础。在低碳经济时代,企业应思考低碳品牌管理是否按照他们的想法实现了低碳消费的价值,是否会触动低碳消费者的共鸣,是否能通过有效的形式将品牌形象和其内涵传达给消费者,并被消费者理解和认同。低碳产品的研发必须将品牌内涵作为重要考虑因素纳入研发策略中,将低碳产品与企业品牌高度结合,从而实现低碳营销对产品和品牌的高度协同性。

(3)低碳产品的包装管理。包装管理包括产品包装方式、包装材料的选择、包装的生产和包装后的整体设计。低碳包装的成功实施是低碳营销的助推器。企业应摒弃传统的包装理念,推广低碳环保的包装新理念,并通过低碳营销将该理念进行推广。

(二)低碳营销的价格策略

定价低碳产品,应考虑所有内部和外部的因素。企业应根据生产成本、目标市场、生命周期和政策因素,采取灵活的定价策略。

第一,环境保护是需要补偿的。企业不得不接受由于碳减排而额外增加的支出,并将其量化到低碳产品价格的组成部分中。

第二,低碳产品对消费者而言仍属新鲜事物。由于高昂的研发费用,部分高端化和国际化产品可能被迫采取高价策略。在国内市场,低碳产品定价必须面对广大消费者,因此较多采用市场渗透定价策略。

第三,混合定价策略。根据区域经济发展水平的不同,在同类型低碳产品定价上可能会出现不同地区间的价格差异,当然,该差异应该是在区域市场的可承受范围之内。企业可能会寻求一系列不同的价格,并在保持市场份额的前提下,力求最大限度的利润;同时企业可以使用多元的定价策略,包括产品线定价、期权定价、配套产品定价、产品捆绑定价等。

第四,价格调整策略。低碳产品的定价也受到目标市场、产品生命周期变化、政策变化和其他变化因素的影响。企业可考虑在不同阶段适时地调整价格策略,采用折扣定价、分段定价、地理定价、政策定价等方式,确保市场的稳定性。

(三)低碳营销的渠道策略

低碳分销渠道是营销的关键,只有顺利打通低碳分销渠道,才能确保成功实施低碳营销。在此列举三种不同分销渠道策略以应对不同的市场。

(1)直销渠道。直销渠道是将产品直接销售给消费者。企业可以在低碳市场条件相对成熟的地区选择这种营销渠道方式,以尽量减少销售过程的中间环节。

(2)中间商渠道。中间商渠道是销售方依托中间商进行承销的销售方式。中间商渠道适用于那些低碳消费观念尚未成熟的地区,要依靠地区既有渠道实现营销活动。

(3)在线营销渠道。随着IT行业的发展,网络在线营销对传统营销渠道发起了巨大的挑战。这种竞争模式下体现最主要的趋势是中间商的削弱,从而加速渠道组织简化。在线营销渠道也很好地契合了低碳营销的理念,最大程度降低了营销过程中的碳排放。

(四)低碳营销的促销策略

低碳推广是试图引发消费者购买低碳产品的欲望,并最终达成购买协议。其最终目的在于使用各种低碳方式与消费者沟通,推广低碳理念,促进低碳生活方式的发展。低碳推广的实质性阶段,可能会导致消费者进入低碳生活。其具体方式包括:

(1)低碳广告。企业应根据低碳产品不同的生命周期及产品特点,选择不同的广告策略,包括强势型、倾诉型、说服型和提醒型等。

(2)低碳推广组合。推广低碳产品是企业传导低碳理念的外部延伸。通过低碳产品的演示、说明和实地指导,以阐明低碳产品的特点和功能,传授低碳知识,提高低碳消费,平衡市场份额,并提高顾客对企业的忠诚度。

(3)低碳公关。低碳公关是建立一个广泛的社会基础,为成功开展低碳营销创造有利条件。企业在公关方面应加强对互联网的使用强度,参加慈善活动和公共服务活动,建立一个低碳的企业形象,提高企业的声誉。

第四节　网络营销

随着互联网、现代计算机技术、通信技术和数字交互技术的发展,消费者的价值取向、消费心理、消费行为及营销竞争环境都发生了巨大的变化。互联网作为新经济环境下的一种新的营销工具,在给企业和消费者带来无限商机的同时,又为企业制订营销策略,开展营销活动提出了新的标准和要求。

一、网络营销的概念

网络营销是指借助联机网络、计算机通信和数字交换媒体等技术手段来实现企业营销目的的活动。网络营销与传统营销在商业本质上是相同的,都需要企业通过一系列经营活动,达到产品销售、满足顾客需求的目的。但网络营销这种全新的营销方式在经营环境、范围、手段、运作形式以及供求双方的沟通等方面,有着传统营销方式所不可比拟的特点,具体表现在以下几个方面。

(一)跨时空性

传统市场营销活动可能会受到时间和空间的限制,而互联网可以超越时间约束和空间限制进行信息交换,企业能有更多时间和更大的空间进行营销,可24小时随时随地地提供全球性营销服务。

(二)多媒体化

互联网络可以传输多种媒体的信息,如文字、声音、图像、色彩等。为达成交易进行传输的信息可以以多种形式存在和交换,可以充分发挥营销人员的创造性和能动性。各种文字、视频、音频信息在网络上实现统一,可以极大地刺激消费者需求,激发购买欲望。

(三)经济性

网络技术的飞速发展,使互联网的运行成本和信息交换成本不断下降。开展网络营销活动,可以大量节约企业经营成本和销售费用,也可以减少多次交换带来的损耗。对于消费者而言,由于企业成本的降低,他们可以购买到更为便宜的商品,节省了采购费用。

（四）技术性

网络营销是高科技技术的产物,是基于高科技技术支撑下互联网使用的一种营销模式,企业在实施网络营销时必须要有一定技术条件作为支撑,如软件的开发、网络的管理与维护,这些都需要专门懂得营销与计算机网络技术的人才做此项工作。只有这样,企业才能在激烈的市场竞争中具备优势。

（五）广泛性

和其他营销模式相比,网络营销的传播不受时间和空间的限制,企业可以通过互联网络24小时不间断地向目标顾客发布企业及产品的信息,引起消费者的兴趣,刺激消费者产生购买行为。任何人可以随时查看和阅读企业发布的有关信息,这种影响是广泛的,网络营销面对的不仅仅是个人,而是广泛的大众群体。

（六）互动和针对性

互联网络不仅展示商品目录,链接商品信息,更重要的是可以实现和顾客的双向沟通,收集顾客反馈的意见、建议,从而提高了消费者的参与性和积极性,实现企业和顾客之间的信息交流和沟通。同时网站通过提供众多的免费服务可以建立完整的用户数据库,包括用户的信息、分布、性别、收入、职业等。这些信息资料可帮助企业分析市场,根据用户的需求和特点,有针对性地发布信息并跟踪分析,对网络效果做出客观准确的评价。网络营销不再是传统的"一对多"的信息沟通,而是"一对一"的沟通,有助于实现企业的全程营销目标。

（七）高效性

网络具有大量储存数据的能力,快速准确的数据处理和传输能力,信息的可测量性和交互能力使得网络效率大大提高。企业可以通过互联网瞬间向世界各地的用户快速提供自己的产品和服务信息,而且网络的制作周期短,制作和发布率远远要高于其他的传统媒体。

二、网络营销的常用工具

1.企业网站

企业网站是企业最基本的网络传播工具。企业网站和网络营销之间存在内在关系,一是企业网站的建设为网络营销的实现奠定基础,网站建设是网络营销策略的重要组成部分,网站建设的专业水平直接影响着网络营销的开展效果。二是企业网站是企业信息的第一发布场所。通过发布信息,企业网站有助于企业品牌形象树立,同时网站可以起到产品及服务展示的作用。三是企业网站在顾客服务、资源合作、网上销售等环节也发挥着重要作用。

2.电子邮件

电子邮件是互联网提供的最常用的服务,企业通过向目标顾客发布电子邮件的形式,向他们介绍产品的相关信息,包括产品的征订、会员制的建立等。

3.搜索引擎

目前,搜索引擎是信息检索最常用的工具,用户可以将自己想要获得的信息通过引擎优化、付费登录、分类目录等模式找到自己所需要的资料。企业也可以通过这种方式,查看顾客对本企业的关注程度。

4.在线交流工具

在线交流工具是企业利用互联网和用户开展交互的基本工具,如QQ、淘宝旺旺等,企业通过这种工具的使用,开展在线顾客服务、在线信息咨询等工作。

5.其他网络营销工具

随着互联网技术的发展,其他网络营销工具日新月异,包括微信、微博、贴吧等,它们既是企业文化交流的工具,同时也是企业内部与外部、企业员工之间交流思想、阐述观点的重要途径。

三、网络营销的内容

网络营销作为在互联网上进行的营销活动,它的基本营销目的和营销工具与传统方式是一致的,只不过在实施和操作过程中与传统方式有着很大区别。下面是网络营销的主要内容。

(一)网上市场调查

网上市场调查是指在互联网上针对特定的营销环境进行简单涵盖收集资料和初步分析的调查活动。它包括直接在网上通过问卷进行调查等方式收集的第一手材料;还包括通过互联网的媒体功能,从互联网上收集市场调查中需要的二手资料。由于互联网涉及的领域广、内容丰富,所以利用网上调查工具,可以提高调查效率和调查效果。在互联网开展市场调查时,重点是如何利用有效工具和手段实施调查和收集整理资料,获取信息不再是难事,关键是如何在信息海洋中获取所需要的资料信息和分析出有用的信息。

(二)网上消费者行为分析

互联网上的目标顾客是一种特殊的群体,它与传统市场群体有截然不同的特性。因此开展有效的网络营销活动必须深入了解网上用户群体的性别、年龄、职称、学历以及需求特征、购买动机和购买行为模式。互联网作为企业市场调研的全新渠道,可随时了解全球范围内消费者需求及对产品的看法,有利于企业把握需求的动态,了解消费者的购买行为特点,为消费者开发适合于需要的个性化产品。

(三)网上宣传

由于互联网规模不断扩大,网民数量日益增加,通过网络宣传本企业形象是一个低成本高效益的手段。网络为企业宣传提供了极为方便的条件。一般来说,企业宣传自己的产品除了开设自己的网站外,还可以通过电子邮件、邮件列表、公告板等手段来宣传企业的产品和服务信息。同时,还可以通过这些手段宣传企业形象、树立企业品牌、公布企业经营情况等,以提高顾客对企业的信心。网上宣传包括以下内容。

1.网络品牌

网络营销的重要任务之一就是在互联网上建立并推广企业的品牌,并让企业在互联网下的品牌也能在网上得到拓展。网络营销为企业通过网络树立形象提供了便利。无论企业的规模如何,都可以用适当的方式在互联网上展现品牌形象。网络品牌建设是以企业网站建设为基础,通过一系列的推广措施,达到顾客和公众对企业的认知和认可。网络品牌价值是网络营销效果的表达形式之一,通过网络品牌的价值转化实现持久的顾客关系和更多的直接利益。

2.网站推广

获得必要的访问量是网络营销取得成功的基础,尤其对中小企业,经营资源不足,发布新闻、投放广告、开展大规模促销活动的机会比较少,因此通过互联网手段进行网站推广的意义显得更为重要,这也是中小企业对于网络营销更为热衷的主要原因。即使对于大型企业,网站推广也是非常必要的，事实上许多大型企业虽然有较高的知名度，但网站访问量并不高。因此，网站推广是网络营销最基本的内容之一，也是网络营销的基础工作。

3.信息发布

网络营销的基本思想就是通过各种互联网手段，将企业营销信息以高效的手段向目标用户、合作伙伴、公众等群体传递，因此信息发布就成为网络营销的基本内容。互联网为企业发布信息提供了广阔的平台和优越的条件，不仅可以将信息发布在企业网站上，还可以利用各种网络营销工具和网络服务商的信息发布渠道向更大的范围传播信息。

（四）网络营销策略制订

网络营销策略的制订在基本模式上同传统的营销计划无本质区别，而在两者之间的侧重点、用户关注度、传播途径上有所区别。在采取网络营销实现企业目标时，必须采取与企业相适应的营销策略，因为任何一种营销工具即使多么优越，在实践的工作中都是有一定风险性存在的。同时企业在制订策略时，还应该考虑目标市场的规模及特点、消费者的特征、产品的性质、网上促销的策略和技巧等内容。

1.产品策略

网络作为信息有效的沟通渠道，它可以成为一些无形产品如软件和远程服务的载体，从而改变了传统产品的营销策略特别是渠道的选择。企业在开展网上销售和策略选择时，要充分考虑网络的快速性、虚拟性的特点，并融合传统的营销策略（产品、价格、流通渠道等策略），为消费者塑造一种合适的产品和服务营销模式。

2.价格策略

网络作为信息交流和传播的工具，从产生至今一直履行自由、平等和信息免费的策略，相对于其他营销模式的价格策略，网上市场的价格策略也是在考虑产品定价因素的基础上而定的，不同的地方企业在网上采取价格策略大多是免费或者低价策略，以此来吸引消费者的注意力。因此，制订网上价格营销策略时，必须考虑到互联网对企业定价的影响和互联网本身独特的免费思想，这样才能使网络营销凸显持久力和活力。

3.渠道策略

作为网络本身来讲，实质上就是一个商品交易的场所。这种交易方式涵盖了企业及产品本身的所有信息内容，在一定程度上改变了传统产品销售渠道的模式，使产品的销售更加多渠道化。网上销售渠道的建设不仅局限于网站本身，还包括建立在专业电子商务平台上的网上商店以及与其他不同商务网站不同形式的合作。如果说互联网对企业营销影响最大是什么，那应该是对企业营销渠道影响最大。

4.促销策略

互联网作为一种双向沟通渠道，最大的优势是可以实现沟通双方突破时空限制直接进行交流，而且简单、高效和费用低廉。因此，在网上开展促销活动是最有效的沟通渠道之一，但网上促销活动开展必须遵循网上一些信息交流与沟通规则，特别是遵守一些虚拟社区的礼仪。网络广告作为最重要的促销工具，具有传统的报纸杂志、无线广播和电视等传统媒体发布广告无法比拟的优势，即网络广告具有交互性和直接性。

（五）顾客服务与顾客关系

互联网提供了更加方便的在线顾客服务手段，在线顾客服务具有成本低、效率高的优点，在提高顾客服务水平方面具有重要作用,同时也直接影响网络营销的效果,因此在线客户服务成为网络营销的基本组成内容。同时,顾客关系也尤为重要。顾客关系对于开展顾客的长期价值具有至关重要的作用,以顾客关系为核心的营销方式成为企业创造和保持竞争优势的重要策略,网络营销为建立顾客关系、提高顾客满意度和顾客忠诚度提供了更为有效的手段,通过网络营销的交互性和良好的顾客服务手段增进顾客关系成为网络营销取得长期效果的条件。

(六)网络营销管理与控制

网络营销是企业整体营销战略的一个组成部分,是以现代营销理论为基础,为实现企业总体营销目标所进行的以互联网为基本手段营造的网上经营环境,它不能脱离传统的市场营销而孤立存在,是传统市场营销在网络时代的延伸和发展。网络营销作为在互联网上开展的营销活动,它必将面临许多传统营销活动无法遇到的新问题,如网络信息内容的管理问题、网络产品质量的保证问题和售后服务问题、消费者隐私保护问题,以及信息的安全问题等。这些问题对顺利达到网络营销的效果,顺利实现企业的经营目标,提高企业的品牌效应、网站的知名度等都会产生很大的影响,因此,对这些问题必须重视和进行有效控制,否则企业开展网络营销的效果就会适得其反。

第五节 大数据营销

大数据营销依托多平台的数据采集及基于大数据技术的分析及预测能力,可使企业的营销管理更加精准,为企业带来更高的收益。大数据营销的核心是借助大数据技术的应用,基于企业对消费者或用户的了解,把希望推送的产品或服务通过合适的载体,以合适的方式,在合适的时间,推送给合适的人。

一、大数据及其在营销中的应用

(一)大数据的含义

大数据是一种规模大到在获取、存储、管理、分析方面远远超出传统数据库软件工具能力范围的数据集合。它是需要新处理模式才能具有更强的决策力、洞察发现力和流程优化能力的海量、高增长率和多样化的信息资产。大数据具有"4V"的特点:大量(volume)、高速(velocity)、多样(variety)、价值(value),即海量的数据规模、快速的数据流转、多样的数据类型和价值密度低。

大数据在市场营销领域的价值主要体现在以下几个方面:

(1)面向大量消费者提供产品或服务的企业,可借此实施精准营销;

(2)根据客户的消费规律、购买习惯,为其推送感兴趣的优惠信息;

(3)从大量情形各异的客户中快速识别出金牌客户。

(二)大数据在营销中的应用

(1)借助大数据,企业可以根据每个客户和每个品牌的关系进行等级差别定价。因为客户对品牌的忠诚度不同,故其所愿支付的价格也不同,而借助大数据可以实现定价个性化,并且大限度地优化定价策略。

（2）借助大数据，企业可以获取更高的顾客反应率和更准确、全面的客户信息。调查机构发现，44％的 B2C 营销人员正在借助大数据提高客户反应率，36％的营销人员运用数据分析和数据挖掘获取更多的深层客户信息，从而制订出更多关系驱动型营销策略。有关研究发现，大数据营销有助于增加潜在客户、减少客户流失、促进客户购买、推动产品创新。

（3）借助大数据，企业可以更精准地掌握消费者的个性、偏好、生活方式、购买行为及其他信息，从而提升企业营销决策的科学水平。大数据在生产智能化、产品定制化、定价个性化以及渠道创新优化等营销战略决策过程中扮演着十分重要的角色。

（4）借助大数据，企业可以更及时地把握每个营销机会。企业通过对大数据的收集、分析、整合、利用，可以及时发现消费者的需求趋势及其满足情况，便于根据客户价值等因素精准地选定目标市场，实施营销定位，进而通过有效地满足市场需求，提升客户忠诚度，牢牢把握各种有利可图的营销机会。大数据可使企业在市场细分、市场选择、市场定位等各环节实现营销的精准化，使得每一个营销机会尽在企业掌握之中。

二、大数据营销的特点

大数据营销是指在大数据分析的基础上，描述、预测、分析、引导消费者行为，帮助企业制定有针对性的营销战略战术的过程。以企业促销实践为例，以往都是选择知名度高、浏览量大的媒体进行投放。如今，大数据技术可让企业了解目标受众身处何方，关注什么位置的什么屏幕等详细信息。因此，大数据营销可以做到当不同用户关注同一媒体的相同界面时，广告内容有所不同。

大数据营销具有很强的时效性，互联网时代的消费者行为极易在短时间内发生变化，大数据营销可以在用户需求最强烈之际，实施精准及时的营销。大数据营销具有明显的个性化优势，可以根据用户的兴趣爱好及其在某一时间点的需求，有的放矢，实施一对一营销。大数据营销还具有精准化、高效率的特点，可以根据实时性的定价、分销、促销效果反馈，及时调整营销策略。尤其是企业通过对用户的各种信息进行多维度的关联分析，可从大量数据中发现有助于优化营销决策的各种关联。例如，通过发现用户购物车中的不同商品之间的联系，分析、预测用户的消费习惯和规律，获悉哪些商品被哪些用户频繁地购买，从而帮助营销人员由此及彼，举一反三，掌握消费者的购买行为及其规律，有针对性地制订出相关商品的营销策略。

三、大数据营销的程序

大数据营销的程序分为采集和处理数据、建模分析数据、商业解读数据、定制化营销策略四个步骤。

营销视角 14-3

（一）采集和处理数据

大数据营销的第一步，就是对数据进行采集和处理。通过对客户特征、产品特征、消费行为特征数据的采集和处理，可以进行多维度的客户消费特征分析、目标市场细分选择、营销策略等指导分析。通过准确把握客户需求、增加客户互动的方式推动营销战略战术的实施。营销策略都是建立在市场洞察基础之上的。营销调研往往是一切营销活动的前提。成功营销的关键因素，一是对用户需求做出快速反应，二是通过数据分析洞察用户行为。随着互联网的普及、大数据的出现，让原本以发问卷为主的市场调研开始慢慢转型。现

在,大数据能够收集到客户方方面面的信息:年龄、性别、背景、收入、地理位置、社交媒体使用、购买习惯和喜好、常浏览哪些网站等。

一般都是采取有限的、有意识的、结构化的手段(例如问卷调查)进行数据采集,能采集到的数据一定是企业能设想到的情况,而且数据的结构化较好。一般的数据库管理系统MySQL 或 Excel 就能满足数据处理需要。而互联网时代,大数据的采集过程基本是无限的、无意识的、非结构化的数据采集,各种纷繁复杂的行为数据都会以行为日志的形式上传到服务器,且所有的生产营销过程信息都可以转化为结构化或者非结构化的数据。

大数据营销需要企业具备三大能力。

(1)数据获取能力。这需要打造一支具备分布式通用爬虫、海量数据清洗和自然语言处理技术的爬虫团队。面对国内处于成长期的数据交易市场,更需要企业具备在一些开放的数据联盟及平台上进行数据交换及购买的能力。

(2)数据处理能力。大数据基本上是大量的非结构化数据,数据量巨大,已经超过了单机Excel 等工具的能力范围,同时非结构化数据的特性决定了对大数据处理能力的高要求。尤其是要求具备较强的语言分析能力,包括垃圾过滤、观点抽取、实体识别、内容分类、内容聚类、内容摘要、情感分析等。

(3)数据洞察能力。大数据时代,企业要想从大数据中获得价值,就需要通过海量的数据挖掘,分析出隐藏在背后的用户行为习惯以及偏好,设计更符合用户需求的产品和服务。数据挖掘是指利用人工智能、机器学习、数理统计、模式识别等技术,从大量含有噪声的数据中提取有效信息的过程。其中涉及建立模型、探究因果、整合多源数据、建立快速反馈体系、定性与定量分析等技术手段。数据洞察是指依托运营商互联网数据、位置数据等,以用户、业务、行为三个维度进行数据挖掘,建立行业用户分析模型,提供营销解决方案的过程。

(二)建模分析数据

大数据营销的第二步,便是对处理过的数据进行建模分析。在此过程中,所使用的数据分析模型主要涉及基本统计、机器学习、分类、聚类、关联、预测等算法。银行、运营商、零售商等早已运用消费者的属性和行为数据来指导客户关系的维持以及营销策略的制订。但是由于数据量的极大扩增,算法也获得了极大的优化提升空间。借助商业智能的联机分析处理技术对复杂的数据进行分析,可以快速灵活地进行大数据的复杂查询处理。

在建模分析数据的过程中,除了严格掌握数据挖掘的深度,还要注意数据的精确性、实时性等,充分地把数据的附加价值发掘出来。在营销观念不断创新发展的今天,基于数据分析的用户行为研究不仅可以为企业提供营销决策的依据,还会在挖掘后续营销机会、改进服务体验、优化现场资源配置等多方面给企业带来实实在在的利益和帮助。

比较理想的营销数据从功能上说应该至少是两层的,底层是一些独立的小功能模块,上层是定制化的将这些小功能模块组合起来形成的大功能群。底层的独立小功能模块一定要密切结合营销的各个场景。一般而言,场景涉及如下四个。

(1)整体市场。包含品牌所在行业的市场潜量、品牌的市场占有率和增长率、品牌人群的地域分布等。

(2)品牌竞争。其主要目的是通过与竞争产品的对比找准本企业产品的定位,包括竞争产品的识别、用户在比较本品和竞争产品时注重的维度等。

(3)用户画像。为了全方位地描绘用户,除了人群标签以外,相关数据还会涉及目标受众的活动区域、媒体偏好、常用的 App 等。

（4）决策路径。其包括用户购买行为类型、购买决策的参与者、影响购买决策的主要因素、购买决策过程所包括的具体步骤等相关数据。企业应将用户的决策视为一个动态的过程，而不是静态的画面或者场景。

营销场景中还会有很多复杂的问题，不是一个单独的功能就能支撑的，这就需要根据不同的问题，将底层的小功能进行组合，形成更大的功能群。借此，企业可以获悉目标受众是谁、在何处接触他们、用哪些内容能够打动他们等。

有了大数据而不加以整合、分析，大数据就只是体量更大的数字堆起来而已。将收集到的各种客户信息交叉组合运算，企业可以从大数据中获得更深入的洞察，某些情况下，甚至是更实时的洞察。比如：当竞争产品提高（或降低）价格时，用户有什么反应；雾霾天气对用户购买行为有什么影响；用户更愿意在社交网络分享哪些关于品牌的信息；电视或网络广告给企业品牌带来了哪些形象认知的变化等。

（三）商业解读数据

大数据营销的第三步，就是对分析处理过的数据进行商业解读，做出能够精准应用于营销实践的阐释。如前所述，大数据营销的惯常做法是，首先定义营销问题，之后采集对应的数据，然后根据确定的分析模型进行数据分析、验证假设，在此基础上进行商业解读。在商业解读数据的过程中，既可以根据营销问题，封闭性地去挖掘对应数据，也可以开放性地将外部环境数据与内部数据结合起来进行探索、验证，得出一些可能与常识或经验判断完全相异的结论。

（四）定制化营销策略

在借助消费者洞察，精准了解客户之后，进行及时的、定制化的营销策略调整是大数据营销的最后一步。市场细分、市场选择、市场定位、产品开发与创新、品牌建设渠道选择与管理、定价策略的调整、广告促销等营销策略都可以适应市场的变化而灵活变通，依据不同的市场环境、不同的客户需求、不同的客户行为来量身定制切合实际的营销策略。

企业通过网站、业务系统、外部商业数据等开展数字营销，在如下方面实现营销策略的精准定制。

（1）用户行为特征分析。基于大量的事实数据，企业可以从年龄、职业、学历、收入等维度分析用户的喜好和习惯，给用户设定"标签"，及时、精准地了解用户。

（2）精准消息推送。借助数据分析结果的支撑，在分析用户行为和特征之后，企业可以对客户群体进行细分，用邮件、短信、客户端推荐产品或服务。实体商店据此可以改善产品的组合陈列、搭配销售来向特定客户推荐特定产品，实现精准定位。

（3）挖掘重点客户。关系营销理论认为，80%的利润来源于20%的老用户，而且开发一个新用户的成本也很高，所以维系老用户、挖掘重点用户成了营销管理的重中之重。通过分析用户行为，企业决策者可以判断哪些用户的需求恰好与企业的产品和服务相一致，哪些用户是最有价值的用户。通过调查了解网站的访问情况，企业可以判断用户关心的产品属性。借助外部的社交媒体信息，从千丝万缕的社会联系中挖掘信息，也可以帮助企业筛选重点用户。

第六节　文化营销

在现代社会，文化的功能日益凸显，正在各个领域影响着人们的生活。文化渗透到社会生活的各个角落之中，也同样渗透到企业的营销之中。文化与企业市场营销紧密相连，是相互影响、相互作用的关系。

一、文化营销的概念

文化营销是一组合概念，简单地说，就是利用文化力进行营销，是指企业营销人员及相关人员在企业核心价值观念的影响下，所形成的营销理念，以及所塑造出的营销形象，两者在具体的市场运作过程中所形成的一种营销模式。文化营销强调企业的理念、宗旨、目标、价值观、职员行为规范、经营管理制度、企业环境、组织力量、品牌个性等文化元素，其核心是理解人、尊重人、以人为本，调动人的积极性与创造性，关注人的社会性。在文化营销观念下，企业的营销活动一般奉行这样的原则：给予产品、企业、品牌以丰富的个性化的文化内涵。

二、文化营销的内容

文化营销的具体内容表现为三个层次，依次为产品文化营销、品牌文化营销和企业文化营销。

产品文化营销就是指将文化寓于产品设计、生产、包装环节中，创造全方位、高品位的文化氛围，以文化点缀和装饰产品，增强产品的亲和力，提高顾客满意度。产品文化营销表现在营销过程中更加注重产品文化的意义和作用，以文化突出产品，以文化带动营销。企业进行产品文化营销的方式往往有文化包装、文化广告、新产品文化营销与产品文化营销的生命周期等。文化包装是通过产品的包装来体现某种核心价值观，唤起消费者的认同感，使消费者得到文化上的满足，而忠于企业产品。文化广告是在广告创作中把文化当作一种工具或表现手段，以文化来达到与消费者进行沟通，唤起消费者的认同感的目的。文化广告的重点在于唤起消费者潜在的文化意识。新产品文化营销则通过新产品体现的文化核心价值来吸引消费者和满足消费者的认同感与满意感。产品文化营销也会有一定的生命周期性，企业要利用产品文化营销的生命周期性来进行有针对性的营销。

品牌文化营销是产品文化营销的延伸和拓展，它包括整个社会对品牌的信任和保护。名牌效应与企业创立名牌产品、生产名牌产品的行为是与品牌文化密切相关的。品牌文化指有利于识别某个销售者或某个销售群体的产品或劳务，并使之与竞争对手的产品或劳务区别开来的名称、名词、标志符号或设计，或是它们的组合，以及它们所代表的利益、认知情感、属性、文化传统或个性形象等价值观念的总和。品牌文化营销是利用文化来进行品牌的设计创建与生产的过程，利用文化来提升品牌的竞争力。

企业文化营销是企业根据自身文化内涵的特色，选择恰当的方式进行系统的革新与有效的沟通，以在消费者心中树立有鲜明个性的企业形象，并以此达到企业经营目标的一种营销方式。企业文化营销要以顾客所接受的价值信条为立业之本，促进顾客对整个企业包括其无形的品牌

营销视角 14 - 4

及有形的产品的认同。企业文化营销立足于其经营哲学以及价值观念，通过对企业与社会之间的价值观念的传播、交换来实现营销的目标。

第七节　体验营销

随着新经济时代的到来，人们的消费环境发生了巨大变化，经济背景和消费环境发生的深刻变化带来了消费层次和结构的悄然变化：消费者情感需求比重增加，个性化特征日渐突出，人们越来越追求那些能够满足自己情感需要、显示自己与众不同的产品和服务；消费者要求参与到企业产品与服务的整个过程中，消费行为呈现主动参与性和互动性特征；消费者越来越注重对自己的生活风格追求和精神上的归属。随着科技的发展所带来的越来越多的可能性，体验消费越来越受到人们的喜欢。因此，企业的生产行为必须做出相应的变化，这就迫切需要一种全新的市场营销观念来指导企业研究消费者的需求及行为，进而制订正确的营销策略。在体验经济时代背景下，体验营销便作为旨在注重顾客消费过程体验和满足顾客精神需求的一种新的营销方式应运而生。

一、体验营销的定义与特征

体验是一个人的亲身经验、经历，例如体验人生、体验生活等。从简单的、容易理解的角度考虑，人们生活的历程事实上就是由无数个"体验事件"所组成的过程。"体验事件"越丰富，人们的生活历程就越精彩。总的来说，体验的主体是顾客，体验的本质是顾客在经历一些值得记忆的事件后在脑海中留下的印记，它充满了感性的力量，给顾客留下了难忘的回忆。

体验营销是企业以顾客为中心，通过运用产品、服务、消费情境等手段，创造出有价值的顾客体验，在获得消费者认同、肯定的同时实现企业目标的一种营销模式。体验营销具有以下特征。

（1）以顾客为中心，注重满足顾客体验需求。一方面，体验营销以顾客的体验需求为中心，指导企业的营销活动；另一方面，体验营销以顾客为中心，开展企业与顾客之间的沟通交流。顾客的体验来自某种经历或事件对感觉、心灵或思想的触动，它把企业、品牌与顾客的生活方式联系起来，赋予顾客个体行动和购买时更广泛的心理感受和社会意义。企业的体验营销活动应站在顾客体验的角度，去审视自己的产品和服务，注重与顾客之间的沟通，发掘他们内心的渴望。

（2）以体验为导向设计，制作和销售企业的产品和服务。体验是由某些刺激而产生的内在反应，它产生于直接消费的有形产品或无形产品，无论是真实的还是虚拟的，重要的是满足人们的某种体验需要。体验营销需要创造顾客体验，为顾客留下值得回忆的事件。因此，在企业设计制作和销售产品或服务时，必须坚持以顾客体验为导向，做到任何一项产品的生产过程或售前、售中和售后的各项活动都给顾客留下一种难忘的印象。

（3）体验营销活动要有一个体验主题。体验营销首先要设定一个精炼"主题"，即要从一个主题出发而且所有产品和服务都围绕这一主题。体验营销就是从一个体验主题出发，然后利用若干"主题道具"开展的系列活动的过程。在确定体验主题之后，营销人员在实施时要设计一个特定的情境，在情境下创造一种协同效应，将顾客的感觉、情感、行为等因素融合在一起，使顾客享受更多的乐趣。但是这些体验和主题并非是随意的，而是体验营销人员精心设计出来的，即体验营销的行为是围绕着体验主题进行的计划、实施和控制等一系列管理过程，而非仅是形式上的符合。

（4）体验营销要使体验消费做到"触景生情"。一般来说，顾客在消费时经常会进行理性的选择，但也会有对狂想、感情、欢乐的追求。在信息时代，只有那些能真正刺激顾客感觉和心灵，并进一步融入其生活方式的体验才会使顾客内心受到强烈的震撼，得到他们的支持和认可。因此，企业的营销不能再孤立地去思考一个产品（如质量、包装、功能等），而是要通过各种手段和途径来创造一种综合效应；不仅如此，还应跟随社会文化消费向量，表达消费的内在的价值观念、消费文化和生活的意义，设计必要的消费情境，通过综合因素来扩展其外延，并在较广泛的社会文化背景中提升其内涵。

（5）体验营销是一个连续的过程。体验营销的过程具有连续性与长期性，当消费者对体验满意时，往往会对企业产生高度忠诚。但是消费者所获得的感受并不会因一次体验的完成而马上消失，而具有一定的延续性。例如，消费者有时对体验的各种回忆，甚至会在事后对这种体验重新评价，产生新的感受等。因此，企业在实施体验营销的过程中，从体验的设计到体验实现甚至是体验结束之后，都必须加强对体验的控制与管理，以提高顾客的满意度与忠诚度。

二、体验营销的基本模式

（一）情感体验模式

所谓情感体验，是指通过心理沟通和情感交流，赢得消费者的信赖和偏爱，进而扩大市场份额，取得竞争优势的一种体验营销模式；或指个人和集体通过创造情感产品并利用情感化的促销手段进行交换来满足对方物质和情感需要的一种过程。消费者在选购商品的过程中，对于那些符合心意、满足实际需要，同时又能触及心灵的产品和服务会产生积极的情绪和情感，进而产生依恋的情结，这种情结能增强购买的欲望，促进购买行为的发生。

（二）审美体验模式

审美体验就是以迎合顾客审美情趣为目标的体验，是通过知觉刺激让顾客感受到美的愉悦、兴奋和满足，从而有效地实现营销的目的。

（三）情境（氛围）体验模式

情境（氛围）体验是指在营销活动中，商家根据消费者的不同心理诉求，通过各种手段为顾客创造一个全新的、心情得以充分释放的情境或氛围，从而获取超值效应的体验营销模式。好的氛围会像磁石一样牢牢吸引着顾客，能够使顾客内心深处的心理诉求得到充分的满足，从而频频光顾。

（四）过程体验模式

出于不同的消费心理，越来越多的人对消费过程的体验产生了浓厚的兴趣，他们渴望体验产品的生产、加工、再加工过程。有的甚至想参与产品的设计过程，使产品体现出自身的个性与思想。

（五）文化认知体验模式

文化认知体验模式的特点是针对企业的产品特点和顾客的心理诉求，在营销活动中运用文化造势，建立起一种新的"产品—文化"需求联系。消费者对这种新产品的体验，实际上就是一堂对消费者传递文化知识的教育课,一旦深入消费者心中,企业与产品的生命力也会得以长久保存。

(六)生活方式体验模式

生活方式体验模式是指以满足消费者享受不同的生活方式,扮演不同生活角色为目标的体验营销模式,在一定程度上也可理解为角色体验模式。在这一模式中,商家通过刺激消费者的感官,促使他们在消费的同时经历一次愉悦的体验,实现消费者对自己所追求的生活方式的心理满足。

(七)虚拟体验模式

虚拟体验是企业抓住消费者不同的心理诉求,通过网络科技推出可以引起消费者"情感共振"的虚拟产品,为消费者提供直接体验,进而达到推广产品和建立关系目的的体验营销模式。在虚拟平台上,消费者有了控制信息流的权力,并希望获取更多的掌控力,将自己的意愿更多地加入模拟产品中。因而,企业必须与虚拟世界的个人用户充分互动,有意识地释放消费者的控制欲望,使每一位个人用户感受到个人价值。

三、体验营销策略

(一)产品体验营销策略

企业要想在体验经济时代获得竞争优势,就必须关注顾客在使用产品时的体验。产品不仅需要有好的功能和质量,还要能满足使用者视觉、触觉、审美等方面的感官需求。现在顾客对产品的期望值越来越高,即使某一细节的缺陷,也会影响到购买者和使用者的价值感知,从而不利于产品的销售。产品体验营销的目的就是利用产品塑造体验并传递给顾客,使顾客感到满意。同时能吸引顾客参与品牌互动,实现品牌认同和忠诚。产品体验营销策略可以分为以下三种策略。

(1)直接提供体验策略。直接提供体验策略要求企业首先选择一个体验主题,如返古体验、虚拟现实体验、真实参与体验、梦幻未来体验、生存挑战体验等,然后围绕这一主题开展一系列营销活动。事实上,企业直接提供体验只是提供产生体验的线索。顾客通过与这些线索接触而获得体验,企业为顾客提供的核心利益就是顾客获得的这种体验,所有的线索只是这种体验的载体。

(2)在形式产品中附加体验策略。体验附加到形式产品中,能对产品起到"画龙点睛"的作用,增加产品的灵性,强化产品的特征,提高产品品质的认知度和品牌知名度、美誉度。从形式产品所包含的内容来说,在形式产品中附加体验的策略包括:

①在产品的功能特征中附加体验,如各种有意义的商品,超越了其本身的功能价值,给顾客带来美好回忆;

②在产品的包装中附加体验,如具有强烈视觉刺激的包装会给顾客以感官体验;

③利用产品质量传递体验,如超出顾客期望的质量会给顾客留下深刻的印象,因而良好的质量感知会提升顾客的体验;

④在产品的外形设计中传递体验,如艺术品般的设计会使顾客赏心悦目,给顾客留下深刻的记忆。

(3)附加产品传递体验策略。附加产品是对产品实施体验营销绝好的工具,特别是销售服务。由于服务生产和消费的不可分割性,服务是企业用以展示和传递体验的天然平台,它最能体现为顾客着想,以顾客为中心的思想,甚至可以通过为顾客提供定制化的服务,对顾客实施一对一的营销,给顾客留下难忘的整体体验。

由于顾客对价值的体验是按层次逐级上升的,因而企业以顾客价值视角运用产品体验策略时需要注意以下几点:首先,必须保证产品的属性及功能价值能满足顾客基本需求,以保证顾客获得最基本的原点体验,避免负体验产生;其次,通过运用直接提供策略和在形式产品中附加体验策略,为顾客进一步提供足值体验,实现顾客使用产品的期望效果;最后,充分利用附加产品传递体验策略,进一步提供超值体验,真正获得顾客对产品的信赖和忠诚。

(二)服务体验营销策略

通过服务可以使企业的产品从众多产品中脱颖而出,吸引新的顾客。同时,服务也是顾客价值传递的重要载体。企业最重要的资产是顾客,而维护顾客利益的最重要的东西是服务,通过提供个性的、全面的服务,可以提高顾客感知价值,最终赢得顾客忠诚。在企业提供服务的过程中,完成基本服务的同时,要重点突出企业所要传递给顾客的体验。企业具体实施服务体验营销时要注意以下几点。

(1)体验即是一种服务。由于服务生产和消费的不可分割性,在服务的过程中,企业完全可以有意识地通过服务给顾客带来体验价值。通过设置体验环境、提供道具、体验商品或服务等,让消费者在体验活动中感受企业或产品。

(2)着眼于顾客需求,注重心灵沟通。由于企业提供的服务与顾客的体验需求都是无形的,需要主观的理解与把握,因此体验服务的传递就必须从顾客需求的角度出发,去审视、调整企业提供的服务,注重与顾客之间的沟通,满足顾客内心的需求。

(3)正确运用体验情境。传递服务体验必须正确运用体验情境,使消费者能够自然地受到感染,并融入体验情境中。如同戏剧中的背景一样,在体验营销中,别具一格的环境能给顾客带来如临其境的真实感。

(4)满足个性化服务要求。在个性化时代,规模营销已经不再是趋势。体验经济的核心特征是在个性化服务基础上的规模经济,即能够根据消费者的特殊需求为他们量身制作,提供价格足够低廉的个性服务。

企业从顾客价值视角出发,正确运用服务体验营销策略时,首先必须确定想要提供的体验核心价值主题,然后协调流程因素中的各个环节,以保证每一个环节都在支持价值体验主题;同时要为不同的价值群体提供合适的服务水准,不能因为服务质量的细节问题使顾客产生负体验。对企业而言,为顾客提供核心服务之外的附加服务是为顾客提供足值体验和超值体验的重要手段,通过附加服务传递超出顾客期望体验,可以提高顾客感知的服务价值。

(三)人员体验营销策略

在企业实行体验营销的过程中,除了以产品或服务为载体为顾客提供体验之外,还可以通过人员进行体验营销,因为顾客在消费过程中或多或少都需要与企业的人员展开互动,而这种互动过程必然也会对顾客的心理产生一定的影响,从而对顾客价值的感知产生影响。因此,实施正确的人员体验营销策略,对体验的成功传递有重要意义。人员在体验营销的过程中起着以下几点作用。

(1)传授知识的功能,即通过人员把参与体验事件所需要具备的知识和技能都传授给体验顾客。对于顾客来说,在参与一些体验活动的过程中,需要的体验知识可能会比较陌生,而能否在短时间内掌握这些知识对体验的效果至关重要,这就需要企业人员做好传授与指导工作。

(2)控制进程的功能,即保证体验活动按预先设计的事件过程逐步展开、顺利完成。顾客参与体验活动的过程,实际上是由企业为顾客提供的一连串的体验事件构成的。为实现体验过程的流畅性、体验效果的完整性,就必须发挥人员对体验进程的控制作用,以保证顾客在正确的时间、地点感受到恰当的体验。

(3)角色扮演的功能,即人员通过扮演角色成为顾客感受体验活动的一部分,而不是简单地提供服务。服务人员需要在体验事件过程中扮演一定的角色,以带动顾客的情绪,正确感知体验事件带给顾客与众不同的价值体验。

(4)危机管理的功能。体验营销活动重在顾客参与,但大量的体验参与者共同参与,给体验过程带来了一定的不可预测性,设立专门的危机处理人员,发挥人员的危机管理功能,有利于保证体验过程的顺利进行。

(四)品牌体验营销策略

品牌并非仅仅是产品间相互区别的标志,更应该是顾客价值的载体,是对人们心理和精神上的表达。在体验营销时代,有形产品变成了道具,无形的品牌变成了目标消费者所有体验的精神寄托,消费者体验的记忆就是品牌消费的印象。对于体验营销者来说,品牌应该令人赏心悦目,品牌应该与顾客关心的事物联结起来,并融入顾客日常生活中。品牌自身能给顾客带来的体验表现在以下几个方面。

(1)品牌名称是最好的体验。品牌名称虽然只是一个字词或短语,但人们每次看到、听到或谈到,就会产生一种联想,因此品牌名称是美好体验产生的源泉。品牌的名称带有体验性,能使顾客形成亲密、信赖的感受,成功的品牌总能在名称上与顾客建立起情感的纽带。

(2)品牌的标志和色彩会形成体验的巨大冲击。品牌的吸引力在很大程度上要受到品牌标志和品牌色彩的影响。品牌标志能够引发消费者联想,促使消费者产生喜爱的感觉,如风格独特的品牌标志能够刺激消费者幻想,从而对该产品产生好的印象。在品牌设计中,品牌色彩的恰当运用能够增加消费者的色彩感受,与产品形象相联系;同时将品牌色彩与标志相联系,可以增强品牌整体的视觉效果。

(3)品牌文化、价值观是品牌体验的核心。顾客的价值观决定了其对产品的接受度,也进一步影响着对品牌的忠诚度。品牌文化的认同度越高,品牌价值就越高。因此,通过体验品牌文化,赢得顾客认同是获得顾客忠诚的最佳途径。

企业实施正确的品牌体验策略,首先,在品牌设计时,要根据企业价值观为品牌赋予正确的文化内涵并以此作为吸引消费者的核心依据,同时运用恰当的品牌名称、品牌标志和色彩,打造深入顾客内心的品牌形象。

其次,要积极为顾客提供参与体验品牌的机会。企业可以通过对一些重大事件的参与或赞助、联盟与合作、授权使用、产品在一些影视作品中的出现以及其他的一些合作活动等,为顾客制造品牌体验机会,促使顾客参与品牌体验。同时,要让品牌富有体验色彩。在传递产品和服务的同时,要运用广告传播顾客体验,以吸引目标顾客达到品牌传播的目的,利用良好的客户关系给予顾客美好体验,促进品牌传递。

最后,要将品牌寓于娱乐与时尚之中。品牌传播就是要引起顾客共鸣,引导顾客对品牌建立印象,因此企业可以根据品牌的价值和品牌的个性为品牌注入娱乐因素。品牌的生动化给品牌和新价值的表现插上腾飞的翅膀,成为品牌外延多姿多彩的表现形式,为品牌注入流行、时尚、亲切、柔情或众多情感,使得品牌的个性更加突出,形象更加生动活泼,真正地赋予品牌以个性,让品牌活起来,从而达到与顾客充分沟通的目的。

本章小结

服务具有无形性、品质差异性、不可分离性、不可贮存性等特征。服务营销是指企业通过创造,同服务对象交换有价值的服务产品(有形和无形物品),以满足顾客的需求和欲望及企业的目标和需要的一种社会管理过程。服务企业营销组合定为七个要素,即产品(product)、定价(price)、地点或渠道(place)、促销(promotion)、人员(people)、有形展示(physical evidence)、过程(process),简称7Ps。

绿色营销是指企业在经营过程中,注意保护地球环境、节约资源与实行可持续发展战略,促进经济与生态的协调发展,为实现企业自身利益、消费者利益及生态环境利益的统一,而对产品、定价、分销、促销进行策划与实施的过程。实施绿色营销能够实现社会经济的可持续发展,有助于企业树立良好的形象,有助于企业提高效益,可塑造绿色文明,促进企业塑造绿色文化。绿色营销的实施过程包括树立绿色营销观念、制定绿色营销战略、制订绿色营销组合。

低碳营销是指企业主要通过导入低碳理念,从产品设计、生产加工、运营、包装和售后等多个环节向低碳管理倾斜,在营销的各个环节倡导和推行低碳理念,主动引导客户的低碳需求的一种营销模式。低碳营销具有四个典型特征:建立在低碳经济模式的基础之上;体现企业社会责任价值;提升企业品牌竞争力;以企业中长期利益为目标。

网络营销是指借助联机网络、计算机通信和数字交换媒体等技术手段来实现企业营销目的的活动,具有跨时空性、多媒体化、经济性、技术性、广泛性、互动和针对性、高效性的特点。企业实施网络营销主要有网上市场调查、网上消费者行为分析、网上宣传、网络营销策略制订、顾客服务与顾客关系、网络营销管理与控制等内容。

大数据营销是指在大数据分析的基础上,描述、预测、分析、引导消费者行为,帮助企业制定有针对性的营销战略战术的过程。大数据营销的程序分为采集和处理数据、建模分析数据、商业解读数据、定制化营销策略四个步骤。

文化营销是指企业营销人员及相关人员在企业核心价值观念的影响下,所形成的营销理念,以及所塑造出的营销形象,两者在具体的市场运作过程中所形成的一种营销模式。具体内容表现为产品文化营销、品牌文化营销和企业文化营销三个层次。

体验营销是企业以顾客为中心,通过运用产品、服务、消费情境等手段,创造出有价值的顾客体验,在获得消费者认同、肯定的同时实现企业目标的一种营销模式。体验营销的基本模式有:情感体验模式、审美体验模式、情境(氛围)体验模式、过程体验模式、文化认知体验模式、生活方式体验模式、虚拟体验模式。体验营销策略包括产品体验营销策略、服务体验营销策略、人员体验营销策略和品牌体验营销策略。

思考题

1. 什么叫服务？服务有哪些特征？
2. 简述服务市场营销组合。
3. 什么叫绿色营销？它有哪些特征？
4. 简述绿色营销组合策略。
5. 简述低碳营销的内涵和特征。
6. 简述低碳营销组合策略。
7. 什么叫网络营销？它有哪些特点？
8. 企业实施网络营销有哪些内容？
9. 大数据如何在市场营销中应用？
10. 简述大数据营销的程序。
11. 简述文化营销的概念和基本内容。
12. 体验营销的基本模式有哪些？
13. 简述体验营销策略。

案例分析

新式茶饮"煮叶"

"煮叶（TEASURE）"成立于 2015 年，经过两年时间筹备，2017 年初在北京悠唐购物中心开启首店，目前共有 8 家店面，北京 5 家、西安 3 家。其中北京悠唐店面最大，面积约 300 平方米，其他均为 150 平方米左右的标准店面。据了解，2019 年"煮叶（TEASURE）"门店的开拓主要集中在北京、西安两地，全年新开 10 家左右，至 2019 年底约 20 家门店，未来三至五年内计划在全国开出 100 家。

创始人刘芳计划把"煮叶（TEASURE）"打造成一个像星巴克那样的茶品牌连锁店。想把茶店做成"茶中星巴克"，如今在中国有不少尝试者，但尚无成功者。它们要么是服务、口感难以保持水准；要么感觉像又一家面目模糊的茶馆或奶茶店，没有星巴克散发出城市"第三空间"的文化亲近感。

刘芳此前是星巴克高管，任华中区运营总监，十多年的资深行业经历告诉她，"要打造一家茶类星巴克，重要的是冰山之下的体系"。在星巴克的管理经验，让刘芳看见了星巴克的体系，一个深植产业的体系。

为此，"煮叶（TEASURE）"深入中国各大茶产地调研，建立了像星巴克一样的深入产业的"标准化采购体系"：标准化的采购流程，标准化的制茶工艺，对茶进行评级、定价。这保证了持续优质的茶高效流入"煮叶（TEASURE）"的供应链体系。另外，"煮叶（TEASURE）"还有饮品手册，"煮叶（TEASURE）"的饮品都有 SOP（标准操作程序），使得呈现给顾客的茶有着标准化的高品质。

"煮叶（TEASURE）"也像星巴克一般培养人才，他们不把服务员称之为服务员，而是"伙伴"，并且建设了一个"煮茶师"的专业考级体系，进入"煮叶（TEASURE）"就会要求学习"煮叶

(TEASURE)"编写的两本茶教材,还有六本门店经营管理教材,员工需要不断学习茶的知识、经营知识,定期进行考试。

星巴克创始人舒尔茨早期坚持将星巴克打造成"第三空间"。何为"第三空间"?如今星巴克咖啡馆是典型的"第三空间",其他"第三空间"还有酒吧、公共图书馆等,即"第三空间"是一个除了家、办公室之外你可以依赖,完成你生活方式的地方。而刘芳正在把"煮叶(TEASURE)"构建成一个都市"第三空间",成为像星巴克一样,融入年轻人的生活方式之中。这需要懂得都市年轻人的生活习惯、品位。

为了"煮叶(TEASURE)"的设计,刘芳多次飞到日本去请日本国宝级设计大师原研哉。他被"煮叶(TEASURE)"的构思和刘芳的执着打动,原本"煮叶(TEASURE)"只是想邀请原研哉做室内设计,结果大师主动接过了"煮叶(TEASURE)"从门店到茶具的所有设计。

为了把原研哉的设计更好地呈现出来,刘芳对"煮叶(TEASURE)"的每一个细节都不妥协。例如,原研哉设计的一个融入中国古典美学的"方正"茶壶,景德镇根本就没有烧制工艺,为此,刘芳多次跑到景德镇找到工艺更好的工匠一起研究烧制方法,终于在开店前一个月完成了这个摆在顾客桌前的茶壶。

与许多新式茶饮品牌相比,"煮叶(TEASURE)"的扩张速度并不快。刘芳告诉记者,虽然"煮叶(TEASURE)"看起来走得慢,但其实他们在大步快跑,这主要体现在团队和文化的搭建上。2019年是"煮叶(TEASURE)"的"茶元年"。"煮叶(TEASURE)"内部团队将走进茶园,深入体验茶的生产、加工、品鉴等环节,定期接受传统文化及茶文化培训,努力打造成为"煮叶(TEASURE)"的"茶学士"。针对大众消费者,"煮叶(TEASURE)"将举办系列茶课堂,让消费者参与进来,传播中国茶的魅力,与消费者建立更深度地连接。

与"喜茶""奈雪的茶"等新式茶饮店相比,"煮叶(TEASURE)"更强调传统的中式茶文化。刘芳说,"煮叶(TEASURE)"注重中国茶文化和东方美学的传达,坚持原叶茶的传播与推广,希望年轻消费者改变对"茶馆"的固有印象,努力打造成中国茶饮市场中最能代表中国文化的品牌。

近年,以原叶茶为基调辅以牛奶的新式茶饮蓬勃发展,抹茶等各种元素的"新茶饮"骤然崛起,成为年轻人彰显个性的载体。而传统手泡茶,已经成为中老年人的标签,许多传统茶馆被迫转型。"煮叶(TEASURE)"的出现,将两者完美结合,不仅有传统的原叶泡饮茶,也有花草和植物煮制而成的风味茶,更有年轻人喜爱的调味茶。"煮叶(TEASURE)"为传统茶馆的转型升级提供了更多的可能性,为传统茶馆的发展带来了新的生机。在谈到行业的发展时,刘芳说,自己已是一个"茶迷",热爱传统文化,喜欢与传统茶馆的经营者交流分享。如果从产品的市场竞争角度提几条自己的心得,她认为,产品定位需要准确,产品价格需要透明,产品体验需要极致,不要因过度炒作而让行业元气大伤。

资料来源:融资数千万,原叶茶与新式茶完美结合[EB/OL]. (2019 - 03 - 08)[2020 - 03 - 16]. http://www.sohu.com/a/299838433_274923;煮叶,打造高端茶饮品牌[EB/OL]. (2018 - 09 - 15)[2020 - 03 - 16]. http://www.cy8.com.cn/brand/newsview/46525.

问题讨论:

1. "煮叶(TEASURE)"的市场营销有哪些关键因素?

2. "煮叶(TEASURE)"运用了哪些体验营销的基本模式和策略?

3. 新式茶饮应该进行哪些方面的营销创新?

参考文献

[1] 科特勒.市场营销:原理与实践[M].16版.北京:中国人民大学出版社,2015.

[2] 郭国庆,陈凯,陈杰.市场营销学[M].6版.北京:中国人民大学出版社,2019.

[3] 张雁白.市场营销学概论[M].3版.北京:经济科学出版社,2015.

[3] 崔译文,邹剑峰,马琦,等.市场营销学[M].4版.广州:暨南大学出版社,2019.

[4] 晁刚令.市场营销学[M].5版.上海:上海财经大学出版社,2019.

[5] 郭国庆,钱明辉.市场营销学通论[M].北京:中国人民大学出版社,2017.

[6] 赵红.营销创新:理论·方法·案例[M].北京:高等教育出版社,2015.

[7] 梁文玲.市场营销学[M].2版.北京:中国人民大学出版社,2014.

[8] 李怀斌.市场营销学[M].2版.北京:清华大学出版社,2012.

[9] 张理.市场营销管理学[M].北京:清华大学出版社,2012.

[10] 王德胜.市场营销学[M].北京:经济科学出版社,2011.

[11] 利文斯.市场营销:定义、解释及应用[M].北京:人民邮电出版社,2016.

[12] 王方华.营销管理[M].北京:机械工业出版社,2012.

[13] 邵喜武,王秀英,梁彦.市场营销学[M].北京:清华大学出版社,2012.

[14] 冯志强.市场营销策划[M].北京:北京大学出版社,2013.

[15] 雷鹏,杨顺勇.市场营销案例与实务[M].上海:复旦大学出版社,2011.

[16] 夏丹.战略管理与市场营销案例研究[M].北京:中国市场出版社,2013.

[17] 王月辉,杜向荣,冯艳.市场营销·习题·案例·经典推介[M].北京:北京理工大学出版社,2018.

[18] 包月姣.绿色营销[M].郑州:郑州大学出版社,2018.

[19] 吕一林,冯蛟.现代市场营销学[M].北京:清华大学出版社,2012.

[20] 拉姆,海尔.市场营销学[M].北京:机械工业出版社,2010.

[21] 凯林,哈特利,鲁迪里尔斯.市场营销:双语教学通用版[M].10版.北京:人民邮电出版社,2016.

[22] 凯勒.战略品牌管理:英文版[M].4版.北京:中国人民大学出版社,2016.

[23] 李隽,王世法,王珊珊,等.市场调研与预测[M].北京:清华大学出版社,2016.

[24] 海尔.市场营销调研精要[M].大连:东北财经大学出版社,2016.

[25] 所罗门.消费者行为学[M].12版.北京:中国人民大学出版社,2018.

[26] 叶万春,叶敏,万后芬,等.企业形象策划:CIS导入[M].5版.大连:东北财经大学出版社,2018.

[27] 王富祥.企业形象策划[M].3版.武汉:武汉理工大学出版社,2019.

［28］周朝霞.企业形象策划实务［M］.3版.北京:机械工业出版社,2019.

［29］曾凡海.企业形象策划与设计［M］.北京:清华大学出版社,2016.

［30］苑春林.网络营销［M］.北京:中国经济出版社,2018.

［31］斯特劳斯,弗罗斯特.网络营销［M］.7版.北京:中国人民大学出版社,2015.

［32］陈德人.网络营销与策划:理论、案例与实训［M］.北京:人民邮电出版社,2019.

［33］罗森布鲁姆.营销渠道:管理的视野［M］.8版.北京:中国人民大学出版社,2018.

［34］林建邦.市场调研与预测［M］.广州:中山大学出版社,2018.

［35］邱小平.市场调研与预测［M］.3版.北京:机械工业出版社,2017.

［36］吕筱萍.市场调研与预测［M］.北京:科学出版社,2019.

［37］骆品亮.定价策略［M］.上海:上海财经大学出版社,2013.

［38］田中靖浩.定价的艺术［M］.上海:东方出版中心,2018.

［39］罗森布洛姆.营销渠道:管理的视野［M］.8版.北京:中国人民大学出版社,2018.

［40］庄贵军.营销渠道管理［M］.3版.北京:北京大学出版社,2018.

［41］吕一林,王俊杰,彭雷清.营销渠道决策与管理［M］.3版.北京:中国人民大学出版社,2015.

［42］勾俊伟,刘勇.新媒体营销概论［M］.北京:人民邮电出版社,2019.

［43］姜力文.O2O模式下多渠道供应链定价与渠道选择策略研究［M］.北京:经济管理出版社,2019.

［44］杨立钒.互联网环境下企业网络营销渠道选择研究［M］.上海:复旦大学出版社,2012.

［45］贾昌荣.低碳营销:低碳消费浪潮下的新营销范式［M］.北京:中国电力出版社,2015.

［46］林子雨.大数据技术原理与应用［M］.2版.北京:人民邮电出版社,2017.

［47］阳翼.大数据营销［M］.北京:中国人民大学出版社,2017.

［48］陈志轩.大数据营销［M］.北京:电子工业出版社,2019.

［49］刘旷.新零售实战:商业模式＋技术驱动＋应用案例［M］.北京:清华大学出版社,2019.

后 记

我们根据教学经验和研究所得,编写了这本市场营销学教材,既是对多年从事市场营销教学工作的总结,也是改革教学模式、创新教育内容的一个大胆尝试。全书在编写中主要按照市场营销学的理论脉络来安排内容,同时也进行了创造性的构架、充实、调整和丰富。许多观点和思路如有偏颇,望读者不吝赐教。

感谢"中国轻工业'十三五'规划立项教材"的支持,本教材的出版是其成果之一。在本书的编写过程中,得到了许多专家和学者的指导和支持,在此表示深深的谢意! 西安交通大学出版社的编校人员付出了大量的劳动,在此一并致谢。

本书的编写中,参考了不少资料,编者已尽可能详细地在文中和参考文献中列出,在此对这些专家和学者们表示深深的谢意。有些资料被引用,而由于疏忽没有列出资料来源,若有这类情况发生,在此表示万分歉意。部分资料来源于互联网络,引用只是为了佐证教学内容,并未进行信息真实性和来源可靠性验证。对于书中所有的参考和引用,编者承担全部的责任。

市场营销学的理论还在进一步发展创新,特别是随着新时代中国特色社会主义思想的飞速发展,对市场营销理论与中国国情相结合的认识和研究还在继续深入,因此在本书的叙述中难免出现谬误。我们真心希望读者提出批评意见,以便在今后的修订中加以完善。

编者
2020 年 2 月